国家"十二五"重点图书

世界主要政党规章制度文献

丛书主编：俞可平
执行主编：陈家刚

越南、老挝、朝鲜、古巴

主编：许宝友

中央编译局文库出版工作领导小组（编委会）

组　　长：贾高建
副 组 长：魏海生　陈和平　柴方国　季正聚
成　　员：崔友平　沈红文　杨雪冬　冯　雷　陈家刚
　　　　　赖海榕　郗卫东　张文成　葛海彦

中央编译局文库出版工作领导小组办公室

主　　任：薛晓源
成　　员：徐向梅　苗永姝

中央编译出版社文库编辑中心编辑小组

葛海彦　董　巍　贾宇琰　曲建文　苗永姝
杜永明　盛菊艳　李媛媛　薛迎春　董　妍

总　序

近代的政党，是基于一定的阶级或阶层之上，为了夺取和巩固国家的政治权力，从而维护特定利益的政治组织。与其他政治组织相比，政党最明显的特征，就是它有着明确的政治目标，即夺取政权和维护政权。除了执掌国家政权这一基本职能外，政党也是现代社会中最重要的利益表达和利益综合机构，是连接政府与民众的政治桥梁。政党还是国家政治生活的最重要组织者，是公民参与国家政治生活的重要平台，它履行着政治动员、公共参与和政治教育等重要的政治职能。因此，从权力的角度看，在所有政治组织中，政党是最重要的政治组织，它对近代国家的政治生活有着极为重要的影响。实际上，近代政治就是政党政治。国家权力主要由政党掌握，并且通过政党运行。

由于政党在国家公共政治生活中起着如此关键性的决定作用，规范政党组织本身及其成员的行为和活动，就变得极其重要。从国家的角度看，宪法及相应的专门法律，通常要对政党参与国家政权的方式、途径、范围等作出原则性规定，从而形成了不同的政党制度，如多党制、两党制、一党制、一党主导或一党独大制、多党合作制等。从政党自身的角度看，每个政党都必须有一整套政治纲领和规章制度，明确宣示政党的性质、使命、目标、任务和政策倡议，详细规定党员的资格、条件、义务、责任、权利，以及党的组织形式、选举制度、领导机制、决策程序和纪律约束等。广义上说，政党制度既包括政党的外部制度，也包括政党的内部制度，它们一起构成国家政治制度的重要组成部分。

如果说主权国家是国际政治舞台的主角，那么政党便是国内政治舞台的主角。除了少数小国之外，世界上绝大多数国家的政权实际上都掌握在执政党手中。一个个政党的产生、发展、壮大、掌权、下台、消亡，以及各个政党之间的竞争、合作、争斗、兼并、分化、组合，构成了现实政治生活一幅五彩斑斓的图景。要真正了解当代世界，就要了解世界各国的政治图景，那就不能不了解主演这些政治图景的各个政党。世界的丰富多彩，不仅体现在文化传统、生活方式和乡土风情上，也体现在社会结构、发展模式和政治体制上。进而言之，要真正了解一个国家，就要了解这个国家的政治体制；而要了解一个国家的政治体制，就不能不了解这个国家的政党制度。

中国共产党是按照马列主义原则建立起来的一个革命政党，在夺取国家政权后，特别是在改革开放后，它逐渐从一个革命党转变为执政党。党的根本宗旨没有改变，但党的群众基础、指导思想、组织结构、领导机制和执政方式等，都发生了重大的变化。坚持人民主体地位，发展人民民主已经成为中共执政的基本政治目标；民主、自由、平等、公正、法治、和谐，已经成为中共追求的核心政治价值；民主执政、依法执政和科学执政，已经成为中共的基本执政方式；建设中国特色的社会主义法治国家，推进国家治理现代化，已经成为中共全面深化改革的总目标。所有这些都表明，中国共产党自身正处于现代化的转型之中，实现治理的现代化，不仅是党执政治国的目标，也是党自身建设的目标。政党治理的现代化，是世界各国主要政党共同面临的时代课题。一些政党在推进治理现代化方面，取得了成功的经验，得以继续在本国的政坛叱咤风云；而另一些政党则付出了惨重的代价，直至失去了政权。学习和借鉴国外政党的成功经验，汲取它们的失败教训，对于中国共产党实现治理现代化，有着重要的现实意义。

1998年，我曾经主编过当时国内唯一的《当代各国政治体制》丛书，总共有16册之多，内容包括了世界各主要国家。那套丛书比较客观地介绍了各国主要政治体制，为读者全面了解当代世界的各种政治制度提供了翔实的资料，从而广受好评。此后，我一直想编纂一套介绍世界各主要政党制度的丛书，可惜终未如愿。巧的是，前几年中央为了加强党内法规建设，需要了解和借鉴国外政党的经验做法，有关部门便委托我局编译国外主要政党的规章制度。我认为，这些党内规章制度，虽不能在整体上等同于政党制度，但却在很大程度上体现了党的组织制度、领导制度、决策制度和纪检制度，因而，编译这些国外政党的法规制度，不仅对于我们加强党内法规建设有其借鉴意义，而且将这些材料正式汇编出版，也可以在一定程度上起到帮助读者了解世界各国政党制度，从而更全面地了解世界各国政治制度的作用。

《世界主要政党规章制度文献》丛书，总共有20卷，收录了当今世界绝大多数重要政党的代表性规章制度。在收集、编选和翻译这套丛书的过程中，我们得到了社会各界的大力支持。例如，一些从事世界政党研究的专家学者提出了很好的编纂建议，一些驻外使领馆人员为我们提供了所在国主要政党的最新材料，一些译者放弃休息时间，努力按照要求完成翻译任务；国家出版基金给予了专项出版资助。在此，我代表编者向所有为本丛书出版作出过贡献的朋友们表示衷心的感谢。参与本丛书的许多译者，是年轻的博士后和博士生，他们积极性高，责任心强，但尚缺乏足够的翻译经验，错讹之处还望读者谅解并不吝批评。

俞可平

2015年1月13日于方圆阁

目 录

导　言（代） ··· 1

第一部分　宪法、全国性涉党法律 ························· 1

越南社会主义共和国宪法 ··· 3
越南社会主义共和国反贪污腐败法 ····························· 36
越南社会主义共和国民意征求法 ································· 72
老挝人民民主共和国宪法 ··· 91
老挝政府关于官员财产和收入申报制度的规定 ··············· 108
朝鲜民主主义人民共和国社会主义宪法 ······················· 116
古巴共和国宪法 ·· 140

第二部分　政党内部规章制度 ································ 181

越南共产党章程 ·· 183
越南社会主义过渡时期国家建设纲领（2011 年增补修订） ············ 204
越南共产党党内选举规则 ··· 217
越共中央关于党员禁止行为的规定 ····························· 237
关于继续推进学习践行胡志明道德榜样活动的指导意见 ············ 241
老挝人民革命党章程 ·· 247

老挝人民革命党党员干部行为禁令 ·················· 278
关于老挝人民革命党中央纪律检查委员会组织和运行的决定 ········ 281
老挝人民革命党中央政治局关于领导干部政治责任的规定 ········· 287
老挝人民革命党关于各级党委对党组织和党员开展监督工作
　的规定 ·································· 293
朝鲜劳动党章程 ····························· 299
古巴共产党章程 ····························· 322

第三部分　附　录 ··························· 339
越南社会主义共和国国会代表和人民议会代表选举法 ··········· 341
越南社会主义共和国行政违法处罚法 ··················· 386
越南政府关于财产、收入透明的规定 ··················· 477
越南部分相关文献目录 ·························· 494
老挝到 2030 年远景规划、经济社会发展十年战略（2016—2025）
　及经济社会发展第八个五年规划（2016—2020）要点 ········· 501
劳尔·卡斯特罗在古巴共产党第七次全国代表大会上的讲话 ········ 515
古巴社会主义发展的经济和社会模式概念化草案 ············· 541

后　记 ································· 571

导 言（代）

国外共产党加强政治纪律的主要做法及启示

现代政党都是有政治纪律要求的，没有政治上的规矩不能成其为政党，共产党是靠共产主义理想和严明纪律组织起来的马克思主义政党，严明政治纪律是共产党的光荣传统和政治优势。多年来，国外一些共产党要求党员自觉履行党章规定，坚持党的政治路线不动摇，通过强化政治纪律，维护党的团结与统一，从而实现党的力量不断发展。我们应汲取历史经验与教训，严明政治纪律和政治规矩，维护党章和党的政治路线的权威性，走出一条共产党自身建设和改革发展的成功之路。

一、国外共产党加强政治纪律的主要做法

20世纪各国共产党基本上是按照列宁建党原则并仿照苏联共产党运作模式而建立起来的。随着国际共产主义运动潮起潮落，前苏联共产党和一些社会主义国家执政党从兴旺走向衰亡，一些党放弃了共产党奋斗目标，走多党民主路线，最终不断分裂，一蹶不振；多数共产党能适应形势变化，坚持共产主义理想信念不动摇，通过强化政治纪律，以维护党的团结与统一，从而实现党的力量不断发展，其中经验教训值得借鉴。

（一）自觉履行党章规定，坚持党的政治路线不动摇。党章是为党的组织和成员立下的总规矩。不断健全和完善以党章为核心的制度体系，利

用党章规范党组织和党员的行为,是国外大多数共产党的普遍做法。一方面,要求全党上下贯彻党的政治路线,自觉维护广大劳动人民利益。南非共产党在同南非非洲人国民大会联合执政过程中,始终强调要以党的政治路线约束和影响非国大政府的施政行为,要求在各级政府和议会任职的党员严格遵守政治纪律,在议会和政府决策中要按照南非共产党的立场公开发表自己的意见和观点。日本共产党坚持科学社会主义理想,始终保持自己的政治独立性,以各种方式捍卫日本社会弱者的利益,不接受资产阶级政府补贴,拒绝与代表财阀利益的政党结盟,从而赢得了中下层民众的同情与支持。在2014年12月日本众议院选举中,日本共产党取得了21个议席,比上届增加了13席,成为日本国内第三大在野党。希腊共产党、葡萄牙共产党等经受了苏联东欧剧变后生存危机的严峻考验,始终坚持共产主义信仰和马克思列宁主义指导地位不变,始终坚持维护劳动者利益、反对资产阶级右翼势力的政治路线。由于坚定理想信念和政治立场,这些党顶住了苏东剧变的冲击,党的力量逐渐壮大。南非共产党实现了从过去只有几千人的非法小党到现在有17万党员的合法参政政党的飞跃。另一方面,严肃政纪,对背叛信仰的异己分子敢于亮剑。越南共产党旗帜鲜明地反对西化,公开批驳越南宪法修改中出现的"去社会主义"、"去共产党"、"军队国家化"等各种错误观点,撤销了鼓吹政治多元化和多党制的越南共产党中央政治局委员陈春柏的一切职务,将持政治异见的越南共产党中央委员陈度开除出党。古巴共产党重视加强党的权威性,特别强调党员要严格遵循党的政治路线,严肃处理那些公开与党中央唱反调的党员干部。对于多次公开发表资产阶级自由化和多党制言论且不接受中央批评的坎培,老挝人民革命党九届四中全会解除了他的中央委员、老挝国家社会科学院院长等职务。法国共产党、意大利重建共产党等党虽允许党内出现不同派别活动,但对那些违背党的政治纪律、不执行党的决议、行为出格的党员干部仍进行纪律制裁,毫不手软。

(二)**坚持集体领导,维护党的集中统一**。苏东剧变后,国外一些共产党放弃了民主集中制,党内派别林立,力量快速下滑,教训深刻。当今,国外多数共产党仍坚持民主集中制,实行党内民主和集体领导,少数服从多数,下级服从上级,全党服从中央,但严禁把上下级关系变成人身依附关系。首先,发挥集体领导作用。许多党强调要把民主基础上的集中和集中指导下的民主相结合,加强党代会及各级机构的集体领导作用,防止权力过分集中和独断专行。既要求党员自觉遵守党的组织原则,同时也实行党务公开、重大问题全党讨论、多数决定、集体领导等一系列措施。古巴共产党成立了由国务委员会主席、第一副主席和副主席等7人组成的政治局委员会,进一步健全党的集体领导机制。古巴共产党中央制定的《经济社会发展纲要》等重大方针政策都广泛征求党内外各方面意见。越南共产党为从制度上解决中高层领导人长期连任、一把手决策一言堂等弊端,出台了《党内选举制度》等一系列规定。发达国家多数共产党实行集体领导,党的总书记没有特殊权力。葡萄牙共产党严格实行集体领导的工作制度,重大事项都是集体决策,党的总书记在党的会议上只有一票的权利,重大事项都是集体决策。法国共产党规定党的所有方针政策都必须在党的有关会议上进行民主讨论和投票表决通过。其次,维护党的集中统一。由于苏联共产党在执政实践中出现权力高度集中、个人崇拜、家长专制等弊端,使得一些人认为集中就是专制,否定民主集中制原则。法国共产党放弃民主集中制,中央曾设双主席,彼此制约,但权力过于分散,没有集中,导致事实上的党内分裂。多数共产党总结国际共运经验教训,特别珍视和维护党的集中统一。社会主义国家执政党强调共产党的领导地位,坚决反对任何破坏党的团结统一的思想和行为。朝鲜劳动党党章规定:"党员必须无限忠于党和领袖,用党的唯一思想牢固武装自己,按照党的唯一思想的要求思考和行动,无条件地接受并坚决拥护和贯彻党的路线和政策。"印度共产党(马克思主义)始终坚持党内强有力的政治核心,注重树立党的领导人权威。日本共产党主张党内不分帮分派,不得因意见不同进行组织性排挤。尼泊尔共产党饱受分裂之痛,现三大派别坚持各自的政治路线,很难走向统一,但都反对内部分裂,如联合尼共(毛)七大严厉抨击以基兰为代表的强硬派分裂党的行为。一些党虽然允许多样性,尊重少数人意见,但坚决反对借尊重少数之名在党内搞宗派主义和分裂主义,严禁党内出现有组织的派别活动。第三,加强民主监督,打击各种消极腐败现象。国外多数共产党建立了党员在党的会议上对党的领导机关和干部进行评议的制度,重视党内监察和舆论监督。越南共产党中央和国会实行质询制度,老挝人民革命党坚持并改进党内民主生活会制度,通过民主评议来加强党的检查监督工作。俄罗斯共产党发挥中央督察委员会作用,加强对党内违纪和渎职行为的惩处。西班牙共产党鼓励党员行使民主监督权利,党员可以向中央领导机构和领导人直接提出质询或批评,并要求得到答复。

(三)遵循优良传统和工作惯例。优良传统和工作惯例也是政治规矩。国外多数共产党强调要发挥思想政治工作的传统优势,以理想信念鼓舞人心。越南共产党结合革新开放后部分党员出现的思想问题,组织开展了"学习和践行胡志明道德榜样"运动,充分肯定胡志明道德榜样在越南精神生活中的巨大价值,教育党员坚持马克思列宁主义和胡志明思想,加强党性修养和锻炼,以胡志明道德为榜样,防止党员政治思想和道德品质衰退。朝鲜劳动党则十分注重用民族主义、爱国主义、忠于领袖及"遗训政治"等教育党员和人民,利用建党、建军、国庆日以及领袖生日纪念活动等进行广泛的革命传统和社会主义、爱国主义教育,以统一思想。朝鲜劳动党中央机关报一再强调要发扬朝鲜劳动党光荣传统,将政治思想工作放在首位,呼吁全体军民在金正恩领导下,稳固政治思想阵地,展现政治思想强国、白头山强国的威严。老挝人民革命党把多种形式教育培训和思想交流作为党的工作惯例,狠抓政治思想建设,努力使党的路线方针政策和党纪国法深入人心。古巴共产党为粉碎美国封锁和"颜色革命"图谋,发挥思想政治工作惯例和传统优势,在全党开展"思想战",努力防止"和平演变"。印度共产党(马克思主义)针对党员队伍中共产主义价值观念有所弱化,享乐主义和拜金主义思想有所抬头等问题,在全党开展重温马克思列宁主义基本原理、印度革命基本理论的活动,号召党员干部发扬党的优良传统,始终保持共产主义者的生活方式。对个别党的地方领导人在网上晒图炫富行为公开批评,并将其开除出党。

二、国外共产党加强政治纪律的启示

党的十八大以来,习近平总书记站在党和国家全局的高度,坚持全面从严治党,围绕严明党的纪律和规矩发表了一系列重要论述,特别强调要遵守党的政治纪律。这些重要论述对于我们深刻认识加强党的纪律建设的极端重要性,准确把握纪律建设的基本要求,牢固树立党章党规党纪意识,坚定不移推进全面从严治党,具有十分重要的政治意义、理论意义和实践指导意义。我们应在学习和贯彻落实习近平总书记重要讲话精神的基础上,汲取苏联共产党及国外一些共产党建设中的经验与教训,严明党的纪律和规矩,不断加强和改进党内政治生活,走出一条共产党建设的成功之路。

(一)维护党章和党的政治路线的权威性,在政治上同党中央保持一致,保持中央的政令畅通。共同理想和政治纪律是共产党发展壮大和不断胜利的保证。"党章是全党必须遵循的总章程,也是总规矩","严明党的纪律,首要的就是严明政治纪律。严明政治纪律就要从遵守和维护党章入手"。戈尔巴乔夫上台后,修改党章,放弃马克思主义意识形态和共产党领导地位,改革变改向,导致苏联共产党垮台和苏联解体。当今一些发达国家共产党倡导变革,随意突破和修改党章条例规定,轻视党章的权威性和严肃性,导致政治纪律与政治规矩松弛,党内派别林立,分裂不断,党的各级组织力量不断下降。这些教训告诉我们:党的政治纪律集中体现了全体党员的共同信仰、目标和意志,是政党的各级组织和全体党员在政治方向、政治立场、政治观点等方面的行为规范。严明党的政治纪律,最核心的是坚持党的领导,在思想上政治上行动上同党中央保持高度一致,自觉维护中央权威,坚决贯彻执行中央的路线方针政策和重大工作部署。

(二) 民主集中制是共产党开展政治生活的重要指导思想和组织原则,必须长期坚持。民主不是一盘散沙式的政治,各种意见最终还是要汇聚到政党的政策上,需要集中和纪律来保障党的政策得到贯彻落实。民主集中制要求党员政治上讲忠诚、组织上讲服从、行动上讲纪律,决不允许有令不行、有禁不止,搞上有政策、下有对策。政治纪律不是空洞的口号,而是具体规定,哪些事该做,哪些事不该做,决不允许结党营私、拉帮结派。这是民主集中制作为无产阶级政党政治纪律的刚性要求。在当前我国经济体制、社会结构、利益格局、思想观念发生深刻变化,东西方思想文化交流交融交锋更加频繁激烈的形势下,严明党的政治纪律比以往任何时刻都显得更为紧迫。

(三) 政治纪律和大是大非问题不能含糊,对违反者要依纪严惩。国外政党的经验教训告诉我们:政党不是"乌合之众",不是"私人俱乐部",必须严明党的纪律特别是政治纪律。严明党的政治纪律,最核心的是同党中央保持高度一致,自觉维护党中央的权威,坚决贯彻执行中央的路线方针政策和重大工作部署。一些人片面总结苏联共产党及一些老党大党垮台的教训,在否定高度集中的同时,也抛弃了民主集中制,主张"民主运行"原则。片面要求"去集中化",搞"小山头、小圈子、小团伙"那一套,引发党内思想混乱,党组织涣散甚至组织分裂。因此,要强化政治纪律的刚性约束,严明政治纪律和政治规矩,严厉查处违反党的政治纪律、拉帮结派等行为。从国外一些政党严肃执行党纪的经验看,加强党的政治纪律应抓铁有痕、踏石留印,重在党纪党规及制度的执行与落实。严明党的组织纪律,就是要严格落实民主集中制、党内组织生活制度和请示报告制度等组织制度,在涉及重大问题、重要事项时按规定向组织请示汇报,加强严格组织管理和组织监督,破除党内"圈子文化",让经常性批评监督成为增强组织纪律性的有效途径。严明党的政治纪律就是要强化党的意识,要求党员和各级干部政治上讲忠诚、组织上讲服从,行动上讲纪律，坚持党性、根治派性，自觉维护党的团结和统一。对那些利用职权在党内拉私人关系、培植私人势力、拉山头、搞派性等行为严厉打击，决不手软。

（四）始终把规范用权作为严明纪律的重点和关键。要围绕限定权力范围、厘定权力界限、减少自由裁量、规范权力运行建立健全制度，使权力授予、行使、监督全过程和各环节都有制度规范，形成用制度管权、按制度办事、靠制度管人的有效机制，切实加强对党的纪律执行情况的监督检查。加强对身居要职、身居要位、掌握重要权力和关键资源的党员干部的管理监督，努力破解一把手监督难问题。通过领导干部带头严守党纪，以上率下，形成全党严守纪律的好局面。要加强作风建设制度机制创新，强化制度规范的执行力，使各级领导干部从心底里把党规党纪当成高压线、警戒线，坚持党纪国法面前没有例外，不管涉及谁，都要一查到底，"老虎"、"苍蝇"一起打，使腐败分子在党内没有藏身之地。

（中共中央对外联络部　柴尚金）

第一部分

宪法、全国性涉党法律

越南社会主义共和国宪法[①]

(2013年)

序 言

在数千年的历史长河中,越南人民为建立和捍卫自己的国家而辛勤、创造性地劳动、英勇斗争,铸就了爱国、团结、仁义、坚强、不屈不挠的传统,建立了越南文化基础。

自1930年以来,在胡志明主席创建并锻造的越南共产党的领导下,我国人民为了民族的独立、自由,为了人民的幸福进行了长期的、艰苦卓绝、充满流血牺牲的斗争。"八月革命"成功,1945年9月2日,胡志明主席宣读了《独立宣言》,标志着越南民主共和国即今天的越南社会主义共和国的诞生。凭借全民族的意志和力量,在世界各国朋友的帮助下,我国人民在民族解放、国家统一、保卫祖国的斗争事业中和在履行国际义务的事业中赢得了伟大的胜利,在革新、国家迈向社会主义的事业中取得了巨大的、具有历史意义的成就。

为了社会主义过渡时期国家建设纲领的体制化,在继承1946年颁布的宪法、1959年颁布的宪法、1980年和1992年颁布的宪法的基础上,为了实现民富、国强、民主、公平、文明的目标,越南人民制定、施行和捍卫本宪法。

[①] 该宪法文本已于2013年12月8日经越南国家主席张晋创签署,2014年1月1日起生效。——译者注

第一章 政治制度

第一条

越南社会主义共和国是一个独立、拥有主权、统一和领土完整的国家，完整的领土包括陆地、海岛、领海和领空。

第二条

第一款 越南社会主义共和国是属于人民的、由人民所组成、一切为了人民的社会主义法制国家。

第二款 越南社会主义共和国由人民当家做主；国家的一切权力属于以工人阶级与农民阶级和知识分子队伍联盟为基础的人民。

第三款 国家机关在行使各种立法权、执法权、司法权中，国家权力既有统一，又有分工、配合、监督。

第三条

国家保障和发挥人民当家做主的权利；承认、尊重、保护和保障人权、公民权；实现民富、国强、民主、公平、文明、人人享有温饱、自由、幸福的生活、拥有全面发展条件的目标。

第四条

第一款 越南共产党是越南工人阶级的先锋队，同时也是越南劳动人民和越南民族的先锋队，是工人阶级、劳动人民和全民族利益的忠诚代表，以马克思列宁主义和胡志明思想作为思想基础，是国家和社会的领导力量。

第二款 越南共产党与人民紧密相连，为人民服务，接受人民的监督，在自身的决定上对人民负责。

第三款 越南共产党所有党的组织和越南共产党党员应当在宪法和法律范围内从事活动。

第五条

第一款 越南社会主义共和国是共同生活在越南土地上的各个不同民

族的统一国家。

第二款　各民族平等、团结、相互尊重和互相帮助共同发展；禁止一切民族歧视、民族分裂行为。

第三款　国家语言文字是越南语。各民族都享有使用自己的语言、文字，保持自己的民族本色，发扬自己美好的风俗、习惯、传统和文化的权利。

第四款　国家实行全面发展的政策并且为各少数民族发挥内存潜力、与国家共同发展创造条件。

第六条

人民通过直接民主的途径，通过国会代表民主、人民议会代表民主的途径和通过国家其他各个机关行使国家权力。

第七条

第一款　国会代表和人民议会代表的选举按照普遍、平等、直接选举和无记名投票的原则进行。

第二款　国会代表和人民议会代表一旦丧失了人民的信任则被选民或者国会、人民议会罢免。

第八条

第一款　国家必须依照宪法和法律组织并开展活动，依照宪法和法律管理社会，实行民主集中制原则。

第二款　国家机关、干部、公务员、职员必须尊重人民，全心全意地为人民服务，与人民保持密切的联系，倾听人民的呼声并接受人民的监督；坚决与贪污、浪费现象和一切官僚作风、作威作福、玩弄权势的现象做斗争。

第九条

第一款　越南祖国阵线是政治联盟组织，是政治组织，各种经济—社会组织，社会组织和象征社会、民族、宗教、定居国外的越南人的各个阶级、各个阶层中所有个人的自愿联合体。

越南祖国阵线是人民政权的政治基础；代表、保护人民的合法、正当的权益；聚集、发挥全民族大团结的力量，实行民主、加强社会共识；开展社会监督、社会论证；参与党和国家的建设、人民对外活动，为建设和保卫祖国贡献力量。

第二款　越南总工会、越南农民协会、胡志明共产主义青年团、越南妇女联合会、越南退伍军人协会是在自愿的基础上成立的政治—社会的各种组织，它代表和保护自己的组织的成员、会员合法的、正当的权益；在越南祖国阵线中与阵线的其他各个成员组织一道配合和统一行动。

第三款　越南祖国阵线、阵线的各个成员组织和其他各个社会组织在宪法和法律的范围内开展活动。国家创造条件以便越南祖国阵线、阵线的各个成员组织和其他各个社会组织开展活动。

第十条

越南总工会是在自愿的基础上成立的工人阶级和劳动者的政治—社会组织，它代表劳动者，关心和保护劳动者合法的、正当的权益；参与国家管理、经济—社会管理；在与劳动者权利、义务相关的问题上参与检查、清查、监督国家机关、组织、单位、企业的活动；宣传、动员劳动者学习、提高职业技能水平、遵守法律、建设和保卫祖国。

第十一条

第一款　越南的祖国是神圣的、不可侵犯的。

第二款　一切反对独立、主权、统一和领土完整的行为，一切反对建设和保卫祖国事业的行为必须予以严惩。

第十二条

越南社会主义共和国一贯实行独立、自主、和平、友谊、合作和发展的对外政策；关系多方化、多样化，在尊重独立、主权和领土完整，互不干涉内政，平等、互利的基础上主动和积极融入国际合作；遵守《联合国宪章》和越南社会主义共和国作为其成员国缔结或者参与的国际条约；在为了国家、民族利益的国际共同体中是值得信任的朋友、合作伙伴和负责任的成员，为世界和平、民族独立、民主和社会进步事业贡献力量。

第十三条

第一款 越南社会主义共和国国旗呈日字形，宽度等于长度的三分之二，红底，中间是五角金星。

第二款 越南社会主义共和国国徽呈圆形、红底，中间有五角金星，周围有谷穗，下面是半个齿轮和"越南社会主义共和国"的字样。

第三款 越南社会主义共和国的国歌是《进军歌》。

第四款 越南社会主义共和国的国庆日是 1945 年 9 月 2 日（独立宣言日）。

第五款 越南社会主义共和国的首都是河内。

第二章 人权、公民的基本权利和义务

第十四条

第一款 在越南社会主义共和国，国家承认公民的各种人权、政治、民事、经济、文化、社会方面的公民权，依照宪法和法律的规定予以尊重、保护、保障。

第二款 人权、公民权只有在由于国防、国家安全、社会秩序、安全、社会道德、公共健康需要的情形下才能依法予以限制。

第十五条

第一款 公民权与公民的义务不可分割。

第二款 人人都有尊重他人权利的义务。

第三款 公民具有对国家和社会履行义务的职责。

第四款 行使人权、公民权不得侵犯国家、民族的利益、他人的合法权益。

第十六条

第一款 公民在法律面前一律平等。

第二款 公民在政治、民事、经济、文化、社会生活中不被歧视。

第十七条

第一款　凡具有越南国籍的人都是越南社会主义共和国的公民。

第二款　越南公民不能被驱逐、转交给其他国家。

第三款　旅居海外的越南公民受越南社会主义共和国的保护。

第十八条

第一款　定居国外的越南人是越南民族大家庭中不可分割的一部分。

第二款　越南社会主义共和国鼓励并创造条件以便定居国外的越南人保持和发扬越南民族文化的本色，与家庭和家乡保持密切联系，为家乡、国家的建设贡献力量。

第十九条

公民享有受到法律保护的生存权、生命权，任何人均不得非法剥夺他人的生命。

第二十条

第一款　公民的身体均享有不可侵犯的权利，健康、名誉和人格受法律保护；不得受到拷问、暴力、逼迫、体罚或者不得以任何不同的形式侵犯他人的身体、健康，侵犯他人的名誉、人格。

第二款　如果没有人民法院下达的决定书、人民检察院下达的决定书或者批准书则不得逮捕任何公民，现场抓捕犯罪嫌疑人的情形除外。逮捕、拘留、监禁事宜由法律规定。

第三款　公民均有依法捐献角膜、人体部分器官和捐献尸体的权利。医学、药学、科学试验或者无论以任何不同的形式在人体器官上进行试验必须征得被试验人的同意。

第二十一条

第一款　公民在私生活、个人隐私和家庭隐私方面均享有不可侵犯的权利；享有保护自身名誉、威信的权利。

个人私生活、个人隐私和家庭隐私方面的信息受法律保护。

第二款　公民享有保守书信、电话、电信秘密和通过各种形式交换其他私人信息秘密的权利。

任何人均不得非法开启、检查、截取他人的书信、电话、电信和采用各种形式交换他人的个人信息。

第二十二条

第一款　公民享有合法住宅的权利。

第二款　公民享有住宅不可侵犯的权利，如果未征得本人的同意，任何人均不得擅自进入他人的住宅。

第三款　搜查住宅由法律规定。

第二十三条

公民有权在国内自由来往和居住，有权出国和从国外返回国内。行使这些权利由法律规定。

第二十四条

第一款　公民享有宗教信仰自由、信奉或者不信奉任何一派宗教的权利。各宗教在法律面前一律平等。

第二款　国家尊重和保护宗教信仰自由的权利。

第三款　任何人均不得侵犯宗教信仰自由或者利用宗教信仰从事违法活动。

第二十五条

公民享有言论自由和出版、接触信息、集会、结社、示威游行自由的权利。行使这些权利由法律规定。

第二十六条

第一款　男女公民一律平等。国家制定保障男女平等权利和机会的政策。

第二款　国家、社会和家庭创造条件以便妇女全面发展，在社会中发挥自身的作用。

第三款　禁止性别歧视。

第二十七条

年满十八周岁的公民享有选举权,年满二十一周岁的公民享有被选举进入国会、人民议会的权利。行使这些权利由法律规定。

第二十八条

第一款 公民有权参与国家和社会管理,有权参与讨论并且就有关基层单位、地方乃至全国的各种事项向国家机关提出建议。

第二款 国家创造条件旨在公民参与国家和社会管理;在受理、反馈公民意见、建议的工作中做到公开、透明。

第二十九条

年满十八周岁的公民在国家组织民意测验时具有表决权。

第三十条

第一款 公民对于任何机关、组织、个人所从事的违法活动均有权向具有权限的机关、组织、个人进行申诉、控告。

第二款 具有权限的机关、组织、个人必须受理、解决申诉、控告。受害人有权依法获得物质、精神方面的赔偿并且依法恢复名誉。

第三款 禁止对申诉、控告人进行打击报复或者利用申诉权、控告权进行诽谤、诬告、给他人造成伤害。

第三十一条

第一款 对于被定为视为无罪的人必须要经过依照法定程序和法院已经发生法律效力的定罪判决书予以确认。

第二款 法院对于被定罪的人必须要在法定期限内及时、公平、公开地予以审理。在依法秘密审判的情形下则判决书必须予以公开。

第三款 任何人均不得因一种罪行而被判处两次。

第四款 被逮捕、拘留、监禁、起诉、调查、追诉、审判的人有权进行自我辩护、委托律师或者他人为自己进行辩护。

第五款 被非法逮捕、拘留、监禁、起诉、调查、追诉、审判、执行的人有权获得物质、精神方面的损害赔偿和恢复名誉。对在逮捕、拘留、监禁、起诉、调查、追诉、审判、执行过程中给他人造成损失的违法人员必须依法予以追究。

第三十二条

第一款　公民享有从财产、储蓄、住房、生活资料、生产资料、企业股权或者其他各种经济组织中所获得的合法收入的所有权。

第二款　个人所有权和继承权受法律保护。

第三款　国家在由于国防、安全原因或者由于国家利益、紧急状态、防御自然灾害原因确实需要的情形下则必须按照市场价对组织、个人的财产实行有偿征购或者征用。

第三十三条

公民有权在法律未禁止的行业内从事自由经营。

第三十四条

公民有权享有社会民生的保障。

第三十五条

第一款　公民享有工作、选择职业、选择工作和工作地点的权利。

第二款　必须为打工者提供各种公平、安全的工作条件；打工者享有获得报酬、休息制度的权利。

第三款　禁止歧视、强迫劳动、招用最低劳动年龄以下的童工。

第三十六条

第一款　男女享有结婚、离婚的权利。按照自愿、进步、一夫一妻、夫妻平等、互相尊重的原则确立婚姻关系。

第二款　国家保护婚姻和家庭，保护母亲和儿童的权益。

第三十七条

第一款　儿童受到国家、家庭和社会的保护、关心和教育；参与儿童方面的各种活动。禁止侵害、虐待、遗弃儿童，滥用、剥削童工和其他各种侵害儿童权益的行为。

第二款 国家、家庭和社会为青年人创造学习、劳动、娱乐、发展体育、智育、德育、民族传统、公民意识的条件；在创造性地劳动和保卫祖国的事业中走在前列。

第三款 老年人受到国家、家庭和社会的尊重、关怀并在建设和保卫祖国的事业中发挥作用。

第三十八条

第一款 所有公民在接受医疗服务时均享有保护、关心健康、平等的权利和具有履行有关防病、治病各项规定的义务。

第二款 禁止给他人和公共生活、健康造成威胁的各种行为。

第三十九条

公民具有受教育的权利和义务。

第四十条

公民有权从事科学研究、文学艺术创作并享有从这些活动中所获得的利益。

第四十一条

公民具有享受和接触各种文化价值，参与文化生活、使用各种文化设施的权利。

第四十二条

公民享有明确自身民族、使用母语、选择交流语言的权利。

第四十三条

公民享有在清洁环境中生活的权利和具有保护环境的义务。

第四十四条

公民具有忠诚于祖国的义务。

背叛祖国是最大的犯罪。

第四十五条

第一款 保卫祖国是公民神圣的义务和公民崇高的权利。

第二款 公民必须履行服兵役和参与全民国防建设的义务。

第四十六条

公民具有遵守宪法和法律的义务；参与保卫国家安全、社会秩序、安全和遵守公共生活规则的义务。

第四十七条

公民具有依照法律规定纳税的义务。

第四十八条

居住在越南的外国人必须遵守越南的宪法和法律；其生命、财产和各种正当的权益受越南法律保护。

第四十九条

对于为了自由和独立，为了社会主义、民主和和平或者为了科研事业而进行斗争的外国人因此而遭受迫害，则越南社会主义共和国经审查后可以给予政治避难。

第三章 经济、社会、文化、教育、科技、工艺与环境

第五十条

越南社会主义共和国把建设独立、自主的经济基础，发挥内在潜力、融入国际合作与发展文化，实现社会进步和公平，保护环境，实现国家的工业化、现代化紧密联系在一起。

第五十一条

第一款 越南的经济基础是多种所有制形式、多种经济成分并存的社会主义定向市场经济；国有经济占据主导地位。

第二款 各种经济成分都是国民经济基础的重要组成部分。属于各种经济成分的各个主体平等、合作和依法竞争。

第三款 国家鼓励、创造条件以便经营人员、企业和其他个人、组织从事投资、生产、经营；稳步发展各种经济领域，为国家建设做出贡献。

个人、组织投资、生产、经营的合法财产受法律保护并且不被国有化。

第五十二条

国家在尊重各种市场规律的基础上建设和完善经济体制、调节经济；在国家管理中实行分工、分级、分权；促进区域经济联合，保障国民经济基础的统一性。

第五十三条

土地、水资源、矿产资源、海洋资源、空间资源、其他自然资源和由国家投资、管理的各类财产是属于全民所有的由国家代表所有人行使统一管理的公共财产。

第五十四条

第一款　土地是国家的、具有国家发展重要潜力的、受到依法管理的特别资源。

第二款　组织、个人从国家手中承包、租赁的土地，国家承认其土地使用权。土地使用人可以依法转让土地使用权，行使各种权利和履行各种义务。土地使用权受法律保护。

第三款　为了国防、安全，为了国家、公共利益以及发展经济—社会的目的，在确实需要的情形之下，国家收回由组织、个人正在使用的土地事宜由法律规定。收回土地事宜必须公开、透明，并且依法给予补偿。

第四款　在确实需要的情形之下由国家征用土地以便用于执行国防、安全任务或者处于战争状态、紧急状态、防御自然灾害之中由国家征用土地事宜由法律规定。

第五十五条

第一款　国家财政预算、国家储备资金、国家财政基金和其他各种公共财政资金由国家统一管理并且必须有效、公平、公开、透明、合法地使用。

第二款　国家财政预算包括中央财政预算和地方财政预算，其中，中央财政预算占据主导地位，保障国家的开支任务。国家财政预算的各类收入款项、支出款项必须实行预算并且由法律规定。

第三款 国家货币单位是越南盾。国家保障国家货币价值的稳定。

第五十六条

机关、组织、个人必须厉行节约、反对浪费，预防和惩治经济—社会活动和国家管理活动中的贪污行为。

第五十七条

第一款 国家鼓励、创造条件以便组织、个人为劳动者创造就业的机会。

第二款 国家保护劳动者、劳动用人单位的合法权益并且为建立进步、和谐与稳定的劳动关系创造条件。

第五十八条

第一款 国家、社会投资发展爱护、关心人民的健康事业，实行全民医疗保险，制定关心少数民族同胞，山区、海岛和经济—社会条件特别困难地区同胞健康的优先政策。

第二款 国家、社会和家庭具有爱护、关心母亲、儿童健康、实行计划生育的职责。

第五十九条

第一款 国家、社会崇尚、奖励并对为国家做出贡献的人员实行优待政策。

第二款 国家创造平等的机会以便公民享受社会福利，发展社会民生体系，制定帮助老年人、残疾人、穷人和其他遭遇困难处境的人的政策。

第三款 国家制定发展住房的政策，为人人居者有其屋创造条件。

第六十条

第一款 国家、社会关心建设和发展先进的、具有浓郁民族特色的越南文化，吸收人类文化的精华。

第二款 国家、社会发展文学艺术旨在满足人民多样化和健康的精神需求；发展各种大众信息传播媒体旨在满足人民的信息需求，为建设和保卫祖国事业服务。

第三款　国家、社会创造建设小康、进步、幸福的越南家庭环境；造就身体健康、有文化、富有爱国心、具有团结精神、具有当家做主意识、具有公民责任的越南人。

第六十一条

第一款　发展教育是旨在提高民众素质、发展人力资源、培养人才的首要国策。

第二款　国家优先投资和吸引各种投资资金投资于教育；关心学前教育；确保小学教育是义务教育，国家免收学费；逐步普及中学教育；发展大学教育、职业教育；实行助学金、学费合理的政策。

第三款　国家优先发展山区、海岛、少数民族地区和经济—社会条件特别困难地区的教育；优先使用、发展人才；为残疾人和穷人学习文化和学习技能创造条件。

第六十二条

第一款　发展科技与工艺是首要国策，它在国家经济—社会的发展事业中起着关键的作用。

第二款　国家优先投资和鼓励组织、个人投资于研究、发展、转让、有效地应用科技与工艺成果；保障科研与工艺专利权；保护知识产权。

第三款　国家创造条件以便人人参与并且能够从各种科技与工艺活动中享受到收益。

第六十三条

第一款　国家制定保护环境的政策；有效、稳步地管理、使用各种自然资源；保护自然、生物多样化；主动防御自然灾害，应对气候变化。

第二款　国家鼓励一切保护环境，发展、使用新能源、再生能源的活动。

第三款　组织、个人造成环境污染，导致自然资源衰竭和生物多样化衰竭必须进行严肃处理并且有责任消除隐患、赔偿损失。

第四章 保卫祖国

第六十四条

保卫越南社会主义祖国是全民的事业。

国家巩固和加强以人民武装力量为骨干的全民国防和人民安全的建设；发挥国家的综合实力以便牢牢地保卫祖国，为捍卫地区与世界和平贡献力量。

机关、组织、公民必须充分履行国防和安全义务的职责。

第六十五条

人民武装力量绝对忠诚于祖国、人民，忠诚于党和国家，具有捍卫祖国独立、主权、统一、领土完整、国家安全和社会秩序、安全的职责；捍卫人民，捍卫党，捍卫国家和社会主义制度；同全民一道建设国家和履行国际义务。

第六十六条

国家建设革命化、正规化、精锐化、逐步现代化的人民军队力量，保持合理的值班力量、雄厚的预备役动员力量、强大和遍布各地的民兵自卫队力量，使之成为执行国防任务中的骨干力量。

第六十七条

国家建设革命化、正规化、精锐化、逐步现代化的人民公安力量，使之成为执行保卫国家安全和保障社会秩序、安全，预防和打击犯罪斗争任务中的骨干力量。

第六十八条

国家发扬人民的爱国主义精神和革命英雄主义精神，在全民中进行国防和安全教育；建设国防、安全工业；保障人民武装力量的装备，国防、安全与经济相结合，经济与国防、安全相结合；实行军队后方政策；保障与人民军队、人民公安活动性质相符合的干部、战士、职工的物质、精神生活；建立强大的人民武装力量，不断增强保卫祖国的能力。

第五章 国 会

第六十九条

国会是越南社会主义共和国人民的最高代表机关，是越南社会主义共和国的最高国家权力机关。

国会行使立宪权、立法权，决定国家的各种重大事项和对国家的活动进行最高的监督。

第七十条

国会具有下列职权：

（一）制定宪法和修改宪法；制定法律和修改法律。

（二）对遵守宪法、法律和国会决议的工作行使最高监督权；审查国家主席、国会常务委员会、政府、最高人民法院院长、最高人民检察院检察长、国家选举委员会、国家审计署和由国会成立的其他各个机关的工作报告。

（三）决定国家经济—社会发展的基本目标、指标、政策、任务。

（四）决定关于国家金融、货币的基本政策；决定、修改或者废除各种税目；决定分配中央财政预算和地方财政预算之间的各种收入和支出任务；决定国债、公债、政府债的安全界线额度；决定国家财政预算和分配中央财政预算，批准国家财政预算决算。

（五）决定国家的民族政策、宗教政策。

（六）规定国会、国家主席、政府、人民法院、人民检察院、国家选举委员会、国家审计署、地方政权和由国会成立的其他机关的组织及其活动。

（七）选举、任命、罢免国家主席、国家副主席、国会主席、国会副主席、国会常务委员会委员、民族委员会主席、国会专门委员会主任、政府总理、最高人民法院院长、最高人民检察院检察长、国家选举委员会主席、国家审计署审计长、由国会成立的其他机关的领导人；批准任免政府副总理、部长和政府其他组成人员、最高人民法院审判员的建议；批准国防与安全委员会、国家选举委员会组成人员名单。

选举后，国家主席、国会主席、政府总理、最高人民法院院长必须宣誓忠诚于祖国，忠诚于人民，忠诚于宪法。

（八）对由国会选举或者批准的任职人员投信任票。

（九）决定成立、撤销政府的部、部级机关；决定成立、解散、合并、划分、调整省、中央直辖市、特别行政—经济单位的行政地界；依照宪法和法律的规定决定成立、撤销其他单位。

（十）撤销与宪法、法律、国会决议相抵触的国家主席、国会常务委员会、政府、政府总理、最高人民法院院长、最高人民检察院检察长的法规、决定和命令。

（十一）决定大赦。

（十二）规定人民武装力量中的衔级、外交衔级和国家其他的衔级；规定国家的勋章、奖章和荣誉称号。

（十三）决定战争与和平的问题；规定关于紧急状态、保障国防和国家安全的其他各种特别措施。

（十四）决定关于对外的基本政策；批准、决定加入或者终止与战争、和平、国家主权相关的国际条约，关于越南社会主义共和国在各个国际组织和重要地区的成员资格，关于人权、公民基本权利和义务的国际条约及与法律、国会的决议相抵触的国际条约的效力。

（十五）决定民意测验。

第七十一条

第一款　国会的每届任期为五年。

第二款　在国会任期届满的两个月（六十日）前，国会必须完成下一届国会的选举。

第三款　在特殊情形下，如果经过国会全体代表的至少三分之二表决通过则国会依照国会常务委员会的提议决定缩短或者延长本届国会的任期。延长一届国会的任期不得超过一年,爆发战争的情形除外。

第七十二条

国会主席主持国会的每一次会议,签署宪法、法律、国会决议,领导国会常务委员会的工作,组织协调国会的对外关系,保持与国会各位代表的联系。

国会副主席按照国会主席的分工协助国会主席工作。

第七十三条

第一款 国会常务委员会是国会的常设机关。

第二款 国会常务委员会包括国会主席、国会副主席若干人和委员若干人。

第三款 国会常务委员会的组成人员由国会决定。国会常务委员会的组成人员不得同时担任政府机关的职务。

第四款 每一届国会的国会常务委员会履行自身职责、权限直至下一届国会选举产生出新一届国会常务委员会为止。

第七十四条

国会常务委员会具有下列职权:

(一)组织筹备、召开和主持国会会议事宜。

(二)颁布国会赋予的有关事项的法令;解释宪法、法律、法令。

(三)监督宪法、法律、国会决议和国会常务委员会的法令、决议的实施;监督政府、最高人民法院、最高人民检察院、国家审计署和由国会成立的其他各个机关的活动。

(四)停止实施与宪法、法律、国会决议相抵触的政府、政府总理、最高人民法院院长、最高人民检察院检察长颁布的法规、决定和命令并呈报国会在最近的会议上决定撤销这些法规、决定和命令;撤销与国会常务委员会的法令、决议相抵触的政府、政府总理、最高人民法院院长、最高人民检察院检察长颁布的法规、决定和命令。

(五)指导、协调、配合民族委员会和国会各个专门委员会的活动;

引导并且保障国会代表的活动条件。

（六）建议国会选举、任命、罢免国家主席、国会主席、国会副主席、国会常务委员会组成人员、民族委员会主席、国会专门委员会主任、国家选举委员会主席、国家审计署审计长。

（七）监督和引导人民议会的活动；撤销与宪法、法律和上级国家机关的法规、决定和命令相抵触的省、中央直辖市人民议会的决议；在省、中央直辖市人民议会给人民的利益造成严重损害的情形下，解散省、中央直辖市人民议会。

（八）决定成立、解散、合并、划分、调整省、中央直辖市以下的行政单位的地界。

（九）在国会闭会的情形下决定宣布战争状态并且在最近的会议上向国会报告决定。

（十）决定总动员或者局部动员；颁布、撤销全国或者各个地方的紧急状态。

（十一）协调国会的对外关系。

（十二）批准越南社会主义共和国全权大使的任免建议。

（十三）按照国会的规定组织民意测验。

第七十五条

第一款 民族委员会包括主席、副主席若干人和委员若干人。民族委员会的主席由国会选举；民族委员会的副主席及其委员由国会常务委员会批准。

第二款 民族委员会研究并且就民族工作向国会提出建议；对实施民族政策，实施山区和少数民族同胞地区经济—社会发展规划、计划情况行使监督权。

第三款 民族委员会主席可以应邀出席政府召开的有关实行民族政策的会议。在颁布实行民族政策的规定时，政府必须听取民族委员会的意见。

第四款 民族委员会具有同本法第七十六条第二款规定的国会专门委

员会一样的其他职责、权限。

第七十六条

第一款 国会专门委员会包括主任、副主任若干人和委员若干人。委员会的主任由国会选举；委员会的副主任和委员由国会常务委员会批准。

第二款 国会专门委员会审查法律草案，就有关法律、其他草案提出建议并且向赋予该任务的国会或者国会常务委员会报告；行使法律规定的职责、权限范围内的监督权；对属于委员会活动范围内的事项提出建议。

第三款 成立、解散国会专门委员会的事宜由国会决定。

第七十七条

第一款 民族委员会、国会各个专门委员会有权要求政府组成人员、最高人民法院院长、最高人民检察院检察长、国家审计署审计长和相关个人报告、阐述或者提供有关必要事项的材料。被要求的人有责任满足此项要求。

第二款 国家各个机关有责任研究并且答复国会民族委员会和国会各个专门委员会的建议。

第七十八条

一旦需要，国会成立临时委员会以便研究、审查一项草案或者对一定范围内的某一事项进行调查。

第七十九条

第一款 国会代表是原选举单位人民群众乃至全国人民意志、愿望的代表者。

第二款 国会代表要与选民保持密切联系，接受选民的监督；忠实地收集选民的意见、愿望并且向国会、各个机关、相关组织如实地反映情况；实行与选民接触并且向选民报告有关代表和国会活动情况的制度；答复选民的诉求和建议；跟踪、督促解决申诉、控告，引导、帮助行使申诉权、控告权。

第三款 国会代表要普及和动员人民群众遵守宪法和法律。

第八十条

第一款 国会代表有权对国家主席、国会主席、政府总理、部长及政府的其他组成人员、最高人民法院院长、最高人民检察院检察长、国家审计署审计长提出质询。

第二款 被质询的人员必须在国会召开的会议上或者在国会两次会议期间召开的国会常务委员会会议上予以答复；在必要的情形下，国会、国会常务委员会可以通过书面形式予以答复。

第三款 国会代表有权要求机关、组织、个人提供与该机关、组织、个人职责相关的信息、材料。机关、组织的负责人或者个人有责任在法定的期限内对国会代表提出的问题予以答复。

第八十一条

如果未征得国会的同意，或者在国会闭会期间未征得国会常务委员会的同意，不得逮捕、拘留、监禁、起诉国会代表；在国会代表在犯罪现场被拘留的情形下，则拘留机关必须立即报告以便会或者国会常务委员会审查、决定。

第八十二条

第一款 国会代表有责任充分履行代表的职责，有权参与成为民族委员会或者国会专门委员会的组成人员。

第二款 国会常务委员会、政府总理、政府副总理、部长、部级机关首长和国家其他各个机关的首长有责任为国会代表履行代表职责创造条件。

第三款 国家保障国会代表的活动经费。

第八十三条

第一款 国会必须公开召开会议。在需要的情形下，根据国家主席、国会常务委员会、政府总理的提议或者至少国会全体代表的三分之一提议，国会决定召开秘密会议。

第二款 国会会议每年举行两次。在国家主席、国会常务委员会、政府总理或者至少国会全体代表的三分之一提议的情形下则国会举行特别会议。由国会常务委员会召集国会会议。

第三款 新一届国会的第一次会议自选举国会代表之日起最迟必须在两个月的时限内举行,由上一届国会主席主持开幕式直至新一届国会选举产生国会主席为止。

第八十四条

第一款 国家主席、国会常务委员会、民族委员会、国会专门委员会、政府、最高人民法院院长、最高人民检察院检察长、国家审计署审计长、越南祖国阵线中央委员会及其阵线成员组织的中央机关在国会会议期间有权提交法律草案,在国会常务委员会会议期间有权提交法令草案。

第二款 国会代表在国会会议期间、国会常务委员会会议期间有权提交有关法律、法令的建议和法律草案、法令草案。

第八十五条

第一款 法律、国会的决议必须经超过国会全体代表半数以上的代表表决通过;在制定宪法、修改宪法、决定缩短或者延长国会任期、罢免国会代表的情形下,必须经过国会全体代表至少三分之二的代表表决通过。

国会常务委员会的法令、决议必须经超过半数的国会常务委员会全体组成人员表决通过。

第二款 法律、法令自通过之日起最迟必须在十五日时限内予以公布,国家主席建议对法令进行重新审查的情形除外。

第六章 国家主席

第八十六条

国家主席是国家的元首,在对内和对外方面代表越南社会主义共和国。

第八十七条

国家主席由国会在全体国会代表中选举。

国家主席对国会负责并且向国会报告工作。

国家主席的任期与国会的任期相同。一旦国会任期届满,国家主席继续履行职责直至新一届国会选举产生国家主席为止。

第八十八条

国家主席具有下列职权:

(一)公布宪法、法律、法令;建议国会常务委员会自法令通过之日起、在十日的时限以内重新审查法令,如果该法令仍然经过国会常务委员会表决通过而国家主席仍然不同意,则国家主席呈交国会在最近召开的会议上予以决定。

(二)建议国会选举、任免、罢免国家副主席、政府总理;根据国会的决议,任免政府副总理、部长及其政府的其他组成人员。

(三)建议国会选举、任免、罢免最高人民法院院长、最高人民检察院检察长;根据国会的决议,任免最高人民法院审判员;任免最高人民法院副院长及其他各个法庭的审判员、最高人民检察院副检察长;决定特赦;根据国会的决议,公布大赦决定。

(四)决定授予国家的勋章、奖章、各种奖励、国家荣誉称号;决定取得国籍、丧失国籍、恢复国籍或者剥夺越南国籍。

(五)统率人民武装力量,担任国防与安全委员会主席的职务;决定授予、晋升、降低、剥夺将官及海军准将、海军中将、海军上将的衔级;任免越南人民军队的总参谋长、总政治局主任;根据国会的决议或者国会常务委员会的决议,公布、撤销宣布战争状态的决定;根据国会常务委员会的决议,下达总动员或者局部动员命令,公布、撤销紧急状态;在国会常务委员会闭会的情形下,公布、撤销全国范围内或者各个地方的紧急状态。

(六)接见外国的全权大使;根据国会常务委员会的决议任免;决定选派、召回越南社会主义共和国的全权大使;授予大使衔级;决定谈判、以国家的名义缔结国际条约;呈报国会批准、决定加入或者终止本法第七十条第(十四)项规定的国际条约的效力;以国家的名义决定批准、加入或者终止其他国际条约的效力。

第八十九条

第一款　国防与安全委员会包括主席、副主席及其委员。国防与安全委员会的组成人员名单由国家主席呈报国会批准。

国防与安全委员会按照集体制工作和实行多数决定制。

第二款　国防与安全委员会呈报国会决定战争状态，在国会闭会的情形下则呈报国会常务委员会决定；动员国家的一切力量和能力旨在保卫祖国；在爆发战争的情形下，履行国会赋予的职责，行使国会赋予的特别权限；决定人民武装力量参与为捍卫地区与世界和平贡献力量的行动。

第九十条

国家主席有权出席国会常务委员会的会议、政府的会议。

国家主席有权要求政府召开国家主席认为需要解决的有关事项的会议，旨在履行国家主席的职责，行使国家主席的权力。

第九十一条

国家主席颁布旨在履行自身职责、行使自身权力的命令、决定。

第九十二条

国家副主席由国会在全体国会代表中选举。

国家副主席协助国家主席工作，受国家主席的委托可以代行国家主席的部分职权。

第九十三条

在国家主席长期不能工作的时候则由国家副主席行使国家主席的职权。

在国家主席缺位的情形下，则由国家副主席代理国家主席职位直至国会选出的主席就职为止。

第七章 政　府

第九十四条

政府是越南社会主义共和国的最高国家行政机关，行使执法权，是国会的执行机关。

政府对国会负责并且向国会、国会常务委员会、国家主席报告工作。

第九十五条

第一款　政府包括政府总理、政府副总理若干人、部长和部级机关首长若干人。

政府机构、组成人员数量由国会决定。

政府按照集体制工作，实行多数决定制。

第二款　政府总理是政府首脑，在政府的活动及赋予的任务方面对国会负责；政府总理向国会、国会常务委员会、国家主席报告政府的工作。

第三款　政府副总理按照政府总理的分工协助政府总理工作并且在分工的任务方面对政府总理负责。在政府总理缺位的时候，由受政府总理委托的一名政府副总理代表政府总理领导政府的工作。

第四款　部长、部级机关首长在分工负责的行业、领域方面向政府总理、政府和国会负责，承担个人责任，与政府的其他组成人员一道在政府的活动方面承担集体责任。

第九十六条

政府具有下列职权：

（一）组织实施宪法，法律，国会的决议，国会常务委员会的法令、决议，国家主席的命令、决定。

（二）提出、制定政策呈报国会、国会常务委员会决定或者按照权限决定旨在履行本条款所规定的职责，行使本条款所规定的权限；向国会呈报法律草案、国家财政预算草案和其他草案；向国会常务委员会呈报法令草案。

（三）统一管理经济、文化、社会、教育、医疗卫生、科技、工艺、环境、信息、传媒、对外、国防、国家安全、社会秩序、安全；实施总动员令或者局部动员，颁布紧急状态命令和其他各种必要的措施旨在保卫祖国，保障人民生命、财产安全。

（四）呈报国会决定成立、撤销部、部级机关；解散、合并、划分、调整省、中央直辖市行政地界、特别行政—经济单位；呈报国会常务委员会决定成立、解散、合并、划分、调整省、中央直辖市以下的行政单位地界。

（五）统一管理国家行政；对干部、公务员、职员和国家各个机关内的公务实施管理；组织清查、检查工作，解决申诉、控告，预防和惩治国家机器中的官僚、贪污现象；领导各部、部级机关、政府机关、各级人民委员会的工作；在执行上级国家机关的法规、决定和命令中对人民议会进行引导、督促检查；为人民议会履行法律规定的职责、行使法律规定的权限创造条件。

（六）保护国家和社会的权益、人权、公民权；保障社会秩序、安全。

（七）谈判、按照国家主席的授权以国家的名义缔结国际条约；以政府的名义决定缔结、加入、批准或者终止国际条约的效力，本法第七十条第（十四）项规定的呈报国会批准的国际条约除外；捍卫国家的利益，保护在国外的越南组织和公民的正当利益。

（八）在履行自身职责、行使自身权限工作中与越南祖国阵线中央委员会和政治—社会组织的中央机关配合。

第九十七条

政府的每届任期同国会的每届任期相同。在国会任期届满时，政府继续履行职责直至新一届国会成立政府为止。

第九十八条

政府总理由国会在全体国会代表中选举。

政府总理具有下列职权：

（一）领导政府的工作；领导制定政策和组织实施法律的工作。

（二）领导从中央到地方的国家行政系统的活动工作并且对其负责，保障国家行政系统的统一性和政令畅通。

（三）呈报国会批准任免政府副总理、部长和政府其他组成人员；任免类似于部、部级机关职务的副部长；批准选举、任命和决定调动、免去省、中央直辖市人民委员会主席、副主席的职务。

（四）停止实施或者撤销与宪法、法律和上级国家机关的法规、决定和命令相抵触的部长、部级机关首长、人民委员会、省、中央直辖市人民委员会主席颁布的法规、决定和命令；停止实施与宪法、法律和上级国家机关的法规、决定和命令相抵触的省、中央直辖市人民议会的决议，同时建议国会常务委员会予以撤销。

（五）决定和指导谈判，指导缔结、加入属于政府职权范围内的国际条约；组织履行越南社会主义共和国作为其成员国缔结或者参与的国际条约。

（六）落实通过各种大众媒体向人民报告属于政府和政府总理解决权限的有关重大事项的报告制度。

第九十九条

第一款 部长、部级机关首长是政府组成人员同时也是部、部级机关的首脑，领导部、部级机关的工作；对所分工负责的行业、领域方面的国家管理负责；组织施行全国范围内与行业、领域相关的法律并跟踪掌握施行的情况。

第二款 部长、部级机关首长向政府、政府总理报告工作；落实向人民报告属于管理职责范围内的有关重大事项的报告制度。

第一百条

政府、政府总理、部长、部级机关首长颁布法规旨在履行自身的职责，行使自身的权限，检查施行该法规的情况并且依法撤销与法律相抵触的法规。

第一百零一条

越南祖国阵线中央委员会主席和政治—社会组织的中央机关首脑可以应邀出席政府召开的相关事项的会议。

第八章 人民法院、人民检察院

第一百零二条

第一款 人民法院是越南社会主义共和国的审判机关,行使司法权。

第二款 人民法院包括最高人民法院和法律规定的其他各级法院。

第三款 人民法院具有捍卫公理,保护人权、公民权,捍卫社会主义制度,捍卫国家利益、组织、个人合法权益的职责。

第一百零三条

第一款 人民法院的初审必须要有陪审员参与,依照简化程序审理的情形除外。

第二款 审判员、陪审员依法独立行使审判权;禁止机关、组织、个人干涉审判员、陪审员的审判工作。

第三款 人民法院对案件一律公开审理,在需要保守国家机密、保护民族的淳风美俗、保护未成年人或者根据当事人的申请保护个人隐私的特殊情形下,人民法院可以秘密审理。

第四款 人民法院实行集体审理和实行多数决定制,依照简化程序审理的情形除外。

第五款 审理中的争诉原则必须予以保障。

第六款 初审、复审制度必须予以保障。

第七款 嫌疑人、被告的辩护权以及保护当事人合法利益的权利必须予以保障。

第一百零四条

第一款 最高人民法院是越南社会主义共和国的最高审判机关。

第二款 最高人民法院监督其他各级法院的审判工作,法定情形除外。

第三款　最高人民法院对审判实践经验进行总结，保障在审判中统一适用法律。

第一百零五条

第一款　最高人民法院院长的每届任期同国会的每届任期相同。其他人民法院院长的任免和任期由法律规定。

第二款　最高人民法院院长对国会负责并且向国会报告工作；在国会闭会期间，对国会常务委员会、国家主席负责并且向国会常务委员会、国家主席报告工作。其他各级法院院长的工作报告制度由法律规定。

第三款　审判员的任用、批准、任免、任期事宜和陪审员的选举、任期事宜由法律规定。

第一百零六条

机关、组织、个人对于已经产生法律效力的人民法院的判决书、决定书必须予以尊重；相关机关、组织、个人必须严格履行。

第一百零七条

第一款　人民检察院行使公诉权，对司法活动行使检察权。

第二款　人民检察院包括最高人民检察院和法律规定的其他各级人民检察院。

第三款　人民检察院具有捍卫法律，保护人权、公民权，捍卫社会主义制度，捍卫国家利益，保护组织、个人合法权益，为保障法律得以严格和统一执行贡献力量的职责。

第一百零八条

第一款　最高人民检察院检察长的每届任期同国会的每届任期相同。其他各级检察院检察长的任用、任免、任期和检察员的任用、任免、任期由法律规定。

第二款　最高人民检察院检察长对国会负责并且向国会报告工作；在国会闭会期间，对国会常务委员会、国家主席负责并且向国会常务委员会、国家主席报告工作。其他各级检察长、各级检察员的工作报告制度由法律规定。

第一百零九条

第一款 人民检察院实行检察长负责制。上级人民检察院检察长领导下级人民检察院检察长的工作。最高人民检察院检察长统一领导各级人民检察院检察长的工作。

第二款 检察员在人民检察院检察长的指导下依法行使公诉权和对司法活动行使检察权。

第九章 地方各级政府

第一百一十条

第一款 越南社会主义共和国的各个行政单位划分如下：

（一）国家划分成省、中央直辖市。

（二）省划分成县、市和省辖市；中央直辖市划分成区（郡）、县、市和类似的行政单位。

（三）县划分成乡、镇、市；省辖市划分成坊和乡；区（郡）划分成坊。

（四）由国会批准成立的特别行政—经济单位。

第二款 成立、解散、合并、划分、调整行政单位地界工作必须听取地方人民群众的意见并且依照法定的程序、手续实施。

第一百一十一条

第一款 地方政府在越南社会主义共和国的各个行政单位组成。

第二款 地方政府包括人民议会和人民委员会，在与农村、都市、海岛、法定的特别行政—经济单位相符合的基础上组成。

第一百一十二条

第一款 地方政府在地方组织、施行宪法和法律；依照法律规定的权限决定地方的各种事项；接受上级国家机关的检查、监督。

第二款 地方政府的职权在中央和地方以及各级地方政府的国家各个机关之间权限划分的基础上予以确定。

第三款 在必要的情形下，如果具备履行这些职责的各种条件，可以赋予地方政府履行上级国家机关的部分职责。

第一百一十三条

第一款 地方各级人民议会是地方国家权力机关，代表人民的意志、愿望和行使人民当家做主的权利，由地方人民群众选举产生，对地方人民群众和上级国家机关负责。

第二款 人民议会依照法律规定的权限决定地方的各种事项；监督地方遵守宪法和法律以及执行人民议会决议。

第一百一十四条

第一款 由同级人民议会选举的地方政府人民委员会是人民议会的执行机关，是地方国家行政机关，对人民议会和上级国家行政机关负责。

第二款 人民委员会在地方组织施行宪法和法律；组织执行人民议会的决议和履行上级国家机关赋予的各项职责。

第一百一十五条

第一款 人民议会代表是地方人民群众意志、愿望的代表者；与选民保持密切联系，接受选民的监督，落实接触制度，向选民报告有关自身和人民议会的活动情况，答复选民的诉求、建议；审查、督促解决申诉、控告。人民议会代表具有动员人民群众执行宪法和法律、国家的政策、人民议会的决议，动员人民群众参与国家管理的职责。

第二款 人民议会代表有权质询人民委员会主席、人民委员会的其他组成人员、人民法院院长、人民检察院检察长和隶属于人民委员会的机关首长。被质询的人员必须在人民议会开会期间予以答复。人民议会代表对于地方国家各个机关、组织、单位具有建议权。这些机关、组织、单位的领导具有会见代表、审查、办理代表提案的职责。

第一百一十六条

第一款 人民议会、人民委员会实行向越南祖国阵线和各人民团体通报地方情况，听取这些组织对于地方政府建设和地方经济—社会发展的意见、建议的制度；与越南祖国阵线和各人民团体配合动员人民群众同国家一道共同实现地方经济—社会发展、国防、安全的各种目标。

第二款 越南祖国阵线委员会主席和地方政治—经济组织的负责人可以应邀出席人民议会的每一次会议和在商讨相关问题时可以应邀出席同级人民委员会的会议。

第十章 国家选举委员会、国家审计署

第一百一十七条

第一款 国家选举委员会是由国会成立的机关，其任务是组织国会代表选择；指导和引导各级人民议会代表的选举工作。

第二款 国家选举委员会包括主席、副主席若干人及其委员若干人。

第三款 国家选举委员会的具体组织、职责、权限和国家选举委员会的组成人员数量由法律规定。

第一百一十八条

第一款 国家审计署是由国会成立的机关，依法独立开展活动，对公共资金、财产的管理、使用工作进行审计。

第二款 国家审计署审计长是国家审计署的首脑，由国会选举。国家审计署审计长的任期由法律规定。

国家审计署审计长对国会负责并且向国会报告审计结果、报告工作；在国会闭会期间，对国会常务委员会负责并且向国会常务委员会报告工作。

第三款 国家审计署的具体组织、职责、权限由法律规定。

第十一章 宪法的效力和宪法修改工作

第一百一十九条

第一款 宪法是越南社会主义共和国的根本法，具有最高的法律

效力。

其他一切法规都不得同宪法相抵触。

对于一切违反宪法的行为必须予以追究。

第二款　国会、国会各个机关、国家主席、政府、人民法院、人民检察院、国家的其他各个机关和人民团体具有捍卫宪法的职责。

捍卫宪法的机制由法律规定。

第一百二十条

第一款　国家主席、国会常务委员会、政府或者至少国会全体代表三分之一以上的代表有权提议制定宪法，修改宪法。一旦国会代表至少以全体代表的三分之二以上的多数表决通过，国会决定制定宪法，修改宪法。

第二款　国会成立宪法起草委员会。宪法起草委员会的组成人员、成员数量、职责和权限由国会根据国会常务委员会的提议决定。

第三款　宪法起草委员会起草、组织征求人民群众的意见并呈报国会起草宪法。

第四款　宪法一旦经过国会至少以全体代表的三分之二以上的多数表决通过，有关宪法的民意测验工作由国会决定。

第五款　宪法的公布时限、生效时间由国会决定。

2013年11月28日越南社会主义共和国第十三届国会第六次会议通过了本宪法。

国会主席　阮生雄（签章）

（本文来源于越南国家政治出版社2014年3月出版的《越南社会主义共和国宪法》越南文单行本。中译文最早发表在《南洋资料译丛》2014年第1期上）

（北京外国语大学　米良　译）

越南社会主义共和国反贪污腐败法

(2005年11月29日越南社会主义共和国第十一届国会第八次会议通过，2012年11月23日第十三届国会第四次会议修订通过，自2013年2月1日起施行)

根据越南社会主义共和国1992年宪法；
本法对反贪污腐败做出规定。

第一章　总的规定

第一条　调整范围

本法对贪污腐败行为的预防、发现、处理和国家机关、军队、个人在反贪污腐败中的责任做出规定。

第一款　贪污腐败是指担任一定职务、拥有一定职权的人利用职权谋取私利的行为。

第二款　担任一定职务、拥有一定职权的人包括：

(一) 干部、公务员、国家公职人员。

(二) 在人民军队的机关、单位工作的军官、职业军人和国防工人；在公安单位工作的警官、士官、专业技术警官、专业技术士官。

(三) 国有企业中的干部、管理干部；干部和管理干部是国有企业中的国有资本的代表人。

(四) 被授权执行公务的其他人员。

第二条　术语解释

本法中的相关术语解释如下：

（一）贪污财产：是指从贪污腐败行为中获得的财产或贪污腐败行为是其根源的财产。

（二）公开：是指机关、组织或单位公布文本、活动内容等正式信息。

（三）财产、收入透明：是指有申报义务的人申报财产、收入，必要时查明并做出结论。

（四）扰民：是指在执行任务、公务过程中行为粗暴、野蛮而带来困难、烦扰的行为。

（五）谋取私利：是指担任一定职务、拥有一定职权的人通过贪污腐败行为谋取物质、精神利益。

（六）机关、组织、单位：是指国家机关、政治组织、政治—社会组织、人民武装单位、事业单位、国有企业和使用国家财政预算、国家财产的其他机关、组织或单位。①

第三条　贪污腐败行为

（一）贪污财产。

（二）接受贿赂。

（三）滥用职权侵吞国家财产。

（四）在执行任务、公务过程中利用职权谋取私利。

（五）在执行任务、公务过程中超越职权谋取私利。

（六）利用手中职权对他人施加影响谋取私利。

（七）在工作中弄虚作假以谋取私利。

（八）利用办理机关、组织、单位或地方的工作的机会向担任一定职务、拥有职权的人行贿、介绍贿赂以谋取私利。

（九）利用职权违法使用国家财产谋取私利。

---

①　越南宪法将社会组织分为政治组织、政治—社会组织、社会组织、社会—经济组织等。——译者注

（十）扰民以谋取私利。

（十一）为谋取私利不执行任务、公务。

（十二）利用职权包庇有违法行为的人以便谋取私利；违法干涉检查、监察、审计、侦查、起诉、审判及执行活动以谋取私利。

第四条　处理贪污腐败行为的原则

（一）一切贪污腐败行为都必须得到发现、阻止和及时严肃处理。

（二）任何有贪污腐败行为的人，不论其在任何岗位、担任任何职务都必须按照法律处理。

（三）贪污的财产必须收回、没收；贪污腐败行为造成的损害必须依照法律赔偿。

（四）有贪污腐败行为的人在被发现以前主动报告，积极阻止违法行为造成的损害，主动上交贪污腐败财产的，可依法减轻纪律处分、减轻刑事责任或免于追究刑事责任。

（五）对贪污腐败案件的处理必须依法公开进行。

（六）有贪污腐败行为的人已经退休、辞职或改行的，仍须对其实施的贪污腐败行为进行处理。

第五条　机关、组织、单位和拥有相应职权的人的责任

第一款　机关、组织、单位在自己的职权范围内有以下责任：

（一）组织实施反贪污腐败的法律规范文件。

（二）及时受理、处理有关贪污腐败的检举、揭发及其他相关信息。

（三）保护贪污腐败行为检举人、揭发人的合法权益。

（四）主动预防、发现贪污腐败行为；在发现、处理贪污腐败行为过程中及时提供各种信息，执行机关、组织或相应职权人的下达的任务。

第二款　机关、组织、单位的第一负责人在自己的职权范围内有以下责任：

（一）指导实施本条第一款的各项规定。

（二）模范、廉洁；定期检查自己的职责、任务及在预防、发现和处理贪污腐败行为中的责任。

（三）对自己管理、负责的机关、组织、单位内发生的贪污腐败行为承担相应责任。

第三款 相应职权人有以下责任：

（一）按照法律的规定执行任务、公务。

（二）模范、廉洁；严格执行法律关于反贪污腐败的规定、办案规则和职业道德。

（三）按照本法的规定申报财产并对申报的正确性、真实性承担责任。

第六条 公民在反贪污腐败中的权利和义务

公民有权发现、举报贪污腐败行为；有义务协助、配合机关、组织及相应职权人发现、处理贪污腐败行为。

第七条 监察机关、审计机关、侦查机关、检察院、法院及相关机关、组织和单位的责任

国家监察机关、审计机关、侦查机关、检察院、法院在自己的权限范围内有责任相互配合并与相关机关、组织、单位配合，发现贪污腐败行为，处理行为人并在监察、审计、侦查、检察、审判贪污腐败案件过程中对其结论、决定承担法律责任。

相关机关、组织、单位在发现、处理贪污腐败案件中有责任创造条件，配合监察机关、审计机关、侦查机关、检察院、法院。

第八条 越南祖国阵线委员会及其成员组织的责任

越南祖国阵线委员会及其成员组织有责任动员人民积极参加预防、制止贪污腐败的活动；发现贪污腐败行为后向有管辖权的机关、组织或个人提出处理建议；监督本法的实施。

第九条 报纸的责任

报纸有责任参加反贪活动；在预防、制止贪污腐败活动中与有管辖权的机关、组织或个人配合；在报道中必须保证正确性、真实性和客观性并对报道的内容承担责任。

第十条　严格禁止的各种行为

（一）本法第三条规定的各种行为；

（二）威胁、打击报复贪污腐败行为的发现人、举报人、揭发人或信息提供人；

（三）利用举报贪污腐败的方式诬告、陷害其他机关、组织、单位或他人。

第二章　贪污腐败的预防

第一节　机关、组织和单位活动公开透明

第十一条　机关、组织和单位活动公开透明的原则和内容

第一款　政策、法律以及政策、法律的组织实施必须公开、透明，保障公平、民主。

第二款　机关、组织和单位必须公开自己的活动，涉及国家秘密和中央政府规定需要保密的内容除外。

第十二条　公开方式

第一款　公开的方式包括：

（一）在机关、组织或单位的会议上公布。

（二）在机关、组织或单位的办公场所张贴。

（三）以文本的方式向机关、组织、单位或相关个人通报。

（四）发行印刷品。

（五）在大众传媒上刊登、播放。

（六）在网页上公布。

（七）按机关、组织、单位或个人的要求提供材料。

第二款　在法律没有就公开方式做出规定的情况下，机关、组织或单位的第一负责人按照本条第一款第（二）、第（三）、第（四）、第（五）、第（六）项规定的一种或多种方式公开。此外，机关、组织或单位的第一

负责人也可以选择用本条第一款第（一）项、第（七）项规定的方式公开。

第十三条　公共采购和基本建设中的公开透明

第一款　公共采购和基本建设项目必须按照法律的规定公开。

第二款　法律规定公共采购和基本建设项目必须采用招标方式时，公开的内容包括：

（一）招标计划，邀请投标的初选名单、初选结果、最终中标者。

（二）邀请投标项目目录、邀请投标的理由，被邀请投标者的相关信息；限制招标项目目录，限制参与投标者目录，短期限制参加投标者目录，限制参加投标的理由，中标结果。

（三）招标项目业主所属的组织或个人、招标人、投标人、招投标管理机关或其他对象违反招投标法的相关信息；投标人被禁止参加投标的信息和因违反《招投标法》被处理的信息。

（四）招投标法律文件，招投标材料信息系统。

（五）计划投资部做出的全国招投标工作总结报告；部、行业、地方和基层做出的招投标工作总结报告。

（六）招投标申诉、控告管辖权，受理和解决程序。

第十四条　建设投资项目管理中的公开透明

第一款　在建设投资项目管理中，必须公开透明以下内容：

（一）前期可行性报告，可行性报告，社会经济影响评价报告；立项过程中的目标、结果预期，主要活动和项目的受众对象。

（二）项目批准决定，项目实施计划。

（三）进度报告，项目实施结果报告，项目实施评价报告和项目终止报告。

第二款　建设投资规划项目必须就本条第一款的内容征求在规划项目所在地群众的意见并在项目被批准后把本条第一款第（二）、第（三）项规定的内容公开。

第三款　地方财政投入的建设投资项目必须由地方人民议会审查、

决定。

第四款 建设投资项目在获得批准立项后,必须就本条第一款第(二)、第(三)项规定的内容公开以便人民群众监督。

第十五条 国家财政预算的公开透明

第一款 各级财政、财政预算单位必须公开经有管辖权的国家机关决定、批准的预算、决算材料的详细材料,包括补充预算材料。

第二款 财政预算单位有来自组织、个人赞助的合法收入时,必须公开这些资金的使用目的、使用结果和效果。

第三款 获得国家财政支持的组织必须公开以下内容:

(一) 预算、结算材料。

(二) 组织、个人的赞助(如果有)。

(三) 国家财政支持的确定基础及支持额度。

第四款 使用国家财政预算的基本建设投资项目必须公开以下内容:

(一) 国家财政预算按年度拨付给项目的年度分摊额度。

(二) 已获批准的投资计划项目的财政预算,已经拨付的年度财政预算额度。

(三) 项目年度投资决算资金额度。

(四) 项目完成并经有管辖权部门验收后的投资资金决算额度。

第五款 有国家财政预算来源的基金必须公开以下内容:

(一) 基金的财政机制和活动机制。

(二) 年度财政计划,其中,按有管辖权的国家机关的规定,与国家预算部分有关的收支情况,应公开收支明细情况。

(三) 基金的活动结果。

(四) 经有管辖权机关审定的年度决算报告。

第六款 国家给项目的财产、财政预算的分配,经有管辖权的国家机关审定的项目目标、章程必须向相关机关、组织、单位和项目所在地的群众公开。

第七款 税务机关、海关及其他收费机关必须公开征收税费的计算依据、实际征收额、减免对象和减免依据。

第十六条　接受和使用人民赞助款项的公开透明

第一款　使用人民赞助款项用于投资建设、在地方设立基金的，必须征求当地人民群众的意见并经同级人民议会审查、批准。

第二款　使用本条第一款规定的人民赞助的款项必须公开以便接受人民监督，并且必须按照法律的规定接受检查、审计、监察。

第三款　公开的内容包括使用目的、使用额度、使用情况、使用结果决算报告。

第四款　在乡、坊、镇的基础设施使用人民赞助款项的，必须公开以下内容：

（一）本条第三款规定的内容。

（二）根据经批准的投资计划做出的工程预算。

（三）每项工程的投资来源。

（四）每次使用赞助款项的结果、具体对象、使用周期。

（五）施工进度、验收结果、工程质量和工程决算。

第五款　为了慈善、人道的目的使用人民赞助款项的，按照本条第二款和第三款的规定执行。

第十七条　对互助、援助款项的管理及使用的公开透明

对正式发展互助资金（ODA）的管理、分配、使用按照本法第十五条的规定执行。对于非政府援助款项的使用必须向项目使用的受众公开。

第十八条　国有企业管理中的公开透明

第一款　国有企业有义务公开以下内容：

（一）国家投入企业的资金及财产。

（二）企业投资于子公司及关联企业的资金及财产。

（三）投资于主业外的款项。

（四）优惠贷款资金。

（五）财政报告和审计报告。

（六）设立和使用企业基金的情况。

（七）任免企业领导及管理人员情况。

（八）董事会成员、监事会成员、总经理、副总经理、经理、副经理、检查员、总会计师的姓名、任务、工资和其他收入。

第二款 每一年度由中央政府总理决定成立的国有企业必须就本条第一款规定的内容以文本的形式向中央政府财政部、主要经营领域的行业管理部门和审计署报告。

每一年度由部长决定成立的国有企业必须就本条第一款规定的内容以文本的形式向中央政府财政部、主要经营领域的行业管理部门、审计署和主管部委的审计部门报告。

每一年度由省、中央直辖市人民委员会主席决定成立的国有企业必须就本条第一款规定的内容以文本的形式向省、中央直辖市财政厅、主要经营领域的行业管理部门和审计厅报告。

第十九条 国有股份制企业的公开透明

第一款 国有股份制企业必须公开、透明；不得在企业内部进行封闭式的股份化。股份化的企业有义务公开财政报告、审计报告、企业股份化方案和计划。

第二款 国有企业中国有资本代表人的选派机关有义务公开企业股份化的意义和企业调整的意义（如果有）。

第三款 国有股份化企业在首次发售股份时，必须采取竞价的方式。

第二十条 对国家财政预算、国家财产使用的审计

第一款 机关、组织、单位有责任按照审计法的规定对国家财政预算和国家财产的使用进行审计和接受审计。

第二款 审计报告必须按照本法第十二条的规定公开。

第二十一条 资源、环境领域的公开透明

第一款 在土地领域，必须公开以下内容：

（一）土地使用的规划、计划。在制定土地使用的规划、计划的过程中，制定规划、计划的机关、组织必须向规划、计划所在地人民公开其规划、计划。

（二）经有管辖权的国家机关批准的土地使用规划和计划、土地收回、土地平整、补偿标准、收回土地后的互助和再定居等事项。

（三）土地使用的程序、手续、管辖权和使用权证书的颁发；住宅用地的分配，住宅用地的分配对象。

（四）从管理、使用土地中收取的财政收入，减免的土地使用费、土地税。

第二款　在矿产和水资源领域，必须公开以下内容：

（一）矿产规划。

（二）矿产活动的程序、手续、许可证的发放、延期和收回，矿产储量的审批和矿山的关闭。

（三）矿山开发权的招投标，禁止开采区域的划定，临时禁止开采区域的划定及管理、开发、使用矿产费用的标准。

（四）勘探、开发、使用水资源及排污程序、手续、管辖权及许可证的发放、收回。

第三款　在环境的国家管理中，必须公开以下内容：

（一）行业标准，建立环境档案、登记及行业许可证发放程序，废弃物管理代码。

（二）环境异动评估报告的审批程序、手续；环境异动评估报告的审批决定。

（三）收集、加工、处理废弃物。

第二十二条　住房管理中的公开透明

第一款　颁发住房建设许可证和产权证的管辖权、程序、手续必须公开。

第二款　属国家所有的住房的定价，享受国家定价住房的对象，必须上缴财政的收费项目和标准必须公开。

第三款　向再定居者、低收入者和优抚对象出售住房必须公开。

第二十三条　教育领域的公开透明

第一款　招生、考试、检查、颁发文凭和证书等必须公开。

第二款　教育管理机关必须公开管理工作、国家财政预算、国家财产、物质基础设施、干部队伍、公职人员、工勤人员和用于教育活动的财政收支；赞助款项、依法投资于教育的款项和其他收支。

第三款　公立教育机构必须公开教育质量协议和教育质量鉴定结果；教育质量保障条件；收费、管理、学费的使用、招生收取的例费、咨询活动收取的费用、技术转让费、互助款项、依法投资教育及其他财政收支情况。

第二十四条　医药领域的公开透明

第一款　私人行医许可证和医药行业的执业许可证的颁发、收回的管辖权、程序、手续必须公开。

第二款　医疗管理机关、使用国家财政预算的医疗机构收支、管理，财政预算使用，国家财产使用，药价及与治疗相关的收入和依照法律规定取得的其他收入。

第二十五条　科学技术领域的公开透明

第一款　科学技术项目的审查、选择、交付、资助和科学技术项目的评估、验收必须公开。

第二款　科学技术管理机关、科研单位必须公开国家财政预算、国家财产、互助款项、援助款项、投资、科学技术活动的其他收入的管理、使用情况。

第二十六条　体育领域的公开透明

体育管理机关、越南奥林匹克委员会、各体育协会、基层体育机构有义务公开国家财政预算、国家财产、体育活动中的各项收入、资助、互助款项、国内外组织及个人的赞助款项的管理和使用情况。

第二十六条 A① **文化、通讯及传媒领域的公开透明**

在文化、通讯及传媒领域，必须公开以下内容：

（一）文化、通讯及传媒规划、计划的建立和审批。

（二）文化、通讯及传媒活动许可证的颁发、延期和收回的程序、手续及管辖权。

第二十六条 B **农业、农村发展领域的公开透明**

在农业和农村发展领域中，必须公开以下内容：

（一）农业、林业和渔业的鼓励政策及发展农业、农村的各项章程。

（二）林业发展规划、计划；林地交付、林地出租、林地收回、林地用途的变更、林地使用权的登记等事项。

（三）药用植物、草药、农林渔产品加工等行业的经营许可证的颁发、收回程序、手续及管辖权。

第二十六条 C **民生保障领域的公开透明**

在民生保障政策的实施过程中，必须公开以下内容：

（一）保障政策的享受条件、标准、额度；社会保险、医疗保险、社会救助及对革命有功人员的优待等政策、法律施行程序、手续及管辖权。

（二）社会保险、医疗保险、社会救助及对革命有功人员的优待等政策、法律的执行情况。

第二十六条 D **民族政策实施中的公开透明**

在民族政策的实施过程中，必须公开以下内容：

（一）民族政策的享受条件、标准、额度；在贫困、特别贫困少数民族地区实施民族政策的程序、手续及管辖权。

（二）在贫困、特别贫困少数民族地区实施章程、项目的情况。

（三）民族政策实施结果报告。

---

① 条款序号后面标有字母的表示该条是新补充的。——译者注

第二十七条　监察、解决申诉、揭发检举及国家审计中的公开透明

第一款　监察、解决申诉、控告及国家审计活动必须依法公开进行。

第二款　以下文本、决定必须公开，法律另有规定的除外：

（一）监察决定、监察结论、监察处理决定。

（二）申诉解决决定。

（三）对揭发检举所做的结论，对被揭发检举者的处理决定。

（四）审计报告；审计机关的审计结论、建议的落实情况。

第二十八条　在解决机关、组织、单位、个人工作的活动中的公开透明

第一款　在房屋、土地、建设、经营登记、项目审批、国家财政预算分配、信用、银行、进出口、出入境、户籍管理、税收、海关、保险等领域有管理权的机关、组织和个人及直接办理机关、组织、单位及个人事项的其他机关、组织及个人必须公开行政手续，按时、合法并按机关、组织、单位和个人的合法要求办理。

第二款　机关、组织、单位及个人有权向有管辖权的机关、组织及个人提出办理事项的要求，解释清楚相关内容。当受理机关、组织及个人的要求时，有管辖权的机关、组织及个人必须及时公开解释。

第三款　在有管辖权的机关、组织及个人解释不妥当或故意设置障碍时，请求办事的机关、组织、单位或个人有权向办事机构的直接上级提出办理要求。

第二十九条　司法领域的公开透明

案件的受理、侦查、起诉、审判及执行必须根据诉讼法及相关法律的规定公开。

第三十条　组织人事工作中的公开透明

在组织人事工作中，必须公开以下内容：

（一）机关、组织、单位选用干部、公务员、国家公职人员及工人。

（二）选拔、培养及评价干部、公务员、国家公职人员的规划。

（三）干部、公务员、国家公职人员的任命、免任、罢免、撤职、辞退、劝退、退休。

（四）干部、公务员及国家公职人员的转岗、升职、轮岗、调动和外派。

（五）干部、公务员、国家公职人员及工人的加薪、奖赏、奖励或纪律处分。

（六）各直属单位的成立、合并、分立、分割和解体。

第三十一条　机关、组织的请求提供信息权

第一款　国家机关、政治组织、政治—社会组织、报刊机构在各自的任务、权限范围内有权要求负有责任的机关、组织或单位依照法律的规定提供其活动的信息。

第二款　自收到要求之日起十日内，负有责任的机关、组织或单位必须提供相关活动的信息，相关信息已向大众传媒公开、已发行印刷品或已公开张贴的情况除外；在不能提供或不能及时提供的情况下，必须以书面形式答复并说明理由。

第三十二条　个人要求提供信息的权利

第一款　干部、公务员、国家公职人员和其他工人有权要求本人所在地的机关、组织或单位的第一负责人提供其活动的信息。

第二款　公民有权要求本人居住地的乡、坊、镇的人民委员会主席提供乡、坊、镇机关活动的信息。

第三款　自收到要求之日起十日内，被要求者必须提供相关信息；在未能提供或所要求的内容已经公开的情况下，必须答复请求者。

第三十二条 A　解释说明的责任

第一款　有管辖权的国家机关被要求时，必须就自己在完成任务、行使职权的过程中采取的直接涉及其他机关、组织或个人的合法权益的决定、行为做出解释说明。

第二款　中央政府规定解释说明的具体内容及解释说明的程序及手续。

第三十三条　年度反腐败报告的公开

第一款　每一年度，中央政府有责任向国会报告全国范围内的反腐败情况；地方人民委员会有责任向同级人民议会报告本地方反腐败情况。

第二款　反腐败报告必须公开。

第二节　各项制度、定额和标准的建立和实施

第三十四条　各项制度、定额和标准的制定、颁行

第一款　国家机关在自己的任务、权限范围内有以下责任：

（一）制定、颁行和公开各项制度、定额和标准。

（二）公开各项制度、定额、标准的各项规定中关于本机关各类职务的权利。

（三）严格执行各项制度、定额和标准中的各项规定。

第二款　政治组织、政治—社会组织、事业单位及其他使用国家财政预算的机关、组织和单位根据本条第一款的规定指导运用或与有管辖权的国家机关配合制定、颁行和公开本机关、组织或单位内部的各项制度、定额和标准。

第三款　严禁违法颁行制度、定额和标准。

第三十五条　对违反制度、定额和标准行为的检查和处理

第一款　机关、组织和单位必须经常检查制度、定额和标准的执行，及时处理违反行为。

第二款　对实施违反制度、定额和标准行为的人，必须依照法律的规定处理。

第三款　允许他人违反制度、定额和标准的人必须赔偿因此造成的损失，实施违反制度、定额和标准的人必须承担连带责任。

第四款　允许他人低于标准执行制度、定额和技术标准的人必须赔偿因此带来的损失，从该行为中获益的人必须承担连带责任。

第一部分 宪法、全国性涉党法律

第三节 接待规范，行业道德规范，干部、公务员和国家公职人员工作岗位的变动

第三十六条 干部、公务员和国家公职人员的接待规范

第一款 接待规范是规定干部、公务员和国家公职人员在执行任务、公务过程中和处理社会关系中，哪些事情该做，哪些事情不该做，且与各类不同类型、不同领域的干部、公务员和国家公职人员的工作、任务的特殊性相符合的行为准则，旨在保障干部、公务员和国家公职人员的廉洁性。

第二款 干部、公务员和国家公职人员的接待规范应当公开以便人民群众监督其执行情况。

第三十七条 禁止干部、公务员和国家公职人员实施的行为

第一款 干部、公务员和国家公职人员不得实施以下行为：

（一）在工作中粗暴、野蛮，给机关、组织、单位或个人造成妨碍。

（二）组建、参与组建或参与管理、控制私营企业、有限责任公司、股份公司、合营公司、合作社、私立医院、私立学校和私立科学研究机构，法律另有规定的除外。

（三）就涉及国家秘密、工作秘密、自己办理的公务或参与办理的公务为国内外企业、组织提供咨询。

（四）辞职后在中央政府规定的期限未届满前从事本人以前管理领域的经营活动。

（五）违法使用机关、组织或单位的信息材料用以牟利。

第二款 机关第一负责人、副职及其配偶不得向自己直接管理的行业的企业投资。

第三款 机关、组织或单位的第一负责人和副职不得安排其配偶和近亲属担任机关、组织或单位的组织人事、财务会计、出纳、仓库保管员、销售人员、物资商品采购员及合同订立人员等职务或岗位。

第四款 机关、组织或单位的第一负责人和副职不得让其配偶和近亲属从事本人直接管理的领域内的经营活动。

第五款 国有企业董事会成员、监事会成员、总经理、副总经理、经理、副经理、检查员、总会计师和其他管理人员不得与其配偶或近亲属所拥有的企业订立合同；让配偶或近亲属的企业参与本人所在企业的招投标活动；安排其配偶和近亲属担任企业的组织人事、财务会计、出纳、仓库保管员、销售人员、物资商品采购员及合同订立人员等职务或岗位。

第六款 本条第一、第二、第三和第四款的规定同样也适用于以下对象：

（一）人民军队所属的机关单位内的军官、职业军人和国防工人；

（二）人民公安系统所属的机关单位内的专业军官、士官，技术军官、士官。

第三十八条 贪污腐败信息的举报义务及其处理

第一款 干部、公务员和国家公职人员在发现本机关、组织和单位内发生贪污腐败的情况时，必须立即向所在单位的第一负责人举报；除非第一负责人与贪污腐败有关，在此情况下，应向其上级的第一负责人举报。

第二款 自收到贪污腐败信息举报之日起十日内，收到举报的人应当按权限进行处理或转交给有管辖权的机关、组织或个人进行审查处理并向举报者反馈。对于复杂情况，上述期限可以延长，但不得超过三十日；必要时可决定或建议有管辖权的人员采取必要措施阻止贪污腐败行为可能造成的后果的发生并保护举报者。

第三十九条 贪污腐败信息不举报、不处理的责任

干部、公务员和国家公职人员知悉贪污腐败行为而不举报的，得到贪污腐败举报信息而不处理的，必须承担法律责任。

第四十条 干部、公务员和国家公职人员的馈赠和收受馈赠

第一款 机关、组织和单位不得使用国家财政预算经费进行馈赠，法律另有规定的除外。

第二款　干部、公务员和国家公职人员不得收受本人管理的或找自己办事的机关、组织、单位或个人赠送的金钱、财产或其他物质利益。

第三款　严禁利用馈赠或接受馈赠进行贿赂或其他牟利行为。

第四款　中央政府制定干部、公务员和国家公职人员进行馈赠、接受馈赠和上交馈赠的具体规定。

第四十一条　干部、公务员和国家公职人员的接待规范的制定权

第一款　部长、部级机关首长、中央政府直属机关首长、国会办公厅主任、国家主席办公厅主任负责制定、颁行本部门的干部、公务员和国家公职人员接待规范。

第二款　最高人民法院院长负责制定、颁行法院的审判员、陪审员、书记员及法院其他干部、公务员、国家公职人员的接待规范。最高人民检察院检察长负责制定、颁行检察院的检察员及检察院其他干部、公务员、国家公职人员的接待规范。

第三款　内务部部长负责制定、颁行地方国家机关干部、公务员和国家公职人员的接待规范并配合政治—社会组织的中央机关制定、颁行政治—社会组织的干部、公务员、国家公职人员的接待规范。

第四十二条　行业道德规范

第一款　行业道德规范是各行业内符合自身特殊性的，保障其廉洁性、诚实性及责任性的行为准则。

第二款　社会行业组织与有管辖权的国家机关配合并依照法律的规定制定、颁行适用于本行业所有会员的行业道德规范。

第四十三条　干部、公务员和国家公职人员的工作岗位变动

第一款　机关、组织和单位按照各自的管理权，有责任定期变动那些涉及国家财政经费管理、直接接触和办理机关、组织、单位及个人公务的岗位上的干部、公务员和国家公职人员，以主动预防贪污腐败。

第二款　工作岗位变动必须有计划并在机关、组织或单位内部公开。

第三款　本条第一款和第二款规定的工作岗位变动只适用于不担任管

理职务的干部、公务员和国家公职人员。干部、公务员和国家公职人员的轮换按照干部轮换的相关规定执行。

第四款 中央政府制定、发布本条第一款规定的需要定期变动的岗位目录和期限。

第四节 财产、收入透明

第四十四条 财产申报义务

第一款 以下人员必须进行财产申报：

（一）县、郡、县级市、省辖市的人民委员会和级别相当的机关、组织和单位的副处长以上的干部。

（二）乡、坊、镇的部分干部、非公务员；从事国家财政、财产管理工作，直接接触或办理机关、组织、单位和个人公务的人员。

（三）国会代表、地方人民议会代表的候选人。

中央政府对本款规定的必须申报财产的人员做出具体规定。

第二款 有财产申报义务的人员必须申报财产，包括自己所有的财产、配偶所有的财产和未成年子女的财产及其变动情况。

第三款 有财产申报义务的人员必须诚实申报并对申报承担责任。

第四十五条 必须申报的财产

必须申报的财产包括：

（一）房屋、土地使用权。

（二）贵金属、宝石、货币、有价证券和价值在五千万越盾以上的其他财产。

（三）在国外的财产和账户。

（四）依法需要纳税的收入。

第四十六条 财产申报程序

第一款 财产申报按年度进行，在工作所在的机关、组织或单位申报，最迟在每年的12月31日以前完成。

第二款　有财产申报义务的人员必须对以前所申报的财产的变动情况做出备注。

第三款　财产申报单应上交给有权管理申报义务人的机关、组织或单位。

第四十六条 A　财产申报单的公开

有财产申报义务的人员的财产申报单按照以下规定公开：

（一）有财产申报义务的人员的财产申报单应在义务人经常工作地的机关、组织或单位公开。

拥有干部、公务员、国家公职人员财产申报管理权的人员可决定公开形式，可在会议上公开或将申报单在机关、组织或单位的住地张贴。时间应在每年的1月1日至3月31日期间。如果用张贴的方式公开，则张贴时间不少于连续三十天。

（二）国会代表、地方人民议会代表候选人的财产申报单必须在候选人参选地的选民会议上公开。公开的时间、地点按选举委员会的规定执行。

（三）预计可能入选国会代表、地方人民议会代表、其代表资格正在国会或地方人民议会审查的人员的财产申报单必须在国会会议、地方人民议会会议上向国会代表、地方人民议会代表公开。公开的时间、形式分别按照国会常务委员会和地方人民议会常务委员会的规定执行。

第四十六条 B　对财产增加部分的来源的说明义务

第一款　财产申报人有义务就本法第四十四条第二款规定的财产增加部分的来源做出解释说明。

第二款　中央政府对所增加财产的价值额度、所增加财产价值的确定、要求说明的管辖权、说明人的责任、说明的程序、手续等做出规定。

第四十七条　财产查明

第一款　财产查明的根据包括：

（一）申报义务人被举报在财产申报中不诚实。

（二）经审查认为，应当为选举、任命、革职、免任、罢免或纪律处分等正在进行的工作补充财产申报义务人的相关信息。

（三）有理由认为财产增加来源不合理。

（四）本法第四十七条 A 规定的有管辖权的机关、组织或个人提出要求。

第二款　当具备本法第四十七条 A 第一款规定的根据之一时，有干部、公务员或国家公职人员财产申报管理权的人员有权做出查明财产的决定。

第四十七条 A　要求查明财产的管辖权

第一款　当具备本法第四十七条第一款第（一）、第（二）、第（三）项规定的根据之一时，以下机关、组织或个人有权要求有干部、公务员或国家公职人员财产申报管理权的人员做出财产查明的决定：

（一）国会常务委员会、地方人民议会常务委员会有权要求对预计被选出的人员或预计被批准任职的人员进行财产查明；

（二）政治组织、政治—社会组织的常务机关有权要求对预计被选入政治组织、政治—社会组织的人员进行财产查明；

（三）中央政府总理、省和县级人民委员会主席有权要求对预计被人民议会选出的人员进行财产查明；

（四）选举会议、选举委员会或祖国阵线委员会有权要求对国会代表候选人、地方人民议会代表候选人进行财产查明；

（五）国家主席有权要求对预计被任命为副总理、部长、部级机关首长、最高人民法院副院长、最高人民法院审判员、最高人民检察院副检察长、最高人民检察院检察员的人员进行财产查明；

（六）国会常务委员会有权要求对预计被任命为国家审计署副总审计长的人员进行财产查明。

第二款　监察机关、国家审计署、侦查机关、检察院和其他有管辖权的机关、组织如果在进行检查、监察、审计、调查、起诉过程中有结论认为财产申报义务人涉嫌贪污腐败时，有权要求财产查明。

第四十八条　财产查明程序

第一款　在做出财产查明决定之前，有管辖权的机关、组织可要求财产申报义务人就其申报做出解释说明。解释说明必须在五日内进行，自收到解释说明的要求之日起计算。

第二款　自本法第四十七条第二款规定的根情形生之日起五日内，有管辖权的机关、组织应做出财产查明决定。

第三款　有关机关、组织和个人有义务应有管辖权的机关、组织的要求提供相关信息材料。

第四款　自做出财产查明决定之日起二十日内，对财产申报义务人有管理权的机关、组织要进行审查、查明活动并必须就财产申报是否透明做出结论。

第五款　国会代表及地方人民议会代表候选人的财产查明程序按照本条第一、第二、第三和第四款的规定执行。

第六款　中央政府规定财产查明程序、手续的具体内容。

第四十九条　财产申报透明度结论

第一款　财产申报透明度结论是对财产申报的诚实性所做出的结论。

第二款　财产申报透明度结论必须寄送要求进行财产查明的机关、组织和被查明者。

第三款　本法第四十八条第四款规定的机关、组织和单位必须对财产申报透明度结论内容的客观性、正确性负责。

第五十条　财产申报透明度结论的公开

第一款　财产申报透明度结论可应要求或有管辖权的机关、组织的决定在以下地点公开：

（一）财产申报义务人被任命、被当选并被确认时，在义务人工作地的机关、组织或单位内公开；

（二）对于国会代表候选人和地方人民议会代表候选人，在其工作地或居住地的选民会议上公开；

（三）对于被提名后交国会、地方人民议会或政治组织、政治—社会组织的代表大会选举、批准任职者，在被提名者所在机关、组织或单位公开。

第二款 因贪污行为被提起诉讼者的财产申报透明度结论应在其工作地的机关、组织或单位内公开。

第五十一条 管理财产申报义务人的机关、组织或单位的责任

机关、组织和单位有责任对由自己管理的人员的财产申报进行管理并保存申报义务人的财产申报单；按照有管辖权的机关、组织的决定组织财产查明；做出财产查明透明度结论并根据有管辖权的机关、组织的决定按照本法第五十条的规定公开结论。

第五十二条 对财产申报不诚实者的处理

第一款 对财产申报不诚实者将依法给予纪律处分。对财产申报不诚实者的纪律处分决定必须在财产申报者所在机关、组织或单位公开。

第二款 国会代表和地方人民议会代表的候选人申报不诚实的，应从候选人名单中除名；被提名任职者、被当选等待确认者申报不诚实的，不再任命或确认。

第五十三条 收入检查

中央政府起草关于对担任职务、享有职权者进行收入检查的法律文件草案呈国会审议。

第五十三条 A 机关、组织和单位的第一负责人对干部、公务员和国家公职人员做出暂时停止工作、暂时转岗决定中的责任

第一款 有根据认为干部、公务员、国家公职人员有违法行为涉嫌贪污腐败，如果认为该人继续工作可能会给检查、处理带来障碍时，机关、组织或单位的第一负责人可依职权或根据对干部、公务员和国家公职人员有管理权的人员的建议决定暂时停止其工作或暂时转岗以便查明是否存在贪污腐败行为。

第二款 在监察、审计、侦查、公诉中，有根据认为嫌疑人有贪污行

为，为了查明是否有贪污行为，可对机关、组织、单位的第一负责人或对干部、公务员及国家公职人员有管理权的人员提出对嫌疑人采取暂时停止其工作或暂时转岗的要求，当接到监察机关、审计机关、侦查机关或检察院的上述要求时，机关、组织、单位的第一负责人或对干部、公务员及国家公职人员有管理权的人员必须审查并做出暂时停止工作或暂时转岗的决定。

第三款　在有管辖权的国家机关对嫌疑人做出没有贪污行为的结论后，机关、组织或单位的第一负责人或对干部、公务员及国家公职人员有管理权的人员必须撤销暂时停止其工作或暂时转岗的决定，恢复其合法权益，并向全体干部、公务员及国家公职人员公开通报。

第四款　中央政府对暂时停止工作、暂时转岗的程序、手续和期限做出具体规定，对在有管辖权的国家机关对涉嫌贪污的干部、公务员或国家公职人员做出没有贪污行为的结论后，嫌疑人在暂时停止工作或暂时转岗期间的工资、补助、其他权益、赔偿和合法权益的恢复等做出规定。

第五节　贪污腐败行为发生时机关、组织和单位第一负责人的责任

第五十四条　当自己管理的机关、组织或单位发生贪污腐败行为时，机关、组织或单位第一负责人的责任

第一款　机关、组织或单位的第一负责人必须对自己管理、负责的机关、组织或单位发生的贪污腐败行为承担责任。

机关、组织或单位的第一负责人必须对自己直接管理或直接下达任务的人员发生的贪污腐败行为承担直接责任。

第二款　机关、组织或单位的副职必须对本单位内由自己直接负责的领域内发生的贪污腐败行为承担直接责任。

机关、组织或单位的第一负责人必须对由自己的副职直接负责的工作中发生的贪污腐败行为承担连带责任。

第三款　机关、组织的直属单位的第一负责人必须对本单位发生的贪

污腐败行为承担责任。

第四款 在使用国家财政预算的政治组织、政治—社会组织、社会行业组织和其他组织内发生贪污腐败行为时，对其第一负责人及其他责任人的处理按照本法及其上述组织的条例、规制执行。

第五款 本条第一、第二和第三款规定的机关、组织或单位第一负责人及其副职的责任，应排除其不可能知道或已经知道但已采取必要的防范措施的情况。

第五十五条 机关、组织或单位发生贪污腐败行为时对第一负责人的处理

第一款 第一负责人管理、负责的机关、组织或单位发生贪污腐败行为需要承担直接责任时，给予纪律处分或追究刑事责任。

第二款 第一负责人管理、负责的机关、组织或单位发生贪污腐败行为需要承担连带责任时，给予纪律处分。

第三款 机关、组织或单位的第一负责人如果已经采取必要措施阻止、克服贪污行为所造成的后果，严肃处理并及时将贪污腐败行为向有管辖权的机关、组织报告的，可以减轻本条第一、第二款规定的责任。

第四款 贪污行为、贪污腐败案件的监察结论、审计报告、侦查结论必须根据以下等级明确发生贪污腐败行为的机关、组织或单位的第一负责人的责任：

（一）管理能力弱。

（二）管理中缺乏责任心。

（三）包庇贪污腐败行为人。

以上结论、报告必须报送有干部管理权的机关、组织和个人。

第六节 行政改革，管理技术和结算方式的改革

第五十六条 改革行政以预防贪污腐败

国家进行行政改革旨在加强机关和单位的独立性，使其自我承担责任；强化中央和地方之间、各级地方政权之间的分级管理；明确各国家机

关各自的任务、权限；公开、简化和完善行政程序；明确各机关、组织和单位内各职位的具体职责。

第五十七条 在管理中加强科学技术的运用

第一款 机关、组织和单位要经常改进工作，加强科学技术在工作中的运用，为公民、机关、组织、单位实现自己的合法权益创造条件。

第二款 机关、组织和单位有责任引导办事程序、手续以便机关、组织、单位和个人主动实现而不必直接与干部、公务员或国家公职人员接触。

第五十八条 改革支付方式

第一款 国家采取各种管理办法以实现通过银行账户和国库进行支付。机关、组织和单位有责任执行关于用转账方式支付的各项规定。

第二款 中央政府采取各项财政措施、技术，以逐步实现本法第一条第三款第（一）、第（二）和第（三）项规定的担任一定职务、享有一定职权的人的各项因公支出项目及使用国家财政预算经费的其他交易都通过银行账户进行。

第三章 贪污腐败行为的发现

第一节 机关、组织和单位的检查工作

第五十九条 国家管理机关的检查工作

第一款 国家管理机关首长有责任经常对自己管理范围内的机关、组织、单位或个人执行法律的情况开展检查以便及时发现贪污腐败行为。

第二款 当发现贪污腐败行为时，国家管理机关首长必须按权限及时处理并向有管辖权的监察机关、侦查机关或检察院报告。

第六十条 机关、组织和单位的自我检查

第一款 机关、组织和单位的第一负责人有责任经常主动对干部、公务员和国家公职人员执行任务、完成工作的情况进行检查，直接解决机

关、组织、单位及由自己管理的干部、公务员、国家公职人员及其他个人出现的各种问题，及时发现、阻止、处理贪污腐败行为。

第二款　机关、组织和单位的第一负责人有责任经常督促所辖直属单位的第一负责人对其管理的干部、公务员、国家公职人员执行任务、公务的情况进行检查。

第三款　当发现贪污腐败行为时，机关、组织或单位的第一负责人必须按权限及时处理并向有管辖权的监察机关、侦查机关或检察院报告。

第六十一条　检查形式

第一款　经常性的检查工作必须按章程、计划并在经常发生贪污行为的领域开展。

第二款　突击检查活动应在发现贪污腐败迹象时进行。

第二节　通过监察、审计、侦查、检察、审理、监督活动发现贪污腐败行为

第六十二条　通过监察、审计、侦查、检察、审理活动发现贪污腐败行为

监察机关、审计机关、侦查机关、人民检察院、人民法院在监察、审计、侦查、起诉、审理活动中有责任主动发现贪污行为，依职权进行处理或按照法律的规定提出处理建议并对所做出的决定承担责任。

第六十三条　通过监督活动发现贪污腐败行为

国会、国会所属各机关、国会代表团、地方人民议会、国会代表、地方人民议会代表通过监督活动有责任发现贪污腐败行为，并按法律的规定要求处理或建议处理。

第三节　贪污腐败的举报及其处理

第六十四条　贪污腐败行为的举报及举报人的责任

第一款　公民有权对机关、组织和享有职权的人员的贪污腐败行为进

行举报。

第二款　举报人必须诚实举报，签署自己的姓名、地址，提供自己所掌握的信息材料并与机关、组织和有举报管辖权的人员配合。

第三款　举报人故意违背事实举报的必须严肃处理，如果对被举报人造成损害的必须依照法律的规定赔偿。

第六十五条　举报的受理和处理

第一款　机关、组织、单位有责任创造有利条件，以便公民以直接举报、邮寄举报信、电话举报、网上举报及法律规定的其他形式进行举报。

第二款　有管辖权的机关、组织的第一负责人在收到贪污腐败行为的举报后，必须依照管辖权进行审查、处理；按举报人的要求对举报人的姓名、地址、笔迹和相关信息给予保密；当举报人受到威胁、打击、报复或举报人提出要求时，及时采取必要措施保护举报人；当举报人提出要求时，向举报人通报处理结果。

第三款　监察机关有责任协助同级国家管理机关查明所举报的事项、做出结论并提出处理建议；当发现犯罪迹象时，移送侦查机关、检察院按照刑事诉讼法的规定处理。

第六十六条　机关、组织、单位及个人的配合责任

在自己的任务、权限范围内，机关、组织、单位和个人必须创造条件，配合有管辖权的机关、组织和个人解决举报案件，发现、阻止和及时处理贪污腐败行为，减少贪污腐败行为所造成的损失。

第六十七条　奖励举报人

在发现、阻止和处理贪污腐败行为中诚实举报并与有管辖权的机关、组织和个人积极配合的人员应按照法律的规定获得物质、精神奖励。

第四章 对贪污腐败行为及其他违法行为的处理

第一节 纪律处分、刑事处罚

第六十八条 纪律处分和刑事处罚的对象

（一）本法第三条规定的有贪污腐败行为的人。

（二）知道贪污腐败行为而不报告、揭发的人。

（三）对贪污腐败行为的报告、揭发、举报不予处理的人。

（四）对贪污腐败行为的发现者、报告者、揭发者、举报者、提供相关信息材料者进行威胁、打击、报复的人。

（五）发生贪污腐败行为的机关、组织或单位的第一负责人。

（六）实施违反本法及相关法律的其他行为的人。

第六十九条 对贪污腐败行为人的处理

实施贪污腐败行为者将视其性质、违法程度给予纪律处分、刑事处罚；贪污腐败行为已被定罪，判决、裁定已经生效的，必须强制辞退；是国会代表、地方人民议会代表的，自动丧失其代表资格。

第二节 贪污腐败财产的处理

第七十条 贪污腐败财产的处理原则

（一）有管辖权的机关、组织必须采取各种必要措施收回、没收贪污腐败财产。

（二）贪污腐败财产必须返还所有权人、合法管理人或上缴国库。

（三）行贿者在行贿行为被发现以前主动投案的，可以返还其用于贿赂的财产。

（四）贪污腐败财产的没收、收回由有管辖权的国家机关依照法律的规定做出决定后执行。

第七十一条 有涉外因素的贪污腐败财产的收回

在越南社会主义共和国是条约成员和符合越南法律基本原则的基础

上，越南政府与外国政府合作以收回被贪污的越南财产或外国财产，并将该财产返还其合法所有权人。

第五章 监察机关、审计机关、侦查机关、检察院、法院和相关机关、组织、单位在反贪污腐败中的组织、责任和配合活动

第一节 在反贪污腐败工作中的组织、指导、配合和责任

第七十二条 在反贪污腐败工作中机关、组织和单位第一负责人的责任

第一款 机关、组织和单位的第一负责人有责任依照本法及其他相关法律规定的措施在本人管理的机关、组织或单位内预防、制止贪污行为。

第二款 机关、组织和单位的第一负责人就自己管理的机关、组织或单位的反贪污腐败工作对其直接上级机关、组织或单位负责。

第七十三条① 反贪污腐败指导委员会

第一款 由政府总理领导的中央反贪污腐败指导委员会有责任指导、配合、检查、督促全国范围内的反贪污腐败活动。中央反贪污腐败指导委员会设立专职行动常务部门协助工作。

第二款 由省人民委员会主席、直辖市人民委员会主席为首的省、直辖市反贪污腐败指导委员会有责任指导、配合、检查、督促省、直辖市范围内的反贪污腐败工作。省、直辖市反贪污腐败指导委员会有其协助部门。

第三款 中央反贪污腐败指导委员会、省与直辖市反贪污腐败指导委员会的组织、任务、权限和活动规范由国会常务委员会根据政府总理的提议规定。

---

① 该条款在 2012 年 11 月 23 日举行的越南第十三届国会第四次会议上被废止。——译者注

第七十四条 对反贪污腐败工作的监督

第一款 国会、国会常务委员会监督全国范围内的反贪污腐败工作。

第二款 国会民族委员会和国会常务委员会各专门委员会在各自的任务、权限范围内监督属于自己负责的领域内的反贪污腐败工作。

国会法律委员会在自己的任务、权限范围内监督贪污腐败行为的发现和处理。

第三款 各级地方人民议会在自己的任务、权限范围内有责任监督本地方的反贪污腐败工作。

第四款 国会代表团、国会代表、地方人民议会代表在自己的任务、职权范围内监督法律关于反贪污腐败的各项规定的实施。

第七十五条 反贪污腐败的专职单位

第一款 在监察部、公安部、最高人民检察院内部设置有专门的反贪污腐败机构。

第二款 本条第一款规定的专门机构的组织、任务、权限由国会常务委员会和中央政府做出规定。

第七十六条 中央政府监察部的责任

中央政府监察部在自己的任务、权限范围内，有以下责任：

（一）组织、领导、指导监察工作，执行反贪污腐败的各项法律规定；当发现贪污腐败行为时建议有管辖权的机关、组织进行处理。

（二）建设反贪污腐败信息系统。

第七十七条 国家审计署的责任

国家审计署在自己的任务、权限范围内有责任组织实施审计工作，旨在预防、发现和配合处理贪污腐败行为；当发现贪污腐败行为时移送侦查机关、检察院或有管辖权的机关进行处理。

第七十八条 公安部、国防部的责任

公安部、国防部在自己的任务、权限范围内，有责任组织、领导贪污腐败犯罪的侦查工作。

第七十九条　最高人民检察院和最高人民法院的责任

第一款　最高人民检察院有责任组织、领导实施对贪污腐败犯罪的公诉工作；对贪污腐败犯罪案件的侦查、审判、执行活动进行监督。

第二款　最高人民法院有责任对贪污腐败犯罪进行审判和指导审判。

第八十条　监察机关、审计机关、侦查机关、检察院和法院等机关之间的配合

监察机关、审计机关、侦查机关、检察院和法院在反贪污腐败活动中有责任按照以下内容相互配合：

（一）经常交流反贪污腐败的信息、材料、经验。

（二）将贪污腐败的案件材料移送给有管辖权的机关处理。

（三）综合评价、预测反贪污腐败的形势，提出反贪污腐败的政策建议和措施。

第八十一条　监察机关、审计机关与侦查机关的工作配合

第一款　当监察机关、审计机关将贪污腐败案件材料移送侦查机关时，侦查机关必须受理并依照刑事诉讼法的规定进行处理。

第二款　在侦查机关做出决定后，监察机关、审计机关不同意侦查机关的决定时，监察机关、审计机关有权向同级检察院、上级侦查机关通报。

第八十二条　监察机关、审计机关与检察院的工作配合

第一款　当监察机关、审计机关将贪污腐败案件材料移送侦查机关时，应同时通报同级检察院以便进行监督。

第二款　当监察机关、审计机关向检察院移送贪污腐败案件材料后，检察院必须进行审查、处理，并将处理结果向移送材料的机关通报。

第二节　监察机关、审计机关、侦查机关、检察院和法院内反贪污腐败工作的检查

第八十三条　对监察机关、审计机关、侦查机关、检察院和法院的干部、公职人员的反贪污腐败工作的检查

第一款　监察机关、审计机关、侦查机关、检察院和法院必须开展检查以便阻止干部、公职人员在反贪污腐败工作中滥用职权、超越职权或干

扰办案。

第二款 监察机关、审计机关、侦查机关、检察院和法院的第一负责人必须加强对干部和公职人员的管理；领导内部的监察、检查工作以便在反贪污腐败工作中阻止违法行为的发生。

第三款 监察机关、审计机关、侦查机关、检察院和法院的干部和公职人员在反贪污腐败中有违法行为的，将视其违法性质、程度给予纪律处分或追究刑事责任；造成损害的，必须依法进行赔偿。

第八十四条 对监察机关、审计机关、侦查机关、检察院和法院的干部和公职人员的举报的处理

对监察机关、审计机关、侦查机关、检察院和法院的监察员、审计员、侦查员、检察员、审判员、陪审员、书记员和其他干部、公职人员在反贪污腐败中的违法行为进行举报时，上述机关的第一负责人依照权限进行处理或建议有管辖权的机关、组织或个人进行处理。

举报处理结果必须公开。

第六章 社会在反贪污腐败中的作用

第八十五条 越南祖国阵线委员会及其成员在反贪污腐败中的作用

第一款 越南祖国阵线委员会有以下责任：

（一）与有管辖权的国家机关配合对人民和本组织的成员进行宣传教育以便使反贪污法律法规得到更好实施，对如何发现、预防贪污腐败提出建议措施。

（二）动员人民群众积极参与发现、举报贪污腐败行为的活动。

（三）在发现、查明、处理贪污腐败案件中，提供信息材料，与有管辖权的机关、组织或个人积极配合。

（四）对反贪污腐败开展监督。

第二款 越南祖国阵线委员会及其成员组织有权要求有管辖权的机

关、组织和个人采取措施预防贪污腐败、查明贪污腐败案件、处理贪污腐败行为人；有管辖权的机关、组织和个人必须自收到要求之日起的十日内进行审查、答复；在复杂情况下，上述期限可以延长，但不能超过三十天。

第八十六条　报纸的作用和责任

第一款　国家鼓励报纸、记者报道反映贪污腐败案件及反贪污腐败的信息。

第二款　报纸机构有责任表彰反贪污腐败工作中的先进思想和事迹；谴责、批判贪污腐败行为；宣传、普及反贪污腐败的法律法规。

第三款　报纸机构、记者有权要求有管辖权的机关、组织和个人提供涉及贪污腐败的信息材料；收到要求的机关、组织或个人有责任按照法律的规定提供；在不能提供的情况下，必须书面答复并说明理由。

第四款　报纸机构、记者必须忠实、客观报道。总编辑、记者对报道、执行报纸法和行业道德规范的情况承担责任。

第八十七条　企业、行业协会的作用和责任

第一款　企业在贪污腐败行为的查明、做出结论中有责任通报贪污行为，与有管辖权的机关、组织和个人配合。

第二款　企业协会、行业协会有责任组织、动员、鼓励自己的会员建设健康、廉洁的企业文化。

第三款　企业协会、行业协会及其会员有责任向国家提出完善反贪污腐败机制、政策的建议。

第四款　国家鼓励各企业良性竞争，建立内部检查机制以便阻止贪污、行贿行为。

第五款　有管辖权的机关、组织和个人有责任与越南商业与工业处、企业协会、行业协会和其他组织配合，举办讲坛以便交流信息，为反贪污腐败工作服务。

第八十八条　公民、人民检察委员会的责任

第一款　公民可通过人民检察委员会或自己参加的组织参与反贪污腐败活动。

第二款　乡、坊、镇的人民检察委员会，国家机关、事业单位、国有企业内的人民监察委员会在自己的任务、权限范围内监督反贪污腐败法律法规的实施。

第七章　反贪污腐败的国际合作

第八十九条　国际合作的基本原则

国家执行越南社会主义共和国签订的反贪污腐败相关国际条约；与各国、各国际组织、及外国组织、个人在尊重独立、主权、领土完整和互利的原则基础上开展合作。

第九十条　国际合作的实施责任

第一款　中央政府监察部与外交部、公安部和其他相关部委配合，在关于反贪污腐败中的理论研究、人才培养、政策制定、信息交流、财政互助、技术援助和经验交流等方面开展国际合作。

第二款　最高人民检察院、司法部、公安部在自己的任务、权限范围内，就反贪污腐败中的司法协助开展国际合作。

第八章　施行条款

第九十一条　施行效力

本法自 2013 年 2 月 1 日起施行。

第九十二条　实施指导

本法在具体条款中授权中央政府制定具体规定和施行指导意见的，由中央政府制定并颁行。

本法于 2012 年 11 月 23 日经越南社会主义共和国第十三届国会第四次会议通过。

国会主席　阮生雄（签章）

（本文来源于越南教育出版社 2013 年 2 月出版的《越南社会主义共和国反贪污腐败法》越南文版。中译文最早发表在《环球法律评论》2013 年第 2 期上）

（北京外国语大学　米良　译）

越南社会主义共和国民意征求法

国会

法律文号：96/2015/QH13

越南社会主义共和国

独立—自由—幸福

河内，2015 年 11 月 25 日

根据越南社会主义共和国宪法，国会颁布本民意征求法。

第一章　总　则

第一条　调整范围

本法规定了民意征求、民意征求原则、民意征求工作中各单位和组织的任务、权限；决定和组织民意征求的程序和手续；民意征求的结果及效力。

第二条　适用对象

本法适用于越南社会主义共和国公民及相关机构、组织和单位。

第三条　词语解释

本法中的相关词语应做如下解释：

（一）民意征求：是指国家按照本法规定，组织全国选民通过投票方式直接表决决定国家重要问题的活动。

（二）民意征求提议：是指根据本法具有资格的机构和个人提出征求民意的问题，呈国会进行审阅、决定。

（三）民意征求票：是指根据国会常务委员会规定样式的选票，其中标明每一次民意征求的具体内容。

（四）选民：是指根据本法规定具有民意征求投票权的人。

第四条　民意征求的原则

（一）保障人民在决定国家重要问题上直接表达个人意志；加强各民族大团结，增进社会共识。

（二）民意征求遵循一般、平等、直接和无记名投票原则。

（三）民意征求工作须按本法规定的程序、手续进行。

第五条　民意征求投票权享有者

截至国家组织民意征求日，年满十八周岁的越南社会主义共和国公民均有权投票表决，本法第二十五条第一款和第二款规定的情况除外。

第六条　民意征求相关问题

国会审核并决定对如下问题进行民意征求：

（一）宪法全文或部分重要内容。

（二）关于国家领土主权的特别重大问题；直接影响国家利益的国防、安全、外交问题。

（三）对国家发展有重要影响的经济社会重大问题。

（四）国家的其他特别重大的问题。

第七条　组织民意征求的范围

民意征求可在全国范围内实行。

第八条　民意征求投票日

民意征求投票日定在周日，由国会常务委员会决定并至少提前六十日公布。

第九条　以下情形不得组织民意征求

（一）二十四个月内不得对已经公布民意征求结果的内容再次进行民意征求。

（二）不得在国家宣布战争状态、全国紧急状态或撤销战争状态、全国紧急状态之日起六个月内组织民意征求。

第十条　对民意征求组织工作的监督

第一款　国会或国会各部门、国会代表团或国会代表、地方议会、地方议会常委会或地方议会各部门、地方议会小组或议会代表，在其相对应的职权范围内对民意征求工作进行监督。

第二款　越南祖国阵线、祖国阵线各成员组织和人民依法对民意征求组织工作进行监督。

第十一条　民意征求结果的效力

第一款　民意征求结果对民意征求的问题有决定效力，并自公布之日起生效。

第二款　各国家机关、组织和个人必须遵守民意征求的结果。

第三款　各国家机关、组织和个人在其相应职权范围内，负责组织和严格落实民意征求的结果。

第十二条　组织民意征求的经费

民意征求组织工作由国家财政提供经费保障。

第十三条　严禁行为

（一）对民意征求内容和意义进行错误地宣传和传播。

（二）采用欺诈、收买、强迫、阻挠手段强迫选民无法进行投票或投不符合本人意志的票。

（三）假冒文书，舞弊或采取其他手段导致投票结果出现差错。

（四）利用民意征求损害国家安全，扰乱社会治安和秩序，侵犯国家利益及国家机关、组织和个人的合法权益。

（五）违反本法的投票、检票规定及其他相关规定的行为。

第二章 民意征求的提议与民意征求的决定

第十四条 民意征求的提议

第一款 国会常务委员会、国家主席、政府或至少三分之一的国会代表有权提议国会审阅、决定民意征求。

第二款 在三分之一以上国会代表就同一个问题提议国会进行民意征求的情况下,国会常务委员会负责汇总国会代表的建议,按照本法本条第三款规定立档并呈国会审阅、决定。

国会代表的建议及建议汇总按照《国会组织法》第三十三条的规定实施。

第三款 提议民意征求需要提交如下资料:

(一)民意征求提议报告,报告中须说明组织民意征求的必要性、民意征求内容、拟组织民意征求的具体时间、民意征求结果的实施方案和措施。

(二)国会有关民意征求的决议草案。

(三)其他相关材料(如有)。

第十五条 民意征求提议的审核

第一款 民意征求提议在呈国会前,必须经国会民族委员会、国会相关委员会审查。

第二款 民意征求提议的审查集中在以下各项内容:

(一)组织民意征求的必要性。

(二)民意征求问题涉及的对象、范围。

(三)民意征求内容。

(四)民意征求的具体时间。

(五)民意征求结果的实施方案及措施。

第三款 民意征求提议的审查须在国会民族委员会及国会其他相关委员会全体会议上通过。主持审查机关负责邀请国会民族委员会以及国会其他相关委员会常务委员会的代表、相关单位和组织的代表参加审查会议,就民意征求的内容发表意见。

审查机关有权要求提出民意征求建议的单位及个人就民意征求建议的相关内容进行汇报并提供信息和资料。相关单位和个人有责任满足落实审查机关的各项要求。

第四款 审查报告须明确体现审查机关关于本条第二款所规定内容的观点;充分反映审查主持机关成员、参与审查单位的意见;是否满足提请国会审阅决定进行民意征求的条件。

第十六条 国会常务委员会对民意征求提议的审阅及批示

国会常务委员会对按本法第十四条规定的民意征求提议进行审阅及批示。一旦相关机构和个人的建议满足本法规定的条件时,国会常务委员会要把民意征求决定内容纳入国会最近的会议议程以呈国会审阅决定。

第十七条 国会对民意征求工作的审阅决定

第一款 国会按照如下程序对民意征求工作进行审阅决定:

(一)提出民意征求建议的相关机构的代表陈述民意征求提议的报告;由国会代表提出民意征求的,则由国会常务委员会的代表陈述民意征求提议报告。

(二)主持审查机构的代表陈述审查报告。

(三)国会在全体会议上讨论民意征求提议;而在提交全体会议讨论之前,民意征求建议应先经过国会代表小组讨论。

(四)讨论过程中,提出民意征求建议单位的代表可就国会代表提出的相关问题进行说明。

(五)民意征求建议经国会代表讨论提议后,由国会常务委员会负责对国会有关民意征求决议草案进行研究、说明、吸收、整理等工作进行指导和组织,并向国会汇报有关决议草案的说明、吸收和整理工作情况。

(六)国会表决通过民意征求决议。

第二款　国会关于民意征求的决议，必须得到超过半数的国会代表赞成才能通过。

第三款　国会关于民意征求的决议要按照相关法律规定进行公布。

第三章　组织民意征求工作相关单位和组织的任务和权限

第十八条　国会常务委员会的任务及权限

（一）决定民意征求的投票日期，或提前投票、推迟投票、重新投票的日期。

（二）指导、引导全国范围内的民意征求工作。

（三）指导民意征求的新闻和宣传工作。

（四）规定民意征求票的样式、民意征求选民证样式、投票室规则，以及在民意征求组织工作中使用的其他文本样式。

（五）要求有关部门处理民意征求过程中的违法行为。

（六）接收并审核省级人民委员会呈交的民意征求结果报告。

（七）编写全国范围内民意征求结果的总报告。

（八）检查、监督民意征求组织工作。

（九）处理有关民意征求结果的投诉举报；国会常务委员会对投诉举报的处理决定是最终决定。

（十）确定、公布全国民意征求的结果，并在最近召开的国会会议上报告组织民意征求的结果。

第十九条　政府的任务及权限

（一）指导各部和部级单位、政府直属机构、各级人民委员会依法落实民意征求中的各项工作。

（二）指导民意征求组织过程中的社会治安秩序和安全保障工作。

（三）提供服务于组织民意征求工作的经费和其他必要条件的保障；指导民意征求组织工作中的经费管理和使用。

（四）配合国会常务委员会指导民意征求的信息宣传工作。

（五）配合国会常务委员会、越南祖国阵线中央委员会主席团检查、监督民意征求的组织工作。

第二十条　各级人民委员会的任务及权限

第一款　省级人民委员会的任务及权限如下：

（一）按照法律规定指导、检查、督促本省民意征求组织工作。

（二）指导落实地方民意征求的信息宣传工作。

（三）指导地方在组织民意征求过程中的社会治安秩序和安全保障工作。

（四）组织印制民意征求选民证、选票、表格和其他服务于当地民意征求组织工作的资料；为本省区组织民意征求工作分配经费和提供其他必要保障。

（五）在职权范围内解决民意征求组织工作中的投诉和举报，处理违法行为。

（六）向国会常务委员会和国家政府报告民意征求组织工作的情况。

（七）接收和核查由乡级人民委员会呈交的民意征求检票结果报告；编制当地民意征求结果报告并报送国会常务委员会。

第二款　县级人民委员会的任务、权限如下：

（一）按照法律规定指导、检查、督促本县民意征求组织工作。

（二）批准乡级人民委员会确定的民意征求投票区域。

（三）指导落实民意征求的宣传报道工作，以及地方在组织民意征求过程中的社会治安秩序和安全保障工作。

（四）在职权范围内解决民意征求组织工作中的投诉和举报，处理违法行为。

（五）向省级人民委员会汇报民意征求组织情况。

（六）对于没有乡镇级行政单位的县份，县人民委员会根据本条第三款执行各项任务权限。

第三款　乡级人民委员会的各项任务及权限如下：

（一）确定民意征求投票区，在各投票区建立民意征求小组。

（二）指导落实民意征求的宣传报道工作，以及地方在组织民意征求过程中的社会治安秩序和安全保障工作。

（三）组织本地的民意征求投票工作。

（四）在职权范围内解决当地民意征求工作中的投诉和举报，为选民答疑，处理违法行为。

（五）向县级人民委员会汇报民意征求组织工作的情况。

（六）接收、核查民意征求小组呈送的民意征求投票结果报告，编制当地民意征求结果报告并呈县级、省级人民委员会。

第二十一条　民意征求小组的成立及其任务、权限

第一款　民意征求小组最迟在各投票区域的民意征求投票日前四十天成立。民意征求小组应有九至十一名成员，包括组长、秘书以及来自国家机关、政治组织、政治—社会组织、社会组织的代表和地方选民代表等成员。

人民武装单位被确定为单独的投票区，可成立一个由七至九人组成的民意征求小组，成员包括组长、秘书以及来自该人民武装单位的指挥部门代表和军人的代表。

如果人民武装单位和地方共同组成一个投票区，则乡级人民委员会在与人民武装单指挥部门协商统一后，成立一个包括九至十一人组成的民意征求小组，其成员包括组长、秘书以及来自国家机关、政治组织、政治—社会组织、社会组织的代表，地方选民代表，人民武装单位指挥部门代表和军人代表。

第二款　民意征求小组的任务及权限如下：

（一）负责民意征求投票区的民意征求工作。

（二）布置投票室和准备投票箱。

（三）接收乡级人民委员会的民意征求票和资料，向选民发放加盖民意征求小组公章的选民证、民意征求票。

（四）通知选民有关民意征求投票的时间和地点。

（五）确保严格执行法律有关民意征求的法律规定和投票室规则。

（六）检票、编制检票结果报告并呈送乡级人民委员会。

（七）处理选民投诉和举报，向乡级人民委员会汇报不在本小组处理权限范围的选民投诉和举报。

（八）将检票结果报告和全部民意征求选票转交给乡级人民委员会。

（九）根据乡级人民委员会的要求，汇报民意征求的组织情况。

（十）在民意征求投票区重新组织投票（如有）。

第三款　在民意征求结果公布三十日后，民意征求小组停止工作。

第二十二条　协助单位和民意征求工作中干部、公职人员的征集

国会常务委员会、各级人民委员会有权成立协助民意征求机构，或分工给其直属专门机构以协助民意征求工作；有权从国家机关、政治组织、政治—社会组织、社会组织、公立事业单位征集干部和公职人员，协助落实民意征求相关工作。

第二十三条　国家机关、组织、人民武装单位和公民在民意征求工作中的责任

国家机关、组织、人民武装单位和公民有责任严格履行有关民意征求的法律规定，为负责民意征求的单位、组织依法执行任务和权限创造条件。

第四章　选民名单和民意征求投票区

第二十四条　选民名单制定原则

（一）具有民意征求投票权的所有公民都被登入选民名单并获发选民证。

（二）每个公民只能在一个选民名单上登记注册，注册地点为其常住地或暂住地。

（三）正被羁押、拘留，或正在强制教育中心、强制戒毒中心接受管制的选民，在其所在的拘留所、看守所、强制教育中心或强制戒毒中心登记注册。

（四）从国外归来的越南公民，自选民名单公示后到投票开始前二十四小时内，须到其登记的常住地或暂住地的乡级人民委员会出示越南国籍护照进行注册，登记选民名单并获发放选民证。

第二十五条　各种不得登记注册、被除名以及补录选民名单的情况

第一款　被判处死刑并等待执行的犯人、正被监禁且无缓刑的犯人、法院宣布丧失民事行为能力的人，不得录入选民名单。

第二款　已注册选民名单，但在投票开始时被判处死刑、或被监禁且无缓刑、或被法院宣布丧失民事行为能力的人，由乡级人民委员会在选民名单上将其除名并收回选民证。

第三款　属于本条第一款规定情况的人，如在投票开始前二十四小时获释或法院撤销对其丧失民事行为能力的决定，则可补充进入选民名单并领取选民证，参加民意征求投票。

第四款　本法第二十四条第三款所规定的选民，如在投票开始前二十四小时获释或结束强制教育、强制戒毒的，则可撤销其所在拘留所、看守所、强制教育中心、强制戒毒中心的选民注册，并在该其常住地或暂住地补充进入选民名单，领取选民证并参加民意征求投票。

第二十六条　制定选民名单的职权

第一款　由乡级人民委员会按照选区逐个制定选民名单。

无乡镇级别行政单位的县份，由县级人民委员会负责按照选区逐个制定选民名单。

第二款　人民武装单位的选民名单由指挥部门按照人民武装单位制定，并加入驻军所在地选区的选民名单。在驻军所在地附近有常住户口的军人，可由指挥单位开具证明，登记入常住地选民名单，并参加投票。开具证明时，指挥单位须同时在人民武装单位的选民名单中的该人名字旁边注明"在居住地投票"字样。

第二十七条　公示选民名单

制定选民名单的单位应最迟在民意征求投票开始前三十日在乡级人民

委员会驻地以及投票区域的公共场所公示，同时广泛通报选民名单及公示情况，以便人民检查核对。

第二十八条 有关选民名单的投诉和处理

公民在核对选民名单时，如发现有贻误，可在公示后十日内向选民名单制定单位投诉。选民名单制定单位必须登记入簿。选民名单制定单位应在收到投诉的三日内予以处理，并向投诉人通报处理结果。

当投诉人不同意投诉处理结果或超过期限仍未得到解决的，可依照行政诉讼法有关规定向人民法院起诉。

第二十九条 异地投票

自选民名单公示之日起至民意征求投票日期间，选民因故到异地而无法在其已登记选民名单所在地参加投票的，可建议其已登记选民名单所在地的乡级人民委员会开具证明，以便在其可参加投票之地补充登记进入选民名单并参加该地的投票。开具证明时，乡级人民委员会须同时在当地民意征求投票区的选民名单上的该人名字旁注明"异地投票"字样。

第三十条 民意征求投票区

第一款 民意征求投票区的确定由乡级人民委员会决定，并得到县级人民委员会的批准。无乡镇级别行政单位的县份，民意征求投票区的确定由县人民委员会决定。

第二款 每个民意征求投票区应有选民人数为三百到四千。在山区、高原、海岛地区及居民分散地区，即使选民不足三百人，也可设立一个民意征求投票区。

第三款 可单独设立民意征求投票区的情况：

（一）人民武装单位。

（二）有五十名以上选民的医院、疗养院、助产院、残疾人服务机构、老年人服务机构。

（三）强制教育中心、强制戒毒中心、拘留所。

第五章 民意征求的信息宣传

第三十一条 民意征求信息宣传的目的和原则

第一款 民意征求的信息宣传,是为了提供民意征求相关问题的充分、准确的信息,使选民清楚地理解民意征求的意义、民意征求的内容,了解选民参加民意征求的权利、义务和责任;动员、鼓励选民积极参加民意征求的投票。

第二款 民意征求的信息宣传以公开、民主、客观、科学、合法的方式进行,方便选民并保障社会治安和安全。

第三十二条 民意征求信息宣传的内容

(一)民意征求的必要性;民意征求的目的、观点。

(二)民意征求的内容;为落实民意征求结果的方案和措施。

(三)民意征求的问题所涉及的对象和范围。

(四)组织民意征求的时间。

(五)选民参加民意征求中的权利、义务和责任。

第三十三条 民意征求信息宣传的形式

(一)发行国会常务委员会关于民意征求问题的正式印刷品、资料。

(二)依法通过大众传媒对民意征求信息进行宣传。

(三)通过乡级人民委员会组织的选民会议。

(四)由国会常务委员会规定的其他形式。

第三十四条 民意征求信息宣传单位、组织的责任

第一款 由国会常务委员会主持,并配合中央政府在全国范围内指导民意征求的信息宣传工作;各级人民委员会指导落实本地民意征求的信息宣传工作。

第二款 中央和地方各信息宣传单位有责任按照相关法律和国会常务委员会、中央政府和各级人民委员会的指导,对民意征求进行宣传,发布民意征求工作的相关信息。

第三款　国家机关、政治—社会组织、社会组织、人民武装单位和地方政府有责任根据自身的相应职权范围，参与民意征求的信息宣传工作，并为之创造条件。

第六章　民意征求投票的程序和手续，选民在民意征求中的权利和义务

第三十五条　民意征求票

第一款　民意征求票在全国范围内统一使用。

第二款　民意征求票的内容要完整、清楚、易懂、客观、准确、明确。

第三款　国会常务委员会规定民意征求票的具体内容和形式；规定民意征求票的印刷、发行和管理。

第三十六条　通报民意征求投票的时间和地点

在举行民意征求投票前十日，民意征求小组必须通过公示、广播以及地方其他大众传媒的形式，不断向当地选民通报投票日期、投票地点、投票时间。

第三十七条　民意征求投票时间

第一款　民意征求投票从早上七点至当晚七点。民意征求小组可根据当地情况决定提前开始投票，但不能早于当天早上五点；亦可延迟投票结束时间，但不能晚于当晚九点。当本选区的所有选民已完成投票的情况下，则该投票区的投票工作可提早结束，但不得早于当天下午三点。

第二款　投票前，民意征求小组须在选民的见证下检查投票箱。

第三款　投票须连续进行。如发生意外事件使投票工作中断，民意征求小组要立即密封投票箱及其他与民意征求直接相关的材料，并及时报告乡级人民委员会，同时须制定必要的措施保证投票工作继续进行。

第三十八条　提前投票、推迟投票

如有一个或多个投票区，一个或多个乡级、县级行政单位因特殊情况须在规定日期之前举行或推迟举行民意征求投票的，则该地人民委员会要及时报告省级人民委员会，并呈报国会常务委员会审查决定。

第三十九条　选民的权利、义务以及民意征求投票的原则

第一款　民意征求投票是选民的权利和义务；所有选民有责任全面参加。

第二款　每个选民有一次民意征求投票权。

第三款　选民须亲自投民意征求票，不能委托他人代替投票，本条第七款规定的情况除外。投民意征求票时，选民必须出示选民证。

第四款　选民因生病、老弱、残疾不能到民意征求投票室的，则由民意征求小组携带子属投票箱和民意征求票到该选民的住处或治疗处，让选民领取民意征求票并完成投票。对于正被拘留，正接受强制教育、强制戒毒的选民，拘留所、强制教育中心、强制戒毒中心不设立单独投票区，或者选民正被刑事拘留在看守所的情况，则由民意征求小组携带子属投票箱和民意征求票到拘留所、看守所、强制教育中心、强制戒毒中心，让选民领取民意征求票并完成投票。

第五款　当选民填写民意征求票时，不允许他人观看，包括民意征求小组的成员。

第六款　如填写错误，选民有权更换另一张民意征求票。

第七款　选民不能自己填写民意征求票的，则可委托他人帮忙填写，但必须自己投票；帮助填写选票者应替选民保密。选民因残疾而不能自己投票的，则委托他人把票投入票箱。

第八款　选民投票结束后，民意征求小组负责在选民证上盖"已投票"的章。

第九款　所有人必须遵守民意征求投票室的规定。

第七章　民意征求结果

第一节　检　票

第四十条　检票

检票工作必须在投票结束后即时在投票室进行。在打开票箱之前，民意征求小组须统计、登记入册、密封未使用过的民意征求选票，并且要请两名选民见证检票工作。

第四十一条　不合格的民意征求选票

第一款　以下民意征求票为不合格选票：

（一）不按照民意征求小组规定格式发出的选票。

（二）未加盖民意征求小组公章的选票。

（三）选项超过规定数量一项的选票。

（四）所有选项都未选的选票。

（五）填写了其他内容的选票。

第二款　当民意征求票被认为不合格时，民意征求小组组长出示该票让全组检查、决定。民意征求小组不能在民意征求票上做改动。

第四十二条　有关检票的投诉、举报

现场投诉和举报检票工作中的违法行为的，由民意征求小组受理、解决。如何解决必须登记入册。

如民意征求小组无法解决的，则必须在解决投诉、举报记录里清楚记录民意征求小组的意见，在检票工作结束后转交至乡级人民委员会。

第四十三条　民意征求小组的检票结果的登记

第一款　检票完成后，民意征求小组必须对检票结果进行登记。检票结果的登记必须包含以下内容：

（一）本民意征求投票区的选民总数。

（二）已参加投票的选民数。

（三）发出的票数。

（四）收回的票数。

（五）合格的票数。

（六）不合格的票数。

（七）民意征求票中每个选项的赞成票数。

（八）民意征求票中每个选项的不赞成票数。

（九）收到投诉、举报的情况；已解决的投诉、举报的情况及其结果；转交至乡级人民委员会的投诉、举报的情况。

第二款　民意征求检票结果的登记表一式两份，须有组长、民意征求小组秘书以及两位见证检票选民的签字。所有记录材料和民意征求选票应密封，并最迟于投票后三日内上交至乡级人民委员会，以便汇总和存档。

第二节　民意征求结果

第四十四条　民意征求结果

第一款　符合规定的民意征求，必须得到不少于四分之三的全国注册选民参加投票。

第二款　进行民意征求的内容在获得半数以上合格赞成票时，则为有效；对于本法第六条第一款所规定的对宪法进行民意征求的，则必须获得三分之二以上的合格赞成票。

第四十五条　乡级人民委员会的民意征求结果报告

第一款　在收到民意征求各小组的检票结果登记材料后，乡级人民委员会应核查所有登记材料并制定本地民意征求结果报告。乡级人民委员会的民意征求结果报告必须包括以下内容：

（一）本乡级行政地区选民总数。

（二）已参加投票的选民数。

（三）发出的票数。

（四）收回的票数。

（五）合格的票数。

（六）不合格的票数。

（七）民意征求票中每个选项的赞成票数。

（八）民意征求票中每个选项的不赞成票数。

（九）收到投诉、举报的情况；已处理的投诉、举报的情况以及处理结果；转交至上级人民委员会的投诉、举报情况。

第二款 民意征求结果报告一式三份；最迟在投票日后五日内，报送到县级人民委员会、省级人民委员会各一份，并附有各民意征求小组的检票结果记录；一份存档。

第四十六条 省级人民委员会的民意征求结果报告

第一款 在收到乡级人民委员会的民意征求结果报告后，省级人民委员会应核查各项报告，并汇总本地区民意征求结果报告。省级人民委员会民意征求结果报告必须包括以下内容：

（一）本省级行政地区选民总数。

（二）已参加投票的选民数。

（三）发出的票数。

（四）收回的票数。

（五）合格的票数。

（六）不合格的票数。

（七）民意征求票中每个选项的赞成票数。

（八）民意征求票中每个选项的不赞成票数。

（九）收到的投诉、举报的情况；已解决的投诉、举报的情况以及处理结果；转交至国会常务委员会的投诉、举报的情况。

第二款 民意征求结果报告一式两份；其中一份最迟在投票日后九日内上交至国会常务委员会，并附各民意征求小组的检票结果记录；另一份存档。

第四十七条 民意征求重新投票

国会常务委员会撤销严重违反法律的投票区的民意征求投票结果，并决定该投票区重新投票的日期。

需要重新进行民意征求投票的，重新投票的时间应在首次投票日之后的十五日内。

第四十八条 确认和公布民意征求结果

第一款 在收到并核查省级人民委员会的民意征求结果报告，并处理投诉、举报（如有）后，国会常务委员会在全国颁布决议确认民意征求结果。

第二款 国会常务委员会确认民意征求结果的决议包括以下内容：

（一）民意征求投票日期。

（二）全国选民总数。

（三）参加民意征求投票选民总数，占全国选民总数的比例。

（四）合格的票数。

（五）不合格的票数。

（六）民意征求票中每一个选项的赞成票数及其占合格票数的比例。

（七）民意征求票中每个选项的不赞成票数及其占合格票数的比例。

（八）民意征求的结果。

第三款 国会常务委员会确认民意征求结果的决议最迟应在民意征求投票结束后十五日内公布；需重新投票的，则公布民意征求结果的期限最晚在重新投票后十五日内。

第四十九条 向国会报告民意征求的结果

第一款 国会常务委员负责在最近一期的会议上向国会报告民意征求的结果。

第二款 根据民意征求的结果，国会确定各项必要措施来保障落实民意征求的结果。

第八章　对违反民意征求法律行为的处理及实施条款

第五十条　对违反法律行为的处理

第一款　对于有违反本法规定行为的人，将根据违法行为的性质和程度予以纪律处分、行政处罚或追究刑事责任。

第二款　对于那些在民意征求中对投诉和举报人进行阻挠或报复的人，将根据违法行为的性质和程度予以纪律处分、行政处罚或追究刑事责任。

第五十一条　实施效力

本法自2016年7月1日起生效。

第五十二条　实施细则与说明

国会常务委员会和中央政府制定本法各条款的实施细则，并负责指导实施。

本法于2015年11月25日在越南社会主义共和国第十三届国会第十次会议上通过。

国会主席　阮生雄（签章）

（本文来源于越南法律图书馆网站：http://thuvienphapluat.vn/van-ban/Quyen-dan-su/Luat-trung-cau-y-dan-2015-298375.aspx）

（浙江工业大学　韦丽春、广西外语学院　秦爱玲　译　中国社会科学院　潘金娥　校）

老挝人民民主共和国宪法[1]

（2003 年）

序　言

几千年来，多民族的老挝人民世代在这片可爱的土地上繁衍生息。从 14 世纪中期法昂时代[2]开始，我们的祖先就在这里建立了繁荣统一的澜沧王国。18 世纪以后，老挝国土不断受到外部势力的威胁和侵略。老挝人民发扬我们祖先英勇不屈的传统，为争取独立和自由进行了连绵不绝的斗争。

20 世纪 30 年代以后，在前印度支那共产党和现老挝人民革命党的正确领导下，老挝各族人民经过艰苦卓绝的斗争和牺牲，终于打碎了殖民主义和封建主义压迫统治的枷锁，取得了彻底解放，并于 1975 年 12 月 2 日建立了老挝人民民主共和国，从而开启了一个新的历史时代——一个真正的国家独立、人民自由的时代。

解放以来，老挝人民投身于保卫和建设祖国两大战略任务之中，特别是为巩固人民民主制度和开创社会主义制度动员全国力量进行了改革。

---

[1] 1991 年 8 月 15 日，老挝最高人民议会第二届第六次会议通过了老挝人民民主共和国第一部宪法。2003 年 5 月 6 日老挝国会（原最高人民议会）第 25 号决议批准通过修改后的宪法，5 月 28 日老挝国家主席坎代·西潘敦签署并公布实施。——编者注

[2] 原文注：指国王法昂（King Fa Ngum）。

新时期，社会生活要求我们国家拥有一部宪法。本宪法是我们国家人民民主制度的宪法。它确认了老挝人民在争取民族解放和建设祖国中的伟大成就，规定了新时期国家的政治制度和社会经济制度，国家安全、国防、外交、公民权利和义务以及政体组织等方面的制度。这是我国历史上第一次在国家根本大法中规定了人民自决权。

本宪法是全国人民广泛讨论的结晶，它反映了各族人民把老挝建设成为和平、独立、民主、统一和繁荣的国家的长久愿望和坚定决心。

第一章 政治制度

第一条 老挝人民民主共和国是一个主权独立、包括领水和领空在内的领土完整的国家。她是一个不可分割的多民族统一的国家。

第二条 老挝人民民主共和国是人民民主国家。国家一切权力属于人民，由人民行使，并且为了由工人、农民和知识分子为主组成的社会各阶层、各民族人民的利益行使。

第三条 各族人民作为国家主人的权利，通过以老挝人民革命党为领导核心的政治制度的运行来保障和实现。

第四条（新） 人民选举代表组成国会，保障其权利、权力和利益得以实现。

国会选举应遵循普遍、平等、直接选举和秘密投票原则。

选民有权提出对不称职或失去其信任的代表的罢免案。

第五条 国会和其他国家机构按照民主集中制的原则建立和运行。

第六条 国家保护人民的自由和民主权利不受任何人侵犯。国家机关和国家工作人员应向人民宣传使人民知晓全部政策、法规和法律，以保护人民的合法权益，禁止一切有损于人民荣誉、身体、生命、良心和财产的官僚作风和骚扰行为。

第七条 老挝建国阵线、老挝工会联合会、老挝人民革命青年团、老挝妇女联合会和其他社会团体，是团结和动员各民族、各阶层人士保卫和建设祖国，发展人民自主权，保护其成员合法权益的社会组织。

第八条 国家贯彻民族团结和民族平等政策。各民族有权维护、坚持和发展本民族和本部落的良好风俗①和文化。禁止一切制造民族分裂和民族歧视的行为。

国家采取各种措施不断发展和提高各民族社会经济水平。

第九条（新） 国家尊重和保护佛教徒和其他教徒的合法活动，鼓励和支持僧侣、沙弥和其他宗教信徒积极参加有利于国家和人民的活动。禁止一切分裂宗教、分裂人民的行为。

第十条（新） 国家依据宪法和法律治理社会。政党、国家机构、老挝建国阵线、群众团体、社会组织和全体公民在宪法和法律范围内活动。

第十一条（新） 国家在全体人民参与下执行各种国防和安全政策，改善和加强国防和安全力量以增强其对国家和人民的忠诚度，并提高其履行保卫革命成果，保卫人民生命、财产和劳动，推动国家富强等职责的能力。

第十二条 老挝人民民主共和国奉行和平、独立、友好与合作的外交政策，在和平共处，互相尊重独立、主权和领土完整，互不干涉内政，平等互利的原则基础上发展与世界各国的友好合作关系。

老挝人民民主共和国支持世界人民争取和平、民族独立、民主和社会进步的斗争。

第二章 社会经济制度

第十三条（新） 老挝人民民主共和国国民经济建立在稳定的多种成分并存的经济基础之上，提高制造能力，扩大生产、贸易和服务业，将自然经济转变为商品经济，并使之现代化，融入地区和全球经济，持续巩固和发展国民经济，提高多民族人民的物质和精神生活水平。

所有企业在法律面前一律平等，遵循市场经济原则运行，在国家管理与坚持社会主义制度下，展开竞争与合作，发展生产与贸易。

---

① 原文注：老挝术语，指风俗和传统。

第十四条（新） 国家促进国内生产、贸易和服务领域内各类经济主体进行投资，推动工业化和现代化发展，发展和增强国民经济。

第十五条（新） 国家促进在老挝人民民主共和国内的外商投资，创造便利条件将资金、技术和现代管理引入生产、贸易和服务。

老挝人民民主共和国境内的合法资产和投资者资金不得被没收、征收或收归国有。

第十六条 国家保护和促进各种形式的财产权：国有的、集体的、国内私人的，以及在老挝人民民主共和国的外商投资的财产权利。[①]

第十七条（新） 国家保护集体和个人财产权（包括占有、使用、收益和处分的权利）以及集体和个人的财产继承权。土地属于国家所有，国家依据法律保障土地的使用、流转和继承的权利。

第十八条（新） 国家实行政府调控下的市场经济体制，坚持经地方依据法律、法规授权的中央政府集中调控的原则。

第十九条 一切团体和公民必须保护环境和自然资源：地表和地下资源、森林、动物、水资源和大气。

第二十条（新） 老挝人民民主共和国奉行开放的经济政策，在互相尊重独立、主权、平等互利原则的基础上同各国开展不同方面、不同形式的多边基础上的经济交流。

第二十一条 国家重视并通过优先发展人力资源实现经济与文化、社会协同发展。

第二十二条（新） 国家大力发展教育，实施初级阶段义务教育，培养具有革命竞争力、知识和才能的良好公民。

国家和社会大力发展优质教育，为全体人民特别是边远地区人民、各民族、妇女以及残疾儿童创造机会和有利条件接受教育。

国家鼓励私人依法投资兴办国民教育。

第二十三条（新） 国家保护代表国家及各族人民优秀传统的、借鉴

---

① 原文注：读者可以参考《财产法》以获取更多的关于财产权种类的信息。

吸收其他国家先进文化的民族文化。

国家促进文化活动、艺术和发明，管理和保护文化、历史和自然遗产，维护文物古迹。

国家积极促进和推动为国家安全与发展服务的大众媒体活动。

一切文化和大众媒体活动均不得损害国家利益、优秀传统文化和人民尊严。

第二十四条（新） 国家积极推动科学与技术的研究与应用，保护知识产权，巩固科学家共同体以推动工业化与现代化建设。

第二十五条（新） 国家积极发展和改善公共卫生服务事业，照顾人民健康。

国家和社会建立和改善疾病预防体系，提供全民健康保健服务，创造条件使全体人民，特别是妇女、儿童、穷人和边远地区人民，享有健康保健服务，保障人民健康。

国家鼓励私人依据法律和法规投资兴办公共卫生服务事业。

禁止一切非法公共卫生服务。

第二十六条（新） 国家和社会积极鼓励、支持和投资各类传统的和国际的公共体育运动，提高人民竞技能力，增强人民身体素质。

第二十七条（新） 国家和社会积极发展技工，加强劳动纪律，提高职业技能，保护劳动者合法权益。

第二十八条（新） 国家和社会积极实施社会保障政策，特别保障国家英雄、士兵、退休公务员、残疾人以及为革命和国家牺牲生命和做出巨大奉献者的家属。

第二十九条（新） 国家、社会和家庭积极支持妇女进步与发展，保护妇女、儿童合法权益。

第三十条（新） 国家、社会推动和发展文化旅游、历史旅游和生态旅游。

发展旅游不得损害民族文化，不得违反老挝人民民主共和国法律、法规。

第三章 国防和安全（新）

第三十一条（新） 国防和安全部队负有维护国防安全的职责。一切团体和老挝公民有义务维护国家独立、主权和领土完整，保护人民生命和财产，维持稳定可持续的人民民主制。

国防和安全与社会经济发展同时推进。

第三十二条（新） 国防和安全部队是具有崇高革命精神的人民武装力量，应不断提高和加强力量，忠于国家，严格遵守纪律和现代军事规划，维护国家稳定、和平和社会秩序。

国家给予国防和安全部队物质、技术、科技、装备支持，提高其知识、能力、职业技能、战略战术等各方面水平。

第三十三条（新） 国家和社会积极实施物质和精神等各方面的拥军政策，建立预备役激励机制，以增强保卫国家和维护和平的能力。

国防和安全部队应努力自力更生，建设坚强的军事部门，确保其履行使命和服务国家发展的能力。

第四章 公民基本权利和义务

第三十四条 老挝公民是指依法具有老挝国籍的人。

第三十五条 老挝公民不分性别、社会地位、受教育程度、信仰和民族，在法律面前一律平等。

第三十六条（新） 年满十八岁的老挝公民有选举权，年满二十岁的老挝公民有被选举权，但是精神失常的人、精神紊乱的人和被法院剥夺选举权和被选举权的人除外。

第三十七条 男女在政治、经济、文化、社会和家庭等方面享有平等权利。

第三十八条 老挝公民有受教育和获得发展的权利。

第三十九条（新） 老挝公民有工作及合法就业的权利。劳动者有休息的权利,生病时有获得治疗的权利,在失去劳动能力、残疾、年老和在法律规定的其他情况下,有获得帮助的权利。

第四十条 老挝公民有依法居住和迁徙的自由。

第四十一条(新) 老挝公民有权就公共利益和个人权益向国家有关机构提出申诉、控告和意见。

对公民的申诉、控告和意见必须依法予以审查和答复。

第四十二条 老挝公民的人身、荣誉和住宅不受侵犯。公民非经检察官①或人民法院批准不受逮捕和搜查,法律另有规定除外。

第四十三条 老挝公民有信仰宗教或不信仰宗教的权利和自由。

第四十四条 老挝公民有言论、出版、集会的权利和自由,在不与法律抵触的情形下,有结社和游行示威的权利。

第四十五条 老挝公民在不违反法律的情形下有进行科学、技术和科技研究与应用的权利,有进行文艺创作和文化活动的权利。

第四十六条 国家保护侨居海外的老挝人的合法权益。

第四十七条 老挝公民有遵守宪法和法律、遵守劳动纪律、遵守社会生活和公共秩序法规的义务。

第四十八条 老挝公民有依法纳税的义务。

第四十九条 老挝公民有保卫祖国、维护社会安全、依法服兵役的义务。

第五十条 外国侨民以及无法证明自己国籍的人②受老挝人民民主共和国法律保护。他们有诉权和向法院以及老挝人民民主共和国有关(Con-

---

① 原文注:选择用检察官(Public Prosecutor)一词,是因为这一英文词汇通常被用来指称老挝的这一术语或机构。普通法系的读者应注意,老挝的检察官拥有比他们法系国家的检察官大得多的权力,它更类似于社会主义制度下的检察官。另一种常用的翻译是"人民检察官"。读者也应注意,该词在宪法中主要指机构或组织,而不是检察官个人。如果字面翻译在上下文不能清楚表明究竟是何种意思(检察官还是机构),且它本意是表明检察机关时,本翻译将使用检察机关的表述。

② 原文注:可参考老挝《国籍法》对外国侨民、无法证明自己国籍的人以及外国人的区别性规定。

cerned)① 机构提出申诉的权利，有遵守老挝人民民主共和国宪法和法律的义务。②

第五十一条 老挝人民民主共和国对于因争取自由、正义、和平和从事科学事业而受到迫害的外国人，可以给予其受庇护的权利。

第五章 国 会③

第五十二条（新） 国会是各族人民权力、权利和利益的代表机关。国会也是有权决定国家基本事项的立法机关，有权监督行政机关、人民法院和检察机关的活动。

第五十三条（新） 国会行使下列职权：

（一）起草、批准和修改宪法。

（二）审议、批准、修改和废除法律。

（三）审议和批准税收的开征、修改或者废除。

（四）审议和批准社会经济发展战略规划和国家财政预算。

（五）选举或罢免国会常务委员会主席、副主席和委员。

（六）根据国会常务委员会的提议，选举或罢免国家主席、副主席。

（七）根据国家主席的提议，审议和批准总理的任命和罢免，根据总理的提议，审议和批准政府组成、任命以及政府成员的调任和免职。

（八）根据国家主席的提议，选举或罢免最高人民法院院长和最高检察长④。

（九）根据总理的提议，决定设立或撤销部委、部级机构、省政府和市⑤政府，决定省和市的界线。

---

① 原文注：Concerned 指"有关"（Relevant）。
② 原文注：为便于阅读，翻译时修改了该句的结构。
③ 原文注：读者可参考《国会法》获取更多信息。
④ 原文注："最高检察长"（Supreme Public Prosecutor）指国家最高级别的检察官。在老挝，这一职位有时被翻译为"总检察长"。
⑤ 原文注："市"通常即指"万象市"（市政府也即万象市政府），因为在 2005 年万象是老挝唯一的市。之所以用"市"一词是因为今后可能有其他市出现。

（十）决定大赦。

（十一）依法决定同外国所缔结条约及协定的批准和退出。

（十二）决定战争或和平。

（十三）监督宪法和法律的遵守与实施。

（十四）法律规定的其他职权。

第五十四条（新） 国会立法机构每届任期五年。

国会议员由老挝公民依法选举产生。

下届国会立法机构的选举必须在本届国会任期届满前六十日内完成。

在发生战争或其他特殊情况不能进行选举时，国会立法机构可以延长任期，但必须在情况恢复正常后六个月内进行下届国会立法机构的选举。

如果经出席国会议员的三分之二以上多数投票认为必要，国会立法机构可以在其任期届满前提前进行选举。

第五十五条 国会选举其常务委员会，常务委员会由主席、副主席和一定数量的委员组成。

国会主席和副主席也是常务委员会的主席和副主席。

第五十六条（新） 国会常务委员会是国会的常设机关，在国会闭会期间代表国会行使职权。

国会常务委员会行使下列职权：

（一）筹备国会会议，保障国会执行其工作计划。

（二）解释宪法和法律。

（三）在国会闭会期间，监督行政机关、人民法院和检察机关的活动。

（四）任命、调任或者免除各级人民法院法官和军事法院法官。

（五）召集国会。

（六）法律规定的其他职权。

第五十七条 国会每年举行两次例行会议，由国会常务委员会召集。

国会常务委员会认为必要时可召集特别会议。

第五十八条 国会全体议员二分之一以上出席才能召开国会。

除宪法第五十四条、第六十六条和第九十七条规定情形之外，国会决议须经出席国会议员的二分之一以上多数表决通过。

第五十九条（新） 有权提出法律草案的机构和个人是：

（一）国家主席。

（二）国会常务委员会。

（三）政府。

（四）最高人民法院。

（五）最高检察院。

（六）老挝建国阵线和各群众组织的中央机构。

第六十条 国会批准的法律，在批准之日起三十日内由国家主席公布。国家主席有权要求国会在此期间重新审议法律，如果国会在重新审议后确认批准的法律，国家主席应在十五日内公布法律。

第六十一条 关系国家命运和人民重大利益的问题，必须提交国会批准；在国会闭会期间则提交国会常务委员会批准。

第六十二条（新） 国会设立委员会，负责审议拟提交国会常务委员会和国家主席的法律草案和主席令草案，协助国会和国会常务委员会监督行政机关、人民法院和检察机关的活动。

第六十三条（新） 国会议员有权对总理或政府其他成员、最高人民法院院长、最高检察总长提出质询。在国会开会期间，被质询人员必须给予口头或书面答复。

第六十四条 国会议员，非经国会批准，在国会闭会期间非经国会常务委员会批准，不受起诉或逮捕。

如果国会议员有明显或现行犯罪行为，逮捕国会议员的机关须立即向国会报告，国会闭会期间立即向国会常务委员会报告，以便国会或国会常务委员会审查其决定。调查国会议员的行为不得妨碍其出席国会会议。

第六章 国家主席

第六十五条 国家主席是老挝人民民主共和国国家元首，代表老挝国内和国外的各族人民。

第六十六条（新） 国家主席由出席国会议员的三分之二以上多数选举产生。

国家主席任期与国会任期相同。

第六十七条（新） 国家主席行使下列职权：

（一）公布国会批准的宪法和法律。

（二）发布主席敕令和命令。

（三）向国会提出总理任免建议。

（四）经国会批准，任免总理，任命、调任、免除政府其他成员。

（五）根据最高人民法院院长提议任免最高人民法院副院长，根据总检察长提议任免副总检察长。

（六）根据总理提议，任命、调任、免职省长、市长。

（七）担任人民武装力量总司令。

（八）根据总理提议，决定国防与安全部队将军军衔的升降。

（九）召集和主持政府特别会议。

（十）决定授予国家金质奖章、勋章、胜利勋章和最高荣誉称号。

（十一）决定特赦。

（十二）决定全国总动员和局部总动员，宣布全国或局部地区进入紧急状态。

（十三）宣布批准和退出与外国缔结的条约和协定。

（十四）经总理建议，任命和召回老挝人民民主共和国驻外全权代表，接受外国驻老挝人民民主共和国的全权代表。

（十五）法律规定的其他职权。

第六十八条（新） 国家主席可以由一名国家副主席协助其工作，国家副主席由出席国会议员的二分之一以上多数选举产生。

国家副主席履行国家主席委托他①的职权，在国家主席缺位时可以代行国家主席职权。

第七章 政 府

第六十九条 政府是国家行政机关。

政府统一管理国家政治、经济、文化、社会、国防和安全以及外交事务。

第七十条（新） 政府行使下列职权：

（一）执行宪法、法律、国会决议、主席敕令和命令。

（二）向国会提出法律草案、主席敕令草案，向国家主席提出主席令草案。

（三）编制国家社会经济战略发展计划和年度国家预算，并提请国会审议批准。

（四）向国会或在国会闭会期间向国会常务委员会报告工作，向国家主席报告工作。

（五）发布有关行政管理、社会经济、科学技术②、国家资源、环境、国防和安全、外交事务等各方面的命令和决定。

（六）组织和监督政府部门和地方政府的活动。

（七）组织和监督国防和安全部队的活动。

（八）签署与外国缔结的条约和协定并指导实施。

（九）中止执行或撤销政府所属部门或部级机关、地方政府的违反法律的决定、命令。

（十）法律规定的其他职权。

---

① 原文注：读者应注意，老挝语不区别代词的性别。在本翻译中，指向性别时指全部性别，除非上下文另有含义。此处使用男性，是为了简单和一致性。

② 原文注：在老挝，该词指科学、技术和科技。

第七十一条（新） 政府由总理、副总理、部长和其他部级机关首脑组成。

政府任期与国会任期相同。

第七十二条（新） 总理由国家主席经国会批准后任免。

第七十三条（新） 总理是政府首脑，代表政府，领导和管理政府、各部、部级机关、局和其他政府所属部门的工作，领导和管理各省、市的工作。

总理任命、调任和免职各部部长、各部级机关副主任、局长、副省长、副市长，依法决定国防和安全部队上校和其他军官的升级与降级。

副总理协助总理工作，履行总理委托其的职权。总理在其缺位时可特别委托一名副总理代行总理职权。

第七十四条（新） 经国会常务委员会或国会全体议员的四分之一以上提出，国会可以通过对政府或政府成员的不信任案。

不信任案通过后二十四小时之内，国家主席有权将不信任案提交国会重新审议，重新审议必须在距第一次审议四十八小时之内进行。如果不信任案再次通过，政府或政府成员必须辞职。

第八章　地方政府[①]

第七十五条（新） 老挝人民民主共和国下设省、区和村三级政府。

省级由省和市组成。

区级由区和自治市组成。

村级由村组成。

省由省长负责管理，市由市长负责管理，区由区长负责管理，自治市由市长负责管理，村由村长负责管理。

---

① 原文注：读者可参考《地方政府法》获取更多信息。读者应注意，本部新宪法有细微区别的术语用来指称不同层级的地方政府与地方政府首脑。自 2005 年起，并不是所有法律都使用同一术语用来指称这些首脑。

省长、市长、区长、自治市市长和村长可设副职协助其工作。

如有必要，国会可决定设立特区，特区与省同级。

第七十六条（新） 省长、市长、区长行使下列职权：

（一）保证宪法和法律在本地区的实施，执行上级的命令和决定。

（二）指导和监督各部门和下级的活动。

（三）中止或撤销所属部门或下级部门违反法律、法规的决定。

（四）管理民众，在其职权范围内依法审议和处理人民的申诉与建议。

（五）法律规定的其他职权。

第七十七条（新） 自治市市长行使的职权包括：规划、实施和管理城市发展与公共服务，根据城市规划维护其秩序与整洁①，以及法律、法规规定的其他职权。

第七十八条 村长负责在本村组织执行国家和上级的各项法律、决定和命令，维护和平与公共秩序，在各方面推动村的发展。

第九章 人民法院和检察院

第七十九条（新） 人民法院是国家司法机关，由以下机关组成：

最高人民法院；

上诉法院；

省人民法院和市人民法院；

区人民法院；

军事法院。②

如有必要，国会常务委员会可决定设立特别法庭。

第八十条（新） 最高人民法院是国家最高司法机关。

最高人民法院管理全国各级法院和军事法院，监督和审查各级法院和

---

① 原文注：老挝语中这一术语有"整洁和漂亮"之意。

② 原文注：读者可参考《人民法院法》获取更多有关这些法院的信息。

军事法院的司法裁判。

第八十一条（新） 最高人民法院副院长经院长提议，由国家主席任免。

经最高人民法院院长提议，国会常务委员会任命、调任、免职以下人员：最高人民法院法官，上诉法院、省人民法院、市人民法院、区人民法院的院长、副院长和法官，军事法院院长、副院长和法官。①

第八十二条 人民法院实行合议制。法官独立、严格依法行使审判权。

第八十三条 除非法律有相反的规定，审判应公开进行。被告有辩护的权利，律师有权为被告提供法律帮助。

第八十四条 社会组织的代表有依法参加诉讼的权利。

第八十五条（新） 一切政党、国家机构、老挝建国阵线、群众团体、社会组织和公民，必须尊重法院终审的裁判，当事人必须履行法院裁判。

第八十六条（新） 检察院依法监督法律实施，由以下机关组成：

最高检察院；

上诉检察院；

省检察院和市检察院；

区级检察院；

军事检察院。

检察院行使下列职权：

（一）监督各部、各部级机构、政府各部门、老挝建国阵线、群众团体、社会组织、地方政府、企业、公职人员和公民正确、统一实施法律和法规。

（二）公诉权。

---

① 原文注：为便于阅读，翻译时修改了该句的结构。

第八十七条（新）　最高检察院监督各级检察院的活动。

副总检察长经总检察长提议，由国家主席任免。

上诉检察院、省级检察院、市级检察院和区级检察院、军事检察院的检察长和副检察长由总检察长任命、调任和免职。

第八十八条（新）　检察官在行使职权中只服从法律和总检察长的指示。

第十章　语言、文字、国徽、国旗、国歌、国庆日、货币和首都

第八十九条　老挝语和老挝文是老挝官方语言和文字。

第九十条　老挝人民民主共和国国徽呈圆形。底部一半是齿轮，一半是写有"老挝人民民主共和国"的红色绶带；两侧是呈新月状的成熟的稻穗，两侧下方的红色绶带写有"和平、独立、民主、统一、繁荣"；稻穗中间是塔銮寺宝塔；道路、稻田、森林、水电站大坝镶嵌于圆形之内。

第九十一条　老挝人民民主共和国国旗，旗面自上而下为红、深蓝、红，中央为白色月亮。国旗长宽比为三比二。白色月亮的直径为深蓝色区域高度的五分之四。

第九十二条　老挝人民民主共和国的国歌是《老挝人民歌》（"Xat Lao" Song）。

第九十三条（新）　老挝人民民主共和国国庆日是老挝人民民主共和国宣告成立之日，即1975年12月2日。

第九十四条（新）　老挝人民民主共和国货币是基普（Kip）。

第九十五条　老挝人民民主共和国的首都是万象市。

第十一章　附　则

第九十六条（新）　老挝人民民主共和国宪法是国家根本大法。一切法律都必须遵守宪法。

第九十七条 只有老挝人民民主共和国国会会议有权修改宪法。

修改宪法必须得到国会全体议员的三分之二以上多数投票赞成。

第九十八条（新） 本宪法自老挝人民民主共和国国家主席公布之日起实施。

国会主席　沙曼·维亚吉（签章）

2003 年 5 月 6 日于万象

（本文来源于老挝国会官方网站提供的官方英文版本。中译文选自孙谦、韩大元主编：《世界各国宪法·亚洲卷》，中国检察出版社 2012 年版）

（张宇飞　译　施蔚然　校）

老挝政府关于官员财产和收入申报制度的规定

（2013年6月）

根据2003年5月6日颁布的老挝人民民主共和国政府组织法，2012年12月18日颁布的反贪污法（修正案）和2013年3月15日监察总署和反贪总局局长的第31号建议，政府颁布第159号总理令如下：

第一章 总 则

第一条 宗旨

本规定明确了党政机关、建国阵线、群众组织、国有企业和国家参股的混合所有制企业的公务员干部、军队、警察的财产和收入申报的原则、程序和措施，确保申报对象本着高度负责、高效透明的精神进行财产和收入申报，遏制上述机关贪污腐败现象，为建设和发展繁荣、文明的国家做出贡献。

第二条 财产和收入申报

财产和债务申报必须根据申报受理机关的规定，按财产和债务两类提交翔实的书面材料。

收入申报是指申报继承遗产所得财物及工资等。

第三条 需要申报的财产和收入种类

需要申报的财产和收入种类有：

（一）土地、房屋、继承的遗产（包括房产），各类交通工具、生产工具，金、银首饰等有价物品，债券、股票、国内外存款、两千万基普（约合两千五百美元）以上债权和债务等。

（二）工资、补助、离退休津贴、家庭经营、经商、买卖、租赁、放贷所得收入，存款利息、价值五百万基普（约合六百二十五美元）以上的礼品和奖品、服务性收入、知识产权收入等。

第四条　财产和收入申报原则

财产和收入申报必须遵守以下原则：

（一）确保申报内容清楚、完整、客观，不得瞒报、漏报。

（二）对财产、债务、收入申报内容保密。

（三）财产、债务、收入申报对象必须配合申报受理机关的审查工作，并提供必要便利。

第五条　财产和收入申报对象

财产和收入申报对象包括：

——领导干部（中管干部，即中央部委副司局级和地方副县级以上干部）；

——中层干部（即中管干部以下至科级以上干部）；

——党政机关、建国阵线、群众组织公务员干部；

——国有企业、国家参股的混合所有制企业干部；

——武装力量尉级以上军官、警官和财务干部。

上述申报对象要申报本人及配偶、子女和其他被监护人的财产、债务和收入。

第二章　财产和收入申报程序、办法和期限

第六条　财产和收入申报程序

财产和收入申报须按以下程序操作：

（一）申报受理机关向申报对象提供财产和收入申报说明书（含申报表等材料）。

（二）申报对象根据说明书填写书面申报材料。

（三）申报受理机关汇总并审核申报材料，如存在申报材料不正确、不完整等情况须退回并责令申报对象重新填写，申报对象从退回之日起十五日内修改并重新提交。

（四）申报材料一式两份，一份上交受理申报机关，一份由申报对象本人留存。每次接收申报材料须登记并由申报人和受理人签字确认。

第七条　财产和收入申报期限

本规定第五条中明确的申报对象须按以下期限进行财产和收入申报：

（一）首次申报必须在接到申报通知之日起一年内完成。

（二）首次申报后每两年申报一次。

（三）出现下列情况须进行申报：

公务员试用期满三十日内须进行申报；

任职、参选前和卸任后三十日内须进行申报；

退休或离职前三十日内须进行申报；

他人举报存在财产和收入不明，接受检查、审计时须进行申报。

第三章　申报受理机关

第八条　申报受理机关

申报受理机关为各级监察机关，包括政府监察总署，各部委和武装力量监察局，各省（直辖市）纪检监察厅，各县纪检监察办公室。

第九条　申报受理机关职能和任务

（一）研究领会并贯彻落实财产和收入申报工作的方针、政策、法律、法规、程序、办法和措施。

（二）本着客观、透明、真实的原则受理申报，受本级党委和政府的监督和检查。

（三）受理本级党委和政府管理干部的财产和收入申报。

（四）根据本级机关权限监督检查财产和收入申报工作。

（五）对申报机关工作人员进行教育培训。

（六）与外国和国际组织就财产和收入申报等问题开展交流合作。

（七）对财产和收入申报材料保密。

（八）对财产和收入申报工作进行总结，并上报。

（九）履行法律法规规定的其他职责。

第十条　各级申报受理机关权力

（一）上级监察机关有权指导下级监察机关开展财产和收入申报工作。

（二）在接到检举揭发、控告和出现贪污腐败现象时有权进行监督和检查工作。

（三）与各相关部门加强协调配合，做好财产和收入申报工作。

（四）建议上级机关研究决定对违法违纪人员采取措施。

（五）建议有关部门收回经核实的申报人不正当财产的管理和使用权。

（六）提请有关权力机关下令查封、扣押申报人非法获得的财产。

（七）行使法律法规规定的其他权力。

第十一条　各级申报受理机关工作人员职责

（一）向申报对象说明、解释财产和收入申报相关规定。

（二）接收、汇总和审核财产、收入申报材料内容。

（三）定期向申报受理机关领导汇报受理财产申报情况。

（四）妥善保管申报材料。

（五）履行法律法规规定的其他职责。

第十二条　申报受理机关工作人员权力

（一）提请申报者对申报材料中情况模糊、内容不全做出解释。

（二）提请申报者对财产申报遗漏情况进行修改、补充。

（三）受权对申报情况进行检查。

（四）保管申报材料并整理归档。

（五）行使法律法规规定的其他权力。

第十三条　申报受理工作责任分工

（一）监察总署负责受理中管干部的财产和收入申报。

（二）各部委监察司负责受理本部委所管干部的财产和收入申报。

（三）省（直辖市）监察厅负责受理本省（直辖市）所管干部的财产和收入申报。

（四）县级监察办公室负责受理本县所管干部的财产和收入申报。

（五）武装力量监察机关负责受理本部门管理尉级以上军官、警官和财务干部的财产和收入申报。

第十四条　申报对象义务

（一）正确执行财产和收入申报原则和规定。

（二）全面、真实、及时提交申报材料，如实报告财产和收入变化情况。

（三）应申报受理机关要求，如实说明财产和收入情况。

（四）积极配合并应申报受理机关要求，核实本人的合法财产和收入。

（五）承担法律责任。

第十五条　申报对象权利

（一）有权对财产和收入申报内容及本人认为不正确的检查结果进行解释和说明。

（二）对违反本规定的单位或个人提出检举、控诉。

（三）因违反本规定而遭受财产或名誉损失的，申报者有权申请恢复名誉和信用，赔偿损失。

（四）接受检查时提供财产和收入申报相关信息、证据和文件。

（五）对本人的财产和收入检查报告提出意见或建议。

第十六条　财产和收入申报材料的管理

（一）按干部档案管理规定对财产和收入申报材料进行整理归档和妥善保管。

（二）不增减、伪造、涂改、污损、撕毁和遗失申报材料。

（三）未经本级监察机关批准，任何机关或个人不得查阅、使用财产和收入申报材料。

（四）对财产和收入申报材料保密。

（五）申报对象离职或退休，申报材料及个人档案将继续由财产和收入申报受理机关保管。

（六）申报对象更换工作单位，须将财产和收入申报材料及个人档案等移交新单位保管。

（七）监察机关有权对所属工作人员的财产和收入申报材料进行管理。

第十七条　财产和收入申报材料的使用

（一）用于对干部的考评、选举、任免、调动、撤职、落实政策、纪律处分、检举核查和腐败案件的调查和审讯。

（二）持有关机关介绍信，经本级监察机关批准后可查阅。

（三）供申报受理机关内部使用，如需借出，须经本级监察机关批准，并登记。

（四）申报材料借用人须严格按照申请用途使用，并符合本规定要求。

第四章　禁　令

第十八条　申报对象禁令

申报对象不得有以下行为：

（一）阻止财产和收入申报和对申报进行检查。

（二）为逃避申报而隐瞒、分割、转移财产和收入。

第十九条　申报受理人员禁令

申报受理人员不得有以下行为：

（一）未经本级监察机关批准，擅自将财产和收入申报材料外借其他单位或个人。

（二）未经本级监察机关批准，公开或散布财产和收入申报材料的信息、数据、证据。

（三）与申报对象勾结伪造申报材料。

（四）非法滥用职权。

第五章　财产和收入申报的检查

第二十条　检查原因

（一）发现贪污腐败可信的证据和材料。

（二）因贪污腐败被检举、报告和控诉。

（三）申报者及其配偶、子女和其他被监护人存在异常暴富现象。

第二十一条　检查程序

（一）对检举报告和控诉进行研究分析，必要时需搜集信息和证据。

（二）准备和制定检查计划。

（三）审核财产和收入申报材料，开展实际检查。

（四）传讯申报者进行情况说明。

（五）总结并向申报受理机关通报财产和收入申报检查结果，建议上级部门提出处理意见。

第六章　违规者处理措施

第二十二条　违规者处理措施

违反本规定的个人或组织，视情节轻重将受到教育、处分，赔偿损失和承担刑事责任。

第二十三条　教育措施

经查发现实际财产和收入情况与申报材料不符，金额在两千万基普（约合两千五百美元）以下，当事人供认不讳的，将对其进行教育、批评，与申报材料不符的财产和收入将依照法律规定处理。

第二十四条　处分措施

经查发现实际财产和收入情况与申报材料不符，金额在两千万基普（约合两千五百美元）到五千万基普（约合六千二百五十美元）之间且故意隐瞒的，将受以下处分：

——记过；

——暂缓晋升职务、工资级别和各项政策待遇；

——撤职或降职；

——开除公职，不享受任何政策待遇；

——依法处理与申报材料不符的财产和收入；

——相关部门收到纪律监察部门关于本部门干部存在不如实申报财产和收入情况通报后，必须在收到通报之日起三十天内对当事人进行处分。

第二十五条　刑事处罚

经查发现实际财产和收入情况与申报材料不符，金额在五千万基普（约合六千二百五十美元）以上且故意隐瞒的，依照刑法将受到处罚。

第七章　最后条款

第二十六条　落实措施

各级监察机关应主动与党政各级机关协调，宣传领会和切实指导，确保严格执行本规定条款。

各级党政机关、建国阵线、群众组织、各地方政府应深入研究领会、广泛宣传并主动执行本规定条款。

第二十七条　生效

本规定自 2014 年 1 月 1 日起生效。

与本规定相悖的规定和法令一律失效。

老挝人民民主共和国政府总理

通邢·塔马冯（签章）

2013 年 6 月 4 日

（本文原文来源于 2013 年老挝《党建》杂志。中译文选自郭业洲主编：《当代世界政党文献 2015》，党建读物出版社 2016 年版）

（林娜　译）

朝鲜民主主义人民共和国社会主义宪法

主体 61（1972）年 12 月 27 日第五届最高人民会议第一次会议通过

主体 81（1992）年 4 月 9 日第九届最高人民会议第三次会议修订补充

主体 87（1998）年 9 月 5 日第十届最高人民会议第一次会议修订补充

主体 98（2009）年 4 月 9 日第十二届最高人民会议第一次会议修订补充

主体 99（2010）年 4 月 9 日第十二届最高人民会议第二次会议修订补充

主体 101（2012）年 4 月 13 日第十二届最高人民会议第五次会议修订补充

主体 102（2013）年 4 月 1 日第十二届最高人民会议第七次会议修订补充

主体 105（2016）年 6 月 29 日第十三届最高人民会议第四次会议修订补充

序　言

朝鲜民主主义人民共和国是体现伟大的金日成同志和金正日同志的思想和领导主体的社会主义国家。

伟大领袖金日成同志是朝鲜民主主义人民共和国的缔造者，是社会主义朝鲜的始祖。

金日成同志创立了永恒不灭的主体思想，在主体思想的旗帜下组织和领导了抗日革命斗争，树立了光荣的革命传统，完成了光复祖国的历史伟业，在政治、经济、文化和军事领域奠定了建设自主独立国家的坚实基础，在此基础上创立了朝鲜民主主义人民共和国。

金日成同志提出了主体性的革命路线，英明地领导了不同历史时期的社会革命和建设事业，将共和国发展成为以人民群众为中心的自主、自立、自卫的社会主义国家。

金日成同志阐明了国家建设和国家活动的根本原则，确立了最优越的国家社会制度和政治方式、社会管理体系和管理方法，为社会主义祖国的繁荣富强和主体革命伟业的继承和发展奠定了坚实的基础。

伟大的金正日同志是继承金日成同志的思想和伟业，把我们的共和国发展成为金日成同志的国家，并将民族的尊严和国力提升到最高境界的举世无双的爱国者和社会主义朝鲜的守护者。

金正日同志全面地深化、发展了金日成同志创立的永恒不灭的主体思想和先军思想，将其作为自主时代的指导思想发扬光大，捍卫并完整地继承和发展了主体的革命传统，坚定不移地传承了朝鲜革命的命脉。

在世界社会主义体系的崩溃和帝国主义联合势力恶毒的反共和国扼杀攻势中，金正日同志以先军政治光荣地捍卫了金日成同志的宝贵遗产——社会主义胜利果实，把我们的祖国建设成不败的政治思想强国、核拥有国、无敌的军事强国，为建设社会主义强盛国家开辟了辉煌大道。

金日成同志和金正日同志将"以民为天"作为座右铭，始终和人民在一起，为人民献出了一生，以崇高的仁德政治关爱和领导人民，把全社会建设成紧密团结的大家庭。

伟大的金日成同志和金正日同志是民族的太阳、祖国统一的救星。

金日成同志和金正日同志把统一祖国作为民族至高无上的任务，并为之呕心沥血。金日成同志和金正日同志把共和国建设成统一祖国的强大堡垒，提出了统一祖国的根本原则和途径，将统一祖国运动发展成为全民族运动，开辟了团结全民族的力量完成统一祖国伟业的道路。

伟大的金日成同志和金正日同志阐明了朝鲜民主主义人民共和国对外政策的基本理念，扩大和发展了国家的对外关系，极大提高了共和国的国际地位。金日成同志和金正日同志作为世界政治的元老，开创了自主的新时代，致力于加强和发展社会主义运动和不结盟运动，致力于世界和平与人民之间的友好活动，为人类的自主伟业做出了不可磨灭的贡献。

金日成同志和金正日同志是思想理论和领导艺术的天才，是百战百胜的钢铁统帅，是伟大的革命家、政治家和伟人。

金日成同志和金正日同志的伟大思想和领导业绩，是朝鲜革命的法宝，是朝鲜民主主义人民共和国繁荣昌盛的根本保证。安放着金日成同志和金正日同志保持生前容貌的遗体的锦绣山太阳宫是领袖永生的大纪念碑，是全体朝鲜民族尊严的象征和永远的圣地。

朝鲜民主主义人民共和国和朝鲜人民拥戴伟大的金日成同志和金正日同志为主体朝鲜的永远的领袖，在朝鲜劳动党的领导下，拥护、捍卫并继承和发展金日成同志和金正日同志的思想和业绩，将主体革命事业进行到底。

朝鲜民主主义人民共和国社会主义宪法，是将伟大的金日成同志和金正日同志的主体国家建设思想和国家建设丰功伟绩法律化的金日成—金正日宪法。

第一章 政 治

第一条 朝鲜民主主义人民共和国是代表全体朝鲜人民利益的自主的社会主义国家。

第二条 朝鲜民主主义人民共和国是继承在反对帝国主义侵略、光复祖国和实现人民自由幸福的光荣革命斗争中树立的光辉传统的革命国家。

第三条 朝鲜民主主义人民共和国将主体思想、先军思想——以人为中心的世界观、实现人民群众自主性的革命思想，作为自己行动的指导方针。

第四条 朝鲜民主主义人民共和国的主权属于工人、农民、军人、劳动知识分子等劳动人民。

劳动人民通过自己的代表机关，即最高人民会议和地方各级人民会议行使主权。

第五条 朝鲜民主主义人民共和国的一切国家机关均根据民主主义中央集权制原则组成并进行活动。

第六条 从郡人民会议到最高人民会议,各级主权机关根据普遍、平等、直接的原则,以秘密投票方式选举产生。

第七条 各级主权机关的代议员同选民保持密切联系,对自己的工作向选民负责。

代议员失去信任时,选举他的选民可以随时予以罢免。

第八条 朝鲜民主主义人民共和国的社会制度,是劳动人民群众成为一切的主人、社会的一切为劳动人民群众服务的以人为中心的社会制度。

国家维护从剥削和压迫下获得解放、成为国家和社会主人的工人、农民、军人、劳动知识分子等劳动人民的利益,尊重和保护人权。

第九条 朝鲜民主主义人民共和国为在北半部加强人民政权,大力开展思想、技术、文化三大革命,为实现社会主义的完全胜利,为在自主、和平统一、民族大团结的原则下实现祖国统一而斗争。

第十条 朝鲜民主主义人民共和国建立在以工人阶级领导、工农联盟为基础的全国人民政治思想的统一之上。

国家加强思想革命,实现社会所有成员的革命化和工人阶级化,使全社会成为一个同志式的集体。

第十一条 朝鲜民主主义人民共和国在朝鲜劳动党的领导下进行一切活动。

第十二条 国家坚持阶级路线,加强人民民主主义专政,捍卫人民政权和社会主义制度免受内外敌对分子的破坏。

第十三条 国家体现群众路线,将青山里精神和青山里方法贯彻到一切工作之中,即上级帮助下级,深入群众找出解决问题的途径,使政治工作、与人相关的工作先行,激发群众的积极性。

第十四条 国家大力开展争创三大革命红旗等群众运动,最大限度地加快社会主义建设。

第十五条 朝鲜民主主义人民共和国保护旅外朝侨的民主主义民族权利和国际法公认的合法权益。

第十六条 朝鲜民主主义人民共和国保障外国人在我国境内的合法权益。

第十七条 自主、和平、友好是朝鲜民主主义人民共和国对外政策的根本宗旨和对外活动的原则。

国家根据完全平等、自主、相互尊重、互不干涉内政和互惠的原则，同所有与我国友好的国家建立国家关系或政治、经济、文化关系。

国家同拥护自主性的世界人民加强团结，反对一切形式的侵略和干涉他国内政，积极支持和声援各国人民为维护国家的主权、实现民族与阶级的解放而进行的斗争。

第十八条 朝鲜民主主义人民共和国法律是劳动人民的意志和利益的反映，是管理国家的基本武器。

尊重并严格遵守和执行法律，是所有机关、企业、团体和公民的义务。

国家完善社会主义法律制度，加强社会主义法制生活。

第二章 经 济

第十九条 朝鲜民主主义人民共和国建立在社会主义生产关系和自立民族经济的基础之上。

第二十条 在朝鲜民主主义人民共和国，生产资料由国家和社会合作团体所有。

第二十一条 国家所有制是全民所有制。

国家所有权的范围不受限制。

国家的一切自然资源、铁路、航空运输、邮电机关和重要工厂、企业、港口、银行只归国家所有。

国家优先保护和发展在国家经济发展中起主导作用的国家所有制。

第二十二条 社会合作团体所有制是该社会合作团体劳动者的集体所

有制。

土地、农业机械、船舶和中小型工厂、企业可以归社会合作团体所有。

国家保护社会合作团体所有制。

第二十三条 国家提高农民的思想觉悟和技术文化水平，加强全民所有制对集体所有制的指导作用，有机地结合两种所有制，改进对集体经济的领导和管理，以巩固和发展社会主义集体经济制度；根据社会合作团体全体成员的自愿意思表示，逐步把社会合作团体所有制转变为全民所有制。

第二十四条 个人所有是属于公民个人的、以消费为目的的所有。

个人所有，由社会主义的按劳分配和国家、社会提供的福利待遇构成。

宅基地庭园经营等个人经营的副业所生产的产品以及通过其他合法的经营活动所得的收入，也归个人所有。

国家保护个人所有，并依照法律保障其继承权。

第二十五条 朝鲜民主主义人民共和国以不断提高人民的物质及文化生活水平作为自己活动的最高原则。

我国已废除租税，不断创造的社会物质财富完全用来提高劳动者的福利待遇。

国家为所有劳动者提供吃穿住所需的一切条件。

第二十六条 朝鲜民主主义人民共和国建立的自立民族经济，是人民幸福的社会主义生活和祖国繁荣富强的牢固基础。

国家紧抓社会主义自立民族经济建设路线，加快人民经济主体化、现代化和科学化建设，为把人民经济发展成为高度发达的主体经济、为奠定与完全的社会主义社会相适应的物质技术基础而奋斗。

第二十七条 技术革命是发展社会主义经济的基本环节。

国家进行一切经济活动时始终把技术发展放在首位，加快科学技术发展和人民经济的技术改造，大力开展群众性技术革新运动，从繁重的体力劳动中解放劳动者，逐步缩小体力劳动和脑力劳动之间的差别。

第二十八条 国家为消灭城乡差别、工农差别而加快农业技术革命，实现农业的工业化和现代化，增强郡的作用，加强对农村的领导和帮助。

由国家承担合作农场的生产设施和农村文化住宅建设。

第二十九条 社会主义建设依靠劳动人民的创造性劳动。

在朝鲜民主主义人民共和国，劳动是从剥削和压迫中获得解放的劳动者自主的、创造性的劳动。

国家使我国劳动者无失业之忧，愉快地劳动，使之成为社会、集体和个人发挥积极性和创造性的有意义的劳动。

第三十条 劳动者一天的劳动时间是八小时。

国家根据劳动的繁重程度和特殊情况，酌情缩短劳动者的日标准工作时间。

国家做好劳动组织工作，加强劳动纪律，保证劳动者充分利用劳动时间。

第三十一条 朝鲜民主主义人民共和国公民开始参加劳动的年龄是十六岁。

国家禁止未达到劳动年龄的少年从事劳动。

第三十二条 国家在领导和管理社会主义经济中，坚定不移地坚持政治领导与经济技术指导、国家的统一领导与各个单位的创造性、唯一指挥与民主主义、政治道德鼓励同物质奖励相结合的原则。

第三十三条 国家运用社会主义经济管理形态，即依靠生产者群众的集体力量科学合理地管理经济的大安工作体系和以企业式方法领导农业的农业领导体系，领导和管理经济。

国家在经济管理中，按照大安工作体系的要求实施独立核算制，正确利用成本、价格、盈利等经济杠杆。

第三十四条 朝鲜民主主义人民共和国的人民经济是计划经济。

国家根据社会主义经济发展规律制订并执行人民经济发展计划，正确把握储备和消费的均衡，加快经济建设，不断提高人民生活水平，加强国防力量。

国家实现计划的一元化和精细化,保障生产的高速增长和人民经济的均衡发展。

第三十五条 朝鲜民主主义人民共和国根据人民经济发展计划,编制和执行国家预算。

国家在所有领域开展增产节约运动,严格实行财政监督,有计划地增加国家储备,扩大和发展社会主义所有制。

第三十六条 朝鲜民主主义人民共和国的对外贸易由国家机关、企业、社会合作团体进行。

国家根据完全平等和互惠的原则发展对外贸易。

第三十七条 国家奖励我国的机关、企业、团体同外国的法人或个人进行企业合营和合作,以及在经济特区创办和运营各种企业。

第三十八条 国家为了保护自立的民族经济,实行关税政策。

第三章 文 化

第三十九条 朝鲜民主主义人民共和国繁荣发展社会主义文化,为提高劳动者的创造力、满足健康的精神文化生活需要而服务。

第四十条 朝鲜民主主义人民共和国进行彻底的文化革命,把所有人培养成具有渊博的自然与社会知识和高水平文化技术的社会主义建设者,实现全社会的知识分子化。

第四十一条 朝鲜民主主义人民共和国建设为社会主义劳动者服务的、真正具有人民性和革命性的文化。

国家在社会主义民族文化建设中,反对帝国主义的文化渗透和复古主义倾向,保护并根据社会主义现实继承和发展民族文化遗产。

第四十二条 国家在一切领域清除旧社会的生活方式,全面确立新的社会主义生活方式。

第四十三条 国家体现社会主义教育学原理,将后代培养成为社会和人民而奋斗的坚定的革命者、智德体兼备的主体型新人。

第四十四条　国家优先发展人民教育事业和民族干部培养工作，做到一般教育与技术教育、教育与生产劳动密切结合。

第四十五条　国家根据现代科学技术的发展趋势和社会主义建设的现实需要，实行包括为期一年的学前义务教育在内的普遍的十二年制义务教育。

第四十六条　国家发展全日制教育体系和各种形式的在职教育体系，提高技术教育、社会科学教育、基础科学教育的科学理论水平，培养优秀的技术人才和专家。

第四十七条　国家对所有学生实行无偿教育，对大学和专科学校学生实行奖学金制度。

第四十八条　国家加强社会教育，为所有劳动者保障各种学习条件。

第四十九条　国家用国家和社会的资金抚育托儿所和幼儿园的学龄前儿童。

第五十条　国家在科学研究工作中树立主体，积极吸收先进科学技术，开拓新的科学技术领域，将国家的科学技术提升到国际水平。

第五十一条　国家正确制订科学技术发展计划，制定切实执行的纪律，加强科学工作者、技术人员和生产者的创造性合作。

第五十二条　国家发展具有民族形式和社会主义内容的主体的革命文学艺术。

国家鼓励创作家、艺术工作者大量创作思想艺术性高的作品，鼓励广大群众广泛参加文艺活动。

第五十三条　国家根据人们在精神、体质上不断发展的需求，充分提供现代化文化设施，使所有劳动者充分享受社会主义文化生活。

第五十四条　国家保护我们的语言不受任何形式的抹杀民族语言政策的影响，并根据时代的要求加以发展。

第五十五条　国家实行体育大众化和生活化，使全体人民为从事劳动和献身国防做准备，并根据我国国情和现代体育技术发展趋势发展体育技术。

第五十六条　国家巩固和发展整体性免费医疗制度，加强医生分区负责制和预防医学制度，保护人的生命，增进劳动者的健康。

第五十七条　国家确保环境保护措施先行于生产，保护和改善自然环境，防止环境污染，为人民创造文明、卫生的生活环境和劳动条件。

第四章　国　防

第五十八条　朝鲜民主主义人民共和国实行全民全国防卫体系。

第五十九条　朝鲜民主主义人民共和国武装力量的使命是贯彻先军革命路线，保卫革命的领导集体，维护劳动人民的利益；保卫社会主义制度和革命胜利果实，捍卫祖国的自由、独立与和平，使之免受外来侵略。

第六十条　国家在从政治思想上武装军队和人民的基础上，贯彻以全军干部化、全军现代化、全民武装化和全国要塞化为基本内容的自卫军事路线。

第六十一条　国家在军队内确立革命的领军体系和军风；加强军事纪律和群众纪律，发扬官兵一致、军政配合、军民一致的崇高传统风尚。

第五章　公民的基本权利和义务

第六十二条　朝鲜民主主义人民共和国公民的资格由国籍法规定。

公民不论居住何地，都受朝鲜民主主义人民共和国的保护。

第六十三条　朝鲜民主主义人民共和国公民的权利和义务，以"一人为全体，全体为一人"的集体主义原则为基础。

第六十四条　国家切实保障所有公民享有真正的民主主义权利和自由以及幸福的物质文化生活。

朝鲜民主主义人民共和国公民的权利和自由，随着社会主义制度的巩固和发展而不断扩大。

第六十五条　公民在国家社会生活的所有领域都享有同等的权利。

第六十六条　所有年满十七岁的公民，不分性别、民族、职业、居住期限、财产与文化程度、所属政党、政见以及信仰，都有选举权和被选举权。

在军队服役的公民也有选举权和被选举权。

经法院判决被剥夺选举权的人和患有精神病的人不得享有选举权和被选举权。

第六十七条 公民有言论、出版、集会、示威和结社的自由。

国家保障民主主义政党、社会团体自由活动的条件。

第六十八条 公民有信仰的自由。国家通过允许建设宗教建筑、举行宗教仪式等形式予以保障。

禁止利用宗教引进外来势力或破坏国家社会秩序。

第六十九条 公民可以提出申诉和请愿。

国家对申诉和请愿，必须按照法律规定公正地审议和处理。

第七十条 公民有劳动的权利。所有具有劳动能力的公民都有权根据自己的愿望和才能选择职业，由国家保障安定的工作岗位和劳动条件。

公民各尽所能地工作，按劳动的数量和质量获得分配。

第七十一条 公民有休息的权利。国家通过实行劳动时间制度、公休日制度、带薪休假制度和国家负担的静养与休养制度以及不断增加的各种文化设施等形式予以保障。

第七十二条 公民享有免费医疗的权利。因年老、疾病或残疾而丧失劳动能力的人以及无人照顾的老人、儿童，有获得物质帮助的权利。国家通过实行无偿医疗制度、不断增加医院和疗养所等医疗设施、国家的社会保险和社会保障制度予以保障。

第七十三条 公民有受教育的权利。国家通过实行先进的教育制度和国家的人民性教育政策予以保障。

第七十四条 公民有从事科学和文学艺术活动的自由。

国家关怀发明家和提出合理化建议者。

著作权、发明权和专利权受法律保护。

第七十五条 公民有居住、旅行的自由。

第一部分　宪法、全国性涉党法律

第七十六条　革命战士、革命烈士家属、爱国烈士家属、人民军军人家属、荣誉军人，受国家和社会的特别保护。

第七十七条　女性享有与男性同等的社会地位和权利。

国家通过保障产前产后休假，缩短多子女母亲的劳动时间，扩充妇产医院、托儿所和幼儿园网以及其他各种措施，特别保护母亲和儿童。

国家为女性步入社会创造一切条件。

第七十八条　婚姻和家庭受国家的保护。

国家关怀社会的基层生活单位——家庭的巩固。

第七十九条　公民的人身和住宅不受侵犯，通信秘密受到保护。

非经法律程序，不得拘留或逮捕公民，不得搜查住宅。

第八十条　朝鲜民主主义人民共和国保护为和平与民主主义、民族独立与社会主义、科学和文化活动而斗争流亡到我国的外国人。

第八十一条　公民应坚决维护人民政治思想上的统一与团结。

公民应珍视组织和集体，发扬为社会和人民忘我工作的作风。

第八十二条　公民应遵守国家法律和社会主义生活规范，维护朝鲜民主主义人民共和国公民的荣誉和尊严。

第八十三条　劳动是公民神圣的义务和荣誉。

公民应自觉、诚实地参加劳动，严格遵守劳动纪律和劳动时间。

第八十四条　公民应节约和爱护国家财产和社会合作团体财产，反对一切贪污、浪费现象并与之做斗争，以主人翁的态度精心管理好国家生活。

国家和社会合作团体的财产神圣不可侵犯。

第八十五条　公民要始终提高革命警惕，为国家的安全忘我斗争。

第八十六条　保卫祖国是公民最大的义务和荣誉。

公民应保卫祖国，依照法律规定服兵役。

第六章 国家机构

第一节 最高人民会议

第八十七条 最高人民会议是朝鲜民主主义人民共和国的最高主权机关。

第八十八条 最高人民会议行使立法权。

最高人民会议闭会期间,最高人民会议常任委员会可以行使立法权。

第八十九条 最高人民会议由根据普通、平等、直接选举的原则通过秘密投票方式选出的代议员组成。

第九十条 最高人民会议任期五年。

最高人民会议的新一届选举,在最高人民会议任期届满之前根据最高人民会议常任委员会的决定举行。

因不可避免的事由不能如期进行选举时,其任期延长至举行选举为止。

第九十一条 最高人民会议行使下列职权:

(一)修改、补充宪法。

(二)制定或修改并补充部门法。

(三)批准最高人民会议常任委员会在最高人民会议闭会期间通过的重要部门法。

(四)制定国家对内外政策的基本原则。

(五)选举或罢免朝鲜民主主义人民共和国国务委员会委员长。

(六)选举或罢免最高人民会议常任委员会委员长。

(七)根据朝鲜民主主义人民共和国国务委员会委员长的提名,选举或罢免国务委员会副委员长和委员。

(八)选举或罢免最高人民会议常任委员会副委员长、名誉副委员长、秘书长和委员。

(九)选举或罢免内阁总理。

（十）根据内阁总理的提名，任命内阁副总理、委员长、相和其他内阁成员。

（十一）任免中央检察院院长。

（十二）选举或罢免中央法院院长。

（十三）选举或罢免最高人民会议专门委员会委员长、副委员长和委员。

（十四）审议和批准国家的人民经济发展计划及其执行情况的报告。

（十五）审议和批准国家预算及其执行情况的报告。

（十六）根据需要，听取内阁和中央机关的工作报告，并制定相应的措施。

（十七）决定批准或废除向最高人民会议提交的条约。

第九十二条　最高人民会议举行定期会议和临时会议。

定期会议，由最高人民会议常任委员会每年召开一至两次。

临时会议，在最高人民会议常任委员会认为必要时，或者三分之一以上的代议员提议时召开。

第九十三条　最高人民会议须有全体代议员的三分之二以上出席。

第九十四条　最高人民会议选举议长和副议长。

议长主持会议。

第九十五条　朝鲜民主主义人民共和国国务委员会委员长、国务委员会、最高人民会议常任委员会、内阁和最高人民会议专门委员会有权向最高人民会议提出议案。

代议员也可以提出议案。

第九十六条　每届最高人民会议第一次会议选举代议员资格审查委员会；根据该委员会提出的报告，通过确认其代议员资格的决定。

第九十七条　最高人民会议通过法令和决定。

最高人民会议通过的法令和决定，须由出席会议代议员的过半数通过，以举手表决方式进行。

宪法的修改和补充，须由最高人民会议三分之二以上代议员赞成。

第九十八条 最高人民会议设法制委员会和预算委员会等专门委员会。

最高人民会议专门委员会由委员长、副委员长和委员组成。

最高人民会议专门委员会协助最高人民会议工作,拟定或审议国家的政策案和法案,制定相关执行措施。

最高人民会议闭会期间,最高人民会议专门委员会在最高人民会议常任委员会领导下进行工作。

第九十九条 最高人民会议代议员具有不可侵犯权。

最高人民会议代议员除现行犯外,非经最高人民会议或在其闭会期间非经其常任委员会许可,不受逮捕或刑事处罚。

第二节 朝鲜民主主义人民共和国国务委员会委员长

第一百条 朝鲜民主主义人民共和国国务委员会委员长是朝鲜民主主义人民共和国的最高领导者。

第一百零一条 朝鲜民主主义人民共和国国务委员会委员长任期与最高人民会议任期相同。

第一百零二条 朝鲜民主主义人民共和国国务委员会委员长是朝鲜民主主义人民共和国全部武装力量的最高司令官,指挥和统率国家的一切武装力量。

第一百零三条 朝鲜民主主义人民共和国国务委员会委员长行使下列职权:

(一)领导国家全面工作。

(二)直接领导国务委员会工作。

(三)任免国防部门的重要干部。

(四)批准或废除与外国缔结的重要条约。

(五)行使特赦权。

(六)宣布国家紧急状态和战时状态,发布动员令。

(七)战时组织指导国家防御委员会。

第一百零四条　朝鲜民主主义人民共和国国务委员会委员长有权发布命令。

第一百零五条　朝鲜民主主义人民共和国国务委员会委员长对最高人民会议负责。

第三节　国务委员会

第一百零六条　国务委员会是国家主权的最高国防领导机关。

第一百零七条　国务委员会由委员长、副委员长、委员组成。

第一百零八条　国务委员会任期与最高人民会议任期相同。

第一百零九条　国务委员会行使下列职权：

（一）讨论并决定国防建设事业等国家重要政策。

（二）监督朝鲜民主主义人民共和国国务委员会委员长命令、国务委员会决定、指示的执行情况，并制定措施。

（三）撤销与朝鲜民主主义人民共和国国务委员会委员长命令、国务委员会的决定和指示相抵触的国家机关的决定、指示。

第一百一十条　国务委员会有权做出决定和指示。

第一百一十一条　国务委员会对最高人民会议负责。

第四节　最高人民会议常任委员会

第一百一十二条　最高人民会议常任委员会是最高人民会议闭会期间的最高主权机关。

第一百一十三条　最高人民会议常任委员会由委员长、副委员长、书记长和委员组成。

第一百一十四条　最高人民会议常任委员会可以设若干名名誉副委员长。

最高人民会议常任委员会名誉副委员长由长期从事国家建设事业并做出突出贡献的最高人民会议代议员担任。

第一百一十五条　最高人民会议常任委员会任期与最高人民会议任期

相同。

最高人民会议常任委员会在最高人民会议任期届满、下届常任委员会选举产生之前，继续执行其任务。

第一百一十六条 最高人民会议常任委员会行使下列职权：

（一）召开最高人民会议。

（二）审议和通过在最高人民会议闭会期间提出的新的部门法案，规定案，现行部门法和规定的修改、补充案，把通过并实施的重要部门法提交下一次最高人民会议批准。

（三）审议和批准因不可避免的事由在最高人民会议闭会期间提出的国家人民经济发展计划、国家预算及其调整案。

（四）解释宪法、现行部门法和规定。

（五）监督国家机关守法、执法情况，并制定相应措施。

（六）撤销同宪法，最高人民会议法令和决定，朝鲜民主主义人民共和国国务委员会委员长命令，国务委员会决定和指示以及最高人民会议常任委员会政令、决定和指示相抵触的国家机关的决定和指示，制止地方人民会议不适当的决定的执行。

（七）进行为选举最高人民会议代议员的工作，组织地方人民会议代议员的选举工作。

（八）进行与最高人民会议代议员相关的工作。

（九）进行与最高人民会议专门委员会相关的工作。

（十）设置或撤销内阁委员会和省。

（十一）最高人民会议闭会期间，根据内阁总理的提名，任免副总理、委员长、相和其他内阁成员。

（十二）任免最高人民会议常任委员会专门委员会成员。

（十三）选举或罢免中央法院法官和人民陪审员。

（十四）批准或废除与外国缔结的条约。

（十五）决定并公布驻外使节的任免。

（十六）制定勋章、奖章、荣誉称号和外交人员的衔级，授予勋章、奖章和荣誉称号。

（十七）行使大赦权。

（十八）新设或者变更行政单位和行政区域。

（十九）进行与外国国会和国际议会机构的交流等对外工作。

第一百一十七条 最高人民会议常任委员会委员长组织和领导常任委员会的工作。

最高人民会议常任委员会委员长代表国家，接受外国使节的派遣国书和召回国书。

第一百一十八条 最高人民会议常任委员会召开全体会议和常务会议。

全体会议由全体委员组成，常务会议由委员长、副委员长和书记长组成。

第一百一十九条 最高人民会议常任委员会全体会议讨论并决定在行使常任委员会职权中出现的重要问题。

常务会议讨论并决定全体会议委任的事宜。

第一百二十条 最高人民会议常任委员会发布政令、决定和指示。

第一百二十一条 最高人民会议常任委员会可以设置协助其工作的专门委员会。

第一百二十二条 最高人民会议常任委员会对最高人民会议负责。

第五节 内 阁

第一百二十三条 内阁是国家主权的行政执行机关，是国家管理机关。

第一百二十四条 内阁由总理、副总理、委员长、相和其他必要的成员组成。

内阁的任期与最高人民会议任期相同。

第一百二十五条 内阁行使下列职权：

（一）制定执行国家政策的措施。

（二）根据宪法和部门法，制定、修改和补充有关国家管理的规定。

（三）领导内阁委员会、省、内阁直属机关和地方人民委员会的工作。

（四）设置或撤销内阁直属机关、重要行政经济机关和企业，制定改进国家管理机构的措施。

（五）编制国家人民经济发展计划并制定相应实施措施。

（六）编制国家预算，并制定相应执行措施。

（七）组织开展工业、农业、建设、运输、邮电、商业、贸易、国土管理、城市管理、教育、科学、文化、保健、体育、劳动行政、环境保护、旅游及其他方面的工作。

（八）制定巩固货币制度和银行制度的措施。

（九）检查和监督建立国家管理秩序的工作。

（十）制定维持社会秩序、保护国家及社会合作团体的财产和利益、保障公民权利的措施。

（十一）同外国签订条约，进行对外工作。

（十二）撤销同内阁决定和指示相抵触的行政经济机关的决定和指示。

第一百二十六条 内阁总理组织和领导内阁工作。

内阁总理代表朝鲜民主主义人民共和国政府。

第一百二十七条 内阁召开全体会议和常务会议。

内阁全体会议由内阁全体成员组成，常务会议由总理、副总理和总理任命的内阁成员组成。

第一百二十八条 内阁全体会议讨论和决定行政经济工作中出现的新的重要事宜。

常务会议讨论和决定内阁全体会议委托的事项。

第一百二十九条 内阁做出决定和指示。

第一百三十条 内阁可以设置协助其工作的非常设专门委员会。

第一百三十一条 内阁对最高人民会议负责，最高人民会议闭会期间对最高人民会议常任委员会负责。

第一百三十二条 新当选的内阁总理代表内阁成员向最高人民会议

宣誓。

第一百三十三条　内阁的委员会和省是内阁的部门执行机关，是中央的部门管理机关。

第一百三十四条　内阁的委员会和省在内阁的领导下，统一领导和管理各部门的工作。

第一百三十五条　内阁的委员会和省召开委员会会议和干部会议。

委员会、省的委员会会议和干部会议讨论和决定执行内阁决定和指示的措施及其他重要事项。

第一百三十六条　内阁委员会和省有权发布指示。

第六节　地方人民会议

第一百三十七条　道（直辖市）、市（区域）、郡人民会议是地方主权机关。

第一百三十八条　地方人民会议由根据普通、平等、直接选举的原则，通过秘密投票方式选出的代议员组成。

第一百三十九条　道（直辖市）、市（区域）、郡人民会议任期四年。

地方人民会议的新一届选举，在地方人民会议任期届满之前根据本级地方人民委员会的决定举行。

因不可避免的事由不能如期举行选举时，其任期延长至举行选举之时。

第一百四十条　地方人民会议行使下列职权：

（一）审议和批准地方人民经济发展计划及其执行情况的报告。

（二）审议和批准地方预算及其执行情况的报告。

（三）制定本地区执行国家法律的措施。

（四）选举或罢免本级人民委员会委员长、副委员长、事务长和委员。

（五）选举或罢免本级法院法官和人民陪审员。

（六）撤销本级人民委员会、下级人民会议和人民委员会的不适当的决定和指示。

第一百四十一条 地方人民会议召开定期会议和临时会议。

定期会议由本级人民委员会每年召开一至两次。

临时会议在本级人民委员会认为必要时，或者三分之一以上的代议员提议时召开。

第一百四十二条 地方人民会议须有全体代议员的三分之二以上出席。

第一百四十三条 地方人民会议选举议长。

议长主持会议。

第一百四十四条 地方人民会议做出决定。

第七节 地方人民委员会

第一百四十五条 道（直辖市）、市（区域）、郡人民委员会是本级人民会议闭会期间的地方主权机关，是本级地方主权的行政执行机关。

第一百四十六条 地方人民委员会由委员长、副委员长、事务长和委员组成。

地方人民委员会任期与本级人民会议任期相同。

第一百四十七条 地方人民委员会行使下列职权：

（一）召开人民会议。

（二）进行为选举人民会议代议员的工作。

（三）进行与人民会议代议员相关的工作。

（四）执行本级地方人民会议和上级人民委员会的决定和指示，最高人民会议法令和决定，朝鲜民主主义人民共和国国务委员会委员长命令，国务委员会决定和指示，最高人民会议常任委员会政令、决定和指示，内阁和内阁委员会以及省的决定和指示。

（五）组织和执行本地方所有的行政工作。

（六）编制本地方的人民经济发展计划并制定实施措施。

（七）编制本地方预算并制定执行措施。

（八）制定本地方内维持社会秩序、保护国家及社会合作团体的财产和利益、保障公民权利的措施。

（九）检查和监督本地方国家管理秩序的工作。

（十）领导下级人民委员会的工作。

（十一）撤销下级人民委员会不适当的决定和指示，制止下级人民会议不适当决定的执行。

第一百四十八条 地方人民委员会召开全体会议和常务会议。

地方人民委员会全体会议由全体委员组成，常务会议由委员长、副委员长和事务长组成。

第一百四十九条 地方人民委员会全体会议讨论决定在行使职权过程中出现的重要问题。

常务会议讨论决定全体会议委任的事宜。

第一百五十条 地方人民委员会做出决定和指示。

第一百五十一条 地方人民委员会可以设置协助其工作的非常设专门委员会。

第一百五十二条 地方人民委员会对本级人民会议负责。

地方人民委员会服从上级人民委员会、内阁和最高人民会议常任委员会。

第八节　检察院和法院

第一百五十三条 检察工作由中央检察院，道（直辖市）、市（区域）、郡检察院和特别检察院负责。

第一百五十四条 中央检察院院长任期与最高人民会议任期相同。

第一百五十五条 检察官由中央检察院任免。

第一百五十六条 检察院履行下列任务：

（一）监察机关、企业、团体和公民遵守国家法律。

（二）监察国家机关的决定和指示是否同宪法，最高人民会议法令和决定，朝鲜民主主义人民共和国国务委员会委员长命令，国务委员会决定和指示，最高人民会议常任委员会政令、决定和指示，内阁决定和指示相抵触。

（三）揭发违法犯罪分子，追究其法律责任，以保护朝鲜民主主义人民共和国的主权和社会主义制度、国家和社会合作团体的财产以及人民的宪法权利和生命财产。

第一百五十七条　检察工作由中央检察院统一领导，各级检察院服从上级检察院和中央检察院。

第一百五十八条　中央检察院对最高人民会议负责，最高人民会议闭会期间对其常任委员会负责。

第一百五十九条　裁判由中央法院、道（直辖市）法院、市（区域）、郡人民法院和特别法院负责。

判决以朝鲜民主主义人民共和国的名义宣布。

第一百六十条　中央法院院长任期与最高人民会议任期相同。

中央法院、道（直辖市）法院、市（区域）、郡人民法院的法官和人民陪审员的任期与本级人民会议任期相同。

第一百六十一条　特别法院院长和法官由中央法院任免。

特别法院人民陪审员由相关军务者会议或职工会议选举。

第一百六十二条　法院履行下列任务：

（一）通过裁判活动，保护朝鲜民主主义人民共和国的主权和社会主义制度、国家和社会合作团体的财产以及人民的宪法权利和生命财产。

（二）监督所有机关、企业、团体和公民严格遵守国家法律，同阶级敌人和一切违法分子进行积极的斗争。

（三）执行对财产纠纷的判决和裁定，进行公证工作。

第一百六十三条　裁判由一名法官和两名人民陪审员组成的法庭进行。特殊情形下，可以由三名法官组成法庭。

第一百六十四条　裁判应公开进行，保障被告人的辩护权。

裁判可以依法不公开进行。

第一百六十五条　裁判使用朝鲜语。外国人在裁判中可以使用本国语言。

第一百六十六条　法院独立进行裁判，依法进行裁判活动。

第一百六十七条　中央法院是朝鲜民主主义人民共和国的最高裁判机关。

中央法院监督所有法院的裁判工作。

第一百六十八条　中央法院对最高人民会议负责，在最高人民会议闭会期间对其常任委员会负责。

第七章　国徽、国旗、国歌、首都

第一百六十九条　朝鲜民主主义人民共和国国徽为椭圆形，周围是用写有"朝鲜民主主义人民共和国"字样的红带束起的稻穗，中间是雄伟的水电站，其上方有革命圣山白头山和光芒四射的五角红星。

第一百七十条　朝鲜民主主义人民共和国国旗，中间是红色宽面，其上下各有一白色细条，细条的上下是蓝色宽边，红面靠旗杆一边有一白色圆圈，圈内是五角红星。

旗幅纵横比例为一比二。

第一百七十一条　朝鲜民主主义人民共和国国歌是《爱国歌》。

第一百七十二条　朝鲜民主主义人民共和国首都是平壤。

（本文根据朝鲜法律出版社2016年出版的《朝鲜民主主义人民共和国法典（增补版）》收录的宪法原文翻译）

（延边大学法学院　蔡永浩 译）

古巴共和国宪法[①]

序 言

我们，古巴的公民们——

是我们祖先所培养出来的具有自我牺牲精神、英雄主义、坚韧不拔的斗争传统和创造性劳动习惯的后辈和继承者；

是宁愿根绝从属关系的土著人；

是奋起反抗自己主人的奴隶们；

是唤醒民族觉悟、唤起古巴人对祖国和自由渴望的人们：1868年发动反抗西班牙殖民主义的独立战争的爱国者们，以及因美帝国主义的入侵和军事占领而于1895年开始进行激烈斗争，并在1898年取得独立战争胜利的人们；

是那些在五十多年中进行反对帝国主义统治、政治腐败、失业和资本家以及地主的剥削的斗争，以争取人民的各项权利和自由的工人、农民、学生和知识分子们；

是那些推动、组织和发展工农组织、传播社会主义思想和最早开展马克思列宁主义运动的人们；

[①] 古巴现行宪法于1976年2月15日经全民投票通过，同年2月24日公布。1992年7月12日，古巴第三届全国人民政权代表大会第十一次会议通过宪法修正案。2002年6月26日，古巴第五届全国人民政权代表大会特别会议再次通过对1976年宪法进行修改补充的宪法修正案。——编者注

是那些遵循马蒂的学说，引导我们取得一月人民革命胜利的马蒂诞生百年来的先锋队的组成者们；

是那些以牺牲生命捍卫革命从而使革命无比坚定的人们；

是那些完成英雄的国际主义使命的人们。

遵循——

何塞·马蒂理论和所向无敌的马克思—恩格斯—列宁社会政治思想。

依靠——

无产阶级国际主义，全世界人民特别是拉丁美洲和加勒比地区人民兄弟般的友谊、援助和合作。

决定——

充满决心地把菲德尔·卡斯特罗所领导的蒙卡达、格拉玛·马斯特拉山和吉隆滩胜利的革命向前推进，这个革命依靠一切革命力量和人民本身的紧密团结，已经获得了完全的民族独立，建立了革命政权，进行了各项民主改革，开启了社会主义建设，并且在共产党的领导下为建设共产主义社会而继续前进。

意识到——

任何一种人剥削人的制度，都必定是对被剥削者的玷污和剥削者人格的堕落；

当人们从奴隶制度、封建制度和资本主义制度等一切剥削制度中解放出来以后，只有在社会主义和共产主义制度下，才能使人类获得全部尊严，而我们的革命则提高了祖国和古巴人的威望。

我们声明——

希望共和国的法律能够贯彻并最终实现何塞·马蒂的志愿：

"我希望我们共和国的基本法律能成为古巴人对人类的全部尊严的最深切的崇敬。"

通过——

在全民投票中自由表达自己的意志，我们通过了如下这部宪法。

（根据全国人民政权代表大会 1992 年 7 月 12 日做出的修正案修改）①

第一章 国家的政治、社会和经济基础

第一条

古巴共和国是属于全体劳动者的独立、主权、统一、民主的社会主义国家，追求政治自由、社会正义、个人和集体福利和人类团结。

（根据全国人民政权代表大会 1992 年 7 月 12 日做出的修正案修改）

第二条

古巴的国名是古巴共和国；官方语言是西班牙语；首都为哈瓦那市。

（根据全国人民政权代表大会 1992 年 7 月 12 日做出的修正案修改）

第三条

古巴共和国一切权力属于劳动人民，人民直接或通过人民政权代表大会和由其组成的其他国家机关行使权力。人民政权代表大会和由其组成的其他国家机关依照宪法和法律规定产生和运行。

当任何人企图推翻依据本宪法建立的政治、社会、经济秩序时，任何公民有权进行捍卫，当其他方式无法采用时甚至可以采用武装捍卫。

根据本宪法建立的社会主义，以及革命和社会制度，已经在多年来的英勇抵抗最强大的帝国主义列强发起的各类侵略和经济战争中得到证明，同时也验证了其有能力改变国家，并创造一个全新、公正、无毁灭的社会。古巴永远不会回到资本主义社会。

（根据 2002 年 6 月 24 日闭幕的全国人民政权代表大会做出的修正案修改）

第四条

百余年来鼓舞古巴人进行争取独立、人民的权利和社会进步的国家标志是：

---

① 关于文本修正的说明性文字为译者所加，下同。——译者注

国旗独星旗；

国歌巴雅摩歌；

描绘有皇家棕榈树的国徽。

第五条

古巴共产党——工人阶级的有组织的马蒂主义和马克思列宁主义先锋队，是社会和国家的最高领导力量，它组织和指导大家共同努力，以求实现建设社会主义和向共产主义未来推进的崇高目标。

（根据全国人民政权代表大会 1992 年 7 月 12 日做出的修正案修改）

第六条

共产主义青年联盟——古巴先进青年的组织，国家承认和鼓励其发挥推动广大青年参与社会主义建设，使其成为具有责任感且具有为全社会承担更大责任能力公民的基本职能。

（根据全国人民政权代表大会 1992 年 7 月 12 日做出的修正案修改）

第七条

古巴社会主义国家承认和鼓励各群众社会团体的活动，这些团体是在古巴人民斗争历史过程中产生的。社会团体联合各阶层、代表其特殊利益，团结其他参加建设任务、巩固和保卫社会主义社会的各种组织。

（根据 2002 年 6 月 24 日闭幕的全国人民政权代表大会做出的修正案修改）

第八条

国家承认、尊重和保障宗教自由。

在古巴共和国，宗教机构与国家分离。

不同信仰的宗教信徒享有同等对待。

（根据全国人民政权代表大会 1992 年 7 月 12 日做出的修正案修改）

第九条

社会主义国家：

（一）体现劳动人民的意志并：

——指导人民努力参加社会主义建设；

——维护和捍卫祖国的领土完整和主权；

——保障人的自由和完全的尊严，实现其权利、履行其义务，并全面发展其个性；

——维护摆脱了人剥削人现象的社会的意识形态以及公共生活和行为规则；

——保护人民的创造性劳动，保护社会主义国家所有制和财富；

——实现国民经济的有计划地发展；

——保证发展国家的教育、科学、技术和文化。

（二）作为人民的政权并为人民服务，保障：

——一切有劳动能力的人有可能得到工作，促使其为社会做出贡献并满足他们的个人需要；

——一切失去工作能力的人都有适当的生存条件；

——一切病人都能得到医疗服务；

——所有的儿童都有可能上学，得到食物和衣服；

——任何青年人都有机会接受教育；

——所有的人都能够受到教育、从事文化活动和参加体育运动。

（三）力求使每个家庭都有舒适的住宅。

（根据全国人民政权代表大会1992年7月12日做出的修正案修改）

第十条

一切国家机关及其领导人员、公职人员和服务人员在其职权范围内进行工作，严格遵守社会主义法制，设法使社会主义法制在社会生活的各个方面都能被严格遵守。

（根据全国人民政权代表大会1992年7月12日做出的修正案修改）

第十一条

古巴社会主义国家在下列各方面行使主权：

（一）包括古巴岛、青年岛和其他邻近岛屿和小岛在内的全部国家领土上，在内河、法定领海和全部领空范围内。

（二）领域内的自然环境和自然资源。

（三）依据国际惯例确认的专属经济区内水域、海床和底土中的一切有生物和无生物。

古巴共和国对于按照不平等条件缔结的否认或者侵犯其任何一部分国家领土主权的协定、条约或者租约，一律予以拒绝并宣告无效。

他国不得以侵略、威胁、胁迫的方式与古巴达成经济、外交和政治关系。

（根据 2002 年 6 月 24 日闭幕的全国人民政权代表大会做出的修正案修改）

第十二条

古巴共和国反对帝国主义，维护国际主义并且：

（一）承认国家，无论大小、强弱，都有追求价值、正义和真正的和平的权利，尊重其人民独立、主权和自决权。

（二）建立以权利平等、人民自决、领土完整、国家独立、合作和和谐、和平解决争议、平等和相互尊重地交往等为内容的《联合国宪章》和其他古巴加入的国际条约为原则的国际关系。

（三）努力使拉丁美洲和加勒比海各国成为共同体并相互合作，古巴同这些国家有着共同的认同和历史需求，通过推动政治和经济一体化取得真正独立，以获得正当的国际地位。

（四）倡导全体第三世界国家团结起来反对妄图限制和打压我们主权、加剧剥削、压迫不发达国家经济造成经济恶化的帝国主义和新殖民主义政策。

（五）谴责帝国主义、所有法西斯主义、殖民主义、新殖民主义、种族主义的推动者和支持者，将其作为侵略和战争的主要起因和各族人民的最凶恶的敌人。

（六）反对对任何国家内部事务或外交改策的直接和间接干涉，并从而进行武装侵略和经济封锁，或对居住于他国的公民进行人身攻击，或以其他形式干涉国家完整性及其政治、经济、文化基础的行为。

（七）拒绝侵犯国家不可剥夺的主权。根据国际惯例和古巴签署的国际协议，国家在领土范围内规范和利用通讯设施。

（八）认定侵略和掠夺战争为国际罪行；承认民族解放战争以及武装反抗侵略和占领的合法性，重视自己援助被侵略者及为争取解放和自决而斗争的人民的国际主义义务和权利。

（九）根据建设新社会的共同目标，与社会主义国家建立兄弟般的友谊、合作和互助关系。

（十）与同古巴采取不同政治、社会和经济制度的国家保持友好关系，尊重其主权，遵守国家之间和平共处和互利互惠原则。

（根据全国人民政权代表大会1992年7月12日做出的修正案修改）

第十三条

古巴共和国对于因尊崇信仰或争取民主权利而反对帝国主义、法西斯主义、殖民主义、新殖民主义；争取消除种族歧视；争取国家自由；争取工人、农民和学生的权利和要求；参加进步的政治、科学、艺术和文学活动；争取社会主义和和平而被通缉的人士给予庇护。

（根据全国人民政权代表大会1992年7月12日做出的修正案修改）

第十四条

古巴共和国实行以生产资料社会主义全民所有制和消灭剥削制度为基础的社会主义经济制度。

社会主义分配原则是："人尽其能，按劳分配。"法律应做出规定保障这一原则的有效履行。

（根据全国人民政权代表大会1992年7月12日做出的修正案修改）

第十五条

社会主义国有财产属于全民，包括：

（一）不属于农民或农民合作组织所有的土地、地下蕴藏、矿产等非生物自然资源以及生物自然资源，属于其主权范围内的海洋、森林、水流和通讯设施。

（二）一切国有化和没收的帝国主义分子、庄园主和资产阶级的制糖厂、制造厂、基本运输工具，企业、银行和装备；以及工厂、器材，科技、社会、文化和体育中心等国家建设、扩建或者得到的一切东西，以及将来国家建成、发展或得到的设施。

上述财产的所有权不能转让给自然人或法人实体，除非转让是基于国家发展，并且不致损害国家的政治、社会和经济基础，经由部长理事会或其执行委员会的事先批准。转让上述资产的其他权利给国有企业和其他授权实体的，应以符合法律规定的方式进行。

（根据全国人民政权代表大会1992年7月12日做出的修正案修改）

第十六条

国家根据发展社会经济的统一规划组织、指导和监督国家经济生活，并将巩固社会主义制度，全面地满足社会及公民日益增长的物质和文化需要，全面发展人的个性及其尊严，全面促进国家的发展和安全作为经济发展的目标。

国民经济一切部门和社会生活其他领域的劳动者自觉并积极地参加生产和发展计划的制订和执行。

（根据全国人民政权代表大会1992年7月12日做出的修正案修改）

第十七条

国家直接管理或创办、运营企业、实体代其管理属于全体人民的社会主义财产。企业或实体的组成、归属、功能和规则均依法进行。

企业和实体依法独立承担财政义务。国家与企业、国家与实体、国家与其他法人之间互不承担缔约义务。

（根据全国人民政权代表大会1992年7月12日做出的修正案修改）

第十八条

对外贸易由国家管理和控制。法律规定开展进出口业务的机构和国家机关有权：

——建立对外贸易企业；

——建立进出口标准和规则；

——确定自然人或法人从事对外贸易和缔结外贸协定的资格。

（根据全国人民政权代表大会 1992 年 7 月 12 日做出的修正案修改）

第十九条

国家承认农民在法定范围内对其生活必需的土地和其他生产资料具有所有权。

根据国家机关的事先批准，农民可依法将其土地纳入农业合作社。农民同样可以依法向国家、农业合作社或其他农民出售、交换或转让其土地，但国家有通过支付公平价格的赎金而得到农民的小块土地的优先权。

禁止以出租、永佃、抵押和其他能严重损害土地所有制的方式取得小块土地。

国家支持农民个体生产，以促进国民经济的提高。

（根据全国人民政权代表大会 1992 年 7 月 12 日做出的修正案修改）

第二十条

农民有权按法定形式和条件为生产农产品和取得国家贷款和帮助而联合起来。

农业合作社的组织根据法律规定的形式和条件加以解决。国家承认农业合作社作为一种所有制形式，对社会主义生产做出的积极而有效的贡献。

农业合作社所有制对其产生资产的占有、使用、收益和处分，依照法律和自身的规定进行。

不得对农业合作社的土地进行占有和课税，其所有权可通过法定原因和程序转让给国家或其他农业合作社。

国家提供各种便利支持农业合作社的生产。

（根据全国人民政权代表大会 1992 年 7 月 12 日做出的修正案修改）

第二十一条

公民劳动所得的收入、储蓄，依法占有的住宅以及满足其个人物质和文化需要的其他财物等个人财产受到保护。

个人和家庭劳动的资料和工具的所有权，如果不是用于剥削他人劳动的，也受到保护。

法律规定个人可依法占有资产的额度。

（根据全国人民政权代表大会 1992 年 7 月 12 日做出的修正案修改）

第二十二条

国家承认政治、经济和人民团体为本团体的目的所拥有的财产。

第二十三条

国家承认依法建立的混合所有制的公司和其他经济组织。

上述组织依照法律和自己的规章制度使用、收益和处置其拥有的资产。

（根据全国人民政权代表大会 1992 年 7 月 12 日做出的修正案修改）

第二十四条

法律规定属于个人所有的住宅和属于个人所有的财产继承权。

农民土地和其他为生产而必需的资产，除法律有规定的情形外，可以依法定程序由从事耕种的继承人继承。

法律规定合作社社员财产继承的条件和形式。

（根据全国人民政权代表大会 1992 年 7 月 12 日做出的修正案修改）

第二十五条

允许为国家或社会利益，以支付相应的补偿金为条件，征用财产。

法律规定征用的程序和确定必须征用的原因以及照顾到财产所有人的利益和社会经济上的要求给予补偿的方式。

第二十六条

公民由于国家公职人员或者国家机关的代表在执行其职务时的行为所造成的损害或损失，有权要求按照法定形式得到相应的赔偿金或补偿金。

第二十七条

为使人民生活更美好，保障人民的生存、福利，以及当代和子孙后代的安全，国家保护环境和自然资源，意识到经济和社会的可持续发展与其密切联系。相关国家机关执行相关政策。

保护水、空气、土地、动植物和自然资源是每个公民的义务。

（根据全国人民政权代表大会1992年7月12日做出的修正案修改）

第二章 国 籍

第二十八条

古巴国籍根据出生或者入籍程序而取得。

第二十九条

有下列各种情况的人按出生取得古巴公民资格：

（一）出生在古巴国土上的人，但为本国政府服务或者为国际组织服务的外国人子女除外。法律规定未经常居住在国内的外国人，其子女加入古巴国籍的要求和程序。

（二）其父母一方是行使外交使命的古巴公民、出生在国外的人。

（三）其父母一方是古巴公民、出生在国外并完成了法律规定的手续的人。

（四）出生在古巴领土外，其父母一方是古巴共和国出生的、已丧失古巴国籍但已按法律规定的形式申请恢复的人。

（五）在争取古巴解放的斗争中有特殊功勋的外国人，应被认为生而具有古巴国籍。

（根据全国人民政权代表大会1992年7月12日做出的修正案修改）

第三十条

有下列情况的人按入籍程序取得古巴公民资格：

（一）按法律规定程序取得古巴国籍的外国人。

（二）参加反对1959年1月1日推翻暴君的武装斗争的、按法律规定的形式证明无误的人。

（三）被强迫剥夺了自己的国籍并根据国务委员会的决定取得古巴国籍的人。

第三十一条

无论结婚或者离婚，都不能影响夫妻及其子女的国籍。

第三十二条

非因法定原因不得剥夺古巴公民的古巴国籍，也不得剥夺其改变国籍的权利。

不承认双重国籍。相应地，取得外国国籍即认为放弃古巴国籍。

法律规定丧失国籍的程序和有权做出这一决定的机关。

（根据全国人民政权代表大会1992年7月12日做出的修正案修改）

第三十三条

古巴国籍可以根据法律规定的条件和方式重新恢复。

第三章　外　国　人

（根据全国人民政权代表大会1992年7月12日做出的修正案增加）

第三十四条

居住在古巴境内的外国人与古巴人相同地适用下列诸项：

——人身和财产保护；

——在法律规定的条件和例外下，享有宪法承认的权利、履行宪法规定的义务；

——遵守宪法和法律的义务；

——按法律规定的方式和额度承担税赋；

——服从司法管辖，遵守法院判决和当局决议。

法律规定外国人被驱逐出境的原因和方式，以及做出这一决定的机关。

第四章 家 庭

第三十五条

国家保护家庭、母亲和婚姻。

国家承认家庭是社会的最基本单元,承担着教育和培养下一代的基本责任和功能。

(根据全国人民政权代表大会 1992 年 7 月 12 日做出的修正案增加)

第三十六条

婚姻是男女之间有法律根据的自愿结合,目的是为了共同生活。婚姻以夫妻具有绝对平等的权利和义务为基础,夫妻必须共同努力关心维护家庭,全面教育子女,不要妨碍夫妻双方社会生活的发展。

法律调整婚姻的缔结、承认和解除以及上述法令所引起的权利和义务。

第三十七条

婚生子女和非婚生子女享有平等的权利。

取消由于出身证件所设的任何限制。

不承认出生的差别;不承认出生证登记的父母公民权的差别以及有关家庭出身的任何文件所记载的父母公民权的差别。

国家保证通过有关的法律手续确定和承认父子关系。

第三十八条

父母有抚养自己的子女、帮助他们维护其法定利益以及实现其正当的志愿的义务,并且也有义务教育子女并使其全面成长为能适应社会主义社会生活的、做好充分准备的、有用的公民。

子女一方,有尊敬父母和赡养父母的义务。

第五章 教育和文化

第三十九条

国家奖励和发展各种教育、文化和科学。

国家在教育和文化方面的政策中遵守下列原则：

（一）将科技发展、马克思列宁主义、古巴进步的教育传统和世界意义作为国家教育和文化政策的基础。

（二）教育是国家的职能，国家提供免费教育。教育应以科学的结论和成就为基础，应以学习和生活、劳动及生产最紧密的联系为基础。

国家保证为学生设立广泛的奖学金制度，使劳动者有各种可能的学习机会，尽最大可能使他们获得最高层级的知识和技能。

法律规定全国教育制度的组织和结构，以及接受义务教育人员的范围并确定每一个公民应得到的普通教育培养的最低水平。

（三）保证对新的一代进行爱国主义和共产主义教育，并鼓励儿童、青年和成年人参加社会实践。

为了实现此项原则，科学技术和文艺性质的普通教育和专业教育应同生产劳动、科学研究活动、生理教育、体育运动、参加社会政治生活及军事训练结合起来。

（四）如果文艺创作内容同革命不相矛盾，始终是自由的。艺术表现形式是自由的。

（五）为提高人民的文化水平，国家鼓励发展艺术教育和创作活动，以提高艺术才干和评价文艺的能力。

（六）创造性的科学研究活动是自由的。国家鼓励和奖励科学研究，首先是旨在解决保证全社会利益和人民福利问题的科学研究。

（七）国家奖励劳动者参加科学活动和发展科学。

（八）国家指导、鼓励和促进发展各种体育文化和作为全面发展的公民成长和教育手段的体育运动。

（九）国家关心古巴文化的塑造，保护作为国家财富的文化遗产和国家的艺术历史文物珍品。国家保护以其自然的优美著称或者具有艺术历史价值的各种国家古迹和胜地。

（十）国家促使公民通过各种群众性的社会团体参加实现国家的教育和文化政策。

（根据全国人民政权代表大会 1992 年 7 月 12 日做出的修正案增加）

第四十条

国家和全社会有保护儿童和青年的义务。

家庭、学校、各种国家机关和群众性的社会团体有责任特别注意儿童和青年的全面发展。

（根据全国人民政权代表大会 1992 年 7 月 12 日做出的修正案增加）

第六章　平　等

第四十一条

一切公民享有平等权利，承担同等义务。

第四十二条

因种族、肤色、性别、民族成分、宗教信仰和其他原因而实行歧视的行为，应予禁止并受法律制裁。

各种国家机关从儿童幼年就根据人人平等的原则教育一切公民。

（根据全国人民政权代表大会 1992 年 7 月 12 日做出的修正案增加）

第四十三条

国家宣布革命取得的神圣权利，一切公民按照此项权利，不分种族、肤色和民族成分可以：

——根据自己的功劳和能力担任国家的、公共管理的、生产的以及服务范围的职务；

——根据自己的功劳和能力在革命武装力量、国家安全和内务机关中任职；

——按照平等劳动取得平等报酬；

——在为一切人开门的国立学校中学习，享受从小学到大学的教育；

——在一切卫生机构得到医疗救助；

——在任何区域、地带或市区居住并在任何旅馆住宿；

——享用任何餐馆和其他公共饮食店；

——无限制地享用海上、铁路、航空以及汽车运输工具；

——享用一切疗养所、海滨浴场、公园、俱乐部和其他文化、体育、娱乐和休息场所。

（根据全国人民政权代表大会1992年7月12日做出的修正案增加）

第四十四条

妇女在经济、政治、文化、社会各个方面和家庭内享有同男子平等的权利。

国家为妇女与男子一样地参与国家建设提供机会和保障。

国家设立幼儿园、寄宿制和半寄宿制学校接收双职工家庭的适龄儿童。

为保障产妇健康，国家为临产前后的妇女提供带薪休假，并提供其可从事的临时性工作。

国家尽可能创造各种条件以实现平等。

（根据全国人民政权代表大会1992年7月12日做出的修正案增加）

第七章　权利、义务及其基本保障

第四十五条

社会主义社会的劳动是每个公民的权利、义务和光荣的事业。

劳动的报酬按劳动的数量和质量支付。根据经济和社会的需要、劳动者的愿望以及他的工作能力和熟练程度安排工作。劳动权的保障为：社会主义经济制度，它保证社会经济无危机地发展，永远消灭失业现象，也包括季节性失业，即所谓"淡季"在内。

为了全社会的福利在工业、农业、技术、艺术活动以及服务业范围内开展自愿的、义务性劳动，是培养古巴人民的共产主义觉悟的手段。

每个劳动者都不得拒绝履行自己职务上的义务。

第四十六条

劳动者享有休息权，此项权利的保障为：八小时工作制，每星期一天休息日和每年的带薪休假。

国家促进休假设施和休假计划的发展。

第四十七条

国家通过社会保障制度保证每个劳动者在年老、残废或患病丧失劳动能力时得到相应的保障。

劳动者死亡时其家属得到同样的保障。

第四十八条

国家通过社会保障制度，照顾无养老院和生活资料的老年人以及无亲属照顾的一切丧失劳动能力的人。

第四十九条

国家通过相应的预防不幸事故和职业病的措施，保障劳动保护、安全和卫生的权利。

劳动者在生产中遭到不幸事故或者感染职业病，有权得到医疗照顾，在永久或者暂时丧失劳动能力时有权得到补助和退休金。

第五十条

一切公民享有关心他们的健康和保护其健康的权利。国家对此项权利的保障是：

（一）给予免费医疗帮助和在医院、农村医疗服务机构网的组织、诊疗所、医院、专门医疗援助中心和防治医院免费治疗。

（二）给予免费的口腔医疗。

（三）实行普及卫生计划，进行定期医疗检查，普遍打防疫针并采取其他预防疾病的措施。全国所有居民通过群众性的社会团体参加这些措施。

第五十一条

所有公民都有受教育的权利。此项权利的保障是：广泛发展免费学校和保育院，发给各种学习程度的奖学金，以及不管学生家庭物质状况如何，发给每个学生学习材料；根据各自的能力、社会的需要以及社会经济发展的要求，给予各种学习的机会。

法律保障成年男女根据优惠条件，通过成年教育制度和职业技术教育，通过在企业、国家机关和为劳动者举办的普通教育学习班提高熟练程度的办法，享受免费受教育的权利。

第五十二条

所有公民都有参加体育锻炼，享受体育运动和文化娱乐的权利。

实现此项权利的保障是：吸收公民参加全国教育制度下的教学计划中的体育运动理论学习和实际锻炼，广泛扩大学习规模并向人民分配必要的工具，以便促进群众性体育运动和文化娱乐。

第五十三条

公民享有符合社会主义社会目的的言论和出版自由。这些自由实现的物质条件是：报刊、无线电、电视和群众性的其他通讯手段都是国家的或者社会的财产，在任何场合都不可能成为私有财产；为了劳动人民和社会的利益，毫无例外地保证实现这些自由。

法律保障这些自由的实现。

第五十四条

集会、游行示威和结社权赋予劳动人民——体力劳动者和脑力劳动者，包括农民、妇女、学生和劳动人民的其他阶层，为此目的，他们拥有必要的手段。群众性的社会团体享有实现上述权利的一切条件，同时，他们的成员享有以无任何限制的倡议和批评的权利为基础的最广泛的言论和表达意见的自由。

第五十五条

国家承认、尊重和保护思想自由，同时承认、尊重和保护公民是否信仰宗教的自由。公民依法信仰他们选择的宗教。

依法规范宗教机构的活动。

(根据全国人民政权代表大会 1992 年 7 月 12 日做出的修正案修改)

第五十六条

住宅不可侵犯。任何人都不得违反住户的意志，闯入他人住宅，但法律有特别规定的除外。

第五十七条

通信秘密受到保障。只有在法律规定的场合，才能扣押、拆阅和检查来往信件。与检查原因无关的信件内容的秘密应予保障。

海空电报和电话通讯联系也适用同样的原则。

第五十八条

对本国领土内的一切居民的人身自由和不可侵犯性都予以保障。

非有法律规定的方式和保证，任何人都不受逮捕。

不得侵犯被逮捕人、被拘禁人作为人的完整性。

第五十九条

任何人非经有权的法院，根据在犯罪行为完成前颁布的法律，按照法定的手续和保证，不得被起诉和判罪。

每个被告均有辩护权。

禁止对任何人为逼使其招供使用暴力或任何强迫手段。

用破坏上述原则的办法所取得并因而使犯罪者受到法定的处罚的任何供词，都被认为无效。

第六十条

没收财产只能经有关当局批准，并按法律规定的情形和手续进行。

第六十一条

刑法在有利于被告或判罪时有溯及既往的效力。其他法律，如果其本身不是为了社会和国家的利益，就无此溯及既往的效力。

第六十二条

公民所享有的任何自由,其行使不得违反宪法和法律的规定,不得违反社会主义国家存在的目的,不得违反古巴人民建设社会主义和共产主义的决心。违反此项原则,应受处罚。

第六十三条

每个公民有权向政权代表提出控告和要求并根据法律得到答复。

第六十四条

每个公民必须爱护国家和社会的财产,遵守劳动纪律,尊重其他公民的权利,遵守社会主义公共生活规则以及履行自己的公民义务和社会职责。

第六十五条

保卫社会主义祖国是每个古巴人最大的光荣和崇高的责任。

法律调整古巴人服兵役的程序。背叛祖国是最严重的犯罪;犯了背叛祖国罪行的人,应受到最严厉的惩罚。

第六十六条

严格遵守宪法和法律是每个人确定不移的义务。

第八章 紧急状态

(根据全国人民政权代表大会 1992 年 7 月 12 日做出的修正案增加)

第六十七条

发生的自然灾害或事件,其性质、面积和破坏程度对国内秩序、国家安全和国家稳定造成影响时,国务会议主席可宣布全国或部分地区进入紧急状态,并在该时期发布动员令。

法律规定宣布紧急状态的形式、效力和终止;同时规定紧急状态下宪法确认的基本权利和基本义务的必要变化。

第九章　国家机关组织和活动的原则

第六十八条

国家机关根据社会主义民主原则开展工作，社会主义民主表现在：

（一）一切国家权力机关的代表由选举产生并定期更新；

（二）人民群众监督一切国家机关、人民代表、代表和公职人员的活动；

（三）当选人员必须对选民报告自己的工作，选民有权随时将其罢免；

（四）每个国家机关在自己的职权范围内广泛发挥首创性，以便利用地方资源和当地可以利用的各种力量，并吸收群众性的社会团体参加自己的工作；

（五）上级国家机关的指示下级国家机关必须执行；

（六）下级国家机关对上级国家机关负责并报告自己的工作；

（七）一切集体制国家机关必须实行自由讨论、批评和自我批评以及少数服从多数的原则。

（根据全国人民政权代表大会 1992 年 7 月 12 日做出的修正案修改）

第十章　最高人民权力机关

第六十九条

全国人民政权代表大会是最高国家权力机关，它代表并反映全体人民的主权意志。

第七十条

全国人民政权代表大会是共和国内有立法权的唯一机关。

第七十一条

全国人民政权代表大会代表按照自由、直接、秘密的投票方式产生，其比例和程序由法律确定。

（根据全国人民政权代表大会 1992 年 7 月 12 日做出的修正案修改）

第七十二条

全国人民政权代表大会每五年选举一次。

如遇战争或者存在阻碍正常进行选举的其他非常情况，直到该种情况消除以前，可以根据全国人民政权代表大会的决议延长本届任期。

第七十三条

全国人民政权代表大会在其代表中选举大会主席、副主席和秘书各一人，其产生形式和程序由法律规定。

（根据全国人民政权代表大会 1992 年 7 月 12 日做出的修正案修改）

第七十四条

全国人民政权代表大会在其代表中选举主席一人，第一副主席一人，副主席五人，秘书长一人和其他委员二十三人组成国务委员会。

国务委员会主席是国家元首和政府首脑。

国务委员会对全国人民政权代表大会负责并报告工作。

第七十五条

全国人民政权代表大会的职权是：

（一）根据宪法第一百三十七条的原则修改宪法。

（二）批准、修改或废除法律，并视立法文件的性质，事先把法律提交全民讨论。

（三）解决关于法律、法令、指令和其他具有普遍性的决定是否违宪。

（四）部分修改或者完全废除国务委员会所通过的法令。

（五）讨论和批准国民经济和社会发展计划。

（六）讨论和批准国家预算。

（七）批准国民经济计划和管理体制的原则。

（八）确定货币和信贷制度。

（九）批准内政和外交政策的总方针。

（十）在遭到军事侵略时宣布战争状态和批准合约。

（十一）根据宪法第一百零二条确定和变更国家的政治行政区划。

（十二）选举全国人民政权代表大会的主席、副主席和秘书。

（十三）选举国务委员会的主席、第一副主席、副主席、秘书和其他委员。

（十四）根据国务委员会主席的提议任命部长会议的第一副主席、副主席和其他委员。

（十五）选举最高人民法院院长一人、副院长数人和其他成员。

（十六）选举共和国总检察长和副总检察长。

（十七）任命各常设委员会和临时委员会。

（十八）罢免其选举或任命的人员。

（十九）对国家和政府机关的活动进行最高监督。

（二十）研究、评价国务委员会、部长会议、最高人民法院、共和国总检察署以及各省人民政权代表大会提出的总结报告并通过相应的决议。

（二十一）撤销国务委员会的违反宪法或法律的法令、部长会议的违反宪法或法律的决议和命令。

（二十二）撤销或者变更地方各级人民权力机关违反宪法、法律、法令、指令和上级机关通过的其他决定的决议和命令，以及侵犯其他行政区域单位利益或者国家整体利益的决议。

（二十三）宣布大赦。

（二十四）在宪法规定的情况和全国人民政权代表大会本身认为必要的时候，通过关于举行全民公决的决议。

（二十五）通过全国人民政权代表大会的议事规程。

（二十六）行使本宪法规定的其他职权。

第七十六条

全国人民政权代表大会的法律和决议，除修改宪法的法律外，一律以简单多数票通过。

第七十七条

全国人民政权代表大会所通过的法律从其公布之时起开始生效。

法律、法令、指令、决议、规程以及国家机关的其他决定在《共和国公报》上公布。

第七十八条

全国人民政权代表大会每年召开常会两次。非常会议根据三分之一的代表的要求或者国务委员会的提议召集。

第七十九条

全国人民政权代表大会举行会议必须有全体代表过半数出席。

第八十条

全国人民政权代表大会会议公开举行，但全国人民政权代表大会为国家利益决定举行秘密会议的情况除外。

第八十一条

全国人民政权代表大会主席行使下列职权：

（一）主持全国人民政权代表大会会议并监督遵守规程。

（二）召集全国人民政权代表大会常会。

（三）提出全国人民政权代表大会会议议事日程草案。

（四）签署全国人民政权代表大会通过的法律和决议并发布关于在《共和国公报》上公布这些立法文件的命令。

（五）建立全国人民政权代表大会的国际联系。

（六）指导和组织全国人民政权代表大会设立的各常设委员会和临时委员会的工作。

（七）出席国务委员会会议。

（八）宪法或者全国人民政权代表大会赋予的其他职权。

第八十二条

代表资格并不导致个人享有特权或者物质利益。

在进行代表活动的必要范围内，代表领取和其工资相当的报酬以及同履行代表职务有关的补助费用。

（根据全国人民政权代表大会 1992 年 7 月 12 日做出的修正案修改）

第八十三条

任何一个全国人民政权代表大会代表,非经全国人民政权代表大会的许可,在全国人民政权代表大会闭会期间,非经国务委员会的许可,不受逮捕或者刑事追诉,但现行犯被逮捕者除外。

第八十四条

全国人民政权代表大会代表必须为人民的利益履行其职责,必须保持同自己的选民的联系,听取选民的申诉、建议和批评,必须向选民宣传解释国家的政策,并依法报告履行代表职务的情况。

(根据全国人民政权代表大会 1992 年 7 月 12 日做出的修正案修改)

第八十五条

全国人民政权代表大会代表可以随时由其选民,按照法律规定的程序、原因和方式予以罢免。

(根据全国人民政权代表大会 1992 年 7 月 12 日做出的修正案修改)

第八十六条

全国人民政权代表大会代表有权对国务委员会、部长会议及其个别成员提出质询,受到质询的相应机关或个人应在该次会议期间或者下次会议时给予答复。

第八十七条

一切国家机关和机构必须在代表履行其职务的时候给予必要的帮助。

第八十八条

立法创制权属于:

(一)全国人民政权代表大会代表。

(二)国务委员会。

(三)部长会议。

(四)全国人民政权代表大会各委员会。

(五)古巴劳动者中央工会全国委员会和其他群众性社会团体的全国

领导机构。

（六）最高人民法院（就有关审判管辖方面的问题）。

（七）共和国总检察长（就其职权范围内的问题）。

（八）公民。此种情况必须有至少一万名享有选举权的公民的倡议。

第八十九条

国务委员会是全国人民政权代表大会的机关，它在全国人民政权代表大会闭会期间代表全国人民政权代表大会执行其决议，并行使本宪法授予的其他职权。

国务委员会具有合议制性质，在国内和国际事务中是古巴国家的最高代表者。

第九十条

国务委员会的职权是：

（一）召集全国人民政权代表大会的非常会议。

（二）决定全国人民政权代表大会定期改选的日期。

（三）在全国人民政权代表大会闭会期间通过法令。

（四）在必要时对现行法律进行一般性的强制解释。

（五）行使立法创制权。

（六）为举行全国人民政权代表大会决定的全民公决，保证一切必要的条件。

（七）宪法规定由全国人民政权代表大会处理，而全国人民政权代表大会在闭会期间并且因必须保证安全和情况紧迫又不能召集会议，为了国家国防利益宣布总动员，遇到侵略时行使宣战权以及缔结合约。

（八）在全国人民政权代表大会闭会期间根据主席的提议，撤换部长会议的成员。

（九）通过最高人民法院主席团给各级法院发布具有普遍性的指示。

（十）向共和国总检察长发布指示。

（十一）根据主席的提议任免古巴驻外国的外交代表。

（十二）授予荣誉称号。

（十三）指定设立委员会。

（十四）行使赦免权。

（十五）批准和废除国际条约。

（十六）接受外国外交代表的国书和卸任状。

（十七）停止违反宪法或法律的或者侵犯其他区域单位的利益或者整个国家的利益的部长会议的决议和命令，地方各级人民政权代表大会的决议和命令，向在停止此项决议和命令后召集的全国人民政权代表大会第一次会议提出报告。

（十八）废除违反宪法、法律、法令、指令和上级机关颁布的其他文件，或者侵犯其他区域单位的利益或者整个国家利益的地方人民权力机关做出的决议和命令。

（根据全国人民政权代表大会1992年7月12日做出的修正案修改）

（十九）通过国务委员会的议事规程。

（二十）行使宪法、法律或者全国人民政权代表大会所授予的其他职权。

第九十一条

国务委员会的一切决议以其成员的普通多数表决通过。

第九十二条

国务委员会的任期直到新一届全国人民政权代表大会选出新的国务委员会为止。其任期与全国人民政权代表大会任期相同。

（根据全国人民政权代表大会1992年7月12日做出的修正案修改）

第九十三条

国务委员会主席和政府首脑的职权如下：

（一）代表国家和政府并指导其总政策。

（二）组织和领导国务委员会和部长会议的活动，召集和主持国务委员会和部长会议的会议。

(三) 监督和领导各部和其他中央管理机关的活动。

(四) 承担领导各部或其他中央管理机关的工作。

(五) 选举部长会议的成员后提交全国人民政权代表大会批准。

(六) 解除部长会议任何成员职务,建议全国人民政权代表大会或国务委员会更换部长会议任何成员。

(七) 接受外国外交使节的国书,此项职权可以转交给国务委员会一个副主席行使。

(八) 担任所有武装力量的最高指挥,并确定其总体组成。

(根据全国人民政权代表大会1992年7月12日做出的修正案修改)

(九) 主持国务委员会工作。

(根据全国人民政权代表大会1992年7月12日做出的修正案修改)

(十) 依照本宪法规定宣布进入国家紧急状态,在条件允许时尽快将该宣布以法定方式通知全国人民政权代表大会或国务委员会。

(根据全国人民政权代表大会1992年7月12日做出的修正案增加)

(十一) 签署国务委员会的法令和其他决定,签署国务委员会及其执行委员会的其他文件,并发布于《共和国公报》。

(根据全国人民政权代表大会1992年7月12日做出的修正案修改)

(十二) 行使本宪法或全国人民政权代表大会所授予的其他权限。

(根据全国人民政权代表大会1992年7月12日做出的修正案修改)

第九十四条

国务委员会主席因病或者去世的,由国务委员会第一副主席代行其职权。

第九十五条

部长会议是最高执行和管理机关,是共和国的政府。

部和作为部长会议组成的中央机关的数额、名称和职权由法律规定。

第九十六条

部长会议的组成人员有:同时作为部长会议主席的国家元首和政府首

脑、第一副主席、各副主席、各部部长、秘书长以及法律规定的其他成员。

（根据全国人民政权代表大会 1992 年 7 月 12 日做出的修正案修改）

第九十七条

部长会议主席、第一副主席、各副主席和主席确定的其他部长会议的组成人员组成执行委员会。

执行委员会在部长会议闭会期间决定属于部长会议权限内的各项问题。

（根据全国人民政权代表大会 1992 年 7 月 12 日做出的修正案修改）

第九十八条

部长会议的职权如下：

（一）根据全国人民政权代表大会的决议组织和领导政治、经济、文化、科学、社会以及国防等各个领域的工作。

（二）提出国家经济和社会发展总计划草案并在全国人民政权代表大会批准后监督计划的执行。

（三）领导制定共和国外交政策以及共和国同外国的关系方面的工作。

（四）缔结国际条约并将其提交国务委员会批准。

（五）领导和监督对外贸易。

（六）编制国家预算草案并在全国人民政权代表大会审查批准后保证其执行。

（七）采取加强货币信贷制度的措施。

（八）拟定法律草案，提交全国人民政权代表大会或者国务委员会审议。

（九）保卫国防，维持秩序和内部安全，保障公民的权利，在遭受自然灾害的时候，保护公民的生命和财产。

（十）领导国家各行政机关，使各部、各中央和地方管理机关的工作协调，并监督它们的活动。

（根据全国人民政权代表大会 1992 年 7 月 12 日做出的修正案修改）

（十一）执行全国人民政权代表大会的法律和决议、国务委员会的法令和命令，并在必要时颁布相应的法令。

（根据全国人民政权代表大会 1992 年 7 月 12 日做出的修正案修改）

（十二）根据并为执行现行法律通过指令和命令并监督其执行。

（根据全国人民政权代表大会 1992 年 7 月 12 日做出的修正案修改）

（十三）地方各级人民政权代表大会产生的管理机构依据地方人民政权代表大会制定的决议进行的特定职权行为有违反中央政府管理机关的决议和命令的，建议地方各级人民政权代表大会废除此项决议。

（根据全国人民政权代表大会 1992 年 7 月 12 日做出的修正案修改）

（十四）各部部长的命令违反必须执行的上级机关的法令时，撤销这些命令或者宣布这些命令无效。

（根据全国人民政权代表大会 1992 年 7 月 12 日做出的修正案修改）

（十五）地方各级人民政权代表大会的决议和命令违反法律和其他有关法令或者损害其他区域或者整个国家的利益时，建议全国人民政权代表大会废除或者国务委员会停止执行此项决议和命令。

（根据全国人民政权代表大会 1992 年 7 月 12 日做出的修正案修改）

（十六）设立为完成所面临的任务而认为必要的各种委员会。

（根据全国人民政权代表大会 1992 年 7 月 12 日做出的修正案修改）

（十七）根据法律规定的权限任免公职人员。

（根据全国人民政权代表大会 1992 年 7 月 12 日做出的修正案修改）

（十八）行使全国人民政权代表大会或者国务委员会授予的任何其他职权。

（根据全国人民政权代表大会 1992 年 7 月 12 日做出的修正案修改）

第九十九条

部长会议向全国人民政权代表大会负责并定期报告自己的工作。

第一百条

部长会议成员的职权如下：

（一）领导各部和所属各分支机构的活动，为此颁布必要的指示和命令。

（二）在非直接属于其他机关的职权时，发布为执行有关他们的法律和法令所必要的指示。

（三）出席部长会议的会议，享有决定性投票权，参加表决，提出他们认为必要的法律、法令、指令、决议、决定或者任何其他建议的草案。

（四）根据法律任命他们所属的公职人员。

（五）行使本宪法或全国人民政权代表大会所授予的其他权限。

第一百零一条

设立国防委员会，由国防委员会在和平和战争时期宣布全国动员、紧急状态和战争状态。法律规定其组织和运行。

（根据全国人民政权代表大会1992年7月12日做出的修正案修改）

第十一章　政治行政区划

第一百零二条

为政治和行政的目的，全国领土分为省和市，其数额、界限和名称由法律加以规定。

此外，法律还可以规定其他的区域单位。

省属介于国家和城市之间的地方区划，是产生完全法律效果的法律人格，依法进行政治活动，其区域等于管辖的市的面积的总和，依照其职权运行并完成国家交办的事务。省的首要义务是促进其领土内的经济和社会发展。为城市利益，省应与所辖城市共同协调和掌控国家上级机关批准执行的政策、方案和计划。

市属于地方区划，是产生完全法律效果的法律人格，是在必要的经济、社会关系决定的区域内依法进行政治活动，提供当地最低限度的生活需求。

省、市应相互合作行使其职能，以促成国家制定的目标。

(根据全国人民政权代表大会1992年7月12日做出的修正案修改)

第十二章 地方人民权力机关

第一百零三条

按国家领土划分的政治行政单位组成的地方各级人民政权代表大会,是地方最高国家权力机关,因而在该区域内获得最高的授权,但只能在职权范围内依法行使该项职权。

同样,地方人民政权代表大会依法协助设在所辖地区内不是直属的企业开展活动和执行计划。

人民政权代表大会设立的地方管理部门指导其所属经济和生产企业以及服务性企业单位,以满足该机关辖区内的经济、医疗、救助、教育、文化、体育、娱乐服务等一系列需求。地方管理部门采用合议制。

地方各级人民政权代表大会因其行使上述职能而获得人民委员会的支持,且依靠居民的首创性和广泛参加,协调自己同各群众性社会团体的活动。

(根据全国人民政权代表大会1992年7月12日做出的修正案修改)

第一百零四条

城市、乡镇、居民聚集区、定居点和农村设立的人民委员会,根据市、省和国家人民政权代表大会机关的最高授权在当地行使其职权。它们代表其发挥作用的地区,同时也代表了市、省一级国家的人民力量。

人民委员会积极开展工作,以提高发展生产和服务活动的效率,满足人民群众医疗、经济、教育、文化和社会的需求,推动人民群众更热情和积极地参与解决出现的困难。

人民委员会协调、掌握和控制其辖区内的所有机构开展的工作,推动它们之间的合作,管理并监督其行为。

人民委员会的委员在该区域内选举产生,并选举其中之一主持其工作。辖区内的行政组织和最重要的机构的代表由人民委员会的委员担任。

人民委员会的组成及其职权依照法律规定。

（根据全国人民政权代表大会 1992 年 7 月 12 日做出的修正案修改）

第一百零五条

省人民政权代表大会在自己的职权范围内：

（一）执行和保证执行法律和上级国家机关通过的具体普遍性的命令。

（二）根据相关国家机关的政策，通过和监督该省计划的执行和收支预算。

（三）选举和罢免大会的主席和副主席。

（四）任命和罢免大会的秘书长。

（五）依法参与制定和监督国家预算中涉及位于辖区内的其他实体及其下属机构执行国家预算和经济技术计划。

（六）掌握和监督全省行政机关的工作，并对其提供资助。

（七）根据其主席提议，任免有关行政管理机构领导人的职务。

（八）根据部长会议所确定的原则，确定省人民政权代表大会所属的主管经济、生产、服务、教育、卫生、文化、体育、环保和休闲娱乐的省级行政机关的组成、运行和职权。

（九）根据其管理的行政区域，依法签订不属于中央和市级机关签订的协议。

（十）批准市级人民政权代表大会关于人民委员会的设立和组成的建议。

（十一）在其职权范围内撤销省级行政机关做出的决定，但如果此决定是根据中央行政机关的授权做出的，则应向部长会议建议撤销该决定。

（十二）审查并评估其省级行政部门和下级人民政权代表大会提出的工作报告，并就此通过相应的决议。

（十三）组织和解散工人委员会。

（十四）执行上级机关制定的所有政策。

（十五）促进巩固法制，维护国内秩序并加强国防能力。

（十六）行使宪法和法律授予的其他权限。

(根据全国人民政权代表大会 1992 年 7 月 12 日做出的修正案修改)

第一百零六条

市级人民政权代表大会在自己的职权范围内:

(一) 执行和保证执行法律和上级国家机关通过的具体普遍性的命令。

(二) 选举和罢免大会的主席和副主席。

(三) 任命和罢免大会的秘书长。

(四) 根据其职权推动和监督辖区内的实体开展工作。

(五) 下属机关或主管部门做出的决定违反宪法、法律、法规、规定、决议和上级机关做出的决议,或其决定影响本地、其他区域和国家利益的,对其进行撤销或修改,但如果此决定是根据中央行政机关的授权做出的,应向部长会议建议撤销或修改该决议。

(六) 根据宪法和现行法律规定,为该市利益签订协议并监督其执行。

(七) 根据其主席提议,任免有关行政管理机构领导人的职务。

(八) 根据部长会议确立的原则决定负责经济、生产服务、人民健康和其他具有生计、教育、文化、体育、环保性质的附属管理机构的组织、运行和目标。

(九) 依法建议设立和组成人民委员会。

(十) 组织和解散工人委员会。

(十一) 根据中央政府各部门做出的规定,通过并监督本级经济社会计划和预算。

(十二) 协助辖区内不由其管辖的实体依靠其工会和管理机关完成其生产和服务计划。

(十三) 审查并评估其省级行政部门提出的工作报告,并就此通过相应的决议。

(十四) 执行上级机关指定的所有政策。

(十五) 促进巩固法制,维护国内秩序并加强国防能力。

(十六) 行使宪法和法律授予的其他权限。

(根据全国人民政权代表大会 1992 年 7 月 12 日做出的修正案修改)

第一百零七条

地方各级人民政权代表大会的常会和非常会议都是公开举行。当审议内容有关国家利益或影响一些人的荣誉时，地方人民政权代表大会可以通过举行秘密会议的决议。

（根据全国人民政权代表大会1992年7月12日做出的修正案修改）

第一百零八条

地方各级人民政权代表大会必须有全体代表过半数出席才有权决定问题。决议以简单多数表决通过。

第一百零九条

依照法律、法规和规章，根据实现当地各类目标的需要设立地方管理部门。为实现全社会利益，部长会议和地方政府可以决议、中央政府各机构负责人可以决定，依法在其职权范围内设立地方管理部门。

（根据全国人民政权代表大会1992年7月12日做出的修正案修改）

第一百一十条

省、市人民政权代表大会设立常设工人委员会，为保障当地具体利益，协助人民政权代表大会开展工作。其工作特别地表现在掌握和监督辖区内设立的各类地方实体。

临时性的工人委员会执行它为特定任务而设立的和给它规定的专门性任务。

（根据全国人民政权代表大会1992年7月12日做出的修正案修改）

第一百一十一条

省级人民政权代表大会的组成人员每五年改选一次，一经改选，代表任期即结束。

市级人民政权代表大会的组成人员每两年半改选一次，一经改选，代表任期即结束。

地方各级人民政权代表大会只能根据全国人民政权代表大会按宪法第七十二条所指情况做出的决议延长其任期。

第一部分 宪法、全国性涉党法律

（根据全国人民政权代表大会1992年7月12日做出的修正案修改）

第一百一十二条

地方人民政权代表大会代表的资格可以随时撤销。法律规定其撤销的形式、原则和程序。

（根据全国人民政权代表大会1992年7月12日做出的修正案修改）

第一百一十三条

代表为了全社会的利益履行选民的委托，必须协调好履行其职责和日常工作的关系。法律规定履行其职责的方式。

（根据全国人民政权代表大会1992年7月12日做出的修正案修改）

第一百一十四条

市级人民政权代表大会代表拥有宪法和法律赋予的权利和义务，特别是如下义务：

（一）向人民政权代表大会反映选民提出的建议、要求和困难；

（二）向选民传达人民政权代表大会执行的政策以及为满足居民的需要所采取的措施或者有关解决某些问题所产生的困难；

（三）定期向选民和所在的人民政权代表大会及其委员会报告自己的工作，只要其提出这样的要求。

（根据全国人民政权代表大会1992年7月12日做出的修正案修改）

第一百一十五条

省级人民政权代表大会代表应该为选民谋取利益，并依照法定程序报告自己的工作。

（根据全国人民政权代表大会1992年7月12日做出的修正案修改）

第一百一十六条

省、市人民政权代表大会代表从所在大会成员中选举主席和副主席。选举根据按法定方式提出的候选人名单依照法定程序进行。

（根据全国人民政权代表大会1992年7月12日做出的修正案修改）

第一百一十七条

省、市人民政权代表大会主席当然的是该地行政机关的主席和国家在对应行政区划的代表。其任命依照法律规定。

（根据全国人民政权代表大会 1992 年 7 月 12 日做出的修正案修改）

第一百一十八条

省、市人民政权代表大会产生的管理机关以合议制开展工作。法律规定其结构、组成、任命和义务。

（根据全国人民政权代表大会 1992 年 7 月 12 日做出的修正案修改）

第一百一十九条

省、市和国防区的国防委员会根据国防总体规划和军事委员会的组织和职权，在和平时期备战和战争时期宣布其辖区内的动员令和紧急状态。国家国防会议依法决定地方国防会议的组织和设立。

（根据全国人民政权代表大会 1992 年 7 月 12 日做出的修正案修改）

第十三章　法院和检察院

第一百二十条

审判权属于人民，由最高人民法院和依法设立的其他法院代表人民行使。

法律规定司法行为的基本目标，法院的组织规则，各级法院的管辖权和职权、权限、工作方式，以及审判人员的资格、选任和罢免程序。

（根据全国人民政权代表大会 1992 年 7 月 12 日做出的修正案修改）

第一百二十一条

各级法院组成独立行使职权的国家机关系统，不受任何其他机关的干涉，只从属于全国人民政权代表大会和国务委员会。

最高人民法院行使最高审判决，其判决具有终审效力。

虽然国务委员会行使立法权和监督权，决定各人民法院应履行义务的规范，是审判工作的来源，但其制定的强制性规范是为司法实践进行统一的法律解释和适用。

（根据全国人民政权代表大会1992年7月12日做出的修正案修改）

第一百二十二条

法官独立行使审判权，只服从法律。

第一百二十三条

各级法院在其职权范围内所做出的判决和其他最终决定，对一切国家机关、社会经济机构和公民，无论是直接有影响，还是没有直接关系，都是必须执行的。

第一百二十四条

各级法院通过合议进行审判。职业审判员和人民陪审员参加行使审判权，享有平等的权利并负担平等的义务。

人民陪审员参与审判具有社会意义，因此应该优先选择这种审判方式。

（根据全国人民政权代表大会1992年7月12日做出的修正案修改）

第一百二十五条

法院依照法律规定的时间向选举它的人民政权代表大会报告自己的工作。

（根据全国人民政权代表大会1992年7月12日做出的修正案修改）

第一百二十六条

罢免法官的权利属于选举他的机关。

第一百二十七条

共和国总检察署是国家机关，其主要任务是通过监督国家机关、经济和社会机构以及公民严格执行宪法、法律和其他规范性法令的途径监督遵守法制。同时，代表国家提起和参与刑事诉讼。

总检察署的其他任务和职能，以及行使上述职权所依据的方法、范围和原则，由法律规定。

（根据全国人民政权代表大会1992年7月12日做出的修正案修改）

第一百二十八条

共和国总检察长只服从全国人民政权代表大会和国务委员会。

共和国总检察长直接从国务委员会获得指示。

共和国总检察长领导和决定全国各地检察长的活动。

检察机关在全国按垂直系统组织，只服从共和国总检察长，不受地方政权机关的干涉。

（根据全国人民政权代表大会1992年7月12日做出的修正案修改）

第一百二十九条

共和国总检察长和助理检察长由全国人民政权代表大会选举和罢免。

（根据全国人民政权代表大会1992年7月12日做出的修正案修改）

第一百三十条　共和国总检察长依照法律规定的形式和时间向全国人民政权代表大会报告工作。

（根据全国人民政权代表大会1992年7月12日做出的修正案修改）

第十四章　选举制度

第一百三十一条

所有具有选举权的公民，通过直接或选举自己的代表选举组成人民权力机关；依照法定形式自由、平等和秘密地参加选举和全民投票时，每个选民只有一次投票权。

（根据全国人民政权代表大会1992年7月12日做出的修正案修改）

第一百三十二条

年满十六岁的所有古巴男女公民都有投票权，但下列人员除外：

（一）经法院判决无行为能力的精神不健全者。

（二）因犯罪被判决剥夺选举权者。

第一百三十三条

享有完全的政治权利的古巴男女公民，都有被选举权。

如选举全国人民政权代表大会代表，当选代表必须年满十八岁。

第一百三十四条

革命武装力量和其他军事机关的成员同其他公民一样平等地享有选举权和被选举权。

第一百三十五条

省、市级人民政权代表大会代表的名额按照各该政治行政区域单位居民的人口比例，由法律规定。

省、市级人民政权代表大会代表经自由、平等和秘密地选举产生，其程序和方式由法律规定。

（根据全国人民政权代表大会 1992 年 7 月 12 日做出的修正案修改）

第一百三十六条

代表当选必须获得各该选区过半数投票才算有效。

无法达到上述结果或出现其他没有规定的情形，法律规定重新举行选举的程序。

（根据全国人民政权代表大会 1992 年 7 月 12 日做出的修正案修改）

第十五章　宪法的修改

第一百三十七条

本宪法只有经过全国人民政权代表大会以全体代表三分之二以上的多数票通过决议才能进行全部或部分修改。但不得更改经第一章第三条规定的政治、经济、社会体制和禁止在外国势力的侵略、威胁或胁迫下达成协议。

如宪法的修改是关于全国人民政权代表大会或者国务委员会的组织和权限，或者是关于宪法所宣布的权利和义务的内容的，还须由全国人民政权代表大会为此举行全民公决，由享有选举权的公民以多数投票予以批准。

（根据 2002 年 6 月 24 日闭幕的全国人民政权代表大会做出的修正案修改）

特别条款

古巴几乎全体人民，于 2002 年 6 月 15 日至 18 日表示，强烈支持该月 10 日由全国人民政权代表大会特别会议的各机构起草的共和国宪法修正案的各部分，强烈支持建议将社会主义性质和政治、社会体制宣布为不可更改，以此作为对美帝国主义政府 2002 年 5 月 20 日威胁的庄严回应。

修正案由 2002 年 6 月 24、25、26 日举行的第五届全国人民政权代表大会特别会议一致通过。

（本文原文文本来源于 2003 年 1 月 31 日出版的古巴共和国官方公报。中译文选自孙谦、韩大元主编：《世界各国宪法·美洲大洋洲卷》，中国检察出版社 2012 年版）

（潘灯 译　王旭 校）

第二部分
政党内部规章制度

越南共产党章程[①]

(2011年1月19日越南共产党第十一次全国代表大会通过)

党和一些关于党建的基本问题

由胡志明创立和培育的越南共产党领导人民成功进行了"八月革命",建立了越南民主共和国(现为越南社会主义共和国),取得了历次侵略战争的胜利,废除了封建制度和殖民制度,完成了民族解放事业,统一了国家,进行了革新和社会主义建设事业,牢固捍卫了国家独立。

党是越南工人阶级的先锋队,同时也是越南劳动人民和越南民族的先锋队,是工人阶级、劳动人民和民族利益的忠实代表。

党的宗旨是把越南建设成为独立、民主、富强、社会公平、文明的国家,消灭剥削,成功实现社会主义,最终达到共产主义。

党以马克思列宁主义和胡志明思想为思想基础和行动指南,发扬民族优良传统,吸收人类智慧精华,把握客观规律、时代趋势和国家实际情况,提出正确的、符合人民愿望的政治纲领和革命路线。

党是一个严密的、意志和行动统一的组织,以民主集中制为基本组织原则,实行集体领导,个人负责,爱护同志、纪律严明,同时执行以下原则:开展批评与自我批评,在政治纲领和党章的基础上保持团结,保持与人民的密切联系,并在宪法和法律范围内开展活动。

[①] 本文翻译过程中借鉴了刘洪才主编的《当代世界共产党党章党纲选编》(当代世界出版社2009年版)收录的越南共产党章程中译本。——译者注

越南共产党是执政党，尊重、发挥人民当家做主的权利，并接受人民的监督；依靠人民开展党的建设；团结并领导人民进行革命事业。党领导政治体系，同时是该体系的一部分。党领导国家、越南祖国阵线和各个政治社会团体，并尊重和发挥其作用。

党把工人阶级的真正的爱国主义与纯洁的国际主义相结合，积极为世界人民的和平、民族独立、民主和社会进步事业做贡献。

越南共产党的政治、思想和组织稳固，并经常进行自我革新，自我整顿，不断提高干部党员队伍的素质，提高党的战斗力和领导革命能力。

第一章 党　员

第一条

第一款　越南共产党党员是越南工人阶级、越南劳动人民、越南民族先锋队的革命战士，为党的宗旨和理想而奋斗终身，把国家、工人阶级和劳动人民的利益置于个人利益之上；严格执行党的政治纲领、党章、党的各项决议和国家法律；参加劳动，完成好交付的任务；有健康的道德和生活方式；紧密联系群众；服从党的组织和纪律，维护党内团结统一。

第二款　凡年满十八周岁，承认并自愿遵守党的政治纲领、党章和党员标准，完成党员任务，参加党的基层组织活动，经过实践证明是优秀的、得到人民信任的越南公民，经过审查都可以加入党。

第二条　党员的任务是：

（一）绝对忠于党的革命宗旨和理想，严格执行党的政治纲领、党章、党的各项决议、指示和国家法律；完成好交付的任务；绝对服从党的分工和调动。

（二）不断学习、锻炼，提高知识水平、工作能力、政治品质、革命道德，生活方式健康；与个人主义、机会主义、本位主义、官僚主义、贪污腐败、挥霍浪费及其他消极现象做斗争。执行好中央委员会制定的关于禁止党员从事的一些事项的规定。

（三）密切联系群众，尊重并发挥人民当家做主的权利；关心人民的物质、精神生活；维护人民的正当权益；积极参加单位和住地的群众工作和社会工作；宣传并发动家庭成员和群众贯彻执行党的路线、政策和国家法律。

（四）参加制定、捍卫党的路线、政策和组织；遵守纪律，维护党内团结统一；经常开展批评与自我批评，忠于党；进行党员发展工作；依据规定参加党内组织生活，缴纳党费。

第三条 党员享有以下权利：

（一）了解并参与党的政治纲领、党章、党的路线、方针、政策等问题的讨论；对党的工作进行表决。

（二）依据中央委员会规定候选、提名和选举党的各级领导机构。

（三）在组织范围内对党组织和党员的活动进行批评、质询；向有关机关提出报告、建议并要求得到答复。

（四）在党组织对本人做出评议、决定工作或处分时，有权陈述意见。预备党员享有上述权利，但不具有表决、候选和选举党的领导机关的权利。

第四条 党员入党手续（包括重新入党）：

第一款 入党人应当：

（一）提交自愿入党申请书；

（二）向支部忠实汇报履历；

（三）有两位正式党员做介绍人。

在已建立胡志明共产主义青年团组织的地方，青年入党人必须是团员，并得到基层团委和一位正式党员的介绍。

在没有胡志明共产主义青年团组织的机关或企业，申请入党人必须是工会会员，并得到基层工会和一位正式党员的介绍。

第二款 介绍人应当：

（一）是正式党员，并与入党人共同工作至少一年以上；

（二）向支部报告入党人的履历、品质、能力，并对本人的介绍负责。对未清楚的情节，应向支部和上级报告，以便审查。

第三款 支部和党委有以下责任：

（一）在支部审查和提出吸收入党建议前，支委要重新检查入党人的条件并听取入党人居住地群众团体的评价意见。有关入党人的政治历史问题依据中央委员会的决定执行。

（二）支部对入党人逐个进行审查并提出吸收入党建议，获得支部三分之二以上正式党员赞成时，可以向上级党委提出建议；上级党委做出决定后，由支部对入党人逐个举行入党仪式。

（三）基层党委进行审查时，如三分之二以上党委委员赞成吸收入党，可直接向上级党委提出建议。

（四）基层党组织或基层党委的上级党委的常委会有权对入党人逐个进行审查并决定吸收入党。

第四款 尚未有党员或有党员但不具备条件的，由上级党委直接派党员开展宣传、审查、介绍入党工作。特殊情况依据中央委员会的规定执行。

第五条

第一款 自支部举行入党仪式之日起入党人应有十二个月的预备期。在预备期内，支部要继续进行教育、锻炼并指定正式党员帮助入党人进步。

第二款 预备期满后，支部逐人进行转正审查并进行与吸收入党时相同的表决；仍未满足党员条件的，应向上级党委建议取消其预备党员资格。

第三款 支部关于接纳正式党员的决议须经上级党委批准。

第四款 党员的党龄自转正之日起计算。

第六条 党证的颁发、管理、党员档案的管理和组织关系的转移手续要按中央委员会相关规定执行。

第七条 年龄大、身体弱、自愿减少或不参加党的工作及组织生活的党员由支部审查、决定。

第八条

第一款 党员如果没有正当理由,一年中有三个月不参加组织生活或不缴纳党费,或奋斗意志薄弱、不执行党员任务、经支部教育后仍没有进步的,支部应审查并向上级党委建议予以除名。

第二款 对上述情况,如党员提出申诉,支部应向上级党委报告。

第三款 党员提出退党的,由支部审查并向上级党委建议批准。

第二章 党的组织原则和组织机构

第九条 越南共产党的组织遵循民主集中制原则。该原则的基本内容是:

(一)党的各级领导机关由选举产生,实行集体领导、个人负责。

(二)党的最高领导机关是全国代表大会。各级领导机关是代表大会或党员大会。大会闭会期间,党的领导机关是中央委员会,在各级是党委、支部(简称党委)。

(三)各级党委向同级大会、上级党委和下级党委报告工作,并对自身活动负责;定期向直属党组织通报自身活动情况,开展批评与自我批评。

(四)党组织和党员要执行党的决议。少数服从多数,下级服从上级,个人服从组织,党的各级组织服从全国代表大会和中央委员会。

(五)党的领导机关的决议必须获得本机构半数以上成员赞成方为有效。表决前,每个成员都有权发表个人意见。持少数意见的党员可以保留意见,并向上级党委直至全国代表大会反映,但必须严格执行决议,不得传播与党的决议相悖的意见。上级党委应研究、审议其意见;不区别对待持少数意见的党员。

(六)党组织依据自身权限对各项问题做出决定,但不得与党的原则、路线、政策、国家法律和上级决议相悖。

第十条

第一款　党的组织体系应对应于国家的组织体系。

第二款　行政、事业、经济等基层单位建立党的基层组织，接受县委、郡委、市委的领导。越南人民军和越南人民公安的党组织依据第六章的规定。在特殊地区建立党组织应依据中央委员会的相关规定。

第三款　上级党委可直接决定建立或解散下属党委、支部。

第十一条

第一款　任期结束时，党委召开大会，事先向下级通报大会召开的时间和内容。

第二款　召集大会的党委应决定代表数量，并依据中央委员会的指导，按党员数量、直属党委数量及各党委的重要程度分配名额。

第三款　出席大会的代表包括召集大会的党委委员和下级大会选举的代表。

第四款　需指定代表的，仅限于依据中央委员会规定、在特殊条件下活动、不能召开大会和选举的党组织。

第五款　出席大会的代表须经大会审查资格并表决通过。召集大会的党委不得取消由下级大会选举的代表资格，但对已被停止参加组织生活、参加党委活动，被起诉、控告或拘留的代表除外。

第六款　大会须有三分之二以上代表或党员参加，且有三分之二以上直属党组织派代表出席时，方为有效。

第七款　大会选举产生的主席团（主席）负责处理与大会相关的事务。

第十二条

第一款　党委委员必须具有合格的政治品质、革命道德和健康的生活方式；严格执行党的组织原则，参加组织生活，遵从党的纪律和国家法律；具备参加集体领导、完成交付任务的知识水平和能力；团结干部、党员，得到群众的信赖。

第二款　中央委员会的人数由全国代表大会决定；各级党委委员的人数由该级代表大会依据中央委员会指示做出决定。各级党委应进行革新，保证每届大会的继承性和发展性。

第三款　主席团（主席）指导选举。

（一）代表有权评议、质询被提名的候选人；

（二）选举名单由大会讨论并表决通过；

（三）实行无记名投票；

（四）当选人应获得半数以上代表或该党委、支部半数以上正式党员的赞成票。

获得半数以上赞成票的人数多于应选人数时，票数多者当选；按票数多少排序产生的名单末尾有多人票数相同且人数超过应选人数时，应对票数相同者进行重新选举，得票多者当选，无须获半数以上赞成。

重新选举后票数仍相同时，由大会决定是否重新选举。一次选举所产生的委员人数未满规定人数时，由大会决定是否再次举行选举。

第十三条

第一款　新一届党委承担上届党委移交的工作，自被选举产生并得到上级党委批准之日起开展工作。

第二款　需补充不足的党委委员时，由党委提出建议，上级党委直接做出决定；补充后的党委委员数量不得超过大会决定的党委委员总数。确有需要的，由上级党委直接指定增加部分下级党委委员。

第三款　如确有需要，上级党委有权对部分下级党委委员进行调动，但不得超过大会选举的党委委员数量的三分之一。

第四款　党委委员申请退出党委的，由党委审查并向上级党委提出建议，上级党委直接做出决定；是中央委员的，由中央委员会决定。是省级以下党委的现任党委委员，决定退休或调动到党委以外的工作岗位的，不再担任该党委的委员职务。

中央委员在决定从党、政府或其他团体机关离职退休后，不再担任中央委员会委员职务。

第五款　从基层党组织到中央直属党组，若在一届党委任期期间有新成立、拆分、合并、并入的党组织，由上级党委直接指定正式的党委班子；指导制定或补充相应的任务；为了大会的任期与上级党组织大会的任期相对等，以上党委的首届任期不一定是五年。

第六款　不能召开大会的党组织，由上级党委直接指定该组织的党委。

第十四条

第一款　各级党委在中央委员会指导下，可设立参谋和办事机构。

第二款　必要时党委可设立党的领导小组、委员会、工作组，并在其完成任务后予以解散。

第三章　党的中央领导机构

第十五条

第一款　中央委员会每五年召开一次全国代表大会；可提前或推迟召开，但时间不得超过一年。

第二款　大会总结贯彻落实上届任期决议的情况；决定下届任期党的路线、政策；根据需要补充、修改党的政治纲领和党章；选举中央委员会。中央委员和中央候补委员的数量由大会决定。

中央委员出现空缺时，由中央委员会在具备条件的中央候补委员中审议确定递补人选。

第三款　中央委员会认为必要或有半数以上直属党委要求时，中央委员会可召开特别全国代表大会。参加特别代表大会的代表包括现任中央委员和曾参加本届全国代表大会并仍具备资格的代表。

第十六条

第一款　中央委员会组织指导贯彻政治纲领、党章和大会的各项决议；决定对内、对外工作，群众工作和党建工作的方针、政策；筹备下届党的全国代表大会和必要时召开的特别全国代表大会（如果召开）。

第二款　中央委员会根据实际情况决定指导相关新政策的试点工作。

第三款　中央委员会每六个月召开一次例行会议；必要时可召开不定期会议。

第十七条

第一款　中央委员会选举政治局；在政治局委员中选举总书记；设立中央书记处，成员由总书记、政治局指定的部分政治局委员以及由中央委员会在中央委员中选举产生的人员组成；选举中央检查委员会；在中央检查委员会委员中选举检查委员会主任。

政治局委员、书记处书记和中央检查委员会委员的数量由中央委员会决定。

总书记不能连续担任两个以上任期。

第二款　政治局领导并检查贯彻全国代表大会和中央委员会决议的情况；对方针、政策、组织、干部等问题做出决定；决定召开中央全会并筹备其内容；向中央全会报告工作或根据中央委员会要求报告工作。

第三款　书记处负责党的日常任务：指导党建和群众工作；检查党关于经济、社会、国防、安全、对外工作决议或指示的落实情况；指导政治系统内各组织间的相互配合；决定部分组织、干部问题以及中央委员会分工的其他问题；指导或检查将提交政治局审议决定的各项问题的准备工作。

第四章　党的地方领导机构

第十八条

第一款　省、直辖市、县、郡、省辖市党委每五年召开一次代表大会；可提前或推迟召开，但时间不得超过一年。

第二款　大会讨论上级党委的文件；总结上届任期决议的贯彻落实情况；决定下届任期的任务；选举党委；选举参加上级大会的代表。

第三款　党委认为必要或有半数以上直属下级党委要求且得到上级党

委直接批准时，可召开特别代表大会。参加特别代表大会的代表包括现任党委委员和曾参加本届全体代表大会、参加本党委组织生活、具备资格的代表。

第十九条

第一款　省、直辖市、省辖市、县、郡党委（以下简称省市委、县郡委）领导贯彻代表大会决议和上级的决议、指示。

第二款　省市委、县郡委由其常委会召集每三个月召开一次例行会议；必要时可召开特别会议。

第二十条

第一款　省市委、县郡委会议选举常委会；在常委中选举书记和副书记；选举检查委员会；在检查委员会委员中选举检查委员会主任。

第二款　常委会和检查委员会的人数由党委依据中央委员会的指导做出决定。

第三款　常委会领导并检查代表大会决议，同级和上级党委决议、指示的贯彻落实情况；对有关方针、组织、干部等问题做出决定；决定召开党委会议并筹备其内容。

第四款　党委常委包括书记、副书记，负责指导、检查党委、常委会和上级党委决议、指示的贯彻落实情况；处理党委日常事务；决定召开常委会议并筹备其内容。

第五章　党的基层组织

第二十一条

第一款　党的基层组织（基层支部、基层党委）是党的基础，是基层的政治核心。

第二款　在乡镇和街道中，凡有三名以上正式党员的，应建立党的基层组织（直属县级党委）；在机关、企业、合作社、事业单位、军队基层单位、公安部门基层单位及其他基层单位中，凡有三名以上正式党员的，应建立党组织（基层党组织或基层党委的直属支部）；上级党委直接审查、决定该党组织直属哪个对应的上级党委才合适；不足三名正式党员的，由上级党委直接推荐党员到适当的基层党组织参加组织生活。

第三款　凡有三十名党员以下的基层组织，应建立基层支部，下设若干党小组。

第四款　凡有三十名党员以上的基层组织，应建立基层党委，下设若干支部。

第五款　凡属下列情况的，下级党委应向上级党委报告，并在获得同意后方可进行：

（一）在不足三十名党员的基层单位设立基层党委的；

（二）在有三十名党员以上的基层单位只设立支部的；

（三）在基层党委下设分支党委的。

第二十二条

第一款　基层组织的代表大会或党员大会由基层党委召集，每五年召开一次；可提前或推迟召开，但不得超过一年。

第二款　大会讨论上级文件；总结上届任期决议的落实情况；决定下届任期的任务；选举党委；选举参加上级大会的代表。

第三款　基层党委认为必要或有半数以上下属党组织要求且得到上级的直接批准时，召开特别代表大会或党员大会。参加特别代表大会的代表包括现任党委成员和曾参加本届全体代表大会、参加本组织的组织生活、具备资格的代表。参加特别党员大会的党员包括该党委管辖下的党员。

第四款　基层党委、支委每月召开一次例行会议；必要时可召开特别会议。

第五款　凡有九名以上委员的基层党委可选举常委会；在常委会中选举书记、副书记；不足九名委员的党委，只选举书记、副书记。

第六款　基层党委每年召开两次例行会议；必要时召开特别会议。基层支部每月召开一次例行会议；必要时可召开特别会议。

第二十三条 基层党组织的任务是：

第一款 执行党的路线、政策和国家法律；提出党委、支部的方针和政治任务，并领导有效地贯彻落实。

第二款 建设政治、思想、组织坚定、纯洁的党委和支部；正确执行民主集中制原则；提高组织生活质量，开展批评与自我批评，遵守纪律，加强党内团结统一；经常教育、锻炼和管理干部、党员，提高革命道德品质、战斗意志、知识水平和工作能力；开展党员发展工作。

第三款 领导建设纯洁、坚强的政权和各经济、行政、事业、国防、安全机构及政治、社会团体；正确执行法律，发挥人民当家做主的权利。

第四款 紧密联系群众，关心照顾人民的物质、精神生活，维护人民的正当权益；领导人民参与制定和执行党的路线、方针和国家法律。

第五款 检查并保证严格执行党的决议、指示和国家法律；检查党组织和党员执行党章的情况。基层党委受上级党委委托，可决定吸收和开除党员。

第二十四条

第一款 基层党委可在党员的工作地点或居住地点设立直属支部；每个支部至少应有三名正式党员。党员数量多的支部可分为多个党小组；党小组选举党小组长，必要时选举党小组副组长；党小组在支委指导下开展活动。

第二款 支部领导贯彻本单位的政治任务；教育、管理党员，分配党员工作；开展群众动员工作和党员发展工作；检查、处罚党员；收缴党费。支部、支委会每月召开一次例行会议。

第三款 支委会五年召开两次支部大会；没有支委会的，由支部书记召集。经基层党委同意，可提前或推迟召开，但时间不得超过六个月。

第四款 有九名正式党员以下的支部选举支部书记，必要时选举副书记。有九名正式党员以上的支部选举支委会，在支委会委员中选举书记和副书记。

第六章 越南人民军和越南人民公安的党组织

第二十五条

第一款 党对越南人民军和越南人民公安实行全面、绝对的直接领导；由中央委员会集中统一领导，由政治局和书记处直接经常领导；建设政治、思想和组织上纯洁、坚定的、绝对忠诚于党和祖国、全心全意为人民服务的人民军队和人民公安，使之成为一支与全体人民一道牢固保卫越南社会主义祖国、维护政治安全和社会秩序、参加国家建设的骨干力量。国家按照宪法和法律的规定对军队、公安和国防安全事业进行统一管理。

第二款 越南人民军和越南人民公安中的党组织依据政治纲领、党章、党的决议、指示和国家法律开展活动。

第三款 各级党委的各部门根据职能范围，协助党委指导、检查越南人民军和越南人民公安中的党建和群众工作的情况。

第二十六条

第一款 中央军委由政治局指定，成员由在军队工作的部分中央委员和不在军队工作的部分中央委员构成，下设在中央委员会并接受中央委员会的领导，由政治局和书记处日常领导。总书记为中央军委书记。

第二款 中央军委研究并建议中央委员会对军事、国防的路线、任务做出决定；全面领导军队。

第三款 政治总局承担全军党的工作、政治工作，在书记处和中央军委的直接、经常领导下开展活动。各级设有政治机关和政工干部，在同级党委领导和上级政治机关指导下，承担党的工作、政治工作。

第二十七条

第一款 各级主力部队和边防部队的党委由同级大会选举，全面领导直属单位的工作；特殊情况由上级党委指定。

第二款 军区党委成员包括由同级大会选举的在军区党委工作的部分同志以及被指定参加的军区所在地省、市委书记；领导贯彻执行上级决议、建设全民国防和建设人民武装力量的任务；与地方党委配合，在本军区贯彻落实党的路线、政策。

第三款 各级地方军事党组织由同级地方党委全面领导，同时执行上级军事党委关于全民国防和地方军事工作的决议。上级政治机关与地方党委配合，指导地方武装力量的党的工作、政治工作和群众工作。

第四款 省、市、县、郡军事党委由地方党委选举的同级地方军事党委委员、地方党委书记和地方党委指定的非地方军事党委委员的同志构成。地方党委书记直接兼任同级军事党委书记。

第二十八条

第一款 中央公安党委由政治局指定，包括在人民公安中工作的部分中央委员和不在人民公安工作的部分中央委员，以及部分在中央公安党委工作的同志，接受中央委员会，特别是政治局和书记处的领导。中央公安党委研究并建议中央委员会对路线、政策、保障政治安全、社会秩序等问题做出决定；全面领导公安工作。

第二款 各级公安党委由该级大会选举，必要时由上级党委指定。党委全面领导直属单位的工作。

第三款 人民公安力量建设总局承担公安党委所属单位的党的工作、政治工作和群众工作，在中央公安党委领导下开展活动；与地方党委配合，指导地方公安力量的党的工作、政治工作和群众工作。

第四款 各级公安力量建设机关承担党委的党的工作、政治工作和群众工作，在同级党委领导和上级公安力量建设机关指导下开展活动。

第二十九条

第一款 各级人民公安党组织由同级党委直接、全面领导，同时执行上级公安党委关于维护政治安全、社会秩序的决议；领导地方人民公安力量建设工作，建设纯洁、坚定的党组织。

第二款 省、市、县、郡的公安党委由同级大会选举。

第七章　党的检查工作和各级检查委员会

第三十条

第一款　检查、监督是党的领导职能之一。党组织应开展检查、监督工作。所有党组织和党员都应接受党的检查和监督。

第二款　各级党委领导检查、监督工作并组织检查、监督党组织和党员执行政治纲领、党章、党的决议和指示的情况。

第三十一条

第一款　各级检查委员会由同级党委选举，包括部分党委委员和部分非党委委员。

第二款　下一级检查委员会委员、主任、副主任必须经上级党委直接批准；检查委员会主任需调换工作岗位时，须经上级党委直接批准。

第三款　检查委员会实行集体领导制度，接受同级党委的领导和上级检查委员会的指导、检查。

第三十二条　各级检查委员会的任务是：

（一）检查党员，包括同级党委委员在执行党员任务过程中是否存在违反党员标准、党委委员标准的迹象。

（二）检查下级党组织纪在执行党的政治纲领、党章、决议、指示和组织原则方面是否存在违纪的迹象；检查党内贯彻落实检查、监督任务和实施纪律处分的情况。

（三）监督同级党委委员、同级党委管理干部和下级党组织落实党的主张、路线、政策，党委决议以及执行中央委员会规定的道德、生活方式情况。

（四）审查并对违反纪律的情况做出结论，决定或建议党委给予纪律处分。

（五）解决对党组织和党员的控告；解决对有关党纪处分的申诉。

（六）检查下级党委和同级党委财政部门的财政情况。

第三十三条　检查委员会有权要求下级党组织和党员对被检查的有关问题做出报告、提供材料。

第八章　奖励与处分

第三十四条　对做出成绩的党组织和党员应依据中央委员会规定予以奖励。

第三十五条

第一款　对违反纪律的党组织和党员应予以公正、准确、及时的处分。

第二款　处分的形式有：

（一）对党组织的处分有三种：谴责、警告和解散；

（二）对正式党员的处分有四种：谴责、警告、撤职和开除；

（三）对预备党员的处分有两种：谴责和警告。

第三十六条　对违反纪律的党员进行处分的权限为：

第一款　支部可对本支部党员（包括各级党委委员和上级党委管理的党员）在政治品质、思想道德、生活方式、组织生活方面或在执行党员任务（不包括上级交付的任务）过程中的违纪行为做出谴责和警告决定。

基层党委可对管理范围内的党员做出谴责、警告的决定，对下级党委委员做出撤职的决定。受委托吸收党员入党的基层党委有权对党员做出开除的决定，但同级党委委员和上级党委管理的干部党员除外。

第二款　省、市、县、郡和相应级别的党委可决定对党员的处分种类；对各级党委委员和上级党委管理的党员在政治品质、思想道德、生活方式、组织生活方面或在执行党员任务过程中的违纪行为做出谴责、警告的决定。可对同级党委委员在执行党委交付任务的过程中的违纪行为做出谴责、警告决定。

党委常委会可决定对党员的处分种类；对各级党委委员和上级党委管理的党员在政治品质、思想道德、生活方式、组织生活方面或在执行党员任务和执行交付给上级党委管理的干部的专门任务过程中的违纪行为做出谴责、警告的决定。

第三款　中央委员会可对包括中央委员、书记处书记和政治局委员在内的党员做出所有形式的处分决定。政治局和书记处可对包括政治部、书记处其管理的干部党员做出所有形式的处分决定。可对中央委员会委员在政治品质、思想道德、生活方式、组织生活方面或在执行党员任务过程中的违纪行为做出谴责、警告的决定。

第四款　县、郡及相当级别以上检查委员会可对除同级党委委员以外的党员做出所有形式的处分决定；可对由同级党委管理的干部党员和直属下级党委委员做出谴责、警告的决定。

第五款　各级党委和上级检查委员会有权批准、变更或取消下级做出的处分决定。

第六款　担任多种职务的党员被撤职时，应根据其违纪性质和程度，决定撤销一个或多个职务。

第三十七条　对党组织进行处分的权限为：

（一）上级党委可直接对下级党组织做出谴责、警告的决定。

（二）对党组织做出解散的处分决定时，由上级党委直接提出建议，由再上一级党委做出决定。该决定应向直接的上级党委和中央检查委员会报告。

（三）党组织有下列情节之一的，应予解散：有反对党的路线、政策行为；有特别严重的违反党的组织和组织生活原则或国家法律的行为。

第三十八条

第一款　党组织和党员有违纪行为，但不属本级处罚权限的，应向上级党委提出建议。

第二款　下级党组织对有违纪行为的党组织和党员未做处理或该处理不处理的，上级党委或检查委员会可依据权限规定做出所有形式的处分决定，同时审查该党组织的责任。

第三款　解散党组织和开除党员时，须获提出建议的下级党组织三分之二以上成员赞成，并由有审批权限的党组织做出决定。

第三十九条

第一款 违反纪律的党员应向支部做出检查并接受处分；拒绝做检查或已被拘留的，党组织仍应给予纪律处罚。必要时上级党委和上级检查委员会可直接进行处罚。

第二款 违反纪律的党组织应做出检查并接受处分，并向做出决定的上级党委报告。

第三款 做出处分决定前，上级党组织的代表应听取违纪党员本人或违纪党组织的代表陈述意见。

第四款 下级对党组织和党员做出处分决定时，应向上级党委和直接上级检查委员会报告；违纪党员在多个党的领导机关担任职务时，应通知该党员任职的各个上级领导机关。

第五款 上级对党组织和党员做出处分决定时，应向下级、违纪党组织和党员所在单位通报；需要扩大通报范围的，由上级党委决定。

第六款 对党组织和党员的处分自决定公布之日起生效。

第七款 不同意处分决定的党组织和党员，有权在自接到决定之日起一个月内向上级党委或上级检查委员会直至中央委员会提出申诉。对处分的申诉处理，应依据中央委员会规定执行。

第八款 受理处分申诉后，各级党委或检查委员会应通知提出申诉的党组织或党员；自收到申诉之日起，省、市、县、郡委及相当级别的党委最迟三个月、中央最迟六个月内，应进行调查、解决并向提出申诉的党组织和党员做出答复。

第九款 解决申诉期间，被处罚的党组织和党员应严格执行所受处罚。

第四十条

第一款 受到监外管教以上刑罚的党员，应开除出党。

第二款 受到解散处罚的党组织，由上级党委直接建立新的党组织或介绍该组织党员参加其他组织的生活。

第三款 受到撤职处罚的党员，自决定之日起一年内，不得被选举为党委委员，不得担任相当级别或更高级别的职务。

第四款 停止党员组织生活、停止党委委员的委员活动、停止党组织活动的，由上级党委或上级检查委员会依据中央委员会规定做出决定。

第九章 党领导国家、祖国阵线和政治—社会团体

第四十一条

第一款 党通过政治纲领、战略、政策、主张、思想工作、组织工作、干部工作、检查工作和监督落实工作对国家、祖国阵线和政治—社会团体进行领导。

第二款 党统一领导干部工作，并管理干部队伍，同时发挥政治系统内从事干部工作的组织及各组织主要负责人的作用。

第三款 党向国家机关、祖国阵线和政治—社会团体推荐或任命符合标准的干部。

第四款 国家机关、祖国阵线和政治—社会团体内的党组织和党员应严格执行党的决议和指示；党组织通过领导将党的决议和指示具体化，形成国家法律和团体主张，并领导其有效实施。

第四十二条

第一款 在由选举产生的中央、省和直辖市一级国家机关、祖国阵线和政治—社会团体的领导机关中，由同级党委成立党组，成员包括在该组织工作的部分党员。不成立党组的地方，由该机关的基层党组织依据中央委员会的规定履行领导职能。

第二款 党组由同级党委指定；设书记，必要时设副书记。党组实行集体领导制度，并对党委负责。

第三款 党组领导、说服本组织成员贯彻执行党的路线、政策；密切联系群众；向党委提出有关方向、任务、组织、干部等的建议，并依据权

限做出决定；领导检查贯彻执行党的路线、政策的情况。

第四款　必要时，党组可召集本组织党员讨论党委的主张和实施办法。

第四十三条

第一款　在中央、省和直辖市一级的执法机关和司法机关中，由同级党委成立党组，成员包括在该组织工作的部分党员。不成立党组的地方，由该机关的基层党组织依据中央委员会的规定履行领导职能。

第二款　党组由同级党委指定；设书记，必要时设副书记。党组实行集体领导制度，并对党委负责。

第三款　党组领导贯彻并组织执行党的路线、政策；向党委提出有关方向、任务、组织、干部的建议，并依据权限做出决定；领导检查执行党的路线、政策的情况。

第十章　党领导胡志明共产主义青年团

第四十四条

第一款　胡志明共产主义青年团是党可信赖的预备队，经常为党补充年轻力量，继承党和胡志明主席的光荣革命事业；是青年运动的骨干力量；是社会主义学校；是青年权利的代表；负责胡志明少年先锋队的工作。

第二款　各级党委直接领导同级团组织的方向、任务、思想、组织和干部工作。

第四十五条　仍处于团员年龄的党员应参加团组织的生活和工作。

第十一章　党的财政

第四十六条

第一款　党的财政包括党员缴纳的党费、国家财政拨款及其他收入。

第二款　中央委员会统一规定党的财政、财产管理的原则和制度，以及党员应缴纳的党费标准。

第三款　各级党委应每年听取本级的财改报告并决定财政任务。

第十二章　党章的执行

第四十七条　党组织和党员应严格执行党章。

第四十八条　只有党的全国代表大会具有修改党章的权力。

（本文来源于越南共产党电子报越南文版网站：http://dangcongsan.vn/dua-nghi-quyet-dai-hoi-dang-vao-cuoc-song/dieu-le-dang-cong-san-viet-nam-thong-qua-tai-dai-hoi-dai-bieu-toan-quoc-lan-thu-xi-cua-dang-56488.html）

（广西民族大学　闭忠实　译）

越南社会主义过渡时期国家建设纲领（2011年增补修订）

（2011年1月19日越南共产党第十一次全国代表大会讨论通过）

一、革命历程及经验教训

（一）1930年至今，由胡志明创建和锻造的越南共产党，领导我国人民进行了长期而艰辛的革命斗争，历尽千辛万苦和考验，取得了如下伟大的胜利：1954年八月革命成功，粉碎了殖民和封建统治枷锁，建立了越南民主共和国，把我国人民引进了独立和自由的新纪元；抗击侵略者的胜利，其顶峰是1954年具有历史性意义的奠边府战役的胜利和1975年春季大捷，这些胜利解放了民族，统一了国家，保卫了祖国并履行了国际义务；革新事业的胜利，在正确而符合越南实践的新思想、新认识的指导下，进行了工业化和现代化，融入国际，并继续使国家逐步过渡到社会主义。

过去八十年来所取得的胜利，使我国从一个半殖民地半封建的国家转变为一个独立、自由、按照社会主义道路发展的国家；我国人民从奴隶变成了国家的主人、社会的主人；我国已经摆脱了贫穷、落后的状态，正在大力推进工业化和现代化，建立起了广泛的国际关系，在地区和世界发挥日益重要的作用。然而，也还存在很多困难和挑战。

党在领导的过程中，由于教条、主观、唯意志、违反客观规律等原因，有时候也犯错误有缺点，其中有些错误和缺点是严重的。为了继续领导革命事业向前发展，党进行了严肃的自我批评，改正错误，并进行了自我革新和整顿。

(二) 党从丰富的革命实践中，总结出了如下的重要经验教训：

第一，牢牢地把握民族独立和社会主义旗帜——这是胡志明主席交给当今这一代人以及今后世世代代的光荣旗帜。民族独立是实现社会主义的先决条件，而社会主义则是民族独立的坚强保证。建设社会主义和保卫社会主义祖国是紧密相关的两大战略任务。

第二，革命事业是属于人民、来自人民和为了人民的事业。人民才是历史胜利的缔造者。党的全部行动都要以人民的正当利益和愿望作为出发点。党的力量源于与人民的密切联系。官僚、贪污腐败和脱离人民群众，将会给国家、社会主义制度和党的命运带来无法计量的损失。

第三，要不断巩固和加强团结，包括全党的团结、全国人民的团结、各民族的团结和世界各国的团结。团结是我国革命的宝贵传统和强大力量源泉。胡志明主席把它总结为：团结、团结、大团结；成功、成功、大成功。

第四，要把民族力量和时代力量结合起来，把国内力量和国际力量结合起来。无论在任何情况下，都要坚定独立自主的意志，提倡国际合作精神，要高度发挥内力，同时争取外力，要把传统要素与现代要素相结合。

第五，党的正确领导是决定越南革命胜利的首要因素。除了为祖国效劳、为人民服务以外，党不再有任何其他利益。党必须牢牢地把握、创造性地运用并发展马克思列宁主义和胡志明思想，要不断增强智慧、提高政治本领、道德品质和组织能力，以便有足够的能力来解决革命实践中产生的各种问题。党的所有主张和路线，都要从实际出发，要尊重客观规律。要防止和克服诸如犯路线错误、官僚作风，以及干部和党员的蜕化变质等重大危机。

二、我国向社会主义过渡

(一) 我国向社会主义过渡的背景是：国际上发生重大而深刻的变化。科学技术革命、知识经济和全球化迅猛发展，对很多国家的发展产生了深刻的影响。世界的基本矛盾仍以不同形式不同程度地存在和发展。和平、民族独立、民主、合作和发展是大的趋势，但民族斗争、阶级斗争、局部战争、武装冲突、种族和宗教冲突、军备竞赛、干涉、颠覆、恐怖活动、领土、海洋、岛屿和资源争夺以及经济利益的激烈竞争等继续复杂演变。亚洲太平洋和东南亚地区的发展具有活力，但也潜在一些不稳定因素。这些情况，为发展创造了时机，同时也提出更加严峻的考验，尤其是对发展中国家和最不发达国家来说更是这样。

苏联和各前社会主义国家在形成和发展的过程中，在很多方面取得了巨大的成就，曾经是世界和平和革命运动的依靠力量，为和平、民族独立、民主和社会进步的斗争做出了重要贡献。苏联和东欧社会主义制度的垮台，是世界革命运动的巨大损失，但是，包括越南在内的一些走社会主义道路的国家，继续坚定目标和理想，进行改革和革新，取得了巨大的成就，并继续向前发展；国际共产主义和工人运动有了一定的复苏。然而，走社会主义道路的国家、共产主义运动和左翼运动还遇到很多困难，敌对势力继续进行破坏活动，想尽办法来消灭社会主义。

当前，资本主义还具有发展潜力，但其本质依然是一个压迫、剥削和不公的制度。资本主义固有的基本矛盾，尤其是生产力日益社会化的性质与资本主义的私人占有制之间的矛盾，不但解决不了，反而变得越来越深刻。经济危机、政治危机和社会危机将继续发生。正是这一内在矛盾的运动以及劳动人民的斗争，将决定资本主义的命运。

发展中国家和最不发达国家为了保卫国家和民族的独立和主权，不得不进行艰苦卓绝的斗争，以抵御贫困和落后，抗击干涉、强权和侵略。

世界人民正面临与人类命运密切相关的全球性的紧迫问题，包括维护和平、抵制战争威胁、反对恐怖主义、保护环境以及应对全球气候变化、限制人口爆炸、预防和抗击各种危险疾病，等等。解决以上这些问题，需要世界各国各民族的合作精神和高度的责任感。

当前阶段的一个显著特点就是，不同的社会制度和不同发展水平的国家并存，既合作又斗争，为了国家利益和民族利益而进行激烈的竞争。各国人民为了和平、民族独立、民主、发展和社会进步的斗争，尽管遇到了很多困难和挑战，但是将有新的发展。按照历史进化的规律，人类一定会到达社会主义。

（二）迈向社会主义是我国人民的渴望，是越南共产党和胡志明主席的正确选择，它符合历史发展的趋势。

我们正在建设的社会主义社会是这样的一个社会：一个民富、国强、民主、公平、文明的社会；由人民当家做主；有以现代生产力和与之相适应的进步的生产关系为基础的高度发达的经济；有具有浓郁的民族特色的先进文化；人们生活温饱、自由、幸福，并具备了全面发展的条件；全体越南各民族平等、团结、互相尊重互相帮助，共同发展；建立了在共产党领导下的属于人民、来自于人民和为了人民的社会主义法权国家；与世界各国建立了友好与合作关系。

这是一个深刻而彻底的革命过程，一个为了使社会生活各个方面发生质的变化，而在旧的事物和新生事物之间发生复杂斗争的过程，它必将经历一个有很多发展阶段、多种经济和社会组织形式交叉并存的长期的过渡时期。我们有很多基本的有利条件：有由胡志明主席创建和锻造的、具有坚定的政治本领和丰富领导经验的越南共产党的正确领导；我们的民族是一个英雄的民族，具有强烈的进取心；我们的人民具有深厚的爱国热情，具有团结、友爱、勤劳和创造的传统，始终拥护和信任党的领导；我们已经逐步建立起非常重要的物质和技术基础；现代科学技术革命、知识经济的形成和发展，以及全球化和融入国际的进程等，为发展创造了机遇。

我国结束社会主义过渡时期的总体目标是：基本建成社会主义经济基础和与之相符的政治、思想和文化等上层建筑，为把我国建设成为一个日益繁荣和幸福的社会主义国家奠定基础。

从现在起到21世纪中叶，全党、全国人民必须努力奋斗，把我国建设成为一个社会主义定向的现代化工业国家。

为了成功实现上述目标，全党、全国人民要发扬革命的攻坚精神和自立自强的意志，发挥各种潜能和智慧，充分把握时机，战胜挑战，贯彻和落实好以下基本方向：

第一，大力推进国家的工业化、现代化，同时发展知识经济、保护资源和环境。

第二，发展社会主义定向的市场经济。

第三，建设具有浓郁的民族特色的先进文化；提高人口的素质，提高人民生活水平，实现社会的进步和公平。

第四，坚决保证国防安全、国家安全以及社会秩序的安定。

第五，实行独立、自主、和平、友好、合作和发展的对外路线；主动而积极地融入国际。

第六，建设社会主义民主，实现全民族大团结，加强和扩大民族统一阵线。

第七，建设属于人民、来自人民和为了人民的社会主义法权国家。

第八，建设廉洁、坚强的党。

在落实上述基本方向的过程中，必须特别注意把握和解决好几大关系，即：革新、稳定和发展之间的关系；经济革新和政治革新之间的关系；市场经济与社会主义定向之间的关系；生产力发展与逐步建设和完善社会主义生产关系之间的关系；经济增长与文化发展、实现社会进步与公平之间的关系；建设社会主义与保卫社会主义祖国之间的关系；独立、自主和融入国际之间的关系；党的领导、国家管理和人民做主之间的关系，等等。不能片面、极端和唯意志。

三、发展经济、文化、社会、国防、安全和对外关系的重大方向

（一）发展多种所有制形式、多种经济成分、多种组织经营模式和多种分配方式的社会主义定向的市场经济。依法活动的各种经济成分，都是国民经济的重要组成部分，在法律面前平等、长期共同发展、互相合作和进行良性竞争。国有经济占主导地位。集体经济不断得到巩固和发展；国有经济和集体经济日益成为国民经济的坚实基础；私人经济是国民经济发展的动力之一；外资经济得到鼓励和发展。各种所有制形式混合和相互交

又，形成了日益发展的多样化的经济组织形式。同步建立各种市场要素，逐步建立和发展各类市场，既遵循市场经济的规律，又保证社会主义的方向。在经济领域，界定清楚生产资料所有者的所有权、使用权以及国家的管理权限。保证所有生产资料都有主人，所有经济单位都能自主经营和自负盈亏。分配关系要保证公平，并为发展创造动力。各种资源要按经济社会的发展战略、规划和计划来分配，实行主要按照劳动成果和经济效率，同时按照资金和其他资源贡献，并通过社会保障系统和社会福利系统来进行分配的分配制度。国家通过法律、战略、规划、计划、政策和物质力量来管理经济，定向、调节和促进经济发展。

发展经济是中心任务，要把实现国家的工业化和现代化与发展知识经济和保护资源环境结合起来，建立合理、现代、有效而可持续发展的经济结构，把工业、农业和服务业紧密联系起来。重视发展重工业、基础性制造业和具有比较优势的行业，发展农、林、渔业，使其科技含量和质量不断提高，并与发展加工业和建设新农村结合起来，保证各地区之间平衡发展，推动重点经济区的快速发展，并为较为困难地区的发展创造条件。建立独立、自主而又主动积极融入国际的经济体制。

（二）建设有浓郁民族特色、全面发展、多样化而统一，富于人文、民主、进步精神的先进的越南文化，使文化与社会生活全面紧密相连并渗透其中，成为发展的坚实的精神基础和重要的内在力量。继承和发扬越南民族美好的传统文化，吸收人类文明的精华，建设民主、公平、文明的社会，为了人民真正的利益和尊严而不断提高知识、道德、健康和审美修养。要发展和提高文学艺术的创作质量，坚持和弘扬真、善、美的价值观，批判那些落后、低俗的东西，与各种有悖于文明的现象做斗争。保障公民的知情权和自由创造的权利。实现各种大众传媒的同步发展和现代化，信息要真实、多样和及时，有效地服务于建设和保卫祖国的事业。

人是发展战略的中心，同时是发展的主体。要尊重和保护人权，把人权与民族利益和国家利益、人民当家做主的权利结合起来。要结合社会、家庭、学校、单位、团体和社区的力量，并充分发挥他们的作用，以培养有爱国之心、主人翁精神和公民意识，有知识、身体健康、善于劳动，文明、友爱，具有真正的国际主义精神的越南人。建立温暖、进步和幸福的家庭，使之真正成为社会的健康细胞，成为直接培养生活风尚和形成人格的重要场所。各个生产、工作、学习和战斗单位，要作为培养有纪律、有技术、能效高的工作作风的场所，成为培养朋友之情、同志之情、战友之情的场所，形成越南人格和越南文化的地方。

教育培训具有提高民智、发展人力资源、培养人才的使命，对国家的发展、文化建设和越南人的培养等发挥重要作用。发展教育、培训和发展科学技术是首要国策，投资教育和培训就是为发展投资。要根据社会的要求，对教育培训进行全面而根本的革新；要根据标准化、现代化、社会化、民主化和融入国际的要求，提高教育培训的质量，为建设和保卫祖国的事业提供强有力的服务。促进建设学习型社会，为每个公民都能够有机会终身学习创造条件。

科学技术在发展现代生产力，保护资源环境，提高经济发展的效率、质量、效果、速度和竞争力等方面具有关键性作用。为实现大力推进国家的工业化和现代化、发展知识经济、达到世界先进水平的目标而发展科学技术；还要同步发展各个领域的科学技术，使之与发展文化与提高人口素质相结合；要加快并有效利用国家的科技潜能，研究和有效运用世界现代科技成果；形成配套的激励创新、重用人才和推进科学技术应用的机制和政策。

保护环境是政治系统和全社会的责任，是每个公民的义务。要把监督检查、防止和治理污染与恢复和保护生态环境紧密结合起来；发展清洁能源、清洁生产和清洁消费；重视研究、预警工作，落实好各项应对气候变化和自然灾害的解决办法；要对国家资源进行合理有效的管理、保护和循环使用。

以人为本的正确的、公平的社会政策，是在建设和保卫祖国的事业中发挥人民的创造力的强大动力。要保证人民享有公平、平等的权利和义务，要把经济发展与文化和社会的发展紧密而合理地结合起来，在每一个阶段和每一项政策中都要实现社会的进步与公平；物质生活和精神生活协调发展，不断提高每一个社会成员的吃、住、行、学习、休息和医疗的水平，增强体质；使义务和权利相结合，贡献与享有相结合，个人利益与集体和社会利益相结合。

要为劳动者的就业和收入创造更好的环境和条件。要制定有发展动力的工资政策和待遇制度，合理调节社会收入水平；鼓励合法致富与消除贫困要同时进行，逐步缩小地区之间和各个阶层之间的贫富差距；完善社会保障系统；落实好对国家有功的个人和家庭的特殊政策；注重改善青少年的生活、劳动和学习条件，对未成年人进行教育和保护；关心孤寡老人、残疾人、丧失劳动能力的人和孤儿；控制和打击犯罪以及危害社会的行为；保证性别合理平衡和人口质量。

建设一个文明的社会环境，其中，各阶级、各阶层之间相互团结，享有平等的义务和权利。要建设数量和质量强大的工人阶级，通过其先锋队即越南共产党成为革命的领导阶级、建设社会主义事业的先锋阶级；要建设和发挥农民阶级在发展农村和农业过程中的主体作用；要培养和发挥知识分子队伍的各种潜力和创造力，为国家提供智慧之源和培养人才；建设有才能的企业家队伍，以及精于管理、有社会责任感、甘于为祖国和人民付出心血的管理者；关心和培养能够继承我国革命事业的下一代接班人；实行性别平等，争取妇女的进步；适当关心其他阶层民众的利益，并发挥他们的力量；帮助海外定居侨胞稳定生活、保持民族本色、遵守所在国的法律、心系家乡，积极为国家建设做贡献。

实行各民族之间平等、团结、相互尊重和相互帮助的政策，为各个民族共同发展创造各种条件，使之与整个越南民族的共同发展紧密联系。保护和发扬我国各个民族的文化、语言特色和良好传统；抵制歧视和民族分裂思想；各项经济社会发展政策必须符合各地区和各民族，尤其是少数民族的特殊情况。

要依照法律相关规定，尊重和保护宗教信仰自由以及无宗教信仰的自由；要与各种违反宗教信仰的行为，以及利用宗教信仰来危害祖国和人民利益的行为做斗争,并对他们进行严格惩治。

(三)国防和安全的目标和任务是,坚决保卫祖国的独立、主权、统一和领土完整,保卫党、国家、人民和社会主义制度,维护和平和政治稳定,维护国家的安全和社会秩序的安定,主动防止和挫败各种敌对势力针对我国人民革命事业的各种阴谋和破坏活动。

加强国防、巩固国家安全和社会秩序的安定,是党、国家和人民的经常性重要任务,其中人民军队和人民公安是骨干力量。建设全民国防战线,使之与牢固的人民安全战线紧密结合;发展人民战争的军事路线、艺术以及人民安全的理论和科学;主动加强国防和安全的国际合作。

经济社会生活全面稳定和可持续发展,是国防和安全的坚实基础。发展经济和社会要与增强国防和安全力量并行;要在每一个地区的每一项经济社会的发展战略、规划和政策中,把经济与国防和安全、国防和安全与经济紧密结合起来。

建设革命的、正规的、精锐的、逐步现代化的,绝对忠于祖国、忠于党、忠于国家、忠于人民,受到人民信任和爱戴的人民军队和人民公安。人民军队的常规部队要保持合理的人数,有较强的战斗力;建立强大的预备役力量、广泛的民兵自卫队伍。全面建设强大的人民公安力量,要把专职力量和半专职力量、法律维护部门与全民保卫国家安全运动结合起来;要注意提高武装力量干部和战士的革命品质,提高政治、专业和业务水平,要为新形势下的人民军队和人民公安提供与其工作相符的物质和精神保障;要建设国防和安全工业,保证武装部队的技术装备日益现代化。

加强党对人民军队、人民公安和国防安全事业全面直接而绝对的领导及国家的集中统一管理。

(四)要始终奉行独立、自主、和平、合作与发展的外交路线,多边化、多样化国际关系,主动而积极地融入国际;提高国家的地位;为了国家和民族的利益,为了富强的社会主义越南;作为国际大家庭中值得信赖的朋友、伙伴和负责任的成员,为世界和平、民族独立、民主和社会进步的事业做出贡献。

在联合国宪章和国际法的原则基础上，与所有国家进行平等、互利的合作。

始终如一地拥护各国共产党和工人党，拥护为了时代的共同目标而斗争的各种社会进步运动；在保证国家利益，坚持独立自主，以和平、友谊、合作和发展为目的的基础上，加强与各个左翼党派、执政党和其他政党的关系。

加强越南人民与世界各国人民之间的了解、友谊和合作。

与东南亚联盟各国一起努力奋斗，争取把东南亚地区建设成为一个和平、稳定、合作和繁荣发展的地区。

三、政治系统与党的领导地位

（一）社会主义民主是越南国家制度的本质，它既是国家发展的目标，又是国家发展的动力。建设并不断完善社会主义民主，要保证民主能够在各级、各部门的实际生活中得以落实。民主要与纪律、纪纲相结合，并通过法律来使之制度化，受到法律的保护。

国家尊重和维护人权和公民权，关心每个人的幸福和自由发展。公民的权利和义务由宪法和法律规定，公民权利不能与公民义务相分离。

人民通过国家的活动、政治系统的活动以及各种形式的直接民主或代表民主方式，实现当家做主的权利。

（二）我们国家是在党的领导下的属于人民、来自人民和为了人民的社会主义法权国家，国家所有权力属于人民，其基础是在越南共产党领导下的工人阶级和农民阶级联盟以及知识分子队伍。国家权力是统一的，国家机关在实施立法、执法和司法权力方面，有分工、配合和监督。由国家颁行法律，并通过法律来组织和管理社会，不断加强社会主义法制。

国家要为人民服务，与人民保持密切联系，要充分实现人民民主权利，尊重和听取人民的意见，并接受人民的监督。建立起对官僚作风、贪污腐败、浪费、渎职、滥用权力、侵犯公民民主权利的行为进行监督检查、防止和惩治的机制和措施；严格遵守各种社会纲纪，严惩各种侵犯国家和人民利益的行为。

国家机构的组织和活动必须遵守民主集中制的原则，要有分工、分级，同时确保中央的统一指导。

（三）越南祖国统一阵线和各人民团体在团结全国各民族建设和保卫祖国的事业中具有非常重要的作用，它代表并维护人民的合法和正当的权利和利益，要关心各个成员或会员的利益，实现民主，建立良好的社会。要参加党和国家的建设，参加革命理想和道德、公民权利和义务的教育，加强人民与党和国家之间的联系。

越南祖国阵线是一个政治联盟组织，是由各种政治组织、政治—社会组织、社会组织以及各阶级、社会阶层，不同民族、宗教和海外定居越南人的个人代表所自愿结成的联盟。越南祖国阵线是政治系统的一个组成部分，是人民政权的政治基础。越南共产党既是阵线的成员，同时也是阵线的领导者。祖国阵线按照自愿、民主协商的原则开展活动，各成员之间的行动要协调和统一。

人民团体根据已经确定的性质、宗旨和目的，要对其团员或成员进行动员和教育，遵守法律、执行政策，要关心和维护每个团员或成员的合法、正当的权利和利益，要帮助其团员或成员提高各方面的素质，建设新生活；参加国家和社会的管理。

党要尊重祖国阵线和人民团体的自主性，支持他们进行各种自愿的、积极而有创造性的活动，并虚心听取他们的意见和建议。党和国家要制定面向祖国阵线和人民团体的各种机制和政策，创造条件让他们的工作富有成效，发挥好社会监督和社会辩论的作用。

（四）越南共产党是越南工人阶级的先锋队，同时是越南劳动人民和越南民族的先锋队，它忠实地代表工人阶级、劳动人民和民族的利益。党以马克思列宁主义和胡志明思想作为思想的基础和行动的指南，以民主集中制作为基本组织原则。

第二部分 政党内部规章制度

胡志明思想是关于越南革命的基本问题的全面而深刻的系统观点，是创造性地运用和发展马克思列宁主义于我国的具体条件的结果，它继承和发展了我国民族的优良传统价值，吸收了人类文明的精华；它是我们党和我国人民无比巨大而宝贵的精神财富，永远照亮我国人民争取革命事业胜利的道路。

越南共产党是执政党，领导着国家和社会。党通过纲领、战略、政策方向和重大主张，通过宣传、说服、动员、组织、检查、监督等工作，通过党员的模范带头作用来进行领导。党统一领导干部工作和管理干部队伍，推举有能力、有道德的优秀党员参加政治系统领导机关的工作。

党的领导工作要借助于党组织和党员在各政治系统机构中的活动来进行，要加强个人负责制，尤其是要提高领导人的责任感。党要经常提高执政能力和领导效果，同时还要大力发挥政治系统中的其他组织的作用，发挥他们的主动性、创造性和责任感。

党领导政治系统，同时是政治系统的一个组成部分。党要与人民群众保持密切联系，尊重和发挥人民当家做主的权利，依靠人民来建设党，接受人民的监督，要在宪法和法律的框架内开展活动。

为了担当起领导作用，党员必须在政治、思想和组织上坚定，必须经常自我革新、自我整顿，要大力提高智慧水平、政治本领、道德品质和领导能力。要坚持党内团结统一的传统，增强党内民主和活动纪律，要经常进行自我批评和批评，要与个人主义、机会主义、官僚作风、贪污腐败、浪费以及各种分裂和宗派行为做斗争。党要学习践行胡志明道德榜样，建设清廉、有素质、有能力、有较高战斗力的干部和党员队伍，要注意培养我们党和人民的革命事业的接班人。

* * *

党的纲领是为建设祖国越南逐步走向社会主义事业的胜利的战斗旗帜，它为我们党和国家、为整个政治系统以及我国人民在未来几十年的所有的行动指明了方向。胜利实施本纲领,我国一定能够成为一个繁荣、幸福的社会主义国家。

党号召全体党员、全体国内和海外越南同胞,以饱满的精神和毅力,为胜利实现纲领和稳步走向未来而努力奋斗。

(本文来源于越南共产党电子报越南文版网站:http://dangcongsan.vn/tu-lieu-van-kien/van-kien-dang/van-kien-dai-hoi/khoa-xi/doc-592420155001856.html)

(中国社会科学院　潘金娥　译)

越南共产党党内选举规则

(与2014年6月9日越南共产党第十一届中央委员会颁布的
第244-QĐ/TW号决定同时颁布实施)

第一章 总 则

第一条 适用对象和调整范围

本规则适用于从支部到中央委员会的党内选举。

由大会规定的党的全国代表大会上的选举。

党组织推荐党员参选国家、祖国阵线和各人民团体领导职务时,要按照本规则进行。

第二条 选举原则

党内选举按照民主集中原则以及平等、直接、多数过半原则实施;从支部到中央直属党部的选举结果,均须按规定得到具有审定权的各级党委的批准。

第三条 选举形式

第一款 以下情况实行无记名投票:

(一)党部、支部委员会(简称各级党委)的选举,中央委员会的选举。

(二)常委、书记、副书记的选举。

(三)政治局、总书记、书记处的选举。

(四)检查委员会及其主任、副主任的选举。

(五)参加上级党组织大会的与会代表的选举。

（六）对候选人的民意投票。

（七）推举党员参选国家、祖国阵线和各人民团体领导人职务。

第二款　以下情况采用举手表决（用党员证表决）：

（一）大会、会议的执行和服务机构（大会主席团、秘书团、会议主席、代表资格审查委员会、检票组等）的选举。

（二）选举名额和名单的表决。

第二章　负责选举机构的任务

第四条　负责大会召集的各级党委的任务

（一）准备有关代表的人事安排、党委和检查委员会的人事议案及大会组织计划。

（二）接收参选党委委员而未被选举为大会代表的正式党员的材料（最迟在大会正式开幕前十五个工作日内送达党委），以便指导审查和呈交主席团，并由主席团向大会汇报、审定。

（三）通报代表数量，并给各直属党委和党支部分配代表名额。指导代表选举工作，以确保选举按照规定的原则和手续进行。确定会议开幕时间，并在三十个工作日前进行通报。

（四）向代表资格审查委员会提供有关大会选举情况、选举结果及代表资格相关问题的材料。

（五）向主席团提供相关材料，以便其回答党员、大会代表提出的关于候选人的相关问题。

（六）为新一届党委准备材料，以便在新一届党委第一次会议中选举出本级党委、监察委员会领导职务。

第五条　主席团的任务

（一）协调选举工作。

（二）指导大会讨论和落实各级党委委员的标准、名额和党委组成部分；以及参加上级党的代表大会的代表的标准、名额和组成人员。

（三）提名由召集大会的党委准备的人选名单；指导选举、提名工作。

（四）汇总参选人名单和被提名人名单；明确可退选与不可退选的具体情况，并提交大会审定。

（五）在大会上对参选人、被提名人进行民意测评。建立选举人名册，并搜集大会表决通过的选举人数量和名单。

（六）推荐检票委员会主任及成员名单，由大会表决通过；指导大会检票委员会的活动，在大会上宣读选举制度及选举程序。

（七）在选举准备过程中解答代表有关人事的意见。

第六条　秘书处的任务

（一）汇总讨论意见并形成报告、起草主席团和大会有关选举的结论报告和决议。

（二）协助主席团汇总参选、提名情况，在大会选出检票委员会之前协助建立选举名册。

（三）按主席团的指导管理和分发大会的材料、印刷品。对大会所有档案、材料、印刷品进行收集、保管并转达新一届党委。

第七条　检票委员会

第一款　检票委员会是协助大会选举的单位，由主席团推荐，大会表决通过。检票委员会包括大会的正式代表，或参加党员大会但不在选举名单内的正式党员。各级大会的检票委员会数量由大会主席团选择、推荐，并由大会表决通过。

第二款　检票委员会负责以下任务：

（一）指导投票方式、检查、密封票箱、向代表（或代表团）直接分发选票；清点分发的选票数量和回收的选票数量并向大会汇报；检票。

（二）对不符合规定的选票以及有关大会选举的投诉意见进行审核，并做出结论。

（三）记录检票情况并向主席团汇报，公布选举结果；按规定签收选举记录、密封票箱，并呈交大会主席团转下一届各级党委留存。

如使用电脑检票，则检票委员会可聘用不是大会代表的技术人员。

除了检票委员会和承担检票任务的技术人员外，任何人不得进入检票委员会工作场所。

第八条　非大会选举的适用情况

负责执行委员会、检查委员会会议的选举工作的相关组织均执行上述规定。

第三章　参选、推选、选举、选举名单、选票

第九条　参选

以下情况属于参选：

（一）正式党员在自己所在的党组织的参选。大会的正式代表在代表大会上的参选。

（二）非大会代表的正式党员可在基层党组织大会填报参选申请，或递交材料以参加县级或相当级别以上的党委选举。

（三）执行委员会委员参选常务委员；常务委员会委员参选书记、副书记；如党委只选书记、副书记，不选常务委员，则各级党委委员有权参选书记、副书记（本规则第十三条规定的情况除外）。如支部大会不选支部委员，正式党员有权参选书记、副书记。

（四）中央委员会委员参选政治局委员、书记处书记；政治局委员参选总书记（本规则第十三条规定的情况除外）。

（五）各级党委委员参选本级党委的检查委员会委员。

（六）检查委员会委员参选检查委员会副主任。

第十条　参选手续

第一款　党员大会正式党员在大会直接参选，或向大会主席团提交参选申请报告。在基层代表大会，如不是大会代表的正式党员参选，则需要向基层党委提交参选申请报告。

第二款　大会的正式代表在大会直接参选或向大会主席团提交参选

申请。

第三款 各级党委委员在党委会议上可直接参选常务委员会委员（政治局委员、书记处书记）、检查委员会委员。

第四款 检查委员会委员在检查委员会会议上直接参选检查委员会副主任。

第五款 非大会代表的党员如参选县级及以上党委委员，则须在大会开幕前十五个工作日之前向组织大会的党委递交参选材料。

参选材料包括：

（一）参选表。

（二）基层党委审核过的履历。

（三）按规定开具的个人和家庭的财产和收入证明。

（四）健康证明。

（五）常住地和居住地基层党委的评价。

党员常住地和居住地基层党委有责任对参选人进行审核和评价。如有需审查和明确的问题超过审定权限，则提请二级党委直接进行审查决定。

召集大会的党委机关和组织有责任配合相关单位检查参选人的档案和资格是否符合标准。

第十一条 推选

推选是指以下情况：

（一）大会（会议）主席团（主席）推举由召集大会（会议）的党委准备的人选参加选举。

（二）在党员大会上，正式党员、临时参加组织生活的党员和预备党员均有权推举党支部的正式党员参选上级党组大会代表或本级党委委员。

（三）在代表大会上，正式代表提名代表党员和非本级党组大会代表的正式党员参选党委委员；推选本级大会的正式代表参选上级党委大会代表。

（四）执行委员会委员推选其他执行委员会委员参选执行委员会会议的常务委员；推选常务委员会委员参选书记、副书记（本规则第十三条规定的情况除外）。

（五）中央委员会委员推选其他中央委员会委员参选政治局委员、书记处书记、中央检查委员会委员；推选政治局委员参选总书记（本规则第十三条规定的情况除外）。

（六）执行委员会委员推举其他执行委员会委员参选检查委员会委员；推举检查委员会委员参选检查委员会主任（本规则第十三条规定的情况除外）。

（七）检查委员会委员推举其他检查委员会委员参选检查委员会副主任。

第十二条 推选程序

第一款 在党员大会上，党员通过直接推选或以书面形式呈交大会主席团提名本级组织的正式党员；在基层代表大会上，书面推选非大会代表的正式党员参选党委委员时，须得到被提名人同意。

第二款 在县级及相当级别和以上代表大会上，大会正式代表推选党员代表和非本级党组织代表的正式党员参选党委委员；推选本级大会正式代表参选上级党组织大会代表。

大会正式代表推选非大会代表的党员参选党委职务时，须书面推选，并按规定提交被推荐人的材料及其书面同意书。

第三款 召集大会的党委有责任协助大会审查、确认被推举人、参选人的履历和标准。

第十三条 党委委员、常委、政治局委员、书记处成员的参选和推选

第一款 召集大会的党委委员不能推选党委推荐的名单以外的人员；不在党委推选名单上的人，不能参选或接受推选。

第二款 在执行委员会会议上，常务委员会委员不能推选党委常委会提名名单以外的人选；如不在党委常委会提名名单之列者，则不能参选和接受推选。

第三款 在中央委员会会议上，政治局委员、书记处成员不能推选政治局提名名单以外的人选；如不在政治局提名名单之列者，则不能参选或接受推选。

第十四条　参选或推选参加直接上级党组织代表大会代表的选举

第一款　在党员大会上，只有正式党员才可以在本级大会参选上级党组大会的与会代表。正式党员、临时参加组织生活的党员和预备党员有权推举正式党员参选上级大会的与会代表。

第三款　在代表大会上，只有正式代表才可以参选或推举本级大会的正式代表参选上级党组织的与会代表。

第四款　由大会主席团负责推举由召集大会党委准备的候选人，参加上级党组织大会与会代表的选举。

第十五条　选举权

第一款　只有各级代表大会的正式代表和党员大会的正式党员有权选举本级党委委员，以及选举参加上级党组织大会的与会代表。

第二款　在党员大会上，临时参加组织生活的党员和预备党员无选举权。

第十六条　有关差额和选举名单的规定

第一款　党委和党委常委会选举名单的候选人数应多于应选人数；差额候选人数的上限由大会（会议）决定，但不得超于应选人数的百分之三十，其中召集大会（会议）的党委提供的参选党委和常委会的人数应多出应选人数的百分之十到百分之十五。

第二款　召集大会（会议）的党委提供的参选人名单，是大会（会议）正式推举名单。

第三款　大会（会议）按照如下几种方式对名单进行讨论和表决：

（一）名单中包含了召集大会的党委推举的人选的，则由大会（会议）代表提名，如候选人数未超过应选人数百分之三十的，则由大会（会议）决定（可以将该名单作为候选人名单）。

（二）当由召集大会的党委推举的人选和由大会（会议）代表推举的

候选人数多于应选人数的百分之三十时，则要征求大会（会议）代表对大会推举人选的意见以及被推举人的意见。根据征求意见的结果，按同意票数从高到低确定候选人名单，候选人数不得多出应选人数的百分之三十。

（三）如果候选人数已多出百分之三十，而名单的末尾有多位候选人票数相同，则由大会（会议）按机构或党龄来决定，或可允许候选人数余额超过应选人数的百分之三十。

第四款 候选人名单的排名按人名第一个字母，按照 A、B、C 排序；如果多人重名则按姓氏排序；如果同名同姓，则按中间名排序；如三个字都一样，则党龄高者排在前面。

第五款 如要选出一人，则候选人数为两人；要选出人数为两人，则候选人数为三人；选出人数是三人以上者，则候选人数余额最多不得超过应选人数的三分之一。

第六款 如一次选举未能达到规定数量，是否要继续选举则由大会（会议）决定。下一次的候选人名单从上一次的未被选举中的人选中从高到低排序选出。

第十七条 选票

第一款 选票上印上有候选人的姓名（没有印刷条件的地方，由大会检票委员会在选票上书写候选人名单）；在选票的左上角盖召集大会的党委印章，直属基层党委的党支部（或党组织分支部门）则盖基层党委的印章。

投票者如不选举名单中的人选，则把候选人的姓和名同时划掉。

在没有差额的情况下，选票分成四列：顺序、姓名、同意、不同意。投票者在候选人姓名对应的"同意"或"不同意"空格中打×。

第二款 有效选票与废票：

有效选票是指由检票委员会分发、数量应等于或者少于应选人数，选票上只有一名候选人的选票，投票者应在"同意"或者"不同意"空格中打×；等额选举的选票上有多名候选人时，投票者应在一名或几名候选人名单后的两个空格（"同意"和"不同意"）中打×，或在两个空格（"同意"和"不同意")都不打×。

废票是指由非检票委员会分发的选票、多于规定数量的选票、在多名候选人的选票上没有给任何人打×,或者在同一名候选人的"同意"和"不同意"空格中同时打×、给不在候选人名单之列的人投票、选票上作记号或用多种颜色笔填写、在选票上签名或有其他内容等情况的选票。

第十八条 候选人简介

县级及以上的党的大会,在正式投票之前,由大会主席团提供候选人简历(按选举名单顺序排序),以供代表们参考研究。

第四章 选举程序、手续

第十九条 党委选举

第一款 各级党委向大会主席团提供新一届党委的要求、标准、机构、数量,并筹备大会,大会主席团根据以上情况向大会汇报,大会再对新一届党委的要求、标准、机构进行讨论,并对党委委员数量进行表决(按照上级党委关于每个党组的党委委员数量的框架指导意见)。

第二款 大会主席团根据召集会议的本级党委准备的名单进行提名人选。

第三款 进行参选和推选。

第四款 主席团汇总所有参选人、被推选人的名单,指出可以退出和不能退出候选人名单的情况,并提交大会审定。对参选人和被推选人在大会上进行意见征求(如有必要)

第五款 确定选举人名单;大会表决通过选举人名单和选举人名额。

第六款 主席团推荐检票委员会名单,包括一名委员会主任和数名不再选举人之列的委员。大会表决通过检票委员会的名单。

第七款 检票委员会介绍投票方式;投票前检查和密封票箱;向代表分发选票。大会进行选举;检票委员会对分发的票数进行检验,回收并向大会报告;检票并公布新一届党委选举结果。

第八款　如第一次选举未能选出新一届党委的足够数量，由大会决定是否要继续投票。

第九款　支部大会直接选举支部委员，然后在支部委员中选举书记、副书记，无须选举支部委员的，则选出支部书记，并根据需要确定是否选举支部副书记。

第十款　从基层党组大会到中央直属党组大会，如进行直接选举书记，那么在党委选举结束后，进行党员或大会代表对书记职务的推荐票投票；统计推荐票，在进行书记选举前向上级党委报告。上级党委提出指导意见后再进行书记职务选举。

第二十条　选举参加上级党组织大会的代表

第一款　选举上级党代表大会代表时，正式代表选举名单与候补人选名单共列一册；先选举正式代表，余下的选举候补代表。如正式代表数量已够，但仍有部分代表票数超过全部与会党员数量的半数或超过与会代表数量的半数，则候补代表根据票数从高到低从这部分候选人选出。如未达到规定的候补代表人数，那么是否继续选举，由代表大会决定。

第二款　第二次选举名单是否要增加上次选举代名单以外的候选人由大会决定。

第二十一条　在新一届党委会第一次会议上选举主席团或会议主席

第一款　再次当选的书记或副书记或上级委任的同志（如上一任书记和副书记未再次当选）作为召集人，宣布开幕和主持会议，直到选出大会或会议主席团。中央委员会第一次会议则按本规则的第二十五条第一款进行。

第二款　主席团或会议主席人数为一至三人；中央委员会会议为五人。

第三款　主席团或会议主席（以下简称为"主席团"）进行陈述，由党委投票通过工作议程和选举程序。

第二十二条　常务委员会选举

党委常委数量按政治局规定和上级党委规定进行，最多不超过大会已选出的委员总数的三分之一。

（一）会议主席团报告有关选举的要求、标准、构成，并提出选举常务委员会委员数量的建议。

（二）党委会议讨论有关常务委员会的要求、标准、构成，对选举常务委员会委员的数量进行表决。

（三）主席团报告上一届党委推荐担任新一届常委的人选名单。

（四）进行参选和推举。

（五）小组讨论（如有需要）。

（六）主席团报告参选、推选人名单；指出可退选和不可退选的情况；提交大会审定。

在会上对参选人和推选人进行意见征询（如有必要）。

（七）制定选举人名单，会议表决通过选举常委的数量和名单。

（八）选举、检票，公布选举结果。

第二十三条　党委书记、副书记的选举

参选书记、副书记的候选人或被推举人应是已当选的常委会委员；如未设有常委会，则参选书记、副书记的候选人、被推举人应已当选党委委员。

党委副书记的人数需按中央的规定和上级党委的指示。

（一）会议主席团向党委报告选举书记、副书记的要求。

（二）主席团向大会报告上一届党委和上级党委直接推荐参选书记、副书记的人选名单；报告大会对书记人选的推荐结果（如有）。

（三）进行参选、推选。

（四）主席团综合报告候选人和被提名人名单；指出可退选和不可退选情况，并提交大会审批。

在会议上对自荐人和被推选人进行意见征询（如有必要）。

（五）确定选举名单；会议对书记、副书记选举人名单进行表决。

（六）选举（先选书记、后选副书记）。

（七）检票、公布选举结果。

选举结束后，新当选的党委书记立即以书记身份签署文件；新老书记的交接工作自新当选书记产生起的十五个工作日内完成。如未能选出新一届书记，则由党委委任一位副书记以副书记的身份签署文件。

第二十四条 检查委员会的选举

基层党委以上党委设立检查委员会，由同级党委会议推选。

检查委员会成员包括党委的部分同志和非党委的部分同志。

支部大会（党的支部委员会）不选举检查委员会，由支部委员分工或者党员负责检查工作。

（一）会议主席团根据中央的指导、规定及上级党委的讨论结果向会议报告检查委员会委员的构成、标准和人数，并提交会议审议表决。

（二）会议讨论检查委员会委员的要求、标准、构成并对检查委员的人数进行表决。

（三）主席团向会议报告上届党委推荐的检查委员会委员和检查委员会主任名单以及新一届常务委员会的意见。

（四）进行参选、推选。

（五）主席团汇总参选人和被推选人名单，说明可退选和不可退选的情况，报告大会核定。

对会议有关参选人和被推荐人进行意见征询投票（如有必要）。

（六）拟定选举人名单，会议表决通过选举人名单和人数。

（七）先选出举检查委员会委员，然后在检查委员会委员中推选检查委员会主任。

（八）检票、公布选举结果。

（九）检查委员会在已推选出的检查委员会委员中选举副主任。

当选后，检查委员会主任立即开展新一届检查委员会的工作，并以检查委员会主任名义签署文件。

第二十五条 政治局的选举

（一）在中央委员会第一次会议上，由上一届总书记（再次当选或不再当选）作为会议召集人，宣布会议开幕并主持会议，直到选举结束。

如上一届总书记不能作为会议召集人，则由大会主席团选出召集人。

（二）中央委员会会议主席团报告选举提案并就政治局委员的人数提出建议。

（三）会议进行讨论，对政治局委员的人数进行表决。

（四）主席团报告上一届中央委员会推举担任新一届政治局委员的名单。

（五）进行参选、推举。

（六）小组讨论。

（七）主席团汇总自荐参选人、被推举人名单；明确可以退选和不可退选的情况进行说明，报告会议审议、决定。

会议对有关参选人、被推举人进行意见征询投票（如有必要）。

（八）制定选举名单，会议表决通过选举政治局委员的人数和名单。

（九）选举、检票、公布选举结果。

第二十六条　总书记的选举

（一）主席团报告总书记人选的要求、标准，以及上一届中央委员会推荐的总书记人选，新一届政治局的推荐意见以及大会对总书记人选的推荐结果，为会议提供参考。

（二）分组讨论并进行参选和推选。

（三）主席团汇总自荐参选人和被推举人名单；对可以退选和不可退选的情况进行说明，报告会议审议决定。

会议对参选人、被推举人进行意见征询投票（如有必要）。

（四）制定选举名单，会议表决通过选举名单和选举名额。

（五）选举、检票，公布选举结果。

第二十七条　书记处的选举

（一）总书记代表中央委员会会议主席团通报关于选举书记处的提案及建议成员人数。

（二）会议讨论、表决书记处成员人数。

（三）主席团报告上一届中央委员会推荐进入书记处的同志名单。

（四）进行参选、推选。

（五）小组讨论。

（六）主席团汇总自荐人、被推选人名单，对可以退选和不可退选的情况进行说明，报告会议审议、决定。

（七）大会对自荐人和被推选人进行意见征询投票（如有必要）。

（八）制定选举名单，会议表决通过书记处选举名单和人数。

（九）选举、检票，公布选举结果。

第二十八条　中央检查委员会的选举

（一）主席团报告中央检查委员会委员的标准、构成和人数，以便会议审议决定。

（二）会议对于中央检查委员会委员的人数进行表决。

（三）由主席团推举上届中央政治局推举的候选人名单，通报新一届政治局的意见。

（四）进行参选和推选。

（五）主席团汇总自荐人、被推选人名单，对可退出选举和不可退出选举的情况进行说明，报告会议审议、决定。

会议对参选人和被推选人进行意见征询投票（如有必要）。

（六）制定选举名单；会议表决通过选举名单和人数。

（七）选举、检票，公布选举结果。

第二十九条　中央检查委员会主任的选举

（一）主席团宣读中央检查委员的选举标准和要求，以及上届中央委员会建议的人选（如有）及新一届政治局的推选意见。

（二）进行参选、推选。

（三）主席团汇总自荐人和被推选人名单；对可退出选举和不可退出选举的情况进行说明，报告会议审议、决定。

会议对自荐人和被推选人进行意见征询投票（如有必要）。

（四）制定选举名单，会议表决通过选举名单和人数。

（五）选举、检票，公布选举结果。

第三十条 常委会委员、书记、副书记，检查委员会委员、主任的增补选举

（一）主席团宣读党委常务委员、书记、副书记、检查委员会委员、检查委员会主任的增补选举要求。

（二）主席团宣读常务委员会或上级党委直接推荐的常务委员会委员、书记、副书记、检查委员会委员、检查委员会主任的补选名单。

（三）进行参选、推选。

（四）主席团汇总参选人、被推选人名单；对可以退选和不可退选的情况进行说明，报告会议审议、决定。

会议对参选人和被推选人进行意见征询投票（如有必要）。

（五）制定选举名单，会议表决通过选举名单和人数。

（六）选举、检票，公布选举结果。

第三十一条 总书记的选举（如有需要），中央委员会委员、政治局委员、书记处成员、中央检查委员会委员、中央检查委员会主任的增补选举

（一）中央委员会会议主席团宣读关于选举总书记，补选中央委员会委员、政治局委员、书记处成员、中央检查委员会委员、中央检查委员会主任的要求。

（二）主席团宣读政治局推荐参选总书记的人选，宣读补选中央委员会委员、政治局委员、书记处成员、中央检查委员会委员、中央检查委员会主任的人选。

（三）进行参选、推选。

（四）小组讨论会（如有需要）。

（五）主席团汇总自荐人、被推选人名单，对可以退出选举和不可退出选举的情况进行说明，报告会议审议、决定。

（六）会议对自荐人和被推选人进行意见征询投票（如有必要）。

（七）选举、检票，公布选举结果。

第五章 选举结果的统计和核准

第三十二条 选举结果的统计

第一款 选举结果根据有效选票进行计算；有效选票依据本规则的第十七条规定。对于有多名候选人且没有差额的选票，选举人在"同意"或"不同意"两个空格中都打×，或同时不在"同意"或"不同意"两个空格中打×的，则不计算入该候选人的选举结果（该选票仍被视为有效选票）。

第二款 对于党员大会：当选人须获得本单位正式党员半数以上选票，那些被介绍到其他党支部参加活动的党员、候补党员、被免除党组织工作和党员生活的党员（如该党员出席大会、会议且参加选举、表决，则仍计算在内），被停止组织生活、被起诉、参加诉讼、被拘捕的党员，以及因合理原因缺席全部大会且得到大会召集党委同意的党员不计在内。

第三款 对于代表大会：当选人须获得大会正式代表半数以上选票，大会期间全程缺席的大会召集党委委员、全程缺席大会并无候补代表替代的大会代表不计在内。

第四款 选举常务委员会、书记、副书记、检查委员会、检查委员会主任时，当选人的得票数要到达党委委员总数的一半，未出席会议且已临时转到其他党组织的党员，或被停职、起诉、诉讼、拘留的党员不计在内。

第五款 当多人得票超过半数且人数多于所需选举人选时，则得票较高者当选。

第六款 当出现多个末数当选人得票相同且超过当选所需票数时，则由主席团或大会（会议）主席将票数相同者重新进行选举，票数较高者当选，且不需票数过半。若再次得票相同，是否还需继续选举则由大会（会议）决定。

第三十三条 选举资料编制

第一款 选举资料的编制须一式三份，须有检票组组长代表主席团签字。由检票委员会密封选票，由主席团移交新一届党委留存。由主席团将选举资料和选票交给新一届党委，并报告直接上级党委核准。

第二款 编制资料内容包括：

（一）被召集参会的全部代表人数或党员人数。

（二）出席代表大会的全部代表或参加党员大会的全部党员人数。

（三）被撤销与会资格的代表或党员人数。

（四）大会期间缺席大会的大会召集党委委员人数。

（五）缺席大会且没有候补代表替代的六会正式代表。

（六）选举时出席代表人数或参加选举的党员人数。

（七）发出票数。

（八）回收票数。

（九）有效票数。

（十）无效票数。

（十一）达到选举要求的票数。

（十二）未达到选举要求的票数（其中分为少一票、少两票等）。

（十三）选举名单按每位参选人得票数由高到低排列顺序（根据大会代表或获邀参加大会党员数量比例计算）。

（十四）当选人名单。

第三十四条 各级党委委员、常委、书记、副书记，检查委员会委员、主任、副主任选举结果的批准

对于从党支部到直属中央党的各级党组织，最迟在大会（会议）结束七个工作日内，新一届党委须向上级党委提交党委、党委常委、书记、副书记，检查委员会委员、主任、副主任选举情况资料，当选人的名单及其简历。

在接到下级党委的选举结果报告后，最迟十五个工作日内，直接上级党委常务委员会要对已选出的下级党委、检查委员会的名单及职务进行核准。

在得到相关上级部门的核准后，当选的党委副书记、常务委员、检查委员会副书记才能以相应职务名称签署党组织或检查委员会的文件。

第六章　处罚规定

第三十五条　解决申诉和违反选举规则行为的权限和处理程序

第一款　大会（会议）闭幕后十五个工作日内，如收到有关选举的申诉书、申诉报告，由上级党委检查委员会直接负责核实、复查，并报告同级党委审议决定。

第二款　如发现违反选举原则、选举程序的情况，上级党委有权废除下级党委的选举结果，指导大会（会议）重新进行选举；如有已当选下级党委委员的个人不符合选举标准要求的，按规定上级党委有权不批准该级党委委员或检查委员会委员。

第三十六条　对违反选举规则的处理

对于故意阻碍选举工作、违反选举规则的相关人员，党委有权按党内纪律规定对其进行审查和处分。

第三十七条　选票留存时间

选票由检票委员会密封和转交主席团，并呈交党委留存六个月。在此期间，如未得到有关权限部门的批准，任何人不得自行开启密封选票。六个月后，如没有对选举结果投诉或申诉，则由同级党委决定对该批选票进行销毁。

第七章　执行条款

第三十八条　执行条款

第一款　本规则取代第十届政治局于 2009 年 4 月 17 日颁布的党内选举规则及第 220-QĐ/TW 号决定；本规则的适用范围为中央委员会到各级

党支部,并在党内统一执行。

第二款　所有以前颁布的有关选举规定,如有与本规则不符者,全部废除。

第三款　由书记处负责指导本规则的具体实施。

附：

越南共产党中央委员会关于颁布实施党内选举规则的第244-QĐ-TW号决定

越南共产党中央委员会第244-QĐ/TW号决定

2014年6月9日于河内

关于颁布实施党内选举规则的决定

——依据党章；

——依据第十一届中央委员会、政治局和书记处工作条例；

——依据第十一届中央委员会第九次会议决议。

中央委员会决定：

（一）颁布实施党内选举规则并附上本决定。

（二）各级党委、党组织负责对规则的落实进行指导。书记处负责对规则的实施进行解释。

（三）本规则取代2009年4月17日第十届政治局颁布实施的党内选举规则及220-QĐ/TW号决定，并自签发之日起生效。

中央委员会总书记
阮富仲（签章）

（本文来源于越南法律图书馆网站：http://thuvienphapluat.vn/van-ban/Bo-may-hanh-chinh/Quyet-dinh-244-QD-TW-2014-Quy-che-bau-cu-trong-Dang-241280.aspx）

（中国国际广播电台越南语部　卢倩桦　译　中国社会科学院　潘金娥　校）

越共中央关于党员禁止行为的规定

2011年11月1日，越南共产党中央委员会颁布了第47-QĐ/TW号决定，明确规定了党员不得从事的十九种行为。规定全文如下：

——根据党章；

——根据越南社会主义共和国宪法和法律；

——根据越南共产党第十一届中央委员会、政治局和中央书记处的工作条例；

为了加强党的纪律和纲纪，保持党员的政治品质、革命道德和先锋模范性，提高党的领导能力和党组织的战斗力，中央委员会规定：越南共产党员作为越南工人阶级、劳动人民和民族先锋队的革命战士，除了要模范遵守党的政治纲领、党章、党的决议、指示、国家法律，遵守本身作为其成员之一的祖国阵线以及各政治—社会组织的各项规定外，还必须严格执行党的关于党员禁止行为的若干规定。

一、党员不得有以下行为：共十九条

第一条 言行违反或不执行党的政治纲领、党章、党的决议、指示、规定、决定或结论；从事法律禁止行为。

第二条 提供、泄露、丢失或者发布党和国家的秘密或未经公布的事项；通过任何方式收集、宣传、散发或教唆他人宣传、散布旨在传播违反党的路线和国家法律的言论的信息资料。

第三条 撰写、刊登不符事实的文章和信息，在审判定罪前进行诬告、捏造或造假罪名和案情，不按规定刊登反馈意见并做出改正；创作、出版、收藏、发放不健康、具有煽动性、对社会造成不良影响的作品和文学艺术；散发与事实不符的文章或回忆录。

第四条 组织、鼓动或参加影响内部团结的派系分裂活动；利用发言的机会或借口向党组织反映情况提建议等名义，对他人进行打击、诬告、冒犯或不负责任地对他人进行评价、核定；对那些进行举报、批评和提意见的人进行威胁、打击、报复。

第五条 捏造性申诉，匿名或以假名进行举报，与他人共同撰写或在控诉书上签名。组织或参加鼓动、教唆、收买或强迫他人进行告发；故意把申诉书寄送或散发给非权限部门。

第六条 组织或参与违反法律规定的各种集会，参加扰乱社会治安的游行或聚会。

第七条 未经党组织批准同意，党员（包括各级党委委员和各级党委及常设党组织的党员干部）私自报名参选或接受他人提名，以及提名他人担任国家机关、祖国阵线和各政治—社会组织的领导职务（按规定应由党组织推荐）。

第八条 在执行任务时存在官僚主义、渎职、包庇、谎报事实、滥用权力及索贿等行为；因不负责任而造成本人直接领导的机关、单位或地方出现不团结、贪污腐败、偷税漏税、浪费、资产流失和其他消极现象。违反规定让父母、配偶、子女、亲兄弟姐妹承包自己所负责的行业领域或单位的项目。知情不报，不反映、不处理各类贪污腐败行为；不执行对反腐败人员的保护规定。

第九条 在以下工作中存在违规行为，包括：管理党和国家的房屋、土地、财产、资金和财政；筹集资金和发放贷款；项目的审核、批示和招标；落实社会保障、救助和救灾政策；诉讼工作中的检查、监督、审计等工作。

第十条 违反规定进行干涉，向组织或个人进行施压，以使自己或他人获得任命、提拔、当选、进修和出国机会；利用职权，违反规定占用或借用本人负责管理的对象的资金和财物；强迫或收买个人或组织来对他们进行包庇、减轻罪过。

第十一条 主持、担任顾问、提出建议或参与发行违规文章；让父母、配偶、儿女、兄弟姐妹利用自己的职务、工作岗位谋取私利或创造条件为他们谋取私利。

第十二条 以任何形式进行行贿、受贿或充当贿赂中介人；在办理行政手续过程中充当中介或者利用自己的工作岗位为中介谋取利益；递送、收取酬金或充当递送、接受酬金的中介。

第十三条 填报档案、履历、个人情况时造假；不按规定申报财产和收入；违规在国外开立银行账户；参与洗钱。

第十四条 通过组织旅游、送礼、娱乐活动来利用掌握相关权限的人，使其做出错误的决定，从而使本人或本人所在的组织、机关、企业获利。

第十五条 超标或违规使用公款进行拜访、接待、送礼、立项、购置设备、工具、交通工具、通讯设备等；违规占有、出租、出售或出借自己负责管理或有权使用的国家、机关、单位、组织的财产和资金。

第十六条 未经有关部门允许，本人接受或让其父母、配偶、子女、亲兄弟姐妹接受国内外组织或个人的资助，到国内外旅游、学习或治病。

第十七条 以各种方式组织参与赌博；违反法律规定的贷款；吸毒；酗酒以及其他不良行为。违反职业道德；使用家庭暴力，违反人口和计划生育政策，与人同居；本人或子女违反规定与外国人结婚。

第十八条 迷信或从事迷信活动（如烧纸马，以巫师、算命为职业等），违规建各种寺庙或各种宗教祭拜场所；支持或参加非法宗教活动；参加未经许可的各种宗教组织；利用宗教谋取利益。

第十九条 铺张浪费或以牟利为目的，组织各种婚礼、葬礼、节假日、生日、结婚纪念日庆典，或庆祝寿辰、新居乔迁、升职或工作调动等。

二、组织实施和违规处理

第一条 由中央检查委员会负责指导本规定的实施,并协助中央委员会、政治局和书记处对本规定的实施工作进行检查和监督。

各级党委负责领导、指导、组织实施本规定,每年定期通过上级党的检查委员会向党委汇报本规定的实施情况。在本规定实施过程中,如发现有需要补充或修改之处,请向中央委员会报告,由中央审议、决定。

第二条 党员如违反本规定,必须根据党的规定和国家法律,本着公平、正确、及时的原则进行处理。

第三条 本规定替代第十届中央政治局于 2007 年 12 月 7 日颁布的关于党员若干禁止行为的第 115-QĐ/TW 号规定。本规定自签发之日起生效并传达到基层党支部落实。

(本文来源于越南法律图书馆网站:http://thuvienphapluat.vn/van-ban/Linh-vuc-khac/Quy-dinh-47-QD-TW-nhung-dieu-dang-vien-khong-duoc-lam-132578.aspx)

(广西民族大学 黄广乾 译 中国社会科学院 潘金娥 校)

关于继续推进学习践行胡志明道德榜样活动的指导意见

2011年7月27日,越南共产党中央宣教部颁布第12-HD/BTGTW号指导意见,指导落实2011年5月14日越共中央政治局关于继续推进学习践行胡志明道德榜样活动的中央第03-CT/TW号指示文件。以下是指导意见全文。

为落实2011年5月14日越共中央政治局关于继续推进学习践行胡志明道德榜样活动的中央第03-CT/TW号指示文件,中央宣教部颁布指导意见,具体如下:

目的和要求

一、目的

继续在党内和社会中推进学习践行胡志明思想、道德榜样作风;把学习践行胡志明思想道德作为各级、各行各业、各单位,每一名党员、干部、公职人员、团员、祖国阵线委员和各政治—社会团体成员及个人在各方面活动中的经常性的内容、重要任务之一和自觉行动。

二、要求

(一)把学习践行胡志明道德榜样内容纳入落实党的十一大决议和各级党代会决议的行动计划,把这视为党的建设和整顿运动的重要举措。

(二)严格执行中央政治局第03-CT/TW号指示文件和中央书记处第03-KH/TW号计划中确定的主要内容;围绕各行各业、各地方、机关、单位的工作要求和任务特点,把总体规定具体化,符合实际情况,同实现政治任务联系起来，补充到各组织单位和个人的工作计划中去，让学习践行胡志明道德榜样活动取得切实效果，避免形式主义。

（三）提高每个人学习、培育胡志明思想道德作风的自觉性和主动性；各级党委、祖国阵线、各政治—社会团体和个人要重视检查监督。把"建设"和"抵制"结合起来。把组织学习胡志明思想道德同党内及社会中正在开展的爱国运动、学习运动和文化活动等结合起来。

（四）发动、组织人民群众参加学习践行胡志明思想道德榜样并动员人民群众积极参与党的建设。

主要工作内容

一、继续组织学习胡志明思想、道德榜样和作风

组织深入贯彻中央政治局关于在各级党组织和人民群众中继续推进学习践行胡志明道德榜样的中央第03-CT/TW号指示文件的目的、要求、内容、意义和重要性。

各级党委根据中央宣教部每年的指导，在党委和支部生活会上组织学习研究胡志明思想道德榜样的各项专题（将会有学习计划、内容、材料和学习方式方面的指导）。

在学习过程中，除了中央宣教部提供的学习材料和专题外，各级党委要主动编撰符合本地本单位和本行业实际的学习材料，同实现政治任务结合起来，在同人民的关系中、在同志关系和同事关系中体现出来。

把学习主题在大众传媒上广泛宣传。

二、继续建立和遵行符合胡志明思想道德榜样的道德准则，符合部门、各地方、机关和单位现阶段的活动特点

在建立和组织遵循符合胡志明思想道德榜样的道德准则方面，中央宣教部将有补充指导。在没有新指导的情况下，各级党组织、政府和各团体根据2007年6月20号中央宣教部颁布的第09-HD/BTGTW号指示树立的道德标准要重新检查、补充，并指导本地区单位及机关的干部和党员继续

落实。重视道德标准培养的检查及监督工作,建立评价标准,组织表扬,并及时调整不良倾向。

关于根据胡志明思想道德榜样作风制定教育职业道德规范:

中央各部委、祖国阵线和中央团体中的党组制定本行业的道德规范,按行业垂直指导遵守。

教育培训部、劳动—荣军—社会部和其他设有教育培训基地的主管部门的党委,指导制定职业道德规范,并在各高校和职业技术院校中对广大教职员工和学生开展职业道德教育活动。

胡志明国家政治行政学院制定职业道德规范,并在干部培训学院(校)系统中对领导干部、管理人员和党员职工开展教育活动。

三、明确干部、党员特别是主要领导干部,以及各级、各地、各行业、各部门一把手的职责

各级党委、主要领导干部、各级一把手和每个党员干部要认清自己的职责,在学习践行胡志明道德榜样中自觉带头,把这视为在党内和社会上带动和拓展学习践行胡志明道德榜样的基本举措。每个人都要自觉地制订学习计划,通过具体切实的行动加以磨炼。各支部和单位要关注并帮助开展进行。

继续落实2009年9月24日第十届政治局关于《继续加强和提高"学习践行胡志明道德榜样"运动质量》的第271-CV/TW号文的有关要求,其中要求各级各部门主要领导干部在学习践行胡志明道德榜样中要经常学习提高修养、磨炼和树立榜样。

对党员、干部特别是各部门主要领导干部和一把手在学习践行中树立榜样的要求,宣教部将会有新的指导办法;指导党内检查部门和社会监督对干部、党员特别是主要领导干部的学习践行活动进行监督。

四、把学习践行胡志明道德榜样作为党组织生活的经常性内容,同实现好党的十一大决议行动计划紧密结合起来,解决行业、地方和单位中存在的思想道德困惑

各级党委要把学习践行胡志明思想道德榜样作风的内容补充到本届党

委落实党的十一大决议和地方党委的行动计划和各级党组织、政府和团体实现政治任务的计划中去，符合本部门、地方、机关和单位的条件和特点。

贯彻主张：把学习践行胡志明思想道德榜样作风内容纳入到基层党组织、政府和团体的每月例行生活会当中，这是使得学习践行胡志明榜样活动在党内和社会中形成经常性工作的重要举措。在新的指导办法出来之前，要继续遵守好 2008 年 4 月 16 日中央组织部第 3731-CV/BTCTW 号公文中的各项规定。

在培养工作生活道德、生活方式、作风中确定一些具体内容；集中指导，为解决部门、地方和单位中存在的思想道德困惑做贡献，取得具体成果，巩固干部、党员和人民群众的信心。

每个部门、地方、机关和单位选取一些具有普遍性的点和一些思想道德问题比较突出的地方来进行集中指导，大力解决。定期检查、评估，每六个月进行小结；每年进行总结，吸取经验并提出来年的工作方向。

把学习践行胡志明道德榜样活动的学习成绩作为考核、评价、定级党员和党组织的标准之一，在新的成绩运用指导办法出来之前，遵照 2008 年 4 月 16 日中央组织部第 3731-CV/BTCTW 号文的相关规定执行。

五、继续制定课程，对学生、教职工和党员开展学习胡志明思想道德榜样作风教育活动

教育培训部党组继续指导各学校各年级使用合适的胡志明思想道德榜样学习教材。开展胡志明道德教材编写和课程设置，以运用到国民教育体系中。

胡志明国家政治行政学院配合有关部门尽早完成胡志明道德课程设置和教材编写，用于各学院、省（市）政治学校、县政治培训中心和其他各级各行业的干部培训学校的教学工作。

六、教育年轻一代按照胡志明思想道德榜样作风的要求培养优秀的道德和健康的生活方式

各级党委、胡志明共青团、越南青年联合会制定具体的计划，通过集体生活等方式对青少年进行道德和生活方式教育，吸引青少年参加，开展声势浩大的学习践行胡志明思想道德榜样作风运动。

胡志明共青团中央要发动青年开展形式多样、内容丰富的践行胡志明道德榜样的活动。

七、定期检查，半年小结，年终总结学习践行胡志明道德榜样作风活动工作

各级党委制定和开展检查、小结和总结计划，定期组织交接班，注意本部门、地方、机关和单位的试点工作情况。把检查结果上报上级党委和中央宣教部。在检查内容中，注重检查各级党委对中央宣教部和上级党委指导的落实情况和落实结果；继续推进学习践行胡志明思想道德榜样活动给政治、经济、社会生活和对本部门、地方、机关和单位实现政治任务带来的积极影响；发现好的模式和做法；在地方和单位表扬活动中的先进典型；批评、纠正错误的认识，有损榜样的行为，言行不一；向常委会和书记处建议今后采用更好的内容和更有效的组织形式开展学习践行活动。

中央宣教部将出台年终总结工作的具体指导办法。

书记处将对各地方、各单位的学习践行活动进行定期检查。

八、加强对学习践行胡志明思想道德榜样作风活动与重大节日结合起来的宣传

各级党委要指导新闻媒体、广播电台、电视台、文艺工作者和直属报告员加强和经常性地在干部、党员和职工中宣传胡志明思想道德榜样作风。

根据中央宣教部对重大节日和纪念日的指导宣传计划，各新闻媒体单位开辟专栏经常宣传，同时在节日和纪念日期间进行集中宣传，造成热烈的反响，为全党和全社会带来好的效应。

各级党委重视发现、树立和表彰在学习践行活动中涌现出来的先进集体和个人，在全社会中造成热烈的反响。在组织实施过程中，对表彰形式和举办先进集体及个人见面交流会将有具体的指导办法。

继续加强创作、传播以"学习践行胡志明道德榜样"为主题的文学艺术和新闻作品。中央宣教部对"学习践行胡志明道德榜样"优秀作品的评选也有具体的指导办法。

把"建设"和"反对"结合起来,在宣传工作中,各级党委要主动指导批评、纠正错误认识、缺乏榜样行为和言行不一、不严格执行政治局第03-CT/TW 号指示这方面的工作。与错误、歪曲观点做斗争,批判官僚、贪腐和浪费现象。

组织、发动在国外的越南人学习践行胡志明道德榜样,把跟对外宣传结合起来。国外党委配合中央对外部、外交部、劳动—荣军—社会部、教育培训部党组、国外越南人联合会,联合各友好组织等主动提出工作内容、制定计划、开展落实好上述内容。注重在国外学习的越南留学生中开展学习践行胡志明道德榜样活动。

组织实施

根据指导,各级党委主动开展学习践行胡志明思想道德榜样作风活动,把活动纳入到落实党的十一大和本级党代会决议的行动计划中去。

定期六个月和一年,各级党委把小结和总结报告报到中央宣教部,形成汇总后上报书记处和政治局。

中央宣教部将配合中央组织部尽早制定指导办法,指导各级党委成立相应部门来加强推动学习践行胡志明道德榜样活动。

在本指导办法实施过程中,如发现有需要补充和完善的,请各级党委及时向上级党委和中央宣教部反映,以便研究、补充和完善。

中央宣教部部长　丁世兄（签章）

（本文来源于越南共产主义杂志网站：http://www.tapchicongsan.org.vn/Home/Tieu-diem/2011/12581/Thuc-hien-Chi-thi-so-03CTTW-ngay-1452011-cua-Bo-Chinh-tri.aspx）

（广西民族大学　黄广乾 等译）

老挝人民革命党章程

(2016年1月老挝人民革命党第十次全国代表大会修订)

老挝人民革命党及党的建设的基本内涵

老挝人民革命党是有组织的先锋队，是老挝工人阶级和老挝人民民主制度的最高政治组织，始终是老挝工人阶级、老挝劳动人民和全民族权力和利益的忠实代表。

老挝人民革命党继承了印度支那共产党的事业，于1955年3月22日成立，由凯山·丰威汉主席一手领导、培育和建设。

老挝人民革命党由工人阶级、农民、知识分子以及各族劳动人民中有觉悟、有革命热情、最受信任的优秀分子组成，在保卫与发展国家中经受了考验，自愿加入党组织，为党的理想和目标而奋斗终身。

老挝人民革命党的宗旨是：带领全体老挝人民执行有原则的全面革新路线，捍卫国家稳定，沿着社会主义目标建设人民民主制度，把老挝建设成为和平、独立、民主、统一、繁荣的国家。

老挝人民革命党坚持以马克思列宁主义、凯山·丰威汉思想作为党的思想和理论基础、组织与行动指南；同时吸收优异、先进的科学成果和人类先进文明，将外国经验结合我国实际加以运用；发扬党和国家优良传统和全体老挝人民的团结和睦精神，将真正的爱国主义与工人阶级纯洁的国际主义相结合，制定党的路线方针政策；提高党的领导能力和水平；反对多元化和多党制，反对各种形式的个人主义、教条主义和机会主义。

老挝人民革命党是执政党，是老挝人民民主制度政治体系的领导核心，带领各族人民根据社会主义目标进行保卫国家和建设人民民主制度的两大战略任务。新时期党的突出成就是，我们党审时度势，制定了有原则的全面革新路线，并结合国内和国际实际情况，对自身领导进行革新，有力捍卫了国家独立、主权和领土完整。经济社会沿着工业化现代化的目标实现持续发展。知识经济得到发展，推动国家在可持续发展方面取得新进展。人民当家做主权利和民主权利得到行使并在社会范围内进一步扩大。党内和全体老挝人民的团结统一不断巩固。我国在国际和地区舞台的地位和作用日益提升。

六十年来，在党的英明领导下，我国在历史上没有任何时期能实现今天这般繁荣发展。尽管如此，我们党还肩负重大、全面、艰巨、漫长的历史使命，即继续坚持党的有原则的全面革新路线，带领全体老挝人民执行保卫国家稳定和捍卫革命成果的任务，为建设和完善人民民主制度、坚定向社会主义目标迈进创造新的转折，实现民富国强、社会团结和谐、民主公正文明。

老挝人民革命党根据以下五项原则进行自我建设与完善：

（一）老挝人民革命党坚持以马克思列宁主义、凯山·丰威汉思想为党的思想理论基础，发扬工人阶级的先进性、教育性和斗争性，建设和巩固廉洁、稳固、坚强的党。

（二）老挝人民革命党实行民主集中制的组织原则，坚持集体领导、个人负责。遵守宪法和法律。党员在党章和国家法律面前一律平等。

（三）老挝人民革命党坚持在党的路线、政策和章程基础上的团结一致，确保党的政治、思想、组织和行动统一。

（四）老挝人民革命党坚持以民为本，忠诚服务人民，坚持党的群众路线，依靠群众并通过群众革命运动来建设和发展党。

（五）老挝人民革命党以批评与自我批评作为党存在和发展的基本规律。

老挝人民革命党根据以下三条方针加强自身建设：

（一）建设政治、思想、组织和领导作风廉洁、稳固、坚强的党。加强党的保护工作，坚决抵制党内政治蜕化变质。

（二）党的建设和发展必须以质量为本，吸收符合标准且具备条件的优秀分子入党，坚决将蜕化变质分子清除出党。党始终加强自我完善和发展，以适应各时期党的领导需要。

（三）将加强党的领导与提高政府管理威信紧密结合起来，发挥建国阵线、群众组织和社会组织的积极主动性。

第一章 党　　员

第一条　党员标准和入党条件

（一）老挝人民革命党党员标准

1. 党员是工人阶级、劳动人民、各族人民先锋队中的革命战士，是为国家利益牺牲和奋斗的人。

2. 党员是勤劳、节俭、纯洁、诚实、为人民服务，忠于党的理想、维护党内团结统一的人。

3. 党员是坚持国家、工人阶级、劳动人民、各族人民的利益高于个人利益的人。

4. 党员是坚持群众观点、密切联系群众、执行党的群众路线、得到群众信任的人。

5. 党员是严格执行党的路线、决议、命令、章程及国家宪法和法律的楷模。

6. 党员是在各方面积极自我锤炼，发奋图强提高自身水平，积极完成组织交办的任务，辛勤劳动，遵守党纪国法，享受法律和政策规定的相关权益和待遇，生活作风端正、廉洁的人。

（二）入党条件

1. 年满十八岁、经过群众革命运动磨炼、成绩突出，受群众信任的老挝公民。

2. 拥护党的理想，有政治觉悟、经受实际工作考验、完成党和组织交办的任务。

3. 履历清晰、历史清白，有坚定的政治素养和革命道德、有知识、有能力、身体健康，在群众运动中发挥模范带头作用。

4. 自愿入党，愿意遵守党章，参与党的基层组织政治生活，定期缴纳党费。

5. 在有老挝人民革命青年团组织的地方，青年入党积极分子在入党前必须先加入青年团。

第二条　发展党员

（一）吸收新党员

1. 入党申请人

经过实际工作的锻炼和考验，成绩突出，得到群众的信任。必须参加党组织的党课与党章学习。

亲自填写并递交入党申请书。

详细、清楚、如实填写个人出生、各时期履历和社会关系，报所在党支部审查。

2. 入党介绍人

必须是两位党龄在两年以上且同发展对象共事一年以上的正式党员。

负责教育、介绍、培养入党发展对象并全面掌握其履历和活动。

全面详细清楚汇报入党发展对象的履历和活动，向党支部做保证。

3. 党支部和支委的责任

党支部在确定入党发展对象后，委托两位正式党员进行观察。

党支部讨论并建议吸收入党前，支委须重新详细审查入党发展对象的条件、履历，研究讨论两位正式党员的介绍和保证，征求入党申请人所在群众组织的意见。

党支部大会必须有本支部三分之二以上的正式党员出席并有半数以上与会正式党员投票表决同意，方能吸收入党。

在党支部通过后，支委须备齐文件，呈上级党委批示。

党支部得到上级党委批准后,须在十五日内尽快举行入党仪式。

(二) 党员预备期

入党积极分子经上级党委批准成为预备党员后,须经过一年的预备期。预备期间,支委必须在实际工作中对其继续进行教育、培养和考察。预备期满后,党支部指导当事人撰写自我鉴定书和转正申请书,递交党支部审议。

因转正申请未获批准而再次提交党支部审议的入党分子,无须再经过预备期。

(三) 讨论通过预备党员转正

党支部讨论通过预备党员转正会议,必须有本支部三分之二以上的正式党员出席并有半数以上与会正式党员投票表决同意预备党员撰写并向党支部递交自我鉴定书,供党支部讨论审查。

党支部同意通过后,须报上一级党委批准。

党支部得到上级党委的批准后,须在十五日内尽快举行转正仪式。

党龄自上级党委批准转正之日起算。

如果党支部讨论认为当事人不具备转正标准和条件,须上报有决定权的上级党委讨论,以决定取消其预备党员资格,并由党支部宣布该决定。

第三条 党员的义务

1. 主动执行党的路线、方针、政策、决议、命令和章程,遵守国家宪法和法律,参与制定和完善党的路线、方针、政策,完成党交办的任务。

2. 积极全面自我锤炼,学习马克思列宁主义理论、凯山·丰威汉思想,学习党的路线、方针、政策、章程和国家法律。提高教育、科技、专业和外语能力,吸收借鉴国外优秀经验,提高知识水平和革命道德修养。抵制个人主义、官僚主义、地方狭隘主义、以权谋私、贪污腐败、骄奢淫逸和其他消极现象。

3. 积极为党的建设做贡献,建设政治、思想、组织和领导作风廉洁、稳固、坚强的党。定期开展严格的批评与自我批评。提高保卫党、维护党的团结、严守党和国家秘密及维护党的威信的意识。正常参与党组织生活，定期缴纳党费，积极开展发展党员工作，建设廉洁、坚强、稳固的党委和党支部。

4. 密切联系群众，尊重和发扬人民当家做主权利，重视改善人民的物质和精神生活。参与所在单位和居住地群众组织的各种活动。宣传教育及动员家属和群众执行党的路线方针、政策及国家宪法和法律，在群众中发挥模范带头作用。

5. 掌握并执行党和国家的外交政策，发扬工人阶级纯洁的国际团结精神。

第四条　党员的权利

（一）正式党员的权利

1. 获取必要信息，在党的有关会议上参与讨论和发表观点、投票及表决。

2. 有权对党组织、党员的行为进行批评和质询，有权要求有关党组织就质询做出口头或书面的答复。

3. 有选举权和被选举权。

4. 党组织正式对个人进行评价和决定某个事项时，有权向党组织提出意见。

5. 有权保留个人意见和观点，但一旦形成党的决议，必须在言行上严格执行党的决议。

6. 有权按照国家法律从事经济活动。

（二）预备党员的权利

预备党员无表决权、选举权和被选举权，其他权利与正式党员一致。

第五条　党员义务和权益

任何党员，不论职位高低，都必须参加党的组织生活和党的会议，积极认真学习党的路线和章程，同时还要接受党组织和群众的监督。

党员一切与党的路线、政策、章程相符的行为都受到党组织的保护。

党员有受表彰和享受有关政策待遇的权利。

如果党员以正当理由请求退党，党支部要进行研究讨论并报上一级党委决定。

高龄、体弱党员自愿减少参加党的活动，可由所在党组织讨论决定。

第六条　党员禁令

1. 禁止发表与党的路线、决议、命令、章程及国家宪法和法律相悖的观点看法或做出有关行为；禁止在未经组织批准的情况下公开党、国家和军队的秘密文件。

2. 禁止组织和参与集会、示威活动或使用社交媒介反对党和政府；禁止拉帮结派，破坏党内和各民族内部团结。

3. 禁止利用自身职权或他人影响，为本人、配偶、亲属以及其他人员谋取私利。

4. 禁止违反党章和国家法律，以个人目的占用、挪用国家和集体财产。

5. 根据反贪污腐败法，禁止各种直接或间接的行贿、受贿、索贿和收取回扣以及其他各种贪腐行为。

6. 禁止党政机关、建国阵线、群众组织、国企中的党员利用职权，安排配偶、子女或其他亲属到本人负责单位从事组织干部、纪检监察、秘书、财务会计、仓库管理等工作或负责采购、人员聘用。

7. 禁止身为公务员、军人、警察的在职党员担任企业业主、经理、顾问或管理人员（组织任命除外）。

8. 禁止打击报复和强迫威胁向组织揭发、检举、质询消极腐败现象的举报人。

9. 禁止违背老挝优秀民族文化风俗的行为，禁止各类赌博、奢侈浪费行为，禁止从事算命、巫术等迷信活动，以及利用宗教从事非法活动。

第七条　党的组织生活管理和组织关系调动

中央政治局负责出台关于党员管理和党组织关系调动的决定。

第八条 党员证及其使用

党员证是老挝人民革命党党员身份的证明，每一名正式党员都应持有该证件。

在被组织派遣工作不超过六个月的情况下，党员证可代替临时党组关系调动函使用。

在各级党的代表大会中，对党的工作进行表决时使用。

党员接受纪律处分，暂停党的组织生活或被开除党籍时，党组织须收回党员证并向上级党委汇报。

第二章 党的组织原则和体系

第九条 党的组织原则

老挝人民革命党以民主集中制为组织原则：

（一）党的各级领导机构经本级党代会或党员大会选举产生。

特殊情况下由上一级党委指定，但任期不得超过一届。

（二）全党的最高领导机构是全国代表大会，各级地方最高领导机构是地方代表大会或党员大会。党代会闭会期间，党的最高领导机构是党的中央委员会，各级地方最高领导机构是党的地方委员会。

（三）党的各级组织必须实行集体领导、个人分工负责的领导原则，通过党的决议进行领导；加强相互激励和监督检查，在不违反党纪国法的前提下，根据多数通过原则集体讨论决定重大事项。

（四）审议党的每一份决议必须有超过三分之二的党委委员或正式党员出席，每一份决议必须有一半以上的党委委员或正式党员同意才能通过；投票通过决议前，每位党委委员或党员都有权对决议提出意见，但一旦通过则必须严格执行。

（五）党委要向上级党组织和本级党代会报告工作情况；上级党委要根据规定的时间，向下级党组织和每位党员通报必要的情况。

（六）每个党组织和每位党员同志均必须严格遵守和执行党的决议；

个人要服从组织，少数要服从多数，下级要服从上级，全党要服从党的中央委员会决议。

（七）各级党组织有权决定在自身权限范围内的，不与党的路线、方针、政策、决议、命令、党章和国家法律相悖的各项事务。

第十条 党的组织体系

（一）老挝人民革命党的各级组织是根据行政组织体系建立起来的。

（二）省、直辖市各党组织联合组成省、直辖市党委。政府部委各党组织联合组成部委党委。县各党组织联合组成县党委。

（三）在地方的中央级机关和企事业单位归所在地的地方党委领导。

（四）驻外使领馆和驻外机构党组织归外交部党委领导。驻外留学生和驻外工作小组的基层党组织归驻外使领馆党委领导。如驻在国无使领馆，归外交部党委领导。

（五）党委的建立和撤销由上一级党组织研究并报更高一级党组织讨论决定。

（六）各级党委有权根据中央委员会的规定设立辅助机构。

（七）特殊情况下，中央书记处有权决定建立新一级党委。

第十一条 地方各级党代会或党员大会

（一）地方各级党委负责召集本级党代会或党员大会，并报上一级党委批准。

（二）参加党代会的正式党员和预备党员人数由召集会议的该级党委决定，其常务委员会决定下级党委正式代表和候补代表的名额分配，并根据直接匿名投票原则选举产生。

参加党代会的正式代表包括：本级党委委员和由下级党委选举产生的正式代表。党委委员可不参加选举直接出席本级党代会。

参加党员大会的有：全体党委委员和党员。

（三）如党组织不能召开本级党代会或党员大会，可指定代表参加上级党代会；如本级党代会未到召开时间，经上一级党组织同意后，可召开党员大会或党代会，选举代表参加上一级党代会。

（四）与会代表必须通过本级党代会的资格审查和确认。除当事人被处以撤职以上的纪律处分、因涉嫌刑事案件被起诉或已被法院判刑者外，召集召开党代会的党委无权撤销由下一级党委选举产生的代表资格。

（五）党代会和党员大会必须有三分之二以上的正式代表或正式党员及三分之二以上的下级党委或党组织参加方可召开。

（六）党代会或党员大会必须选举大会主席团负责按照大会议程主持大会。在会议期间，主席团负责决定党的事务和大会的工作。

（七）大会通过的决议和大会选举产生的党委委员人数以及第一次党委全会选举产生的党委常委、书记、副书记、纪检委书记、纪检委副书记必须得到上一级党委认可。

（八）在有必要且有党委或党组织提议的情况下，可以召集召开中期党代会或党员大会。与会代表是条件具备、保留资格的同一届党代会或党员大会正式代表。特殊情况下由召集大会的党委或党委常委会指定补充与会代表。

各级中期党代会或党员大会的任务参照本级党代会或党员大会的任务。

第十二条　党委委员数量和党内选举

（一）党委委员数量规定

各级党委委员人数，由本级党委全体会议研究后报上一级党委批准。

（二）党委委员的标准

各级党委委员必须具备以下条件：具有较高的政治素质和革命道德，有知识有能力，有实践经验，工作作风端正；模范遵守和执行党章与国家法律，坚持正确和廉洁的生活方式，不搞贪污腐败，得到党员和群众的信任，身体健康。

（三）选举规则

各级党委委员选举必须按保密、直接投票的原则进行。选举前，正式代表有权对候选人提出质询和意见。

候选人必须获得超过一半的与会正式代表投票通过才能当选。

大会主席团负责领导本级党委会进行投票选举。

第十三条　党委委员的任命、调动和委员身份的终止以及党委的建立

（一）上级党委有权补充任命空缺的下级党委委员。补充任命的委员人数不得超过当选委员总数的二分之一。

（二）必要时，上级党委有权对下级党委委员进行调动。调动人数不应超过当选委员总数的二分之一。

（三）党委委员身份在下列情况下将被终止：

死亡，辞职，因受纪律处分被开除出党委，调离工作单位，离退休，任期届满后落选，脱产学习三年以上。

（四）上级党委有权指定成立新的下级党委，自成立之日起一届任期内，新成立的党委必须召集本级党代会，如有延期，必须报上一级党委。

第三章　党的中央组织

第十四条　党的全国代表大会召开的期限

全国代表大会每五年召开一次；可提前或延期召开，但不得超过一年；必要时可在届中召开。

第十五条　党的全国代表大会的职权

（一）审议通过中央委员会的政治报告；审议决定政府制定的经济社会发展五年规划的指导方针。

（二）审议通过上届中央委员会领导工作成果评估报告。

（三）修改党的章程。

（四）选举新一届中央委员会委员及候补委员。

第十六条　党的中央委员会第一次会议

（一）选举党的中央政治局委员。

（二）选举党的中央委员会总书记。

（三）选举党的中央书记处书记。

（四）选举党的中央书记处常务书记。

（五）选举党的中央纪检委书记和副书记。

第十七条　党的中央委员会的职权

党的中央委员会是党的全国代表大会闭会期间党的最高领导机构，有以下职权：

负责全面领导闭会期间党的工作。领导执行大会通过的政治纲领、党章和决议。

加强中央委员会的团结统一，成为全党团结的核心。

研究决定涉及国家内政外交的重大战略性问题；领导国防治安工作。

决定和领导执行党的组织、党建和干部工作路线，做好建国阵线和群众工作；管理党的经费。

在有关职位出缺或有必要增补时，研究审议并决定将党的中央候补委员递补为中央委员、中央委员递补为中央书记处书记、中央书记处书记递补为中央政治局委员。

确定下届党的中央委员、候补委员、中央政治局委员和中央书记处的人员数量、结构、标准和条件。

每年两次听取党的中央政治局和中央书记处工作报告并检查其领导工作。

筹备和召集全国代表大会及党的届中会议。

代表党与各战略伙伴国家及其他国家的政党进行联系。

中央候补委员有权参与中央委员会第一次会议，但没有投票和决定中央委员会重要事务的权利；其余权利等同中央委员。

中央委员会全体会议每年召开两次，必要时可召开特别会议。

中央委员会设顾问，顾问职权由中央政治局专门规定。

第十八条　党的中央政治局、中央委员会总书记、中央书记处的职权

（一）中央政治局的职权

中央政治局代表中央委员会指导和检查全国代表大会和中央委员会会

议决议的落实情况；决定事关党和国家路线方针政策的问题；决定国防治安工作和党的对外交往工作；决定组织、党建和干部工作，决定政府、建国阵线和群众组织机构革新问题；决定召集和筹备中央委员会全体会议或特别会议；向中央委员会报告中央委员会全体会议休会期间的工作情况，听取中央总书记和中央书记处常务书记的工作报告，并监督其工作。

（二）中央委员会总书记的职权

中央委员会总书记负责指导中央委员会、中央政治局和中央书记处的工作；指导事关国家内政外交、国防治安的重要路线；就组织、党建和干部工作等原则问题制定党和国家的重要战略计划和大政方针；主持中央委员会、中央政治局和中央书记处会议。中央委员会总书记任期不能连续超过两届。

（三）中央书记处的职权

中央书记处是协助中央总书记、中央政治局处理中央日常事务的常设机构：

协助政治局指导、执行中央委员会决议，指导、执行中央政治局的决议、命令。

制定工作规划和筹备中央委员会全体会议、中央政治局会议。

指导组织研究党的路线、方针、政策问题。

指导党的思想、组织、党建、干部和纪检工作。

指导和检查执行党章及有关经济、文化、社会、国防治安和外交工作决议和命令的情况。

指导、领导国家各政治机构的工作，协调党委和政府各部门、建国阵线、群众组织贯彻落实党的路线、方针、政策和国家计划。

决定提拔、调动、奖励和处分中央书记处管理的干部，决定建立或撤销党组织，落实中央委员会和政治局交付的其他工作。

指导党的地方各级代表大会，审议通过省、直辖市、部委一级党代会成果。

（四）中央书记处常务书记的职权

中央书记处常务书记协助中央书记处和中央总书记管理中央书记处的工作，处理中央书记处的日常事务：

筹备中央书记处和中央政治局会议。

指导党的直属机构、建国阵线、群众组织贯彻落实中央书记处和中央政治局会议决议。

协调国会常务委员会和政府落实好中央政治局和中央书记处的决议、命令。

中央总书记不在时，中央书记处常务书记根据中央总书记的授权代表中央总书记处理党的日常工作和其他重要工作。

第四章　党的地方组织

第十九条　省、直辖市、县级党委会

省、直辖市、县级党委会是党的地方领导机构，大会闭会期间领导党委工作。

第二十条　省、直辖市、县级党的代表大会任期

省、直辖市、县级党的代表大会每五年召开一次。可提前或延期召开，但不得超过一年，且须经上级党委同意并通报下级党委。必要时可召集届中会议。

第二十一条　省、直辖市、县级党的代表大会的任务

（一）讨论和通过本级党委会的政治报告，讨论决定本级政府制定五年经济社会发展规划的指导方针。

（二）讨论通过上届党委会的领导工作总结。

（三）选举新一届党委委员和参加上一级党的代表大会的代表。

（四）讨论和通过本级党的代表大会决议。

第二十二条　省、直辖市、县级党委第一次会议的任务

（一）选举党委常委会；党委常委会人数最多不得超过党委委员总数

的二分之一。

（二）选举党委书记和副书记；省、直辖市、县级党委书记在同一职务上不得连任超过两届。

（三）选举党的纪检委书记和副书记。

第二十三条 省、直辖市、县级党委会、党委常委会、书记、副书记的任务

（一）党委会的任务

1. 执行上级决议、命令，贯彻党的路线、政策、章程及国家法律，直接对上级党委负责。

2. 领导党组织在党代会闭会期间执行本级党代会决议，加强党委内部以及党委与地方政府、建国阵线、群众组织和社会组织的团结统一，改进工作作风。

3. 开展政治思想宣传和教育，领导地方组织机构完成自身政治任务。

4. 重视加强党建和党的管理保护工作，建设廉洁、坚强、稳固的本级党委和党组织，制定和细化党的路线、政策。讨论决定并通过党委的各项政策计划和重要任务，培养和管理党员干部、管理财务。

5. 领导政府机关、建国阵线、群众组织和社会组织根据各自职权和工作任务开展活动。监督地方政府执行经济社会发展规划、国防治安工作。提高人民生活水平，动员人民群众参与地方政府建设，保障人民当家做主权利。

6. 省、直辖市、县级党委每三个月召开一次全体会议，会议由常委会召集，必要时可召开特别会议。

（二）省、直辖市、县级党委常委会、书记、副书记的任务

1. 省、直辖市、县级党委常委会是常设机构，负责指导、领导、检查执行党章、上级党委的决议和命令以及本级党代会决议，讨论决定党委的工作路线、计划，决定本级党委所辖范围内的组织、党建和干部工作，负责召集并具体筹备本级党委全会或特别会议。

2. 讨论通过下级党代会决议和党委选举结果。讨论批准先进分子入党。对所辖范围内犯错误的党组织和党员进行处分。

3. 指导基层党组织和党员、干部发展，使之适应政治任务需要，定期检查督促下级党组织的工作，决定干部工作，如制订后备干部计划，建设、培养、管理、评估、分配、任用干部和实施干部奖励政策等。

4. 党委书记和副书记负责指导、处理常委会的日常工作，指导、检查和推动执行上级和本级党委、常委会决议和命令，检查下级党组织执行党的决议、命令、章程情况，筹备和召集本级党委常委会的常务会议和特别会议。

省、直辖市、县级党委常委会每月召开一次会议，必要时可召开特别会议。会议要严格执行民主集中制原则。定期进行批评与自我批评。

第五章　各部委机关党组织

第二十四条　部委机关党委会

机关党委会是党在各部委机关的领导机构，在大会闭会期间领导党委工作。

第二十五条　部委机关党委代表大会或党员大会

国会、部委机关、最高人民法院、最高人民检察院、建国阵线、群众组织的党委代表大会或党员大会每五年召开一次；必要时可提前或延期召开，但不得超过一年，且须经过上级党委同意并通知下级党委。

第二十六条　代表大会或党员大会的任务

（一）讨论通过党委政治报告。

（二）讨论通过上届党委领导工作成果评估报告。

（三）选举新一届党委和出席上级党委大会的代表。

（四）讨论通过本级党委大会决议。

第二十七条　部委机关党委第一次会议的任务

（一）选举机关党委常委会；常委会人数不得超过党委委员总数的二

分之一。

（二）选举机关党委书记、副书记；机关党委书记一职不得连任超过两届。

（三）选举纪检委书记和副书记。

第二十八条　部委机关党委会、常委会、书记、副书记的职责

（一）机关党委的职责

1. 执行党的决议、命令、路线、政策、章程和国家法律，直接对上级党委负责。

2. 领导党委在代表大会闭会期间执行本级党的代表大会决议；加强党委团结统一，改进工作作风，加强党委与地方政府、群众组织的联系。

3. 开展政治、思想宣传教育，领导本级党委各组织机构完成自身政治任务。

4. 加强党建工作、本级党组织的管理保护工作，建设廉洁、稳固、坚强的党；制定和细化党的路线、政策；讨论决定、通过党委各项政策、重要任务，培养和管理干部、党员，管理党的经费。

5. 领导政府机关和群众组织、社会组织根据各自职能、权力和任务开展活动；监督检查政府机关执行本部门发展计划；开展国防治安工作；动员人民群众参与完善政府机构建设，建设坚强的政府机构。

6. 机关党委每三个月召开一次全体会议，会议由常委会召集，必要时可召开特别会议。

（二）部委机关党委常委会、书记、副书记的职责

1. 部委机关党委常委会是常设机构，负责指导、监督、检查执行上级党委的决议、命令，以及本级党代会的决议、章程；讨论决定和指导党委贯彻落实上级党委决议、命令和本级党代会决议；讨论决定党委的工作方针、计划；决定自身管辖范围内的组织、党建和干部工作；筹备和召集党委全体会议或特别会议。

2. 讨论通过下级党委的大会决议和选举结果，讨论批准先进分子入党；讨论决定对自身职权范围内犯错误的党组织和党员予以处分。

3. 研究指导基层党组织和党员的分配，使之符合政治任务需要；定期监督、检查、推动下级党组织的工作；根据自身职责，决定以下干部工作：建设、培养、管理、分配、任用干部和对干部、党员落实有关政策待遇。

4. 党委书记和副书记指导和处理常委会的日常工作，指导、监督、推动执行上级和本级党委会、常委会决议和命令；检查各下级党组织执行党章和党的各项决议、命令情况；筹备和召集本级常委会例会和特别会议。

部委机关党委常委会会议每月召开一次，必要时可召开特别会议；要严格遵守和执行党的民主集中制原则；定期进行批评和自我批评。

第六章　党的基层组织

第二十九条　党的基层组织的地位和组织原则

（一）基层组织是党的基础，是基层政治体系的领导核心，是党员参加组织生活的场所，是吸收先进分子入党，贯彻落实党的路线、方针、政策、章程和国家法律的地方。

（二）党的基层组织包括：农村、行政单位、专业机构、学校、医院、军队机关、国企、国内外股份制企业、私人企业和其他基层单位建立起来的基层党委、基层党支部和从属于基层党委的党支部。凡是有三名以上正式党员的，要建立党的基层组织；正式党员不到三名的，由上一级党委安排上述同志参加附近党支部的组织生活。

（三）未满三十名正式党员的基层党组织，建立一个由多个党小组组成的基层党支部。

（四）正式党员三十名以上的基层党组织，如有必要可分成多个党支部，由上一级党委决定成立基层党委。各个从属于基层党委的党支部也是党的基层组织。

第三十条　基层党委和基层党支部代表大会

基层党委、基层党支部和从属于基层党委的党支部每五年召开一次代表大会。如有必要，可提前或延期召开，但基层党委、基层党支部大会不得提前或延期超过一年，从属于基层党委的党支部不得超过六个月。

第三十一条　基层党委和基层党支部代表大会和第一次会议的任务

（一）基层党委和基层党支部代表大会的任务

1. 讨论并通过大会政治报告。

2. 通过本级党委的领导工作总结报告。

3. 投票选举产生基层党委委员、党支部委员和参加上一级党代会的代表；未满九名正式党员的党支部，大会只选举党支部书记和副书记。

4. 讨论并通过大会决议。

（二）基层党委和基层党支部第一次会议的任务

1. 委员人数超过九人的基层党委，要选举出常委会、党委书记、党委副书记、纪检委书记和纪检委副书记。委员人数不到九人的基层党委，选举产生党委书记、党委副书记、纪检委书记和纪检委副书记。

2. 设有支部委员的党支部，由支部委员选举出支部书记、副书记和纪检员。

3. 基层党委、基层党支部、从属于基层党委的党支部、党小组每个月组织一次党的生活会。如有必要，可召集特别会议。

第三十二条　党的基层组织的职权

（一）基层党委的职权

1. 研究领会党的路线、政策、章程和国家法律。将上级党委的决议和命令细化为本级的工作计划和项目，研究决定决议、组织落实方法，领导基层切实执行政治任务，同时组织领导所辖党支部正确执行。

2. 建设政治、思想、组织和领导作风廉洁、稳固、坚强的党。督促检查所辖党支部重视教育和培养群众，发展为党员。

3. 指导所辖党支部建设廉洁、稳固、坚强的党，执行定期开展党的组织生活的制度，对所辖党员、干部、群众开展政治、思想教育；执行党章，抵制党员政治蜕化。

4. 领导建设和完善所辖范围内的政府机构、建国阵线、群众组织、社会组织根据各自职能、任务、权责开展工作；定期监督、检查所辖党支部、党员的活动，指导其发扬优点并及时改正缺点。研究、安排有知识、有能力的党员在上述机构内担任领导职务。

5. 督促和检查下辖各党支部、党员干部和人民群众积极主动执行经济社会发展规划、党的民族政策和对外交往政策，在基层党委管辖范围内开展国防治安工作。

6. 研究并报请上一级党委批准同意所辖党支部召开党员大会，出台通过所辖党支部选举结果的决议，报请上级决定任免或撤销基层党委所辖党支部的书记、副书记。

7. 领导、推动、监督、检查所辖党支部执行党章、大会决议和基层党委制定的工作任务；管理党的经费；检查讨论党支部关于入党发展对象的意见和建议，组织入党发展对象参与培训和学习党章，汇总报请上一级党委讨论和决定。

（二）基层党支部的职权

1. 研究领会党的路线、政策、章程和国家法律，制定党支部政治任务并领导和监督其有效落实。

2. 完善和建设政治、思想、组织和领导作风廉洁、稳固、坚强的党支部，贯彻落实党章，组织入党发展对象参与培训和学习党章，执行民主集中制，在党的组织生活中严格坚持批评与自我批评，制定并贯彻落实计划，总结评价党支部的领导工作，每六个月和一年对党支部和党员进行分类评估并定期报上级党委。

3. 对所辖党员干部、公务员、人民群众定期进行政治思想教育，使他们领会学习党的路线、政策、章程和国家法律，正确认识自身权利和义务。

4. 领导和推动本级行政机构和地方政府落实专项业务工作、经济社会发展规划，正确执行党的民族政策、外交政策，带领党员、干部和人民群众日益改善物质和精神生活。

5. 领导巩固和完善政府机构、建国阵线、群众组织和社会组织，使之根据自身的职权任务开展活动。完善成立党小组，安排有知识、有能力的党员干部到上述组织机构中担任领导职务。

6. 在所管辖范围内领导党员干部和人民群众开展国防治安工作，确保人民生命财产安全和社会安定有序。

7. 定期监督检查所辖的党员、干部的活动，发扬优点，及时改正党员干部队伍的缺点，抵制政治蜕化变质。

(三) 从属于基层党委的党支部的地位和任务

1. 领导政治、思想教育培训工作，动员群众自觉执行党的路线、政策、章程、国家法律及基层党委和党支部制定的工作任务。

全面领导政府机构、建国阵线、群众组织和社会组织中的党员、干部、群众执行基层党委大会的决议和党支部的任务，如执行党支部所辖范围内的专项业务工作、经济社会发展规划和国防治安工作。

发展党员，监督、检查党员执行党章的情况。

2. 对党员进行教育培训、管理、组织分工，保持党支部组织生活制度和定期向基层党委缴纳党费。

第七章 党领导政府、建国阵线、群众组织和社会组织

第三十三条 党对政府、建国阵线、群众组织和社会组织的领导原则和领导作风

（一）党通过路线、方针、政策、战略观点以及思想、组织、干部工作、检查监督落实情况等开展领导。

（二）政府机构、建国阵线、群众组织和社会组织的党组织负责将党的路线方针政策转化为本部门的法律、计划、工作纲领。上述组织机构的党组织和党员必须严格遵守和执行党的决议、命令，并负责领导上述组织正确贯彻落实。

（三）党监督检查政府机关、建国阵线、群众组织和社会组织执行党

的路线、章程和国家法律的情况，总结经验，扬长避短，改正缺点和消除消极现象，不断完善党的路线、政策。

（四）党培养、建设、管理和教育党员干部队伍，使他们有政治修养、革命道德、专业知识、工作能力、政治理论水平，掌握党的大政方针。挑选合格的党员干部，通过选举或任命等方式进入政府机关、建国阵线、群众组织和社会组织担任领导职务。

（五）政府机关、建国阵线、群众组织和社会组织有责任教育培养和发现符合标准和条件的优秀群众，并介绍给党组织吸收入党。

第三十四条　建国阵线和群众组织的组织体系

建国阵线和群众组织设有自中央到基层的组织体系。

各级建国阵线和群众组织在本级党委直接、全面领导下开展工作；同时接受上级组织的指导。

建国阵线和群众组织的大会根据各组织章程执行。

第八章　党领导老挝人民革命青年团

第三十五条　党领导老挝人民革命青年团的原则

党从路线、任务、思想、组织和干部工作等方面对老挝人民革命青年团进行直接、全面领导。

老挝人民革命青年团是党所信赖的先锋队和后备军，是为党提供年轻力量的源泉，是党和国家革命事业的接班人，是青年骨干，是青年权利的代表。

老挝人民革命青年团负责组织、动员、教育、培养青年团员和青年执行党的路线、国家法律，对党、国家和人民忠诚，负责领导少先队组织。

各级党委要提高责任意识，加强对本级人民革命青年团的领导。

第三十六条　老挝人民革命青年团的组织体系

老挝人民革命青年团自中央到基层都设有组织体系；由同级党委直接、全面领导，受上一级青年团组织指导。

青年党员须参加青年团组织的组织生活和有关活动。

第九章　党领导人民国防治安力量

第三十七条　党对人民国防治安力量的领导原则

坚持党对人民国防治安力量全面、直接、绝对领导。

建设政治、思想和组织廉洁、稳固、坚强的国防治安力量，使之成为绝对忠于党和国家的力量，成为全国各族人民维护国家独立、主权和领土完整，维护人民民主制度、国家政治稳定和社会有序的中坚力量，参加基层政权建设并为发展国家经济社会发展和繁荣昌盛做贡献。

国防治安力量的党组织要严格遵守党的路线、政策、决议、命令、章程和国家法律。

第三十八条　中央国防治安委员会

中央国防治安委员会由中央政治局决定任命，党的中央委员会总书记任主席，部分中央政治局委员、中央书记处书记和中央委员任委员。

中央国防治安委员会受中央委员会领导，由中央政治局和书记处直接领导。

第三十九条　中央国防治安委员会的任务

中央国防治安委员会研究国防治安工作战略问题，并提请中央委员会全会决定。

全面指导武装力量工作。

第四十条　省、直辖市国防治安委员会

省、直辖市国防治安委员会由中央政治局任命，省（直辖市）委书记任主席，部分省（市）委委员和所在军区司令任委员。

省、直辖市国防治安委员会结合本地实际，研究和贯彻落实国防治安路线政策。

第四十一条　老挝人民军的党组织体系设置

（一）国防部和中央军区党组织体系分为四级，即：

国防部党委；

各总局和同级单位党委；

隶属于师的团级或同级单位党委；

基层党组织（基层党委和党支部）。

（二）地方军区党组织分为两级，即：

省（直辖市）军区党委；

基层党委和党支部。

第四十二条　公安力量的党组织体系设置

（一）公安部党的组织体系分为三级，即：

部党委；

总局及同级单位党委；

基层党组织（基层党委和党支部）。

（二）地方公安系统党的组织体系分为两级，即：

省（直辖市）公安厅党委；

基层党委和党支部。

第四十三条　国防部总政治局和公安部总政治局的职责

国防部总政治局和公安部总政治局在中央书记处、国防部党委和公安部党委领导下直接负责全军和全国公安力量的党政工作。

地方国防治安力量党组织和指挥部由地方党委和省（直辖市）国防治安委员会直接、全面领导，同时接受上级部门的工作指导。

第十章　党的检查监督工作和各级纪律检查委员会

第四十四条　党的检查监督工作

检查监督工作是党的领导职能之一。各级党委要直接指导检查监督工作，以高度的责任感领导检查监督工作，并处理检查结果。各级党组织和每一位党员必须接受党的检查监督，各党组织要监督、检查本级管辖范围内的党组织和党员贯彻落实党的路线、方针、政策、决议、命令和党章以及国家法律法规的情况。

第四十五条　纪律检查委员会的组织体系

（一）纪律检查委员会的组织体系包括：中央纪律检查委员会，各部委纪律检查委员会，省、直辖市、县级党委和党的基层组织纪律检查委员会。

（二）各级纪律检查委员会设书记一名，副书记若干名，由同级党委第一次全体会议选举产生，其中部分人选从同级党委委员中选出，另一部分人选则从非党委委员中选出。各级纪律检查委员会须经上一级党委批准；在调动属于党委委员的纪委书记或副书记前，必须经过同级党委和上一级纪律检查委员会的同意；如果调动的不是党委委员的副书记，则必须经过同级党委同意并征求上一级纪律检查委员会的意见。

（三）基层党组织可选举产生纪律检查委员会或纪检委员。

（四）各级纪律检查委员会实行民主集中制原则和集体领导原则，在同级党委的直接领导和上一级纪律检查委员会的指导和监督下开展工作。

第四十六条　各级纪律检查委员会的职权

（一）各级纪律检查委员会的任务

1. 监督同级党委委员及本级党委管辖范围内的党组织和党员落实党的路线、政策、章程、决议、命令的情况；监督党员的政治素养、革命道德品质；监督检查担任领导职务的党员（包括组织关系在上级党组织但下派到本级党委来工作的党员）的生活作风和财产收入来源。

2. 检查党员（包括同级党委委员）违反党员标准、党委标准和执行工作任务情况。

3. 检查下级党组织违反党的路线、方针、政策、决议、命令、章程的情况，检查其落实处分决定、履行职权和执行党内纪律的情况。

4. 研究评估违反党纪行为并向党委提出处分意见，检查下级党委的处分决定。

5. 检查同级党委和下级党委经费情况。

6. 研究和受理对党员、党组织的检举、控告并提出处理意见。研究处理被处分党员和党组织的申诉。

（二）各级纪律检查委员会的权力

1. 有权要求或督促同级党委委员、下级党组织和党员提供有关检查工作的资料、文件、证据等。

2. 上级纪律检查委员会有权检查下级党委对隶属于该党委的党组织和党员违纪行为处分的情况。

3. 县级及以上纪律检查委员会有权对违反党章的本级党委管辖范围内和下级党委的党员予以警告处分；有权更改或撤销下级党委不符合党章的处分决定。

4. 有权要求同级党委和下级党组织撤销或更改对党组织和党员实行的与党章不符的纪律处分。

5. 上级纪律检查委员会有权监督、检查和调整下级纪律检查委员会的工作。

第十一章 奖励和纪律处分

第四十七条 对党组织和党员的奖励

1. 奖励是对党员和党组织的成绩、功绩和发挥优秀模范作用认可的一种形式，旨在激励和促进党员和党组织完成任务，维护党内思想和行动的统一。

2. 成绩突出的党组织和党员，根据党章规定可得到相应的奖励。

3. 各级党委负责指导对在执行政治任务中成绩突出、有创新意识、能够发挥模范带头作用的党组织和党员事例进行研究，及时予以奖励。

第四十八条 党的纪律、对党组织和党员的处分

1. 党的纪律作为一种约束，旨在确保党内政治、思想、组织和行动统一；教育党组织、党员严格遵守党章和国家法律；防止因党员生活自由、缺乏纪律和蜕变腐化对党的地位和作用产生负面影响。

2. 对党组织和党员的处分。

任何违反党的路线、政策、决议、命令、章程和国家法律，在党内拉帮结派、玩忽职守、以权谋私、贪污腐败、行贿受贿，无正当理由连续三个月不参加组织生活和不缴纳党费，以及蒙混入党，泄露党和国家秘密，污蔑攻击党的领导，沦为坏分子的工具，并给党和国家造成损失的党组织或党员，均视情节轻重给予纪律处分。

纪律处分形式如下：

（1）对党组织：

警告；

撤销党组织。

（2）对党员：

警告；

撤销党内职务；

暂停党的组织生活进行教育，最多不得超过六个月；暂停党的组织生活期间，党支部须对当事人进行观察和教育；期满后，党支部要报告和建议上级党委研究批准恢复党员权利；

开除党籍。

（3）对预备党员：

警告；

党内除名。

3. 凡处以警告以上纪律处分的，将永久记入该党员的档案。触犯国家法律的党员由司法机关依法惩处，禁止党组织包庇党员，同时党组织还必须依照党章对该党员给予纪律处分。

第四十九条 对党组织和党员的纪律处分决定权

（一）对党组织的处分

给予警告处分的，由上一级党委决定。

给予撤销党组织处分的，由上一级党委提交更高一级党委做出决定。

（二）对党员的纪律处分

基层党委讨论决定对党员的纪律处分。如给党员以暂停党的组织生活和开除党籍处分的，须经该党员所在支部三分之二以上正式党员同意，并报上一级党委批准。

属于上一级党组织管理的党员，支部只有给予批评和警告处分的权力；其他形式的处分则由支部建议管理该党员的上级组织决定。

在党支部范围内违纪的党委委员，其所在支部有权给予批评、警告和通报的处分，其他形式的处分，党支部须报上级批准。

参与支部组织生活的上级党委委员，如在党支部范围内违纪，该支部有给予处分的决定权；在支部范围外违纪，该支部亦有权建议该党员所在党委决定给予警告处分；如处以撤销党内职务，暂停参与党组织生活和开除党籍处分，须由该委员所在党委的全体会议决定并报上一级党委批准。

中央委员会决定对中央委员、中央政治局委员、中央书记处书记的处分。中央书记处决定对中管干部和党员的处分。

第五十条 对党组织和党员进行处分的原则、方式和程序

（一）对党组织和党员进行处分的原则

1. 对党组织和党员的处分，必须召开党支部会议和党委例会或特别会议。上述会议必须有三分之二以上的党员和全体党委委员参加。

2. 决定处分前，上级党组织必须听取即将接受处分的党组织或党员代表发表意见。

3. 党委、党支部会议研究对党组织和党员给予处分，必须有三分之二的党委委员和所在支部的党员参加，且必须有一半以上与会的党委委员和

正式党员同意才能生效。

(二) 对党组织和党员进行处分的方式和程序

1. 对党组织

即将接受处分的党组织，所在党委必须撰写书面检讨报告，并向上级党委提出处分形式，供上级党委讨论决定。

2. 对党员

即将接受处分的党员，必须撰写书面检讨报告并提出处分形式，供党支部会议讨论决定。

接到法院传票的党员，在移交法院判决之前，由所在党委决定暂时取消党员身份。

被判处剥夺自由权的党员，必须开除党籍。

对担任一个或多个领导职务的党员，如被处以撤销党内职务以上的处分，两年内不得参与选举，或被任命进入党委或担任相当于或高于原职的职务。

3. 对党组织和党员的处分自党委签署处分决定之日起生效。

第十二章　党的经费

第五十一条　党的经费

1. 党的经费包括：党员缴纳的党费、国家预算拨款、援助基金和党的其他收入。党的经费仅供党组织活动使用，必须厉行节约，并定期接受检查。

2. 党费缴纳分三类：

有工资收入的党员每人每月统一缴纳五千基普。

退休干部党员每人每月统一缴纳三千基普。

无工资收入的党员每人每月统一缴纳一千基普。

3. 每三个月向上一级党委缴纳一次党费，其中三分之二由党支部或同级党委保存，其余三分之一交上一级党委。

4. 党费须用于党务工作。

第五十二条　党费使用和报告制度

中央政治局统一制定党的经费收支和财产管理的制度、规定和原则。

中组部协助中央政治局管理党的财务；各级党委的财务负责人须汇总收支情况，并在每年年终召开的党委全会和本级党委大会上报告。

中央一级的党的财务支出由中央书记处审批，部委、省、直辖市、县一级的党的财务支出由同级党委或党委常委会审批，基层党委或党支部一级的财务支出由该级党委决定。

第十三章　党徽和党旗

第五十三条　老挝人民革命党的党徽是由镰刀和锤头组成的，象征工人阶级和各民族劳动人民联盟。

第五十四条　老挝人民革命党的党旗旗面为红色，缀有金黄色党徽图案。

第五十五条　党徽和党旗是老挝人民革命党的象征和标志；党政机关、群众组织、党员和老挝各族人民必须高举并维护党旗和党章的尊严。

第十四章　党章的实施和修订

第五十六条　党章对党组织和党员具有约束力

各级党委和每一位党员都必须研究、学习、领会并掌握党章，严格遵守和执行党章，同时必须坚决制止任何违反党章的行为。

各级党委和每位党员，不论职务高低，一旦违反党章，均须视违纪情节轻重给予相应处分。

各级纪律检查委员会须严格监督检查党章的贯彻落实情况。

第五十七条　各级党委印章的使用

各级党委和党支部必须备有自己的印章，供党务工作使用。

第五十八条　党章的修订和宣布使用

只有全国代表大会有权利修订本党章。

党章自党的全国代表大会通过，中央委员会出台决议宣布正式使用之日起生效。

（本文根据 2016 年 1 月老挝人民革命党第十次全国代表大会修订通过的《老过人民革命党章程》翻译）

（王璐瑶、靳浩明　译）

老挝人民革命党党员干部行为禁令

2012年6月26日,老挝人民革命党中央政治局出台2号文件,对原《党员干部行为禁令》进行重新修订,具体如下:

为贯彻落实党章规定,老挝人民革命党中央政治局于2003年9月29日出台关于党员干部行为禁令的5号文件,作为规范党员行为、发挥党员模范带头作用的准则。大多数党员能够较好地自觉遵守和执行,通过自我磨炼,保持革命传统,坚定政治理想信念,进一步发挥表率作用。但禁令中一些规定还不够严谨和符合实际,一些党组织未能重视推动广大党员深入领会把握和自觉、严格遵守,导致党员队伍和党组织中产生消极现象。为进一步修订上述禁令规定,使之更加切合实际,表述严谨,并与党的九大决议精神和党章规定保持一致,老挝人民革命党中央政治局出台2号文件,公布了重新修订后的党员禁令,内容如下:

一、制定禁令的目的

提高党员政治责任意识,发挥党员模范带头作用,遏制和打击党员和党的机构中存在的消极腐败现象;加强党员管理和监督,严明党的纪律,保持革命斗志,提高党的领导能力;确保党内思想和行动一致,发扬和维护党内团结统一,建设廉洁、坚强、稳固的党。

二、禁令内容

(一)禁止以各种形式泄露党和国家机密。

(二)禁止有悖于党的路线、决议、文件以及党章和国家法律的个人观点和行为；禁止鼓吹多党制、多元化思想，拉帮结派以及分裂党内团结和民族团结的言行。

（三）禁止打击报复和强迫威胁向组织和上级揭发、检举、批评违法乱纪、消极腐败现象的举报人。

（四）禁止组织、参加反党集会、示威活动以及歪曲、诬蔑有关个人或组织以及老挝人民民主制度的活动。

（五）禁止利用自身职权或他人影响，为本人、配偶、子女或其他亲属以及其他人员非法谋取私利。

（六）禁止担任经营活动、案件审理的中介及为他人走私和其他违法行为提供便利。

（七）禁止身为公务员、军人、警察、国企干部以及村支书和村长的党员利用职务便利，安排配偶、子女或其他亲属到本人所属单位从事财务管理工作。

（八）禁止身为公务员、军人、警察的在职党员担任国内外私人企业顾问；禁止上述人员担任企业管理人员（组织任命除外）。

（九）禁止伪造文件或使用伪造文件、滞压文件为本人、配偶、子女或其他亲属以及其他人员谋取私利。

（十）禁止在有关组织执行任务时不予合作，隐瞒事实和证据或报告不实情况。

（十一）禁止各种形式的行贿、受贿、索贿和收取回扣。

（十二）禁止侵吞、欺诈国家、集体和公民财产，禁止挪用国家、集体预算和财产或发动各种形式的募捐用于筹办与本人、配偶、子女或其他亲属以及其他人员有关的庆典活动或购买礼品。

（十三）禁止违规占用、挪用国家和集体财产，禁止非法转让或租用、使用国家财产。

（十四）禁止参与非法赌博或为其提供便利，禁止从事算命、巫术等迷信活动，禁止出家为僧和利用宗教从事非法活动。

（十五）禁止包养情人和非法婚姻关系。

三、落实禁令的措施

（一）各级党委负责组织党员研究、学习领会和贯彻执行本禁令，并结合禁令精神开好民主生活会，做好党内测评工作。

（二）每名党员都要自觉遵守和严格执行本文件；各级领导要带头执行。

（三）对执行上述禁令表现突出的党员，要根据党和国家政策予以表彰；对违反禁令的党员，要依照党章和国家法律规定进行纪律处分或司法处理。

（四）由中央纪律检查委员会制定执行本禁令的细则。

（五）各级党委、纪委负责跟踪检查执行情况并定期向上一级党委、纪委汇报。

（六）本文件自签字之日起生效，2003年9月29日颁布的中央政治局5号文件同时废止。

（本文原文来源于2012年老挝《党建》杂志）

（中共中央对外联络部　王璐瑶　译）

关于老挝人民革命党中央纪律检查委员会组织和运行的决定

(2011 年 8 月)

根据老挝人民革命党九大决议,九大党章关于党的检查工作的第九条规定,以及中央组织部 2011 年 8 月 18 日出台的第 360 号文件建议,老挝党中央政治局特批准关于中央纪律检查委员会组织和运行的决定如下:

第一章 定位和职能

第一条 定位

老挝党中央纪委系党的中央直属机关。

第二条 职能

1. 系中央委员会、政治局、书记处的参谋办事机构,负责开展党的检查监督工作及研究制定检查监督工作相关战略和政策措施。

2. 指导党的检查监督、机构设置以及全国纪检干部教育培训工作。

3. 指导国家监察总署履行政府监察和反贪污职能。

4. 就党的检查工作与国外开展交流合作。

第二章 任务和权限

第三条 任务

1. 研究和贯彻落实与检查监督工作相关的党的路线方针政策、党章、决议、命令及国家法律法规,并细化为具体战略、计划、规定和举措。

2. 与中央有关部委、省（直辖市）党委配合，制定与检查监督工作有关的方针和举措。

3. 检查监督中央政治局、书记处管理的党组织、中央委员、党员干部执行党的路线方针政策以及党章党规情况，检查监督中央管理的党员干部在党性修养、道德品质、责任意识、工作作风、生活作风、财产持有等方面情况。

4. 如发现中央政治局、书记处管理的中央委员、党员干部违反党员标准、党委标准，以及出现政治责任问题和违反党员规定，可对其开展检查。

5. 如发现中央政治局、书记处管理的党组织违反党的路线方针政策、党章党规和国家法律法规，可对其开展检查。

6. 研究总结党委和党员违反党纪的情况，并向党委提出纪律处分建议。

7. 检查监督中央和省部级党委财务收支管理情况。

8. 研究和提出对党组织和党员检举控告的解决办法。研究处理要求对中央、省部级管理的党组织和干部进行纪律处分的申诉。

9. 指导国家监察总署和反贪局执行《政府监察法》、《反贪污腐败法》、《信访法》。

10. 与中央部委及地方省（直辖市）党委加强配合，研究制定纪检监察领域干部教育培训计划。

11. 对中央纪委干部进行教育、管理、培训、任用和落实有关政策，完善机构设置。

12. 研究和制定中央纪委财政预算计划，根据政府批准，按照有关法律规定制定预算、物资、财产使用管理计划。

13. 与友好国家开展纪检工作经验交流与合作。

14. 执行中央委员会、政治局、书记处交办的其他任务。

第四条 权限

1. 检查中央政治局、书记处管理的党组织、中央委员以及党员履行职责情况。

2. 中央政治局、书记处管理的党组织以及中央委员、党员干部发生违法违纪现象时,根据上级指示对其开展检查。

3. 检查中央各部委党组、省(直辖市)党委对违反党章的党组织、党员干部开展纪律处分情况。

4. 向中央委员会、政治局、书记处提出对违法乱纪的中央管理的党组织、党员干部和中央委员做出纪律处分决定的建议。

5. 向中央政治局、书记处、各部委和省(直辖市)党委提出撤销或变更对党组织、党员干部的不符合党章规定的纪律处分的建议。

6. 建议和敦促党员干部、中央委员及相关党组织提供与检查有关的材料、文件、证据。

7. 建议中央政治局、书记处以及中央部委和省(直辖市)党委变更、调整、撤销认为有悖于党的路线方针政策、章程及国家法律的决定、命令和立法。

8. 在检查未完成或认为可能对检查造成影响和困难时,可建议有关组织对被检查的党员干部予以暂停任职、任命和调动。

9. 研究建议中央政治局、书记处成立专项检查小组,对某一个涉及多部门的问题进行专项检查。

10. 监督检查、推动和完善下级党委和纪委的检查工作。

11. 认为检查结果有悖于党纪国法时,可建议下一级党委和纪委停止执行或重新检查。

12. 出台与党的检查监督工作和完善各级纪检机构有关的决定、命令、规定等。

13. 对中央纪委管理的干部和公务员进行任命、调动、落实政策和奖惩，明确职能任务和机构设置。

14. 与友好国家签署与纪检工作有关的合作备忘录。

15. 中央纪委书记、副书记或代表有权出席党的中央委员会和中央各部委、省（直辖市）党委召开的例会或特别会议，以及下级纪委召开的检查工作会议。

16. 中央委员会、政治局、书记处赋予的其他权力。

第三章　机构和人员设置

第五条　中央纪委的组织架构

1. 办公厅；

2. 干部组织局；

3.《检查》杂志和综合研究局；

4. 信访研究局；

5. 中央部门检查局；

6. 地方检查局；

7. 外事局。

第六条　人事结构

1. 中央纪委设一名书记、若干名副书记，由党的中央委员会第一次会议选举产生；

2. 中央纪委根据实际工作需要，设办公厅正副主任、正副局长、正副处长以及若干名干部和公务员。

第七条　对各局室职能任务和权力的规定

委托中央纪委对各局室职能任务、权力和组织架构做出规定。

第八条　预算

中央纪委有专门预算，用于党的纪律检查、政府监察、反贪污等，根据上级指示开展检查工作时有预算经费。

第四章　工作制度

第九条　原则和工作方式

中央纪委根据以下原则和工作方式开展工作：

1. 中央纪委工作必须坚持党的路线、章程及国家法律，检查工作向中央委员会、政治局和书记处负责；

2. 根据民主集中制原则开展工作，实行集体领导和决策，个人分工负责，一把手负责制；

3. 有明确的工作计划和项目，有重点、有试点，加强配合，开展检查评估和定期交流经验；

4. 与各个涉及纪检、组织和干部工作的部委、省（直辖市）党委、领导集体和纪检部门加强协调配合；

5. 与各级党委、国家监察总署、反贪局和国家审计署加强协调配合；

6. 实行汇报制度，定期征求中央政治局和书记处意见，听取下级检查部门的工作汇报和意见建议；

7. 每年召开一次全国检查工作会议；中央纪委每年召开一次民主生活会，召开月度、季度会议，必要情况下也可单独召集会议。

第五章　最后条款

第十条　印章

中央纪委和各局室拥有正式印章。

第十一条　执行

委托中央纪委研究领会、正确把握、有效执行并进一步细化本决定；中央和地方各级党政机关、建国阵线、群众组织要正确和严格执行。

第十二条　效力

本决定自签署之日起生效,代替 2006 年 8 月 15 日签发的中央政治局第 28 号决议。此前出台的与本文件相悖的其他规定均视为作废。

中央政治局

老挝人民革命党总书记

朱马里·赛雅颂（签章）

2011 年 8 月 25 日于万象

（本文来源于 2011 年老挝《检查》杂志。中译文选自郭业洲主编：《当代世界政党文献（2015）》,党建读物出版社 2016 年版）

（中共中央对外联络部　王璐瑶 译）

老挝人民革命党中央政治局关于领导干部政治责任的规定

（2012 年 6 月）

2004 年 3 月，老挝人民革命党中央政治局出台了《关于高级领导干部政治责任的规定》的 1 号文件。通过过去一段时间实际执行情况来看，各部门领导干部在履行职责时具备较高的责任意识，在执行党的决议、命令、章程和其他文件规定中能够率先垂范；团结带领党员干部认真负责、积极进取，为组织和干部的坚强有力、国家政治稳定、经济持续发展、民生改善做出贡献，积极主动解决党政机关和社会中出现的消极腐败现象。但与新形势下的政治任务要求相比，仍有部分高级领导干部政治责任意识不强，模范带头意识不够，对党员干部的领导和管理不力，为党员干部以权谋私、贪污腐败和其他消极现象提供了可乘之机。

为继续发扬和坚持好的做法，纠正和克服存在的问题，老挝党中央政治局对上述《规定》做了修改补充，使之符合新形势下领导干部的工作实际。新《规定》全文如下。

第一章 总 则

第一条 宗旨

（一）提高领导干部政治责任意识，改进工作制度、工作作风，确保完成好党、国家和人民交办的各项政治任务。

（二）树立良好风气，出台有关举措，解决领导干部队伍中出现的以权谋私等消极现象，反对贪污腐败、奢侈之风、官僚主义、不切实际、责任意识淡薄，同时加强模范带头作用，提高工作效率，敢想敢干，敢于担当。

（三）维护和发扬党政内部以及领导干部之间团结统一的传统，在自身主管范围内以及全社会发挥引领团结的核心作用，取信于民。

第二条　政治责任内涵

各级领导干部的政治责任，即对研究和贯彻落实党的路线方针政策、决议、命令和国家法律法规，以及履行自身职责中的得失负责。

第三条　适用对象范围

（一）党内职务

党的中央委员会全体委员；

中央部委党组、基层党委全体委员，以及不隶属于司局级基层党委的独立支部书记及委员；

地方不隶属于基层党委的独立支部书记，以及基层党委书记和委员。

（二）行政职务

县级办公室副主任（正科和副处之间）以上。

（三）武装力量（军警）职务

独立连副连长以上，县级武装力量负责人。

第二章　领导干部对政治任务的责任

第四条　在执行政治任务中对得失负责

（一）对领导贯彻落实党的路线方针政策、决议、命令、章程以及国家法律法规负责。

（二）对实施经济社会发展规划以及根据自身职责开展业务工作的得失负责。

（三）对自身职权范围内的国防治安工作、消极现象等负直接、全面、绝对责任。

（四）对完善组织、干部党建工作及内部团结负责；根据五项原则、三个方针加强和改进党的建设，建设政治、思想、组织和领导作风坚强的党；

对主管党员干部的思想政治教育以及遵纪守法意识、工作责任意识负责；

对主管党员干部制订后备计划，开展教育培训、管理、评估、调动、任用、落实待遇、纪律处分和解决党员干部中产生的消极现象，要正确、严格、及时负责；

对主管部门的领导集体和党员干部的内部团结以及各民族团结和睦负责。

（五）对遵守和执行民主集中制，实行集体领导、个人分工负责，个人服从组织，少数服从多数，下级服从上级，以及依法办事负责。

（六）对贯彻落实党和国家外事工作的路线方针政策和战略负责。

第五条 对本人直接负责领域产生的损失和消极现象负责

（一）对本人直接负责领域产生的国家、集体和公民的物质、金钱、财产损失负责。

（二）对本人直接领导和管理的部门及党员干部中出现的国有财产流失以及奢侈浪费、贪污腐败现象负责。

（三）对本人直接领导和管理领域出现的违反党的决议、命令、章程和国家法律法规，导致对党的领导和政府行政管理造成损失和负面影响负责。

第三章 领导干部工作制度、作风和方式方法

第六条 工作作风和方式方法

（一）实行民主集中制，集体领导，个人负责，个人服从组织，少数

服从多数，下级服从上级，全党服从中央。

（二）实行民主生活会制度，根据党的原则定期开展批评与自我批评。

（三）制订详细、务实的工作计划和人事计划，党政分开，定期开展监督检查、评估总结和交流经验，征求上级指示意见。开展与实际相结合的下基层制度。

（四）在民主协商、集体决定的基础上对政策战略、党的工作和干部队伍工作、经济和财务工作等进行决策，形成会议纪要和决议。如超出自身职权，须征求上级领导意见。获书面指示后，要正确、严格执行。

（五）定期、正确执行平行部门和垂直部门、上级和下级、中央和地方，以及中央和地方各个部门之间的协调机制。

（六）根据实际工作情况听取下级情况反映和汇报（每周、每月或视情定）；领导班子要及时对下级的问题和疑虑进行书面或口头解答。

（七）实际执行中，要开展监督检查、总结评估、交流经验，召开表彰会议，分析成绩和进步，评选优秀组织和个人，同时也总结缺点和不足，以便今后不断完善。正确、严格和实事求是地制定整改措施。

第七条　会议制度

（一）领导干部要重视会议制度。根据党章规定，积极定期参与党委和党支部民主生活会。将会议作为重大决策的场所。根据工作需要，可召开例会、特别会议，在紧急情况下也可召开紧急会议。

（二）牵涉领导班子集体责任和集体决策权的问题，要通过会议协商决定，不允许违反党的工作原则，凭个人意志决断。

（三）历次会议议程，要明确规定，突出重点；各项决策要具体明确，符合会议（例会、特别会议）宗旨和任期。

（四）历次会议要形成会议纪要和决议。记录人和会议主席须审核纪要并签字。

第四章 奖励和处分

第八条 奖励

本规定第三条适用范围内的领导干部，如能正确履行有关职责，工作富有成效，将根据党和国家有关规定进行表彰。

第九条 处分

本规定第三条适用范围内的领导干部，如不能完成工作任务，对第二章和第三章规定的政治任务存在失职渎职现象，将根据情节轻重进行处分；

根据政府规定进行行政处分；

根据党章进行纪律处分；

依法处分。

第十条 有处分决定权的机构

本规定第三条适用范围内的领导干部，如有违纪行为，由其所在的各级党委、政府机关、部队，根据自身职权，以及党章、公务员规定和国家法律，经研究后做出处分决定。

第五章 最后条款

第十一条 执行

（一）各级党政机关、建国阵线、群众组织和党员干部，要认真领会、主动检查和执行本规定。

（二）本规定第三条适用范围内的领导干部，要认真研究领会和正确、严格执行本规定。

（三）中央纪律检查委员会、中央组织部、中央办公厅、中央宣传部以及有关部门负责解释说明、监督检查、评估总结本规定执行情况，并定期向中央政治局汇报和请示。

（四）由中央纪律检查委员会出台关于执行方法的具体说明。

第十二条　效力

本规定替换 2004 年 3 月 1 日中央政治局 1 号文件，自签字之日起生效。

中央政治局老挝人民革命党总书记

朱马里·赛雅颂（签章）

2012 年 6 月 26 日

（本文来源于 2012 年老挝《党建》杂志。中译文选自郭业洲主编：《当代世界政党文献（2015）》，党建读物出版社 2016 年版）

（中共中央对外联络部　王璐瑶 译）

老挝人民革命党关于各级党委对党组织和党员开展监督工作的规定

(2012年6月)

根据老挝人民革命党九大关于加强监督工作的决议精神和党章第九章关于各级党委和纪律检查委员会的监督检查工作相关规定,为规范对各级党组织和党员的监督工作,中央书记处于2012年6月出台了《关于各级党委对党组织和党员开展监督工作的规定》。全文如下。

第一章 总 则

第一条 宗旨

(一)明确各级党委对党组织和党员贯彻落实党的路线、方针、政策、章程、决议、命令、规定和国家法律法规情况开展监督工作的意义、重要性、原则、目标、内容、形式、任务、权利和监督结果处理办法。

(二)使各级党委和党员对监督工作的原则、目标、内容、形式、任务、权利、责任和监督结果处理办法形成统一认识。

(三)更好地管理党组织,及时预防和处理各级党组织、党委委员和党员队伍中出现的违反党的决议、命令、章程和国家法律法规的消极现象和苗头,避免酿成重大错误,维护党的廉洁、坚强、稳固,发挥党员先锋模范作用。

第二条 监督工作的意义

监督工作是指上级党组织对下级党组织和所属党员执行党的路线、方针、政策、章程、决议、命令、规定和国家法律法规情况,履行职责情况，及党员政治立场、理想信念、道德品质、生活作风、社会关系、财产和收入情况等进行信息收集、跟踪了解、核查和评价，并提出处理意见。

第三条　监督工作的重要性

监督工作是党委履行领导职能的一部分。监督的目的是从源头预防党组织和党员队伍中存在的消极现象，同时弘扬正能量。各级党组织和党员都应接受党的监督。党委直接对本级党组织和党员的监督工作负责。发现违反规定的现象要及时进行整改，以维护党的廉洁、坚强、稳固。

第四条　监督原则

监督工作应遵守以下原则：

（一）根据党章规定，保证民主、公开、透明、客观，符合党的工作方法和原则。

（二）上级党组织对下级党组织及所属党员进行监督。

（三）党组织和获得党组织委托或任命的党员有权开展监督工作。

第五条　被监督对象

各级党组织、党委和党员。

第二章　监督工作内容、分级、形式、任务、权利和结果处理办法

第六条　监督内容

（一）对各级党组织和党员贯彻落实党的路线、方针、政策、规定、决议、命令情况，履行职责情况以及领导作风、工作方法等进行监督。

（二）对党组织和党员标准执行情况进行监督。

一是政治立场和理想信念方面，拥护各时期党的路线、方针、政策，有组织意识，起模范带头作用，敢于担当，艰苦奋斗，践行为人民服务宗旨。

二是责任意识方面，坚决执行政治任务，自觉主动贯彻执行党的章程、决议、命令和国家法律法规，完成上级交办的任务。

三是政治理论方面，懂得开展党建和干部工作，能够领会并贯彻落实党的路线、方针和国家法律法规，能够团结带领党员、干部和各阶层群众落实上级决议、命令，能够胜任所承担的工作任务。

四是领导作风和工作方法方面，遵守和执行民主集中制原则，坚持集体领导，发扬民主和创新精神，遵纪守法，敢想敢干、敢于担当；坚持群众路线，密切联系群众，善于应变，敢于承认和改正缺点及错误，能够统筹协调加强党的领导、提高政府权威和发挥群众组织作用。

五是生活作风、言行举止、社会关系、收入和财产情况、社会舆论以及工作成效。

（三）每年分阶段对各级党委召开民主生活会情况以及各级党委委员和党员进行监督、考评。

第七条 履行监督职能的党组织和党员

中央和地方各级党组织，各级纪委和纪委负责人，以及党组织任命的干部。

第八条 分级监督

（一）对党组织的监督

上一级党组织对下一级党组织进行监督。特殊情况下可对下下一级党组织进行监督。

（二）对党委委员和党员的监督

中央委员会、中央政治局、中央书记处对下一级党委委员和党员进行监督。

中央机关和部委、省、直辖市（首都）党委和常委会对下一级党委委员和党员进行监督，协助中央政治局、中央书记处对到本部门或地方工作的党委委员、党员进行监督。

县级党委和常委会对下一级党委委员和党员进行监督，协助省、直辖市（首都）对到本县工作的党委委员和党员进行监督。

基层党委和党支部对本级党员进行监督，协助县级党委对到基层工作的党员进行监督。

各级纪委有责任对本级党委所属党员进行监督，并协助上一级党委对到本级工作的党员进行监督。

必要时，纪委可对下下一级党委所属党员进行监督。

第九条　监督形式

对党组织和党员的监督形式有两种，一是经常性监督，二是专项监督。

（一）经常性监督

经常性监督分两类，即直接监督和间接监督。

一是直接监督。可通过以下四种方式进行监督：参加党组织的会议和民主生活会，对下一级党组织和党员进行考核评估；听取下一级党组织和党员的工作汇报和情况反映，向被监督对象提出意见建议、查摆问题；通过有关信息和资料主动掌握情况；根据授权对被监督对象进行监督。

二是间接监督。通过下一级党委提供的报告、总结、谈话记录、决议和文件进行监督；根据群众、媒体、社会组织舆论及信访、检举、举报等进行监督。

（二）专项监督

专项监督是指有针对性地对某项工作或决议、命令、规定的执行情况进行监督。

党委每年要制定针对下一级党委委员和党员的专项监督项目和工作计划，并向监督对象通报有关监督内容、目标和时间，明确党委和纪委职责，任命专项监督小组。接受任命的各级纪委、党组织和个人应向本级和上一级党组织经常性汇报监督情况。

第十条　监督小组及其工作人员的任务、权利、责任

（一）对被监督对象进行经常性直接监督，及时掌握其履行党章、国家法律法规和工作职能的情况。

（二）参加被监督对象的有关会议。

（三）根据监督内容向被监督对象提出建议、意见和质询，并进行解答、指导、解释，提供有关信息和文件等。

（四）发现被监督对象存在违纪行为的，要及时提醒、警告，提出整改意见，撤销不符合法律规定的文件和决定。

（五）每半年和一年以书面形式向上一级党委汇报监督情况，专项监督情况要及时汇报。

（六）对监督内容及有关信息和文件严格保密。

（七）监督小组及其工作人员不能完成监督任务或有违反规定的行为，应根据党章和有关法律予以教育、调查和处理。

第十一条　被监督对象的任务、权利和责任

（一）向监督小组提供相关信息和材料。

（二）向监督小组汇报历次会议的时间、地点、与会人员和会议内容。

（三）必要时根据规定向监督小组汇报工作和交流思想。

（四）接收监督小组关于改正缺点、错误的建议；撤销不符合党章和国家法律法规的决议、决定和文件；赔偿自身原因造成的损失等。

（五）不得给监督制造困难和阻碍，不得拒绝上级党组织提出的整改意见和要求，不得向不相关的组织和个人泄露监督材料内容。

（六）如工作总结、建议、决定等材料不准确、不清楚和不合理，被监督对象应向监督小组及其工作人员重新提交相关材料。

（七）如发现监督小组及其工作人员有违规行为，被监督对象有权向上级党组织报告。

第十二条　对监督结果的处理

（一）经查发现某一党委或党员存在违反党的决议、命令、规定、章程以及国家法律法规，违反党委或党员标准，存在可疑社会关系、违反财产和收入申报规定行为，监督小组及其工作人员应通过口头或书面形式通知被监督对象本人。

（二）被监督对象获悉后应根据监督小组及其工作人员的要求及时停

止、改正违规行为，及时撤销不符合党章和国家法律的文件、规定。

（三）如被监督对象拒绝依照监督小组及其工作人员意见改正缺点和错误，上级党委有权命令其进行整改，或任命本级党委常委和委员直接督促其进行整改，如监督对象提出拒绝整改，应对其进行立案审查。

第三章　最后条款

第十三条　贯彻落实

（一）各级党委和党员必须认真学习贯彻并严格执行本规定。

（二）中央纪委负责出台各阶段贯彻执行本规定的解释性文件并开展监督检查、总结评估和经验交流。

第十四条　生效

本规定自签字之日起生效。

老挝人民革命党中央书记处常务书记

本扬·沃拉吉（签章）

2012 年 6 月 25 日

（本文来源于 2012 年老挝《党建》杂志。中译文选自郭业洲主编：《当代世界政党文献（2015）》，党建读物出版社 2016 年版）

（林娜　译）

朝鲜劳动党章程

主体 101（2012）年 4 月

序　言

朝鲜劳动党是伟大的金日成同志和金正日同志的党。

伟大的金日成同志是朝鲜劳动党的创建者，是引领党和革命走向百战百胜道路的卓越领导者，是朝鲜劳动党和朝鲜人民永远的领袖。

伟大领袖金日成同志创始了永生不灭的主体思想，在抗日革命的烈火中，奠定了建党的组织思想基础和光辉的革命传统，并以此为基础创建了光荣神圣的朝鲜劳动党。把朝鲜劳动党加强发展成为思想意志上统一团结、具有高度组织性和纪律性的钢铁般的党，人民大众绝对支持和信赖的党，坚定不移地继承主体革命的永远不败的党。

伟大领袖金日成同志创建了革命武力和人民政权，极大强化了革命主体力量，引领抗日革命斗争、祖国解放战争、民主主义革命和社会主义革命走向胜利，取得了民族解放、阶级解放的历史性伟业，有力加快社会主义建设，实现其自主、自立、自卫的，以人民大众为中心的社会主义国家，为了完成祖国统一和人类的自主伟业做出了巨大贡献。

伟大的金正日同志将朝鲜劳动党强化发展成为伟大的金日成同志的党，是引领先军革命胜利的卓越的领导者，是朝鲜劳动党的永远的总书记，是朝鲜劳动党和朝鲜人民的永远的领袖。

伟大领导者金正日同志将主体思想强化发展成为自主时代的伟大指导思想，把朝鲜劳动党建设成为牢固树立唯一思想体系和唯一领导体系的思想的纯洁体、组织的全统一体，把朝鲜劳动党强化发展成为与人民大众浑然一体、照顾人民大众命运的母亲党，具有高领导艺术的老练纯熟的党，坚定保障领导的继承性的前程万里的党。

伟大领导者金正日同志把党的最高纲领定为全社会的金日成主义化，在革命建设各个领域中创造了奇迹与变革的新历史，在先军旗帜下牢固守护国家与民族的自主权，把金日成朝鲜建立成为团结一心的政治思想强国、无敌的军事强国，在祖国土地上迎来了强盛繁荣的鼎盛时期，为完成祖国统一和世界自主化伟业开拓了转换性局面。

伟大的金日成同志和金正日同志赋有天才般的睿智、非凡的领导力、不屈不饶的意志力和对人民的无限热爱，把一生为了党的强化发展和人民的幸福生活贡献出自己的全部，是卓越的思想理论家、杰出的领导者和人民的慈爱的父亲。

朝鲜劳动党将伟大的金日成同志和金正日同志的神圣革命生涯与高贵业绩千秋万代发扬光大，金日成同志和金正日同志的神圣尊称将与朝鲜劳动党一同永恒不灭。

敬爱的金正恩同志是引领伟大的金日成同志与金正日同志革命伟业走向胜利的朝鲜劳动党和朝鲜人民的伟大领导者。

朝鲜劳动党永远拥戴伟大的金日成同志与金正日同志，以敬爱的金正恩同志为中心，以组织思想巩固结合的劳动阶级与勤劳人民大众的核心部队、前卫部队。

朝鲜劳动党是以伟大的金日成—金正日主义为唯一指导思想的金日成—金正日主义党，主体型革命政党。

朝鲜劳动党以伟大的金日成—金正日主义作为党建设和党活动的出发点，作为党的组织思想巩固化的基础，作为领导革命与建设的指导方针。

朝鲜劳动党坚守并继承发展伟大金日成同志和金正日同志确立的主体的革命传统，并作为党的建设和活动的基石。

朝鲜劳动党深深扎根于工人、农民和知识分子等劳动人民大众中，在他们中为了社会主义伟业的胜利奋不顾身战斗的先进勇士组成了工人阶级的革命政党、勤劳人民大众的大众政党。

朝鲜劳动党代表朝鲜民族和朝鲜人民的利益。

朝鲜劳动党是勤劳人民大众一切政治组织中最高形态的政治组织，是统领政治、军事、经济和文化等各领域的社会领导政治组织，是革命的参谋部。

朝鲜劳动党为伟大领袖金日成同志与金正日同志的伟业和主体革命伟业的胜利而斗争。

朝鲜劳动党当前目的是在共和国北半部建设社会主义强盛大国，在全国范围内完成民族解放民主主义革命大业；最终目的是完全实现全社会金日成—金正日主义化和人民大众的自主性。

朝鲜劳动党的基本原则是，保障党内思想和领导的唯一性，党和人民大众形成浑然一体，保障党建设的继承性。

朝鲜劳动党抓住树立党的唯一领导体系的主线，把党的队伍建设成为绝对拥护领袖的前卫队，千方百计地加强以敬爱的金正恩同志为中心的党、军队和人民的精诚团结，并发扬其威力。

朝鲜劳动党强化主体思想教育，坚持反对和排斥资本主义思想、封建儒教思想及包括修正主义、教条主义、事大主义等在内的各种反动机会主义思想潮流，坚持马克思—列宁主义革命原则。

朝鲜劳动党彻底贯彻阶级路线和群众路线，坚守党和革命的阶级阵地，恪尽职守母亲党的本分，拥护人民的利益、为人民服务、担负起人民大众的命运。

朝鲜劳动党活动的最高原则是不断提高人民生活。

朝鲜劳动党把人民的事业作为党的基本事业。

朝鲜劳动党紧抓思想为本，发动人民大众的精神力量来解决所有问题。

朝鲜劳动党体现抗日游击队式工作方法和主体的工作方法。

朝鲜劳动党在领导革命和建设的过程中坚持劳动阶级原则和社会主义原则，固守主体性和民族性。

朝鲜劳动党确立先军政治为社会主义基本政治方式，在先军旗帜下领导革命和建设。

朝鲜劳动党加强人民政权，有力开展思想、技术、文化三大革命作为紧抓社会主义建设的总路线。

朝鲜劳动党在政治思想上牢牢巩固革命队伍，巩固发展以人民大众为中心的社会主义制度，加强人民军队，建立铜墙铁壁般的国家防卫力量，发展社会主义自立的民族经济和社会主义文化。

朝鲜劳动党提高劳动团体的作用，组织动员广泛群众紧密围绕在党的周围，为社会主义强盛大国建设而斗争。

朝鲜劳动党加强同全朝鲜爱国民主力量的统一战线。

朝鲜劳动党为了使美帝国主义侵略武力撤出南朝鲜，结束各种外部势力的支配和干涉，粉碎日本军国主义重新侵略的阴谋活动，积极声援南朝鲜人民为争取社会的民主化和生存权利而进行的斗争，我们民族间齐心协力，本着自主、和平统一、民族大团结的原则统一祖国，为实现国家和民族的统一而斗争。

朝鲜劳动党本着自主、和平、友好的对外政策基本理念，加强同反帝自主力量的团结联合，发展同其他国家的睦邻友好关系，反对帝国主义的侵略和战争策动，为世界自主化与和平、为世界社会主义运动的发展而斗争。

第一章 党 员

第一条 朝鲜劳动党党员是按照敬爱的金正恩同志的领导，为了伟大的金日成同志和金正日同志开拓建设的主体革命伟业和社会主义伟业而忘我奋斗的主体型革命者。

第二条 朝鲜劳动党党员是在朝鲜公民中，牢固地树立了党的唯一思想体系和唯一领导体系，并为党和领袖、祖国和人民忘我斗争，愿意遵守党章的劳动者。

第三条 朝鲜劳动党党员是从预备期满的预备党员中接收，在特殊情况下可以把申请入党的人直接接收为党员。

年满十八周岁者可加入朝鲜劳动党。

入党手续如下：

（一）要求入党（预备党员）的人须向基层党支部提出入党志愿书和党员二人的入党保障书（介绍书）。

金日成社会主义劳动青年同盟员入党时，须交市（区）、郡青年同盟委员会的入党保障书（介绍书），此介绍书代替党员一人的入党保障书（介绍书）。

预备党员转为党员时，无须再交入党志愿书和入党保障书（介绍书）。但是基层党支部要求时，须交其他入党保障书（介绍书）。

（二）入党保障（介绍）人必须有两年以上的党龄。

入党保障（介绍）人必须熟悉被介绍人的社会政治生活，对介绍内容的真实性向党负责。

（三）入党问题必须个别审议。

基层党支部召开党员大会，在申请入党者参加的情况下审议讨论，通过的决定须经市（区）、郡党委员会批准。

入党保障（介绍）人可以不参加讨论入党问题的会议。

市（区）、郡党委员会必须在一个月之内审议和处理基层党支部关于入党问题的决定。

（四）预备党员的预备期为一年。

预备党员在预备期满后，基层党支部要在党员大会上审议并决定是否可以接收为党员。

在特殊情形下，可以接收预备期未满的预备党员为党员。

在预备党员还没有具备转为党员的条件时，可以在不超过一年的范围内把预备期延长一次。在延期内仍不具备转为党员的条件时，将其除名。

基层党支部决定延长预备期或将预备党员除名时，须经市（区）、郡党委员会的批准。

（五）入党日期为基层党支部大会决定其入党之日。

（六）当入党人员被授予党员证时进行入党宣誓。

（七）决定在特殊环境中工作和在其他党退党的人的入党问题时，根据党中央委员会另行规定的手续和办法来处理。

第四条 党员的义务如下：

（一）党员必须牢固地树立党的唯一思想体系和唯一领导体系。

党员必须无限忠于党和领袖，坚决拥护领袖，用主体思想、先军思想和革命传统牢固武装自己，无条件地贯彻党的路线和政策，必须像保护眼睛一样维护党和革命队伍的团结一心，遵守在领袖的唯一领导下统一行动的革命纪律。

（二）党员要自觉参加党的生活，不断锻炼党性。

党员必须抱着高度的组织观念，认真参加党的会议、党的生活总结、党的学习，准确无误地执行党组织的决定和分配给自己的任务，强化批评和思想斗争，自觉遵守党的纪律，自觉向党组织汇报工作和生活上的问题。

（三）党员在执行社会主义强盛国家建设的革命事业任务过程中要起到先锋作用。

党员要高度发挥革命军人精神，在革命事业中掀起革新，站在突破最尖端任务而斗争的前沿，热爱劳动，自觉遵守劳动纪律，以主人翁姿态管理国家和社会财产，为确保生产文化和生活文化而积极努力。

（四）党员要誓死保卫社会主义国家。

党员要树立重视军事的风气，诚实地学习军事，时刻为战斗而准备，从敌人的侵略中坚守社会主义祖国和革命的战利品，高度发挥军民一致的优良传统，为提前实现祖国的统一积极斗争。

（五）党员要坚守党籍和阶级原则。

党员要以政治的、阶级的（角度）锐利地分析和判断党和人民的利益，要符合党和革命的利益、人民的利益来处理问题。不管在什么样的逆境中，坚持革命信念和理念，反对阶级敌人和各种异色思想要素、非社会主义现象等各种负面现象，并进行坚决斗争。

（六）党员始终要与群众一起工作，以模范实践（行为）来带领群众。

党员要以革命群众的观点教育群众，把群众紧紧团结在党的周围，掀起革命和事业的热潮。真正关心群众生活，坚守党员的名誉和尊严，事业与生活中成为群众的模范，在自己与家庭以及集团的革命化过程中起到模范作用。

（七）党员要不断提高政治理论水准和文化技术水平。

党员要树立革命的学习风气，深入了解党的路线与政策，学习经济知识与现代科学技术，精通自己的（本职）工作，提高文化修养。

（八）党员要树立革命事业与生活风气。

党员（不管）在何时何地，要以革命性、战斗性来工作和生活，自觉地遵守国家的法律和规定，尽公民的全部义务，反对安逸懒散，提高革命的警觉性，彻底保守党、国家和军队的秘密。

（九）党员要有高尚的道德品质。

党员始终要谦逊、朴素，真实、有礼貌，不追求私利和功名，清正廉明，模范地遵守社会公共道德和秩序，高度发扬革命同志情谊。

（十）党员必须每月交纳党费。

党费为月收入的百分之二。

第五条 党员的权利如下：

（一）党员可在党的会议和党的出版物上发表有助于贯彻党的路线政策和发展党的事业的意见。

（二）党员在党的会议上享有表决权，在党的各级领导机关选举中享有选举权和被选举权。

（三）党员如有正当理由和根据，可对任何党员提出批评，并可以拒绝执行违背党的唯一思想体系和唯一领导体系的任何上级指示。

（四）党员可要求参加讨论决定有关本人工作、生活问题的党的会议。

（五）党员可向各级党委员会直至中央委员会提出申诉和请求，并要求予以审议。

第六条 预备党员的义务与正式党员相同。预备党员的权利，除了没有表决权、选举权和被选举权以外,与正式党员相同。

第七条 违反党纪的党员给予纪律处分。

(一) 对在行动上违背党的唯一思想体系和唯一领导体系,或反对党的路线、政策,搞宗派主义,或向敌人妥协等给党造成严重损失的党员,给予开除党籍处分。

(二) 对不够开除党籍犯错误的党员,按情节轻重给予警告、严重警告、权利终止(留党察看)、降为预备党员等处分。

对党员的处分必须在详细了解该党员犯错误的动机、原因及后果,以及深入而全面了解他的事业和生活以后慎重决定。

(三) 纪律处分由该党员所属基层支部大会在本人参加的情况下讨论决定。在特殊情况下,可在没有本人参加的情况下审议决定。

基层党支部关于处分党员的决定,必须经过市(区)、郡党委员会的批准。基层党支部关于开除党籍的决定,必须经道(直辖市)党委员会的批准。

(四) 受处分的党员能对所犯错误彻底悔悟并努力改正,且在实际工作中有所改进,基层支部大会上应讨论决定撤销对其的处分。党支部关于有关撤销处分的决定须经市(区)、郡党委员会批准。

(五) 对党中央委员会和道(直辖市)、市(区)、郡党委员会委员、候补委员和准候补委员给予处分或者撤销处分的所有问题,按照党中央委员会规定的程序和办法执行。

(六) 党中央委员会和道(直辖市)、市(区)、郡委员会必须及时审议和处理党员有关党纪问题的申诉。

第八条 对于无正当理由连续六个月以上不参加党的生活的党员,在基层支部大会上决定给予除名,其决定须经市(区)、郡党委员会批准。

第九条 党员的登记和组织关系转移,应按照党中央委员会规定的程序和办法来办理。

第十条 作为朝鲜劳动党党员在为了党和领袖、祖国和人民进行斗争的过程中,不能正常参加活动,包括接受老年保障的党员和社会保障在内，命名为荣誉党员。

荣誉党员授予荣誉党员证。

党员转为荣誉党员的有关决定由市（区）、郡党委员会批准。

第二章 党的组织原则和组织机构

第十一条 党根据民主集中制原则组织并活动。

（一）党的各级领导机关根据民主主义原则选举产生，选举产生的领导机关定期向选举它的党组织做工作总结报告。

（二）党员服从党组织，少数服从多数，下级党组织服从上级党组织，所有党组织绝对服从党中央委员会。

（三）所有党组织无条件地拥护和贯彻党的路线和政策，下级党组织有义务执行上级党组织的决议。

（四）上级党组织应系统地指导检查下级党组织的工作，下级党组织应经常向上级党组织报告自己的工作。

第十二条 各级党组织以地区、生产及工作为单位组织建立。

负责某一地区的党组织，成为该地区内所有的承担部分工作的党组织领导组织。负责某一部门或单位事业的党组织，是负责领导该部门的部分工作的所有党组织的上级党组织。

第十三条 各级党委员会是该单位的最高领导机关和政治参谋部。

党委员会活动的基础是集体领导。

各级党委员会对于新的重要问题必须集体讨论决定并加以执行，并与党领导机关成员和党员的责任感和创造性密切结合起来。

第十四条 各级党组织的最高领导机构按如下规定组织建立：

（一）党的最高领导机关是党的全国代表大会，党的全国代表大会与下次党的全国代表大会期间，是党的全国代表大会所选举出的党中央委员会。

道（直辖市）、市（区）、郡党组织的最高领导机关是各级党代表大会，党代表大会与下次党代表大会期间是党代表大会所选举出的各级党委员会。

基层党组织的最高领导机关是党员大会（党代表会），党员大会（党代表会）与下次党员大会（党代表会）期间是党员大会（党代表会议）所选出的党委员会。

（二）党的全国代表大会、各级党代表大会的代表，由下一级党组织的党代表大会或党员大会选举产生。

党的全国代表大会代表的选举比例，由党中央委员会规定；道（直辖市）、市（区）、郡党代表大会代表选举比例，由各级党委员会依据党中央委员会制定的标准规定。

（三）党中央委员会委员、候补委员名额，由党的全国代表大会决定。

道（直辖市）、市（区）、郡党委员会委员、候补委员名额和基层党组织委员名额，由各级党代表大会或党员大会依据党中央委员会制定的标准决定。

有必要变更党委员会委员、候补委员名额时，可由各级党委员会全体会议重新决定。

各级党领导机关的选举程序根据党中央委员会制定的选举细则进行。

第十五条 各级党组织领导机关成员的撤换（除名）和补选规定如下：

（一）党中央委员会和道（直辖市）、市（区）、郡党委员会委员、候补委员的除名和补选，由各级党委员会全体会议决定。

党中央委员会和道（直辖市）、市（区）、郡党委员会委员空缺时，从各级党委员会的候补委员中补选。

根据需要，可以把非候补委员的党员补选为委员。

（二）基层党组织领导机关成员的撤换和补选，由各级党组织的党员大会（党代表会）决定。

因规模较大，或下级党组织分散较远，或由于工作上的特殊性，无法及时召开党员大会（党代表会）的初级党组织、分初级党组织，可由党委员会除名或补选委员。

（三）上级党委员会可以指派下级党委员会空缺的责任书记（书记）、

书记（副书记）。

第十六条 党的会议须有各级党组织所属党员（委员、代表）总数的三分之二以上参加才能召开，会上对所提问题做出的决定，须有参加会议并具有表决权的党员人数的过半数赞成才能通过。

各级党委员会候补委员在各级相关党委员会全体会议上只有发言权。

第十七条 道（直辖市）、市（区）、郡党委员会的组织和撤销问题由党中央委员会批准；初级党委员会和分初级党委员会的组织和撤销问题由道（直辖市）党委员会批准；党的总支部委员会和基层党支部的组织和撤销问题由市（区）、郡党委员会批准。

党组织的组织或撤销情况市（区）、郡党委员会应向道（直辖市）党委员会，道（直辖市）党委员会应向党中央委员会报告。

各级党委员会应设立必要的部门。部门设立或取消的权限属于党中央委员会。

第十八条 党中央委员会在政治、军事、经济的重要部门设置政治机关。

（一）政治机关负责组织该单位党员和群众的政治教育事业，成为该单位中设置的党委员会执行机构。

政治机关在为贯彻党的路线和政策而斗争时，为了组织动员党员和群众，可以召集党的积极分子会议。

（二）在中央机关中组织的政治局（政治部）直属于党中央委员会，在党中央委员会领导下工作，应经常向党中央委员会报告自己的工作情况。

政治局（政治部）对下属政治机关的领导中，应密切联系该地区党委员会。

（三）政治机关根据朝鲜劳动党章程、党中央委员会的批准的指导书和规定组织开展工作。

第十九条 党中央委员会可以解散任意一个严重违反或不执行党的路线政策和党章的党组织，对于隶属于该党组织的党员进行个别审查和重新登记，重新组建新的党组织。

第二十条 党中央委员会对于政治、经济、军事上重要的地区和部门，以及适合特殊环境的党组织的形式和活动方法及其他有关党的建设的问题，做出另行规定。

第三章 党的中央组织

第二十一条 党的全国代表大会是党的最高指导机关。

党的全国代表大会由党中央委员会召集，召集日期须提前六个月公布。

党的全国代表大会的工作如下：

（一）总结党中央委员会和党中央检查委员会的工作。

（二）通过、修改或补充党的纲领和章程。

（三）讨论决定党的路线、政策及战略战术的基本问题。

（四）推举朝鲜劳动党第一书记。

（五）选举党中央委员会和党中央检查委员会。

第二十二条 伟大领导者金正日同志是朝鲜劳动党永远的总书记。

朝鲜劳动党第一书记是党的首脑。

朝鲜劳动党第一书记代表党，领导全党。

朝鲜劳动党第一书记担任党中央军事委员会委员长。

朝鲜劳动党第一书记实践伟大的金日成同志和金正日同志的思想和路线。

第二十三条 党中央委员会在党的全国代表大会与下次党的全国代表大会期间组织领导党的一切工作。

党中央委员会以全党和全社会的金日成—金正日主义化为党工作的总任务，在全党牢固树立党的唯一思想体系和唯一领导体制，加强党和革命队伍建设，使其成为誓死拥护领袖的战斗部队并不断提高其威力，体现金日成—金正日主义，制定党的路线政策，在政治上领导革命斗争和建设工作，同国内外各政党、团体开展工作，管理党的财政。

第二十四条 党中央委员会一年召集一次以上全体会议。

党中央委员会全体会议讨论决定该时期党所面临的重要问题，选举党中央委员会政治局和政治局常务委员会，选举党中央委员会书记，组织书记局，组织党中央委员会军事委员会，选举党中央委员会检阅委员会。

第二十五条 党中央委员会政治局和政治局常务委员会在全体会议与下次全体会议期间以党中央委员会的名义组织领导党的一切工作。

第二十六条 党中央委员会书记局随时讨论决定党的内部工作中面临的问题和其他实务性问题，并组织指导其执行。

第二十七条 党中央军事委员会在党代表大会与下次党代表大会期间组织领导党在军事方面所面临的一切工作。

党中央军事委员会讨论决定为彻底贯彻党的军事路线和政策而采取的措施，领导加强武装力量、发展军需工业等，代表党指导全面的国防工作。

第二十八条 党中央委员会检阅委员会对违背党的唯一思想体系、唯一领导体系的行动，或者违反党章等违反党纪的党员，追究其责任，审议处理有关党纪问题的道（直辖市）党委员会的建议和党员的申诉。

第二十九条 党中央检查委员会检查党的财政管理工作。

第三十条 党中央委员会可以在党代表大会和下次党代表大会期间召集党代表会议。

党代表会议代表的选举比例和代表选举程序由党中央委员会规定。

党代表会议讨论决定有关党的路线、政策及战略战术的重要问题，撤换、补选党中央领导机关成员。

党代表会议选举朝鲜劳动党最高领导机关，修改和补充朝鲜劳动党章程。

第四章 党的道（直辖市）组织

第三十一条 道（直辖市）党代表会议是党的道（直辖市）组织的最高领导机关。

道（直辖市）党代表会议根据党中央委员会的指示，组织道（直辖市）党委员会。

第三十二条 道（直辖市）党代表会议的工作如下：

（一）全面负责道（直辖市）党代表会议和道（直辖市）党检查委员会工作。

（二）选举道（直辖市）党代表会议和党检查委员会。

（三）选举参加党代表大会的代表。

第三十三条 道（直辖市）党代表会议工作（职责）

主抓树立党的唯一思想体系和唯一领导体制的工作，指导党员和群众誓死拥护领袖，坚决贯彻党的路线政策，强化党和革命队伍的一心团结，在领袖唯一领导下统一行动。

强化干部队伍建设，保障干部队伍的纯洁性，强化对党员的党内生活，合理分配党员力量，把党员和群众紧紧团结在党的周围，加强党的组织建设，提高他们的战斗力和作用。

把党员和群众培养成主体型革命者，强化思想教育，在社会主义强盛国家建设中，高度发扬大众的精神力，粉碎帝国主义思想文化浸透，反对所有异色思想要素和非社会主义思想等各种负面现象，并与之进行斗争。

强化对行政、经济工作中的党的领导，让政治、经济、文化等所有工作要符合党的政策和要求来进行，加强劳动团体组织，提高他们的作用。

提高民间武力的战斗力，完成战斗动员准备工作，积极拥护人民军队。

管理道（直辖市）党委员会的财政。

向党中央委员会及时汇报自己的本职工作。

第三十四条 道（直辖市）党委员会，在四个月内必须召开一次以下会议：

道（直辖市）党委员会全体会议，讨论决定贯彻党的路线政策，选举道（直辖市）党委员会执行委员会和责任书记、书记，组建书记处，选举道（直辖市）党委员会军事委员会和检阅委员会。

第三十五条 道(直辖市)党委员会执行委员会、书记处、军事委员会、检阅委员会工作(职责)如下:

(一)道(直辖市)党委员会执行委员会,在全体会议与下一次全体会议之间,以道(直辖市)党委员会的名义,讨论决定在贯彻行政经济事业相关的党的政策过程中出现的重要问题,并组织指导其执行。

道(直辖市)党委员会执行委员会,一个月召开二次以上会议。

(二)道(直辖市)党委员会书记处,随时讨论决定包括干部问题在内的党内存在的问题,并组织执行。

(三)道(直辖市)党委员会军事委员会讨论决定贯彻党的军事路线政策的措施,并组织指导其执行。

(四)道(直辖市)党委员会检阅委员会,负责追究违背党的唯一思想体系和唯一领导体制的行动,或者违反党章等各种违规党员的责任。最终批准市(区)、郡党委员会提出的有关涉及党规问题和开除党籍的意见,负责审议和处理受党纪处分党员的申诉。

第五章 党的市(区)、郡组织

第三十六条 党的市(区)、郡党代表大会是党的市(区)、郡组织的最高领导机关。

市(区)、郡党代表大会根据党中央委员会的指示,由市(区)、郡党委员会召开。

第三十七条 市(区)、郡党代表大会进行下列工作:

(一)总结市(区)、郡党党委员会和市(区)、郡党检查委员会的工作。

(二)选举市(区)、郡党委员会和市(区)、郡党检查委员会。

(三)选举出席道(直辖市)党代表大会的代表。

第三十八条 市(区)、郡党委员会作为党的基层指导部门和执行部门进行下列工作:

以树立党的唯一思想体系和唯一领导体制的工作为主线,使党员和劳动者坚决拥护领袖，用领袖的革命思想和主体的革命传统牢牢地武装党员和劳动者，坚决贯彻党的路线和政策，树立在领袖的唯一领导下统一行动的革命纪律。

牢固地组建干部队伍，提高工作人员的责任心和作用，树立井然有序的党的生活指导体系，强化对党内生活的指导，做好党员成长和党员登记工作，加强群众工作，使群众团结在党的周围，牢固建设基层党组织，组织开展提高基层党组织的战斗能力和作用的工作。

制定有序的宣传体系，加强对党员和劳动者的思想教育，使其成为主体型的革命者，在建设社会主义强盛国家的斗争中高度发扬大众的精神力，抵制资本主义思想的浸透，反对所有异常的思想要素和非社会主义现象等负面现象，并与之进行斗争。

强化党在行政经济工作中的指导作用，按照党的政策要求开展本部门的所有工作，提高人民生活，牢固地建设劳动团体组织并提高其职能和作用。

牢固地建设工农赤卫队队伍和红色青年近卫队，加强队员的政治军事训练，完成战斗动员工作，积极支援人民军队。

管理市（区）、郡党委员会的经费。

经常向上级党委员会汇报自己的工作。

第三十九条 市（区）、郡党委员会每三个月至少召开一次全体会议。

市（区）、郡党委员会全体会议讨论决定关于贯彻党的路线和政策的措施；选举市（区）、郡党委员会执行委员会和责任书记、书记处；选举市（区）、郡党委员会军事委员会和检阅委员会。

第四十条 市（区）、郡党委员会执行委员会、书记处、军事委员会和检阅委员会进行下列工作：

（一）市（区）、郡党委员会执行委员会在全体会议和下次全体会议期间，以市（区）、郡党委员会的名义讨论决定贯彻党的政策过程中与行政经济工作相关的问题，并组织指导其工作的执行。

市（区）、郡党委员会执行委员会议每月至少召开两次以上。

（二）市（区）、郡党委员会书记处随时讨论决定干部问题等党的内部工作中的问题，并组织执行其决定。

（三）市（区）、郡党委员会军事委员会讨论并采取贯彻党的军事政策的措施，并组织领导其执行。

（四）市（区）、郡党委员会检阅委员会对于与党的唯一思想体系和领导体系相违背的行动，或者违反党章等违反党纪的党员，追究其责任，讨论批准支部有关党纪问题的决定，审查并处理党员有关党纪问题的申诉。

第六章　党的基层组织

第四十一条　党的基层组织分为党的基层委员会、党的分基层委员会、党的总支部、党支部（最基层党组织）。

党的最末端组织是党支部。

党支部是党员进行党内生活的据点，联系党和群众，把群众吸引到党的周围的基本单位，组织动员党员和劳动者贯彻党的路线和政策最直接的战斗单位。

第四十二条　党的基层组织如下：

（一）拥有五至三十名党员的单位设立党支部。

党员不足五名的单位不设党支部组织，把该单位的党员和预备党员归属于附近的党支部，或考虑到工作性质和临近关系，把两个以上单位的党员结合在一起组建党支部。

特殊情况下，只有三至四名党员，或者超过三十名以上党员的单位，也可以成立党支部。

党员数不足三名的单位，可由市（区）、郡委员会推荐的党员作为负责人组建党组织。

（二）党员数量超过三十一名以上的单位组建党的基层委员会。

（三）在基层委员会与党支部之间，党员超过三十一名以上的生产及事业单位设置党的总支部。

（四）当党的基层委员会、党的总支部、党支部等形式无法合理组织基层党组织的时候,可在党的基层委员会和党的总支部之间的生产及事业单位设置党的分基层委员会。

当以上的党组织形式不符合实际情况的时候,得到党中央批准以后,可以成立不同形式的党组织。

(五)临时调动到其他单位的党员,可根据需要临时组建党组织。

第四十三条 党员大会(党代表会议)是党在基层组织的最高领导机构。

(一)党支部大会一个月召开一次以上会议。

(二)党的基层委员会、党的分基层委员会、党的总支部党员大会每三个月召开一次以上会议,党员和预备党员五百名以上,或者下级党组织过于分散和相距甚远时,党员大会一年召开一次以上会议。

第四十四条 基层党组织一年一次总结领导机关工作,选出新的领导机构。

(一)党支部在党员大会上总结党支部工作,选举书记和副书记。

市(区)、郡委员会直属的党支部党员如果超过二十名以上,选举党支部委员会,选举这个委员会的书记和副书记。

党支部委员会一个月召开一次以上会议。

(二)在党的基层委员会、党的分基层委员会、党的总支部的党员大会上,总结该层级党委员会工作,选举新的党委员会、委员会的书记和副书记。

党的基层委员会、党的分基层委员会,根据需要可以选举执行委员会。

党的基层委员会、党的分基层委员会、党的总支部委员会,一个月召开二次以上会议,有执行委员会的党的基层委员会、党的分基层委员会一个月召开一次以上委员会会议,召开二次以上执行委员会会议。

第四十五条 基层党组织的工作任务如下:

(一)在党员和劳动团体中,牢固树立党的唯一思想体系和唯一领导体制。

党员和劳动团体要牢固树立真诚的革命领袖观，誓死拥戴领袖，以领袖的革命思想和主体的革命传统来武装自己，坚决贯彻党的路线政策，强化党和革命队伍的一心团结，遵守在领袖唯一领导下统一行动的革命纪律。

（二）强化党员在党内的组织生活。

无论是党员、预备党员都要归属于党组织，党会议、党生活总结、党学习在政治思想高水准中组织和进行，给党员分派正常的工作，并加以总结。党员要根据党规的要求工作和生活，在革命事业中起到先锋作用。

（三）牢牢地培养好超级工作队伍，吸收已经经过考验和具备条件的人入党。

指导超级工作者忠于党和领袖，选拔有实力和作用优良的人才，安排他们认真工作。很好地了解和掌握入党对象情况，系统地培养他们，严格从已经具备党员条件的人中吸收发展成党员。

（四）强有力地开展对党员和劳动群众的思想教育工作。

在党员和劳动群众中强化金日成—金正日主义原理教育、忠诚性教育、党的政策教育、革命传统教育、阶级教育、集团主义教育、社会主义爱国主义教育、革命信念与乐观主义教育、社会主义道德教育等社会教育，防止资本主义思想文化浸透，反对包括非社会主义现象在内的负面现象，并与之进行坚决斗争。

（五）实实在在地推进与群众相关的工作。

处理好与群众相关的工作，用革命来教育和改造群众，抓住民心，及时解决群众的要求和意见，把群众牢牢地团结在党的周围。

（六）强化党对行政经济工作的领导。

集体讨论决定贯彻党的路线政策的措施，实实在在地推进执行决策的组织政治工作，高度发挥劳动群众的精神力，为了突破最尖端问题而极力开展斗争，在生产和建设中不断掀起革新，确立生产文化和生活文化，以主人翁姿态管理国家和社会的财产，改善劳动群众的后方事业。

（七）确实加强党对劳动群众团体的工作。

组织好最基层劳动团体队伍，提高他们的作用，了解劳动团体工作，研究改善对策，指明劳动团体组织工作方向，提高劳动团体组织的自立性与创造性，让他们圆满完成本职工作。

（八）强化民防工作，积极拥护人民军队。

加强对劳动赤卫队和红色青年近卫队的队伍建设，强化他们政治军事训练，完成本单位战斗动员准备工作，树立援军风气，诚心诚意拥护人民军队。

（九）有力开展包括争取三大革命红旗运动在内的大众运动。

（十）正常地向上级党组织汇报自己的工作。

第七章 朝鲜人民军内党组织

第四十六条 朝鲜人民军是伟大领袖金日成同志在抗日革命斗争的烈火中亲自创建，伟大的金日成同志和金正日同志强化发展成为战无不胜的强军的革命武装力量。

朝鲜人民军是用武装拥护和保卫党的伟业、主体革命伟业的领袖的军队，党的军队，人民的军队，始终在接受先军革命领导的最前列，是革命的核心部队、主力军。

朝鲜人民军的一切政治活动在党的领导下进行。

第四十七条 在朝鲜人民军各级单位设立党组织，组织包括这些党组织在内的朝鲜人民军队党委员会。

朝鲜人民军队党委员会在党中央委员会领导下工作。

第四十八条 朝鲜人民军内的各级党组织的工作如下：

以全军金日成—金正日主义化为军队建设总的任务，并为其实现而斗争。

在人民军队内牢固树立党的唯一领导体系和革命的军队风气，彻底保障党的思想和领导的唯一性，所有党员和军队要成为誓死拥护党和领袖的枪炮弹，时刻准备着做为祖国和人民献身奋斗的党的真正战士。

搞好干部队伍和党的队伍的建设，加强对党员党内生活的组织和指导，不断锻炼增强党性。

加强党员和军人的思想教育工作，使其成为用主体思想和先军思想牢牢武装起来的思想和信念的强者。

搞好人民军内社会主义劳动青年同盟组织建设，不断提高其职能和作用。

加强党委员会的集体领导，依靠党组织力量和政治力量来促进军事事业，彻底贯彻党的军事路线和政策，不断完成战斗准备。

有力开展争取吴仲洽七连队称号运动，使军队在政治思想上、军事技术上、身体上做好坚实的准备。

在军人中高度发扬革命同志友爱和官兵一致、军民一致的传统美德。

第四十九条　朝鲜人民军各级单位设立政治机关。

朝鲜人民军政治局是朝鲜人民军党委员会的执行部门，具有与党中央委员会执行部门相同的职能。

朝鲜人民军政治局下属各级政治部是各相关党委员会的执行部门，组织开展党的政治工作。

第五十条　在朝鲜人民军各级部队中设置政治委员。

政治委员是派遣到各相关部队中的党的代表，从党的角度和政治角度负责军队的包括党的政治工作和军事工作在为的全面工作，掌握和指导部队的一切工作根据党的路线和政策进行。

第五十一条　朝鲜人民军内各级党组织和政治机关根据朝鲜劳动党章程和朝鲜人民军党的政治工作指导文件开展工作。

第八章　党和人民政权

第五十二条　人民政权是伟大领袖金日成同志创建的以人民大众为中心的社会主义政权。

人民政权是完成社会主义伟业、主体革命伟业的强有力的政治武器，是联结党和人民大众最广泛的纽带，是党的路线和政策的执行者。

人民政权机关在党的领导下开展活动。

第五十三条　党从政治上领导在人民政权机关内牢固树立党的唯一思

想体系和唯一领导体制，彻底贯彻并体现主体思想和先军思想以及党的路线和政策。

第五十四条 党是人民政权中人民大众自主权利和利益的代表者，创造能力和活动的组织者，担负着人民生活优秀执行者的使命，强化对社会的统一领导和人民民主专政机能，拥护和坚守、巩固和发展社会主义制度，指导加快建设社会主义强盛大国。

第五十五条 各级党组织要加强人民政权机关干部队伍建设，提高干部作用，领导其负责任地完成好人民政权机关的基本任务。

第九章 党和劳动团体

第五十六条 劳动团体是伟大的领袖金日成同志组织的，伟大的金日成同志和金正日同志强化发展的，劳动者大众的政治组织和思想教育团体。

劳动团体是党的外围组织，是连接党和群众的纽带，是党信赖的助手。

金日成社会主义劳动青年同盟是朝鲜青年运动的开拓者——金日成同志亲自组建，伟大的金日成同志和金正日同志强化发展的大众的青年组织，是传承主体革命和先军革命的党的政治后备队。

第五十七条 党在劳动团体组织中牢固树立党的唯一思想体系和唯一领导体制，使劳动团体成为忠于党的政治组织，从政治上指导劳动团体彻底贯彻党的思想和路线。

党指导劳动团体在同盟成员中强化思想教育工作和同盟组织生活，有力开展大众运动使同盟成员紧紧围绕在党的周围，积极组织动员同盟成员参加社会主义强盛国家建设。

党始终如一地坚持重视青年的路线，使金日成社会主义劳动青年同盟成为无限忠诚于党的青年前卫队，成为保卫祖国和建设社会主义强盛国家的突击队。

第五十八条 各级党组织要搞好包括青年同盟在内的劳动团体工作人

员队伍建设，根据劳动团体的特性正确指导工作方向，指导劳动团体组织自觉创新地完成本职工作。

第十章 党徽、党旗

第五十九条 党徽由锤子、镰刀和毛笔相互交错，是朝鲜劳动党的象征性标志。

党徽象征朝鲜劳动党以领袖为中心，是组织思想上紧密团结的劳动者、农民、知识分子等勤劳人民大众的先遣部队，是扎根于人民大众、为了人民大众的利益而斗争的革命的大众的党。

第六十条 党旗的旗面为红色，旗面中央印有党徽，是朝鲜劳动党的象征性旗帜。

党旗象征着朝鲜劳动党以伟大的金日成—金正日主义为指导思想，纯洁地继承主体革命传统，全体人民紧紧围绕在党和领袖的周围完成主体革命伟业，象征着朝鲜劳动党革命的、大众的性格及不屈的意志和斗争精神。

（本文根据 2012 年 4 月 11 日朝鲜劳动党第四次代表会议修订通过的《朝鲜劳动党章程》翻译）

（延边大学　金永宪、方浩范 译）

古巴共产党章程[①]

(2016年4月古巴共产党第七次全国代表大会修订)

第一章 古巴共产党

古巴共产党是革命的真正成果,是古巴人民团结意志的最高表现。党汇集了古巴人民最优秀的儿女,他们坚持群众路线的方法,起模范带头作用。

古巴共产党体现了古巴人民英勇的革命传统。几代革命者继承革命传统,坚定地反对西班牙殖民主义和美国帝国主义的新殖民主义。古共是何塞·马蒂为争取民族独立而创建的古巴革命党的忠实继承者,是胡利奥·安东尼奥·梅利亚和卡洛斯·巴利尼奥为代表的古巴第一个共产党的忠实继承者,是所有参与1959年1月1日推翻亲帝国主义独裁政权的斗争的革命组织的忠实继承者。

古巴共产党忠诚于共产主义理想。作为国家和社会的最高领导力量,古共承担人民赋予的领导和协调全国在革命原则的基础上努力建设具有真正古巴特色的社会主义的重任。

古巴共产党的权威建立在其政治路线的正确性、党员的模范性、与人民的联系,以及倾听、劝导大多数人加入为实现革命目标而开展的斗争的能力等基础上。

[①] 本文翻译过程中借鉴了刘洪才主编的《当代世界共产党党章党纲选编》(当代世界出版社2009年版)收录的古巴共产党章程中译本。——译者注

古巴共产党作为古巴唯一的党和民族团结的成果,为在我们的社会发展和巩固古巴革命思想而系统地、持续不断地开展工作。古巴革命思想概括和构成了我们的革命的特点:何塞·马蒂的激进革命思想、民族和社会解放斗争(斗争中涌现出大量革命者和爱国者)的独特传统与马克思列宁主义的基本原则及社会主义的历史必然性相结合。在我们的条件下,社会主义是解决欠发达问题和摆脱新殖民统治的唯一选择。古巴革命思想在其领导人菲德尔·卡斯特罗·鲁斯同志的思想和行动中得到最好体现。

在其教育和指导工作中,古巴共产党特别重视对新一代年轻人的培养。

古巴共产党为在古巴社会巩固一种道德而斗争,这一道德建立在革命思想、爱国主义、集体主义、团结一致、权利和机会平等、社会公正、相互信任、纪律自觉、谦虚、诚实、批评与自我批评的精神、对社会主义未来的坚定信心的基础之上。因此,坚决同颂扬资产阶级思想、个人主义、任何形式的种族偏见和歧视、怀疑主义、对社会主义缺乏信心、自由化倾向、失败主义、民众主义、机会主义、任人唯亲、吹毛求疵、阳奉阴违、道德虚伪、家长作风、平均主义、无纪律、腐败和所有形式的违法犯罪和反社会行为做斗争。

古巴共产党在更严格遵守列宁主义建党的民主集中制原则的基础上有机组织并发展其党内生活。民主集中制将自觉严格遵守纪律与最广泛的党内民主相结合,践行集体领导与个人负责相结合,面对错误开展批评与自我批评。所有这些保证了党员队伍的纯洁和凝聚力,在党员自由讨论和充分发挥主动性的同时,保证全党思想和行动的必要统一。

古巴共产党的根本目标是建设社会主义,党动员群众投身经济和社会发展。作为团结的政党,作为工人阶级和劳动人民的最广泛阶层以及所有爱国者和革命者的有组织的先锋队,党有义务在其活动、运行和结构中为其所代表的人们的建议、政见、看法和合法愿望预留空间。上述情况表征着党和人民之间牢不可破的联盟,通过党的干部和党员向人民学习、关注人民的评价、批评和意见并把其带到党的相应活动中,长期保持与人民群众公开对话的工作作风。

党的基层组织机构应遵照党章、条例以及上级组织机构的决定、决议、方针和指示开展活动。

党的组织机构必须经常性地同其所在地的劳动者、社区居民保持联系,视情况解决他们的问题,倾听他们的意见,向他们学习;发起与他们的对话以交换意见、阐明政策、解释当前的紧迫事务及正面临的困难和匮乏;分析他们针对党和政府的活动提出的批评性建议;直接或借助共产主义青年联盟和其他群众组织教育、动员他们自觉地贯彻落实党的政策。

古巴共产党反对任何形式的因循守旧和停滞,推广那些好经验,始终鼓励用更新精神和根据原则来探寻解决问题的办法。

在干部政策方面,古巴共产党秉持主要人才源于人民并在工作、节俭和斗争中得到锻炼的理念,承担旨在确保各级领导岗位的连续性和逐步更新的政治责任,干部工作以考察对象的优点、取得的成绩、所需的培训、能力、才干、正直、对革命的忠诚、坚定性和模范表率作用等为基础。党对参加革命的几代人都一视同仁。

党自身领导机构的干部源于全体党员。

古巴共产党密切关注加强所有社会组织的影响及其民主运行和自治。社会组织要遵循自觉和自主接受党的领导的原则。党的领导是政治上的领导,不同于家长制和庇护关系。

古巴共产党忠实于国际主义、反对帝国主义、全世界人民团结友爱等原则。

在受到侵犯的情况下,古巴共产党将担负起责任,同人民一道战斗在第一线,并贡献全部力量、才智、意志来保卫国家、革命和社会主义,让敌人接受人民的意志,迫使他们放弃在古巴重建资本主义和进行新殖民主义压迫的企图,古巴共产党将战斗到底,直到把敌人打败,把他们从古巴神圣的土地上赶出去。

第二章 党 员

第一条 认同党的政策，接受党的章程，隶属党的某个核心小组并在这个核心小组活动，缴纳党费，履行党的决议和决定，为社会主义的存续而斗争和工作的古巴公民均可成为古巴共产党党员。

特殊情况下，允许具有其他公民身份的古巴公民入党。其程序由相应条例确定。

第二条 入党自愿，由个人选择。入党应通过劳动模范选举会议或征求群众意见的其他方式，最重要的是入党申请者的个人品质，这将是得到人民承认的保证。

第三条 入党必须符合以下条件：

第一项 年满十八岁。

第二项 经核心小组三分之二以上成员投票同意。

第三项 具有相应职权的核心小组的直接上级组织，或为此设立的委员会，批准上述决议。

第四条 获准入党的共产主义青年联盟成员，在在共产主义青年联盟基层组织或领导机构担任职务的情况下，可继续保留团籍。

第五条 政治局有权不按本章程规定的程序给予因非凡贡献而担得起党员这一荣誉或因安全原因不能通过常规程序入党的人员以党员身份。

第六条 经政治局事先批准，作为特例，可以研究讨论允许居住或不住在我国的他国公民入党。其程序由相应条例确定。

第七条 除本章程整体规定的义务外，党员还应：

第一项 在任何地方、任何时刻以及任何情况下都捍卫革命。坚定、勇敢地面对在思想或实践方面出现的以下情况和表现：影响民族团结和革命进展，阻碍采取必要的举措，在人民中间制造混乱或骚乱。

党员应负有忘我、牺牲精神，恪守道德，政治勇敢，献身革命事业，成为党和革命政策的一名忠实代表。对针对革命政策的歪曲和没有根据的谣言保持警惕和敏感，同其进行斗争，并在所处的集体里就此长期开展澄清和劝服工作，把关系建立在道德和革命原则的基础上。

第二项　成为以共产主义态度对待工作和所承担的特定社会责任的楷模，熟练掌握与工作内容有关的知识；要求执行工作领域的党和革命的社会经济政策，系统地把个人大部分的贡献放在解决出现的各类问题上，推动其他人向同一方向努力。努力提高工作效率和质量，言行一致，推动科技成果的运用。

坚决反对所有形式的官僚主义、腐败、非法行为及其他消极和不道德行为以及不遵守劳动和社会纪律的行为；反对过分软弱、不行动及对违法行为的容忍，不使违法者逍遥法外。

务求节约，坚决反对所有形式的挥霍浪费。

当党需要时，依据对条件和可能性的客观分析，一以贯之地勇于承担责任或任务。

第三项　针对影响其工作中心和社区的重要问题，适时提请所隶属的基层组织注意，必要时提请上级组织注意，并为寻找解决问题的办法或处理措施做出自己的贡献。

第四项　以模范态度面对国防，全面完成备战任务和革命警戒措施；忠实于一个共产党员在任何情况下为捍卫祖国神圣不可侵犯的利益而战斗直到胜利的信念，遵守一个革命者决不投降的原则。

第五项　为落实党的政策而奋斗，学习掌握、履行并捍卫党的章程、条例以及基层组织大多数和上级组织做出的决议、指示和决定，党员如果在讨论过程中投反对票或持不同意见，履行决议并不意味着一定要放弃本人的意见，也不意味着在讨论同一问题时放弃在组织内部重新阐述自己观点的权利。

第六项　不断努力增加对古巴革命思想和我国历史及世界历史的了解。

第七项　捍卫一贯支持所有为民族解放和社会正义而斗争的人们的原则，这一原则融合了爱国主义、国际主义及对拉丁美洲和世界的一种深厚感情，对年轻一代进行人民的革命传统教育。

第八项 为发展和巩固社会主义价值观而奋斗,使劳动者认同社会主义所有制、集体主义和合作关系;尊重和承认其他所有制形式和非国有制经济的存在,使之与既有经济模式相协调;为古巴革命平等和社会公正的基本观念而奋斗;为建设一个健康、文明、节俭、富有劳动精神、不同于资本主义消费社会的标准的社会而奋斗。

第九项 为加强党的思想和组织团结及队伍的纯洁性做贡献,反对宗派主义,捍卫党,防止那些不配获得共产党员这一崇高荣誉的人渗入党内。

第十项 坚决反对因肤色、性别、宗教信仰、性取向、出生地而产生的偏见和歧视行为,坚决反对损害民族团结、限制人民行使权利以及其他违反宪法和法律的行为。

第十一项 参加基层党组织会议或由党组织参与组织的会议以及任何其他由党召集或委派参加的会议,在上述会议上表达自己的观点,并为做出最好的决定做出贡献。

第十二项 所有党员,无论做出多大贡献或担任何种职务,都应遵守党、国家和社会纪律,最忠实地履行和遵守现行司法规定与纳税要求。

第十三项 应客观、如实地汇报自己及他人的工作情况、计划及其他事务的进展情况,严格保守党和国家的秘密,保持应有的谨慎。

第十四项 在合适的地点、适当的时间,以正确的形式,开展批评与自我批评。揭露工作中存在的明显缺点和错误,并坚决改正。严格要求自己,与对待错误的所有形式的无动于衷做斗争;反对形式主义、对成绩的夸大倾向及用做辩解的自我批评;同禁止或阻挠批评的所有企图坚决斗争;对损害党、国家、革命、社会主义社会利益的任何表现和行为保持警惕,在语言和行动上以身作则,同上述表现和行为做斗争,并将情况直接向基层党组织报告,必要时直接向包括中央委员会在内的党的领导机构报告。党员有汇报这些表现和行为的义务,任何人不能阻止党员履行此项义务。

第十五项 在推荐、任命和评价领导、合作者和官员时，以其专业技术基础、工作业绩以及经过考验的思想、政治和道德品质为依据，在任何情况下都不能因友情、亲情或个人关系徇私情，搞裙带风。

第十六项 谦逊朴素，诚实正直，永远不能忘记党员没有谋取任何类型特权和优待的权利，永远把社会利益置于个人利益之上。

第十七项 在居住地和在群众组织的工作中保持符合党员身份的态度，并以自己的参与、模范带头和战斗精神，通过积极的思想和政治工作对社区施加积极影响。

第十八项 成为公民行为的模范，关注家庭，特别是对子女的思想、政治和社会培养。热心帮助他人，以正确的态度对待并遵守社会生活准则。

第八条 除本章程整体规定的权利外，党员还具有以下权利：

第一项 在所有时候要求执行党的政策，履行本章程和条例规定，遵守党的决议、方针和指示。

第二项 针对所讨论事务建议采纳的决定进行投票。

第三项 在选举党的领导干部及党的代表大会、会议、大会代表时，有选举权和被选举权。

第四项 参加党代会、会议、大会和所隶属党组织的会议，在上述会议中自由讨论党的政策和党所开展的活动，并提出建议；发起关于自己思考或在联系群众的过程中发现的问题或事务的讨论，出现分歧时，捍卫自己的观点。

第五项 在不同意某个决定的情况下，向上级机关提出，但并不能因此而不严格执行该决定。

第六项 可以私下，或在集会、大会、会议和党代会上对任何一名党员提出批评，无论这名党员做出何种贡献或担任何种职务。批评应在合适的地点、适当的时间，以正确的形式提出，遵守在党内任何人都有权批评、无人不能被批评的原则。

第七项　参加党的会议，分析党员工作情况和表现、提出处分或撤销党员资格建议。

第八项　自愿申请退党。

第九项　接收和保留党证。只有根据相应职能机构的决定，党证才能被剥夺。党员有权了解党内处理意见的内容。

第十项　直接向包括党中央在内的任何一个党的机构提出疑问、问题、请求或建议，并要求得到快速确切的答复。

第十一项　及时接收必要的信息并接受指导，以推动党在群众中的工作，澄清疑问，宣传革命政策。

第九条　党对党员实施惩罚的目的是为了对其进行共产主义教育，改正其缺点和错误，使其牢记党、国家和社会纪律的必要性，维护党的团结和队伍的纯洁性。

对党员的惩处形式有警告、撤职、留党察看、劝退和开除党籍。

第十条　核心小组有权决定对其成员进行惩处。

党的组织机构能决定对其成员及所辖的基层组织机构及其成员的惩处。由相应大会选举产生的委员会根据相应条例的规定，有权决定对党员的惩处。

第十一条　触犯宪法、法律及其他法律规定的党员除接受党内惩处外，还将被移送相应职能司法机关。

第十二条　由党的某一组织或核心小组对其党员做出的任何处分，在理由充分的情况下，可由同一组织或核心小组，或相应上级组织或相应职能委员会，予以撤销或修改。

第十三条　当某一党员提出申请或自认为不再适宜或不能继续留在党内时，核心小组或党的领导机构或相应委员会可决定撤销其党员资格，该决定不构成处分。

第十四条　被处分或被撤销党员资格的党员如不同意有关处罚，有权提出申诉并得到快速确切的答复。

第三章　党的组织机构和运行原则

第十五条　古巴共产党根据民主集中制原则组织和运行。民主集中制原则规范全部党内生活，是保证党的政治和思想凝聚力及行动团结一致的根本条件。

民主集中制原则体现为：

第一，党的所有领导机构，从基层到上级机关，均民主选举产生，有义务定期向选举它们的机构及上级机关汇报工作并对之负责。

第二，党的所有机构、基层组织及其成员根据党的纪律行动。所有组织机构及每位党员都必须执行在充分自由讨论的基础上形成并获多数通过的决定。

第三，党的机构、基层组织必须执行自身做出的决定，其下属机构及其成员也必须执行。

第四，各领导机构针对其职权范围内的问题形成的提议和决定不得违背党的政策和上级组织机构的决议、指示以及本章程的规定。

第十六条　党的基层组织、领导机关召开的会议和党的大会，必须有超过百分之五十的党员、委员或代表出席，方有效。决议须获得超过半数的有投票权的与会者的支持票才能通过。

本条不适用于本章程规定的例外情况。

第十七条　党的所有组织机构应遵循集体领导和个人负责相结合的原则，遵守有关党内民主的规范。

第十八条　派别的存在不符合党的组织原则，因此，属于某个派别，或得知其存在而不与之斗争或不及时向相应组织机构反映，是对党的规范和纪律的严重违背。

第十九条　党组织通常以地域和工作单位为基础构建。

某地域内的所有基层组织隶属于领导该地域工作的党的机构。特殊情况须获中央委员会批准。

某单位各部门的核心小组和分党委均隶属于该单位的党委。

第二十条　全国代表大会是党的最高机构，全国代表大会选举产生党的中央委员会。

在中间层级，相应大会是其最高机构，由其选举产生相应党委。在基层组织中，相应大会选举产生该级党委或核心小组领导。

中央委员会确定全国代表大会、各级会议和大会的组织规范及相应代表的选举程序。

第二十一条　规划领导岗位上的干部的更新，根据每个职位的职能和复杂性，设置任职期限和年龄方面的限制。应以逐步和慎重的方式推行本原则。

第二十二条　各级党委委员均应由大会、会议或全国代表大会的代表个人以无记名投票方式直接选举产生。委员必须获得百分之五十以上的有效票方为当选。

原则上，当认为自身当选的理由不复存在时，党委的委员应辞职，此举不应被视为过失也不应受到谴责。如果其未辞职，相应党的机构将做出适宜决定。

第二十三条　担任党的领导干部职务或当选为包括全国代表大会在内的各级大会代表应满足党龄方面的要求，相应标准由中央委员会明确。担任中央委员会委员必须至少有五年党龄。不足五年者，经全国代表大会或全国会议公开批准后，也可成为候选人。

中间层级的党委及单位党委委员候选人的数量由相应大会根据相应条例的规定确定。

第二十四条　包括中央委员会在内的各级委员会有权：

第一项　根据协商和参与的原则与程序，增补一名或多名在相应大会或全国代表大会未当选的党员为该机构成员。

中央委员会可增补相当于选举产生的委员人数百分之十的委员，省级党委可增补百分之十五，市和区党委可增补百分之二十。

第二项　各级党委可决定让那些因工作或政治职位变动或因其他可以证实的正当理由而无法继续真正从事委员会工作的委员退出党委，不构成处分。

第二十五条　确有需要的情况下，中央委员会、中间层级的组织机构可成立常设委员会并明确其在思想和政治、经济、社会或国防等领域的具体工作任务。也可就某些有时间性的具体事务成立临时委员会。

第二十六条　党的所有组织机构在任何其认为合适的时刻，有权要求其下属组织机构汇报工作，有权检查其开展的活动。

第二十七条　在党的组织机构集体违反党的原则或路线的情况下，无论是否有个人责任，可给予该机构以警告或解散处分。

相应程序由相应条例明确。

第二十八条　中央委员会和中间层级党委设有专业机构，配合其开展工作，协助其行使职能。中间层级党委的专业机构隶属于其执行局，中央委员会的专业机构隶属于中央政治局和书记处。

第二十九条　党的基层组织机构必须及时地听取劳动者及其他古巴公民的检举、看法和建议，疏导其牢骚，要求相关负责人快速地给予具体答复，并加以检查和核实。

第四章　基层党组织

第三十条　基层组织是党的组织架构的主要组成部分，它在工作单位、其他形式的社会和劳动组织、军事部门或社区开展活动，至少由三名党员组成。

根据其复杂性、所开展的活动及党员人数等情况，基层组织采取不同的组织形式，其中核心小组是基本形式。

在相应上级组织批准的情况下，核心小组可以吸纳共产主义青年联盟成员。

核心小组是沟通作为先锋队的党与劳动者和人民群众的不可割断的桥

梁，在其所在地执行党的政策。

第三十一条 核心小组通常每月召开一次例会，或根据需要召开多次会议，由其领导或上级机构召集。

例外情况应根据相应条例的规定获得批准。

核心小组党员大会由上级机构召集，定期召开，以总结工作，审批工作计划，选举核心小组领导，在相应时间选举大会代表以及上级机构成员的预候选人。

第三十二条 为领导日常工作，核心小组选举产生由一名由适合该工作的党员担任的总书记及相应条例明确的其他书记组成的核心小组领导机构，其主要工作内容取决于该核心小组所在单位或社区的工作重点。

第三十三条 在有相当数量党员或开展活动的情况复杂以及有需求的工作单位、工作间或其他部门，可以成立多个核心小组并选举产生负责领导这些核心小组的委员会。

第三十四条 核心小组直接负责监督和要求党员发挥模范带头作用，当发现党员出现伪装或堕落的状况时，核心小组有义务及时采取相应措施。

党的基层组织根据党员的社会、政治和工作能力及表现对其进行综合、系统的考核。

第三十五条 党的基层组织应将有效完成所在地的特定活动作为工作任务的中心。有权利和义务监督领导人和行政管理人员的活动，无论其是否是党员。通过在相应劳动集体和社区中维持适宜的政治、思想和道德状态对党负责。

不能作为行政管理机构发挥作用，也不能干涉或取代相应行政管理机构的职责和决定。

党的基层组织应将旨在预防和反对腐败、违法犯罪、裙带关系、违反劳动和社会纪律、干扰思想政治及其他消极行为的行动放在首位。

在国有部门的党的基层组织应将所在集体的思想政治工作作为关注的

中心；为使社会主义价值观获胜而奋斗，反对自私自利和个人主义。严格遵守关于所开展活动的法律和规范。

第三十六条　党的基层组织应监管并推动提高关于干部选举、培养、定位及储备的要求。无论其是否是党员或共产主义青年联盟成员，确保其在对革命的坚定与忠诚、扎实的专业技术知识、个人的模范性、已经核实的思想、政治和道德品质以及遵守被共和国宪法认可的原则和党的政策等方面表现突出。

党的基层组织开展工作时，不能取代领导干部的职责，只能加以补充，尊重其在自身职权范围内做决定的权威，在必要时给以提醒、提出要求。

第三十七条　设在国家中央部门及其办事处、人民权力部门、国家驻外机构、企业领导办公室及企业联盟内的党的基层组织，不得干预这些机构的领导活动。

在党的附属领导机构和组织、共产主义青年联盟领导机构、群众及社会组织里的核心小组，亦应如此。这些基层组织的工作内容和职能，由政治局批准的条例规定。

第三十八条　党的高级领导机构，在履行对国家中央部门的职责时，应依靠设在这些部门的党的基层组织并获得其协助。

第三十九条　党有责任代表劳动者和人民群众的利益，了解和疏导其忧虑与不安。党的基层组织，作为其工作作风的一部分，直接与群众打交道，通过劝说和信服使群众支持党的主要任务和决议。

第四十条　党在社区的基层组织，应将在其辖区内的居民（尤其是青年一代）中开展思想和政治工作作为主要任务，支持群众组织、古巴革命战斗协会、人民权力部门办事处的工作。

第五章　党的中间层级的大会和领导机构

第四十一条　省、市、区大会是党在省、市、区的最高领导机构，通常负责总结工作、审批下一个时期的工作计划、选举相应委员会和工作委员会,以及根据上级机构的指导处理其他事务。

第四十二条 党的中间层级的领导机构承担以下任务:领导和开展思想政治工作,组织、推动增强党的作用和影响;提高党员和人民的革命意识,推动其支持革命举措;协调、协助、整合属地所有机构和单位为完成经济和社会计划而奋斗,避免干涉或取代其职能;提高效率;增强防卫实力以应对、抵消敌人的宣传和活动。

应特别关注旨在预防和反对违纪、违法、腐败、犯罪及其他消极行为的行动。

第四十三条 党的中间层级的领导委员会应根据相应条例规定的期限定期召开全体会议,并从其成员中选举产生第一书记及执行局的其他成员。

第四十四条 中间层级领导机构的执行局在相应委员会闭会期间管控并组织完成党的任务。执行局隶属并对委员会全体会议及相应上级机构负责。

第六章 党的全国代表大会和高级机构

第四十五条 全国代表大会是党的最高机构,通常围绕党的政策、组织和活动等方面的重大问题做出决定,其决议是最终决议,全党必须执行,不得回避。

全国代表大会审议并指明解决社会主义建设重大问题的道路,审批国家经济、社会、文化发展的战略方针和纲领,审批党章,选举中央委员会。

第四十六条 全国代表大会通常每五年召开一次,由中央委员会全体会议召集举行的会议为特别会议。面对战争威胁、自然灾害及其他特殊情况,全国代表大会可延期。延期应由中央委员会全体会议批准(条件不允许的情况下由政治局批准),并将延期信息告知人民。

全国代表大会的召开方式由中央委员会全体会议确定,应至少在会议召开前六个月发出通知,并告知会议将涉及的主要议题。如果召开特别会议，提前通知的时间可缩短。有代表半数以上党员的代表出席，全国代表大会方有效。

第四十七条 全国代表大会议程根据中央委员会全体会议建议制定；大会代表集中后，可以对大会议程提出删改、增补意见并最终予以审批。

第四十八条 在全国代表大会闭会期间，中央委员会可以召集全国会议，以处理党的政策等重大问题。

全国会议有权吸纳新的成员出席会议，也可根据需要不让某位成员与会。

全国会议参会人数、参会人员的选举方式、准备及召集大会的规范等由政治局确定。

第四十九条 在全国代表大会闭会期间，中央委员会是党的最高领导机构。

中央委员会全体会议确定政治局委员数目并在其内部选举第一书记、第二书记及其他委员。书记处亦如此。

第五十条 中央委员会全体会议应每年至少召开两次；经政治局召集，也可多次召开全体会议。

第五十一条 在政治局和书记处的帮助下，中央委员会在全国代表大会闭会期间根据相应条例规定落实大会制定的政策、通过的决议和决定。

第五十二条 政治局在中央委员会全体会议闭会期间为党的最高领导机构，领导期间党的所有工作。

政治局实施党的全国代表大会、全国会议及中央委员会全体会议做出的决议，并在中央委员会全体会议闭会期间，决定党的政策。响应中央委员会全体会议的号召并向其汇报工作。

第五十三条 为处理职权范围内的事务，政治局内设一执行委员会，执行委员会由中央委员会第一书记主持。该委员会对政治局负责，并在必要情况下事先征求政治局的意见。

政治局在中央委员会书记处的帮助下负责党的日常运作。

第七章 党和国防

第五十四条 古巴共产党制定关于国防的政策并教育公民要有为捍卫祖国、革命和社会主义而做出必要牺牲的信念。

第五十五条 古巴共产党本着开展联合、持久、全面斗争直到取得最后胜利的原则,努力使全国人民了解战争规则。所有革命者、古巴爱国者、自尊的男人和女人们在和平时期就应知道自己在战争状态所处的位置,掌握一种参与抵抗和消灭敌人的方法和手段,为此应接受有关训练。

第五十六条 古巴共产党努力使所有的机构对防卫任务给予最高程度的关注,并保证有关各方时刻处于合理的准备状态。

第五十七条 党根据国内生活的一般原则及中央委员会批准的相关具体规范在革命武装力量和内务部构建组织、开展工作。这些组织在上述两个机构中开展思想政治工作时,应考虑到与在服务和经济单位中开展工作的不同,后者具有更多数量的党员和劳动者。

第五十八条 革命武装力量和内务部中的党组织负责领导和管控这些机构中的共产主义青年联盟组织。

第五十九条 党在革命武装力量和内务部的工作由中央委员会第一书记领导。

第六十条 革命武装力量和内务部中的党组织应与党的地方组织保持密切工作联系。

第八章 党、共产主义青年联盟及群众和社会组织

第六十一条 古巴共产党担负对新一代进行思想政治教育和培养的职责,在其青年组织——共产主义青年联盟内有其最亲密和活跃的合作者。党的基层组织机构指导和管控其辖区内相应的共产主义青年联盟组织,鼓励其发挥主动性和创造性,尊重其组织独立性。

第六十二条 党在群众和社会组织自觉自主接受党的领导的原则基础上指导和领导其工作,依靠在群众和社会组织中的党员施加影响,承认这些组织的独立性和自主性。

党对这些组织的领导和指导方法是,开展充分而民主的对话,通过摆事实讲道理使其接受党的路线和决议,尊重这些组织的自主性及它们所代表的群众的利益。

(本文原文来源于古巴共产党网站:http//www.pcc.cu/pdf/documentos/estatutos/estatutos6c.pdf)

(中共中央编译局　靳呈伟 译)

第三部分
附 录

越南社会主义共和国国会代表和人民议会代表选举法

	越南社会主义共和国
国会	独立—自由—幸福
法律文号：85/2015/QH13	河内，2015年6月25日

依据越南社会主义共和国宪法，国会颁布本国会代表和人民议会代表选举法。

第一章 总 则

第一条 选举原则

国会代表和人民议会代表的选举按照普遍、平等、直接和秘密投票的原则进行。

第二条 投票年龄和参选年龄

依据本法规定，截止到投票日，越南社会主义共和国公民，满十八周岁均有选举国会代表和各级人民议会代表的权利，满二十一周岁均有被选举为国会代表和各级人民议会代表的权利。

第三条 候选人标准

第一款 国会代表候选人必须满足国会组织法规定的国会代表的各项标准。

第二款 人民议会代表候选人必须满足地方政府组织法规定的人民议会代表的各项标准。

第四条　选举机构、组织和单位的责任

第一款　国会应决定国会代表和人民议会代表选举的全国投票日，决定国会代表任期内的补选，决定并建立国家选举委员会。

第二款　国家选举委员会应组织国会代表的选举工作，指导人民议会代表的选举工作。

第三款　国会常务委员会应确定国会代表数额，确定国会代表的比例和结构，指导人民议会代表的比例、结构和数额，监督国会代表和人民议会代表的选举，确保选举能以民主、合法、安全和节俭的方式进行。

第四款　政府应根据法律规定指导各部、部级机关、政府机构和人民委员会组织选举工作，开展基金保障措施，指导选举基金的管理和使用，保障为选举服务的通信、宣传、安全和其他条件。

第五款　越南祖国阵线应组织协商国会代表和人民议会代表候选人的选择和推选工作，监督国会代表和人民议会代表的选举。

第六款　中央直辖市和省（以下简称为省）选举委员会应组织本地的国会代表选举；中央直辖市和省选举委员会，县、郡、市、省直辖市、中央直辖市直属的市（以下简称为县）选举委员会和乡、坊、镇（以下简称为乡）选举委员会应组织省、县、乡级人民议会代表的选举；选举理事会和选举小组应组织本法规定的国会代表和人民议会代表的选举。

第七款　人民议会常设理事会应确定同级人民议会代表的比例、结构和数额，人民议会常务委员会和人民委员会应在其职权范围内监督、检查和组织由本法及相关法律规定的选举工作。

第八款　国家机关、政治组织、人民团体、社会组织、人民武装部队、事业单位和商业组织应在其职责和权限范围内向各选举负责组织提供便利。

第五条　选举日期

选举日必须是星期日，并在选举日的一百一十五日前公布。

第六条　选举基金

国会代表和人民议会代表选举的选举基金应由国家预算提供。

第二章 国会代表和人民议会代表的比例、结构和数额，选区和投票站

第七条 国会代表数额

国会常务委员会应确定各省市的国会代表数额，规定如下：

（一）各省市至少选举三名居住和工作在本省市的国会代表。

（二）其余的国会代表数额应根据每个省市的人口数量和特征来确定，以确保每年当选的国会代表总数达到五百人。

第八条 国会代表的比例和结构

第一款 为确保国会中有适当的国会代表比例，国会常务委员会根据对国会代表数额的建议，至迟在选举日的一百零五日前，在征得越南祖国阵线中央委员会常设理事会和人民团体代表的同意后，确定国会代表的比例和结构，以及由政治组织、人民团体、社会组织、人民武装部队、中央及地方国家机关推选的国会代表的数额。

第二款 在国会民族委员会的要求下，国会常务委员会应确定国会少数民族代表的数额，以确保少数民族代表至少占国会代表总数的百分之十八。

第三款 在越南中央妇女联合会主席团的要求下，国会常务委员会应确定国会女性代表的数额，以确保女性代表至少占国会代表总数的百分之三十五。

第四款 国会常务委员会关于国会代表的比例、结构和数额的建议，应寄送至国家选举委员会、越南祖国阵线中央委员会常设理事会、省级选举委员会和省级越南祖国阵线委员会常设理事会。

第九条 人民议会代表的比例和结构

根据地方政府组织法关于每个行政单位应选人民议会代表数额的规定，在越南祖国阵线委员会常设理事会和同级人民委员会许可后，至迟在选举日的一百零五日前：

第一款 各省、县人民议会常设机构应对由同级政治组织、人民团体、社会组织、人民武装部队、同级和下级国家机关以及行政区域内的事业单位和商业组织推选的省、县人民议会代表的比例、结构和数额提出建议，以确保女性代表至少占人民议会代表总数的百分之三十五，而少数民族代表的数额应由各地政府根据实际情况确定。

第二款 各乡级人民议会常设机构应对由同级政治组织、人民团体、社会组织、人民武装部队、国家机关以及村和居民组、社区、行政区域内的事业单位和商业组织推选的乡人民议会代表的比例、结构和数额提出建议，以确保女性代表至少占人民议会代表总数的百分之三十五，而少数民族代表的数量应由各地政府根据实际情况确定。

第三款 人民议会常设理事会确定的关于人民议会代表的比例、结构和数额的建议应寄送至国家选举委员会、上一级人民议会常设机构、越南祖国阵线中央委员会常设理事会和同级选举委员会。

第十条 选区

第一款 国会代表和人民议会代表由各个选区选出。

第二款 各省市应分为多个国会代表选区。选区的数量和名单、选区选举的国会代表名额按人口比例分配并由国家选举委员会决定，至迟在选举日的八十日前公布。

第三款 各省市应分为多个省级人民议会代表选区，各县应分为多个县级人民议会代表选区，各乡应分为多个乡级人民议会代表选区。省、县、乡级人民议会代表选区的数量、选区名单和选区选举的人民议会代表名额由同级选举委员会决定，至迟在选举日的八十日前公布。

第四款 每个国会代表选区选举的国会代表的数额不超过三名，每个人民议会代表选区选举的人民议会代表的数额不超过五名。

第十一条 投票站

第一款 每个国会代表和人民议会代表选区应分为多个投票站，国会代表选区的投票站与人民议会代表选区的投票站是相同的。

第二款　每个投票站应有三百至四千名选民，在山区、高原、海岛和人口不集中的地区，尽管选民不足三百人，也可设立一个投票站。

第三款　以下地方可以单独设立投票站：

（一）人民武装部队。

（二）有五十名以上选民的医院、妇产科医院、疗养院、残疾人看护中心和养老院。

（三）劳教所、戒毒中心和看守所。

第四款　投票站的确定应由乡级人民委员会决定，由县级人民委员会批准。没有乡或镇的县，投票站的确定应由县人民委员会决定。

第三章　国家选举委员会和地方选举组织

第一节　国家选举委员会

第十二条　国家选举委员会的组织结构

第一款　国家选举委员会由国会组建成立，包括一名主席、几名副主席和若干名委员在内的十五至二十一名成员，这些成员应是国会常务委员会、中央政府、越南祖国阵线中央委员会以及相关机构和组织的代表。

第二款　国会常务委员会选举和罢免国家选举委员会主席。国家选举委员会副主席及其委员须经国家选举委员会主席提名再由国会批准。

第三款　国家选举委员会应成立帮助其履行职责的各种专门小组。

第十三条　国家选举委员会的运作规则

国家选举委员会按民主集中制原则进行工作，每次会议至少必须有三分之二的成员出席，各项决定必须有半数以上成员赞成方能生效。国家选举委员会应对国会负责，并向国会及其常务委员会报告工作。

第十四条　国家选举委员会的基本职责

（一）组织国会代表选举。

（二）指导人民议会代表选举。

（三）指导通讯、宣传和选举竞选。

（四）指导选举的保卫、秩序和安全活动。

（五）检查、监督选举法的实施。

（六）发布候选人材料、选民证、选票、投票站的内部规章和其他选举文件。

第十五条　国家选举委员会在国会代表选举中的职责

（一）确定并宣布国会代表选区的数量、选区名单和每个选区的国会代表候选人的数量。

（二）接收并审查中央政治组织、人民团体、社会组织、人民武装部队、国家机关推选的国会代表候选人的材料；接收省级选举委员会邮寄的国会代表候选人的材料和名单。

（三）把中央政治组织、人民团体、社会组织、人民武装部队、国家机关推选的国会代表候选人的履历和自传、收入及财产声明的副本寄至越南祖国阵线中央委员会常设理事会进行协商。推选并邮寄由越南祖国阵线中央委员会主席团推选的参加省级选举的国会代表候选人的材料。

（四）制作和张贴每个选区的国会代表正式候选人名单；勾销国会代表正式候选人名单的名字。

（五）接收并检查省级选举委员会呈送的选举结果档案；建立全国国会代表选举的总结档案。

（六）决定国会代表的补选和重选，取消选举结果，决定有严重舞弊行为的投票站和选区的重新选举日期。

（七）确认和宣布全国国会代表的选举结果，确认当选的国会代表的身份。

（八）把全国选举的总结档案和当选的国会代表的身份确认结果呈送新一届国会。

（九）解决国会代表选举的申诉活动；把与当选国会代表相关的文件和申诉呈送国会常务委员会。

（十）管理和分配国会代表选举基金。

第十六条　国家选举委员会在指导人民议会代表选举方面的职责

（一）指导人民议会代表选举法的实施。

（二）指导人民议会代表选举的组织工作。

（三）检查人民议会代表的选举组织。

（四）取消人民议会代表选举结果，决定有严重舞弊行为的投票站和选区的重新选举日期。

第十七条　国家选举委员会主席、副主席和委员的职责

第一款　国家选举委员会主席应就国家选举委员会的运行向国会负责，并履行下列职责：

（一）向国会提交国家选举委员会副主席和委员的名单以求批准。

（二）召集和主持国家选举委员会会议。

（三）指导和管理国家选举委员会的日常运行。

（四）与国家选举委员会的成员保持联系。

（五）代表国家选举委员会与其他机构和组织保持联系。

（六）履行国家选举委员会分配的其他职责。

第二款　国家选举委员会副主席和委员应履行国家选举委员会分配的其他职责，并对国家选举委员会的日常运作负责。

第三款　当国家选举委员会主席职位空缺时，其中一个副主席应代表国家选举委员会主席履行职责。

第十八条　国家选举委员会的工作关系

第一款　国家选举委员会应与国会常务委员会在监督和检查国会代表和人民议会代表选举方面开展合作。

第二款　国家选举委员会应与越南祖国阵线中央委员会主席团在协商、推选国会代表，在指导协商、推选人民议会代表和竞选活动方面开展合作。

第三款　国家选举委员会应与政府在经费保障、选举秩序和安全，以及根据各种条件为国会代表和人民议会代表选举提供必要服务方面开展合作。

第四款　国家选举委员会应为全国国会代表和人民议会代表的选举组织提供指导和帮助。

第十九条　国家选举委员会的协助单位和运作基金

第一款　国家选举委员会拥有国会常务委员会发布的协助单位。

第二款　国家选举委员会有权调用国家机关、政治组织和人民团体的公职人员对其进行协助。

第三款　国家选举委员会的运作基金应由政府预算提供。

第二十条　关于国家选举委员会完成工作的时间

在把选举总结报告和当选国会代表的身份确认结果提交给新一届国会，并把国会代表选举的总结档案和相关文件呈送新的国会常务委员会后，国家选举委员会的工作才宣告结束。

第二节　地方选举组织

第二十一条　地方选举组织

地方选举组织包括：

（一）省、县和乡级选举委员会（以下简称为选举委员会）。

（二）省、县和乡级国会代表和人民议会代表选举理事会（以下简称为选举理事会）。

（三）选举小组。

第二十二条　选举委员会的建立、比例和结构

第一款　至迟在选举日的一百零五日前，各省人民委员会在征得同级人民议会常设机构和越南祖国阵线常务委员会的同意后，决定成立省选举委员会以便组织本省国会代表和人民议会代表的选举工作。

各省选举委员会包括一名主席、多名副主席和若干名委员在内的二十一至三十一名成员，这些成员应是省人民议会、人民委员会和越南祖国阵线常设机构以及相关机构和组织的代表。

省级选举委员会名单应寄送至国家选举委员会、国会常务委员会、中央政府和越南祖国阵线中央委员会常设理事会。

第二款　至迟在选举日的一百零五日前，各县和乡人民委员会在征得同级人民议会常设机构和越南祖国阵线常务委员会的同意后，决定成立同级选举委员会以便组织人民议会代表的选举工作。

县级选举委员会有十一至十五名成员，乡级选举委员会有九至十一名成员；各县和乡选举委员会包括一名主席、多名副主席和若干名委员在内的多名成员，这些成员应是县乡人民议会、人民委员会和越南祖国阵线常设机构以及相关机构和组织的代表。

县乡级选举委员会名单应寄至上一级人民议会常务委员会、人民委员会和越南祖国阵线常务委员会。

第二十三条　选举委员会的职责

第一款　在国会代表选举方面，省级选举委员会有如下职责：

（一）指导本省国会代表选区的国会代表选举的准备和组织；检查和监督国会代表选举法在国会代表选举理事会和选举小组的实施。

（二）指导本省国会代表的通信、宣传和选举竞选。

（三）指导本省国会代表选举的保卫、秩序和安全活动。

（四）接收并审查本省政治组织、人民团体、社会组织、人民武装部队、国家机关、事业单位和商业组织推选的国会代表候选人的材料，以及本省国会代表自荐候选人的材料；把自荐和推选的国会代表候选人的履历和自传、收入及财产声明的副本寄至省越南祖国阵线常务委员会进行协商；把本省国会代表候选人的文件和名单寄至国家选举委员会。

（五）制作本省所有选区的国会代表正式候选人名单；向国家选举委员会呈送报告。

（六）指导和检查选民名单的建立和张贴。

（七）接收省级人民委员会送交的有关国会代表的文件和选票，至迟在选举日的二十五日前，将这些文件和选票发放给各国会代表选举理事会。

（八）解决国会代表选举申诉活动；申诉由国会代表选举理事会和选举小组呈送；申诉与国会代表候选人相关。

（九）接收和检查国会代表选举理事会寄送的选举结果报告；写作本地方的国会代表选举结果报告。

（十）应国家选举委员会的要求呈送国会代表的选举组织报告。

（十一）把国会代表选举结果的文件和报告呈送国家选举委员会。

（十二）根据国家选举委员会的决定组织补选和重选。

第二款　在人民议会代表选举方面，各级选举委员会有如下职责：

（一）指导同级人民议会代表的选举，检查和监督人民议会代表选举法的实施。

（二）管理和分配同级人民议会代表的选举基金。

（三）指导同级国会代表的通信、宣传和选举竞选。

（四）指导同级人民议会代表选举的保卫、秩序和安全活动。

（五）确定和公布选区数量、选区名单和同级人民议会代表选区的候选人数额。

（六）接收和审查政治组织、人民团体、社会组织、人民武装部队、国家机关、事业单位、商业组织以及村和居民组推选的人民议会代表候选人的材料，以及同级人民议会代表自荐候选人的材料；把推选和自荐的人民议会代表候选人的履历和自传、收入及财产声明的副本寄送同级越南祖国阵线常务委员会进行协商。

（七）建立和公布同级各人民议会代表选区的人民议会代表正式候选人名单，勾销同级人民议会代表正式候选人名单中的名字。

（八）接收同级人民委员会送交的有关人民议会代表的文件和选票，至迟在选举日的二十五日前，将这些文件和选票发放给各人民议会代表选举理事会。

（九）接收和检查人民议会代表选举理事会寄送的每个选区的同级人民议会代表的选举结果档案，建立同级人民议会代表的选举结果档案。

（十）根据本法第七十九条、第八十条、第八十一条和第八十二条的规定，组织人民议会代表的补选和重选。

（十一）确认和公布人民议会代表的选举结果，确认当选的人民议会代表的身份。

（十二）把同级的人民议会代表选举的总结报告和当选的人民议会代表的身份确认结果呈送新一届人民议会。

（十三）解决人民议会代表选举申诉；申诉由人民议会代表选举理事会和选举小组呈送；申诉与人民议会代表候选人相关。

（十四）把人民议会代表选举的总结档案和文件送交同级新一届人民议会常设理事会。

第二十四条　选举理事会

第一款　至迟在选举日的七十日前，在征得同级人民议会常设机构和越南祖国阵线常务委员会的同意后，各省人民委员会决定成立选举理事会，每个省级选区应有一个选举理事会。每个选举理事会包括一名理事会主席、多名理事会副主席和若干名理事会委员在内的九至十五名成员，这些成员应是同级人民议会常设机构、人民委员会和越南祖国阵线委员会以及相关机构和组织的代表。

第二款　至迟在选举日的七十日前，在征得同级人民议会常设机构和越南祖国阵线中央委员会常设理事会的同意后，各省、县和乡人民委员会决定成立选举理事会。每级选区都设立人民议会代表选举理事会，人民议会代表选举理事会由国家机关、政治组织、人民团体和社会组织的代表组成。乡人民议会代表选举理事会的部分成员应来自乡选民。

各省人民议会代表选举理事会应有十一至十三名成员，各县人民议会代表选举理事会应有九至十一名成员，各乡人民议会代表选举理事会应有七至九名成员。每个选举理事会应包括一名理事会主席、多名理事会副主席和若干名理事会委员。

第三款　选举理事会的职责：

（一）检查、监督选举法在本选区选举小组的实施。

（二）检查、监督选区的选民名单和候选人名单的建立和公布。

（三）指导、检查、监督投票站的布置和投票站的选举活动。

（四）至迟在选举日的十五日前，接受并向选举小组发放文件和选票。

（五）接收、汇总和检查选举小组送交的选举结果档案，制作选区的选举结果档案。

（六）解决选举小组呈送的申诉，接受并向省选举委员会送交国会代表候选人的申诉，接受并向同级选举委员会送交人民议会代表候选人的申诉。

（七）在国家选举委员会和同级选举委员会的要求下，呈送选举组织报告。

（八）向省选举委员会移交国会代表选举文件，向同级选举委员会移交人民议会代表选举文件。

（九）组织补选和重选（如有必要）。

第二十五条　选举小组

第一款　至迟在选举日的五十日前，在征得乡级人民议会常设机构和越南祖国阵线中央委员会常设理事会的同意后，各乡人民委员会决定成立选举小组。每个投票站成立一个选举小组，选举小组在投票站组织国会代表和人民议会代表的选举工作。每个选举小组包括一名组长、一名秘书和若干名委员在内的十一至二十一名成员，这些成员应是国家机关、政治组织、人民团体、社会组织和乡选民的代表。

对于没有乡或乡级镇的县，在征得县人民议会常设机构和越南祖国阵线中央委员会常设理事会的同意后，县人民委员会决定成立选举小组。每个投票站成立一个选举小组。每个选举小组包括一名组长、一名秘书和若干名委员在内的十一至二十一名成员，这些成员应是国家机关、政治组织、人民团体、社会组织和乡选民的代表。

每个人民武装部队应有一个投票站，并成立一个选举小组。每个选举小组包括一名组长、一名秘书和若干名委员在内的五至九名成员，这些成员应是人民武装部队的指挥官和士兵的代表。

如果人民武装部队与地方政府拥有同一个投票站，在征得同级人民议会常设机构和越南祖国阵线常务委员会的同意后，乡人民委员会和人民武装部队首长应决定成立选举小组。该选举小组包括一名组长、一名秘书和若干名委员在内的十一至二十一名成员，这些成员应是国家机关、政治组织、人民团体、社会组织、当地选民、人民武装部队的指挥官和士兵的代表。

第二款 选举小组的职责：

（一）负责投票站的选举工作。

（二）布置投票处和准备投票箱。

（三）接收选举理事会送交的文件和选票，发放选民证和有选举小组印章的选票给选民。

（四）在选举日的十天前，选举小组必须经常向选民通报选举日、投票地点和投票时间。

（五）确保选举法和内部规章在投票处的实施。

（六）解决本条规定的由选举小组执行的申诉；接受国会代表和人民议会代表候选人的申诉，如果超出其能力范围，选举小组应将申诉呈送同级选举委员会。

（七）检票并制作选举结果档案，然后寄送同级选举理事会。

（八）检票结束后立即将选举结果档案和所有选票送交乡人民委员会。

（九）依照上级负责选举组织的规定报告组织选举情况。

（十）在投票站组织补选（如有必要）。

第二十六条 地方选举负责组织的运作规则

第一款 地方选举负责组织按民主集中制原则进行工作，每次会议至少必须有三分之二的成员出席，各项决定必须有半数以上成员赞成方能生效。

第二款 建立选举组织的主管机构有权调用国家机关、人民团体、社会组织和事业单位的人员协助选举工作。

第二十七条 禁止参加选举组织的人员

禁止所有国会代表和人民议会代表候选人参加其所在选区的任何选举

理事会和选举小组；如果候选人是其所在选区的某个选举理事会和选举小组的成员，在正式候选人名单宣布之前，候选人必须辞去选举负责组织中的一切职务；如果候选人没有这样做，那么决定建立选举理事会和选举小组的机构将强制取消其在选举负责组织中的一切职务，并用其他人来填补该职务。

第二十八条　关于地方选举组织完成工作的时间

第一款　在国家选举委员会结束全国国会代表选举并宣布国会代表选举结果后，省级选举委员会、国会代表选举理事会和选举小组将完成国会代表选举工作。

第二款　在选举理事会向同级的新一届人民议会第一次会议提交人民议会代表选举结束报告和选举文件后，各选举委员会将完成人民议会代表选举工作。

第三款　在选举委员会完成选举报告并宣布人民议会代表选举结果后，各人民议会代表选举理事会和选举小组将完成人民议会代表选举工作。

第四章　选民名单

第二十九条　选民名单的建立规则

（一）除本法第三十条第一款规定的情况以外，拥有选举权的每个公民均应列入选民名单，并发放选民证。

（二）只有拥有永久或临时住所的公民才被列入选民名单。

（三）在当地暂时居住十二个月以下的公民，或为人民武装部队士兵的选民，应被列入其居住或驻扎的省或县的国会代表和人民议会代表的选民名单。

（四）任何返回越南的在国外居住的越南公民，在选举日前选民名单已张贴的二十四小时之内，如向乡级人民委员会出示越南国籍的护照，那么其名字将被列入选民名单并领取省、县、乡级国会代表和人民议会代选民证（如能出示永久居留证）；或领取省、县级国会代表和人民议会代表选民证（如能出示临时居留证）。

（五）被拘留、扣押或在劳教所、戒毒中心的选民应被列入选民名单，并将在其接受责罚之地选举该省的国会代表和人民议会代表。

第三十条　未被列入、增加进选民名单或从选民名单勾销的人员

第一款　被法院依法剥夺投票权的人，等待处决的死刑人员，没有缓刑的监狱服刑者，以及无民事行为能力的人，都不能列入选民名单。

第二款　直到投票前二十四小时，符合本条第一款的人员恢复了投票权，被释放或职能机关鉴定为拥有民事行为能力的人员，依据本法第二十九条的规定应将他们列入选民名单，为他们发放选民证。

第三款　在选举日前选民名单已张贴的二十四小时之内，如果有人在其被列入选民名单的乡之外变更居住地，其名字将从原选民名单中勾销，而被增加进新居住地的选民名单，并选举省、县和乡级国会代表和人民议会代表。如果有人在其被列入选民名单的乡之外变更临时居住地，其名字将从原选民名单中勾销，而被增加进新的临时居住地的选民名单，并选举省、县级国会代表和人民议会代表。

第四款　直到投票前二十四小时，依据本法第二十九条第五款规定的选民，如果被派出所、劳教所或戒毒中心释放，应将其名字从被拘留、关押和劳教之地的选民名单中勾销，或将其名字增加进其居住地的选民名单，并选举省、县和乡级国会代表和人民议会代表，或将其名字增加进其临时居住地的选民名单，并选举省、县级国会代表和人民议会代表。

第五款　在投票日前，已被列入选民名单的人员，如果被法院剥夺投票权，必须进监狱服刑，或丧失民事行为能力，乡级人民委员会应将其名字从选民名单中勾销，并收回选民证。

第三十一条　选民名单的建立

第一款　选民名单由乡级人民委员会根据投票站建立。对于没有乡的县，县人民委员会应根据投票站建立选民名单。

第二款 人民武装部队的选民名单由部队首长根据部队驻守地的投票站建立。一个士兵如在其毗邻驻扎地的行政区域内有居住地，部队首长将为其颁发证明，以便使其名字列入选民名单，然后士兵就可以在居住地投票。出具证明时，部队首长必须在人民武装部队的选民名单上紧挨着该士兵名字的地方注明"在居住地投票"。

第三十二条 张贴选民名单

建立选民名单机关至迟必须在选举日的四十日前在乡人民委员会所在地和投票站的公共场所张贴选民名单，同时广泛通告以便让人民群众审查选民名单。

第三十三条 选民名单申诉

审查选民名单时，如果发现有错漏，从张贴之日起三十日以内，任何人都有权向建立选民名单机关申诉。建立选民名单机关应对这些申诉做好记录，从接到申诉之日起五日以内，建立选民名单机关应解决并通报申诉人。

如果申诉人不同意由建立选民名单机关解决的结果，或者在最后期限内该申诉未能得到解决，申诉人有权向依据行政程序法规定的人民法院起诉。

第三十四条 在其他地方投票

从张贴选民名单到选举日，如果某个选民因到外地出差而无法在已登记入选民名单的居住地参加投票时，该选民可从居住地取得证明，将其名字列入出差地选民名单，并在出差地参加投票。出具证明时，人民委员会应立即在选民名单上紧挨着该选民名字的地方注明"在外地投票"。

第五章 候选、协商和推选国会代表和人民议会代表候选人

第一节 候选人

第三十五条 候选人材料和提交候选人材料的最后期限

第一款 公民依照本法规定竞选国会代表和人民议会代表的，至迟必

须在选举日的七十日前提交他们的候选人材料。

第二款 候选人材料包括：

（一）候选人竞选申请书。

（二）由职能机关、组织和单位认证的履历。

（三）简要自传。

（四）三张四厘米乘六厘米的彩色照片。

（五）依照预防腐败法规定的收入和财产声明。

第三款 国家选举委员会依照本条规定提供指导。

第三十六条 呈送候选人材料

第一款 提交的国会代表候选人的相关材料有：

（一）每个由政治组织、人民团体、社会组织、人民武装部队或中央国家机关推选的候选人，应向国家选举委员会呈送两份候选人材料。

（二）每个由政治组织、人民团体、社会组织、人民武装部队、中央国家机关、事业单位或商业组织推选的候选人以及每个自荐候选人，应向其居住或长期工作所在地的省选举委员会呈送两份候选人材料。

（三）在接收、审查候选人材料，确认他们符合本法的相关规定后，国家选举委员会应把推选候选人的简要自传、履历以及收入与财产声明的清单移交给越南祖国阵线中央委员会常务委员会；省选举委员会应向国家选举委员会呈送本省推选和自荐候选人的材料；向本省祖国阵线委员会常务理事会移交推选和自荐候选人的简要自传、履历以及收入与财产声明的清单，或将它们纳入协商清单。

第二款 每个人民议会代表候选人应向其竞选所在地的选举委员会呈送一份候选人材料，每个参加本地人民议会代表选举的自荐候选人和推选候选人须在本地居住或长期工作。

第三款 每个公民都有权利呈送多份人民议会代表候选人材料；如果该公民已经呈送了一份国会代表选举的候选人材料，那么该公民仍有权利呈送一份同级人民议会代表选举的候选人材料。

第三十七条　无权竞选国会代表和人民议会代表的人员

（一）被法院依法剥夺竞选权利者，无缓刑期的监狱服刑者，以及限制或无民事行为能力者。

（二）被追究刑事责任的人。

（三）被法院判刑的人。

（四）已服刑、但犯罪记录没有被删除的人。

（五）正在劳教所、戒毒中心接受行政处罚的人，或正在乡、坊、镇接受行政缓刑的人。

第二节　协商、推选国会代表候选人，调整国会代表推选候选人的比例、结构和数额

第三十八条　第一次全国协商会议

第一款　至迟在选举日的九十五日前，越南祖国阵线中央委员会主席团组织第一次全国协商会议。第一次全国协商会议由越南祖国阵线中央委员会主席团及其成员组织领导班子的代表组成。国家选举委员会、国会常务委员会和中央政府的代表应邀参加该会议。

第二款　第一次全国协商会议应依据国会常务委员会的建议就中央机关、组织和单位推选的国会代表候选人的比例、结构和数额达成一致。

第三款　第一次全国协商会议的会议纪要必须明确记录参加者的构成、数量以及本次会议的过程和结果，并应立即寄给国会常务委员会和国家选举委员会。

第三十九条　第一次省级协商会议

第一款　至迟在选举日的九十五日前，各省越南祖国阵线中央委员会常设理事会组织第一次省级协商会议。第一次省级协商会议由越南祖国阵线中央委员会常设理事会、其成员组织领导班子和县级越南祖国阵线中央委员会常设理事会的代表组成。省级选举委员会、省级人民议会常设机构和省级人民委员会的代表应邀参加该会议。

第二款　第一次省级协商会议应依据国会常务委员会的建议就地方机关、组织和单位推选的国会代表候选人的比例、结构和数额达成一致。

第三款　第一次省级协商会议的会议纪要必须明确记录参加者的构成、数量以及本次会议的过程和结果，并应立即寄给国会常务委员会、国家选举委员会、越南祖国阵线中央委员会常设理事会和省级选举委员会。

第四十条　国会常务委员会的第一次计划

根据第一次协商会议的结果，在选举日的九十日前，国会常务委员会应制定第一次计划，确定中央和地方的机关、组织和单位应选出的国会代表的比例、结构和数额。

第四十一条　中央机关、组织和单位推选国会代表候选人

依据国会常务委员会制定的第一次计划和国会代表的标准，中央机关、组织和单位推选国会代表候选人应遵循以下程序：

（一）各政治组织、人民团体或社会组织的领导班子应建议其职员竞选国会代表，并收集在工作单位举行的第一次选民会议的选民意见。以上述选民意见为基础，各组织的领导班子应组织召开扩大的执委会或主席团会议，讨论和推选国会代表候选人。

（二）国家机关的领导班子在机关工会执行委员会的配合下，应建议其职员竞选国会代表，收集在工作单位举行的第一次选民会议的选民意见。以上述选民意见为基础，机关领导班子应组织召开由机关领导干部、工会执行委员会和附属单位的领导干部参加的会议，讨论和推选本机关的国会代表候选人。

（三）人民武装部队的首长应建议军人竞选国会代表，收集在工作单位举行的第一次选民会议的选民意见。以上述选民意见为基础，部队首长应组织召开由部队领导或首长、工会执行委员会代表（如果有）、士兵和下级指挥官代表参加的会议，讨论和推选部队的国会代表候选人。

（四）本条提到的第一次选民会议应在本法第四十五条规定的配合下举行。

（五）在第二次协商会议召开之前，推选国会代表候选人的中央机关、组织和单位应向越南祖国阵线中央委员会常设理事会提交第一次选民会议纪要和领导班子会议纪要。

第四十二条　地方机关、组织和单位推选国会代表候选人

依据国会常务委员会制定的第一次计划和国会代表的标准，地方机关、组织和单位推选国会代表候选人应遵循以下程序：

（一）各地方的政治组织、人民团体或社会组织的领导班子应建议其职员竞选国会代表，并收集在工作单位举行的第一次选民会议的选民意见。以上述选民意见为基础，各组织的领导班子应组织召开扩大的执委会会议，推选国会代表候选人。

（二）地方机关、事业单位和商业组织的领导班子在机关工会执行委员会的配合下，应建议其职员竞选国会代表，收集在工作单位举行的第一次选民会议的选民意见。以上述选民意见为基础，机关领导班子应组织召开由机关领导干部、工会执行委员会和附属单位的领导干部参加的会议，讨论和推选本机关的国会代表候选人。

（三）地方人民武装部队的首长应建议军人竞选国会代表，收集在工作单位举行的第一次选民会议的选民意见。以上述选民意见为基础，部队首长应组织召开由部队领导或首长、工会执行委员会代表（如果有）、士兵和下级指挥官代表参加的会议，讨论和推选部队的国会代表候选人。

（四）本条提到的第一次选民会议应在本法第四十五条规定的配合下举行。

（五）在第二次协商会议召开之前，推选国会代表候选人的地方机关、组织和单位应向越南祖国阵线中央委员会常设理事会提交第一次选民会议纪要和领导班子会议纪要。

第四十三条　第二次全国协商会议

第一款　至迟在选举日的六十五日前，越南祖国阵线中央委员会主席团组织第二次全国协商会议。第二次全国协商会议的组成应符合本法第三十八条第一款的规定。

第二款　对照国会代表的标准,以及国会常务委员会第一次计划建议中央机关、组织和单位选出的国会代表的比例、结构和数量,第二次全国协商会议应制定国会代表初步候选人名单,并在候选人的居住地听取选民的意见。本条提到的选民会议应在本法第四十五条的规定的配合下举行。

第三款　第二次全国协商会议的会议纪要必须明确记录参加者的构成、数量以及本次会议的过程和结果,并应立即寄送国会常务委员会和国家选举委员会。

第四十四条　第二次省级协商会议

第一款　至迟在选举日的六十五日前,各省越南祖国阵线中央委员会常设理事会组织第二次省级协商会议。第二次省级协商会议的组成应符合本法第三十九条第一款的规定。

第二款　对照国会代表的标准,以及国会常务委员会第一次计划建议地方机关、组织和单位选出的国会代表的比例、结构和数量,第二次省级协商会议应制定国会代表初步候选人名单,并在候选人的居住地听取选民的意见;对于自荐候选人(如果有),应在自荐候选人的工作单位听取选民的意见。本条提到的选民会议应在本法第四十五条的规定的配合下举行。

第三款　第二次省级协商会议的会议纪要必须明确记录参加者的构成、数量以及本次会议的过程和结果,并应立即寄送国会常务委员会、国家选举委员会、越南祖国阵线中央委员会常设理事会和省级选举委员会。

第四十五条　第一次选民会议

第一款　在国会代表候选人居住的各村、居民组组织的乡级第一次选民会议,由村和居民组的越南祖国阵线委员会常设理事会和同级人民委员会共同召集和主持。国会代表候选人和机关、组织、单位的代表应邀参加该会议。

第二款　政治组织、人民团体或社会组织的第一次选民会议应由其领导机构召集和主持；国家机关的第一次选民会议应由其领导机构和工会执行委员会共同召集和主持；人民武装部队的第一次选民会议是由部队首长召集和主持的军人会议。国会代表候选人应邀参加该会议。

第三款　在第一次选民会议上，选民对照国会代表的标准，对推选候选人和自荐候选人提出看法，并根据会议的决定进行举手表决或投票表决。

第四款　听取选民对国会代表候选人意见的第一次选民会议的会议纪要必须明确记录参加者的构成、数量以及本次会议的过程和结果。听取选民对中央机关、组织和单位推选的国会代表候选人意见的第一次选民会议的会议纪要应寄送越南祖国阵线中央委员会常设理事会。听取选民对地方机关、组织、单位推选的国会代表候选人和国会代表自荐候选人意见的第一次选民会议的会议纪要应寄送省级越南祖国阵线委员会常设理事会。

第五款　国会常务委员会依照本条规定指导第一次选民会议的组织工作。

第四十六条　核实和回答选民有关国会代表候选人的问题

第一款　针对有关候选人的工作场所、机关、组织和单位的问题，候选人的直接主管机构应负责核实并向越南祖国阵线中央委员会常设理事会和省级越南祖国阵线委员会常设理事会做出书面答复。如果候选人是该机关、组织和单位的领导，那么上级机构应负责核实并做出书面答复；如果该机关、组织和单位没有对口的上级机构，那么决定建立该机关、组织和单位的职能机构应负责核实并做出书面答复。

第二款　针对有关候选人的居住地、机关、组织和单位的问题，在乡级人民委员会的协调下，候选人的推选机构核实并向越南祖国阵线中央委员会常设理事会和省级越南祖国阵线委员会常设理事会做出书面答复。

第三款　对于自荐候选人，在候选人的直接主管机关、组织和单位以及候选人居住地的乡人民委员会的协调下，选举委员会应核实并向省级越南祖国阵线委员会常设理事会做出书面答复。

第四款　至迟在选举日的四十日前，依照本条规定的对选民有关国会代表候选人的问题的核实和答复工作必须完成。

第四十七条　国会常务委员会的第二次计划

根据第二次协商会议的结果，在选举日的五十五日前，国会常务委员会应制定第二次计划，确定中央和地方的机关、组织和单位应选出的国会代表的比例、结构和数额。

第四十八条　第三次全国协商会议

第一款　至迟在选举日的三十五日前，越南祖国阵线中央委员会主席团组织第三次全国协商会议。第三次全国协商会议的组成应符合本法第三十八条第一款的规定。

第二款　对照国会代表的标准，以及国会常务委员会第二次计划和选民的选择意见，建议中央机关、组织和单位选出的国会代表的比例、结构和数额，第三次全国协商会议应制定国会代表正式候选人名单。

第三款　第三次全国协商会议的会议纪要必须明确记录参加者的构成、数量以及本次会议的过程和结果，并应立即寄送国会常务委员会和国家选举委员会。

第四十九条　第三次省级协商会议

第一款　至迟在选举日的三十五日前，各省越南祖国阵线委员会常设理事会组织第三次省级协商会议。第三次省级协商会议的组成应符合本法第三十九条第一款的规定。

第二款　对照国会代表的标准，以及国会常务委员会第二次计划和选民的选择意见，建议地方机关、组织和单位选出的国会代表的比例、结构和数额，第三次省级协商会议应制定国会代表正式候选人名单。

第三款　第三次省级协商会议的会议纪要必须明确记录参加者的构成、数量以及本次会议的过程和结果，并应立即寄送国会常务委员会、国家选举委员会、越南祖国阵线中央委员会常设理事会和省级选举委员会。

第三节　协商、推选人民议会代表候选人，调整人民议会代表推选候选人的比例、结构和数额

第五十条　第一次协商会议

第一款　至迟在选举日的九十五日前，同级越南祖国阵线委员会常设理事会应组织人民议会第一次协商会议。第一次协商会议由越南祖国阵线委员会常设理事会及其成员组织领导班子的代表组成。同级选举委员会以及人民议会和人民委员会常设机构的代表应邀参加该会议。

第二款　省、县级第一次协商会议应就同级政治组织、人民团体、社会组织、人民武装部队、国家机关以及本行政区域内的事业单位、商业组织和下级行政单位推选的人民议会代表候选人的比例、结构和数额达成一致。

第三款　乡级第一次协商会议应就同级政治组织、人民团体、社会组织、人民武装部队、国家机关以及本行政区域内的事业单位、商业组织、村和居民组推选的人民议会代表候选人的比例、结构和数额达成一致。

第四款　第一次协商会议的会议纪要必须明确记录参加者的构成、数量以及本次会议的过程和结果。省级协商会议的会议纪要应立即寄送国会常务委员会、国家选举委员会、地方政府、越南祖国阵线中央委员会、人民议会常设理事会和同级选举委员会。县、乡级协商会议的会议纪要应立即寄送上级人民议会常设理事会、人民委员会、越南祖国阵线委员会以及同级人民议会常设理事会和选举委员会。

第五十一条　人民议会常设理事会调整人民议会代表推选候选人的比例、结构和数额

第一款　至迟在选举日的九十日前，根据第一次协商会议的结果，省、县级人民议会常设理事会应确定地方机关、组织和单位应选出的人民议会代表的比例、结构和数额。

第二款　至迟在选举日的九十日前，根据第一次协商会议的结果，乡级人民议会常设理事会应确定地方机关、组织、单位、村和居民组应选出

的人民议会代表的比例、结构和数额。

第五十二条 地方机关、组织和单位推选人民议会代表候选人

依据第一次协商会议的结果、人民议会常设理事会的第一次计划和人民议会代表的标准,地方机关、组织和单位以及村、居民组(乡级)推选人民议会代表候选人应遵循以下程序:

(一)各地方的政治组织、人民团体或社会组织的领导班子应建议其职员竞选人民议会代表,并收集在工作单位举行的第一次选民会议的选民意见。以上述选民意见为基础,各组织的领导班子应组织召开扩大的执委会会议,推选人民议会代表候选人。

(二)地方机关、事业单位和商业组织的领导班子在机关工会执行委员会的配合下,应建议其职员竞选人民议会代表,收集在工作单位举行的第一次选民会议的选民意见。以上述选民意见为基础,机关领导班子应组织召开由机关领导干部、工会执行委员会和附属单位的领导干部参加的会议,讨论和推选本机关的人民议会代表候选人。

(三)地方人民武装部队的首长应建议军人竞选人民议会代表,收集在工作单位举行的第一次选民会议的选民意见。以上述选民意见为基础,部队首长应组织召开由部队领导或首长、工会执行委员会代表(如果有)、士兵和下级指挥官代表参加的会议,讨论和推选部队的人民议会代表候选人。

(四)村和居民组越南祖国阵线工作委员会在村长和居民组组长的配合下,应建议其居民竞选乡人民议会代表,组织讨论和推选乡人民议会代表候选人的第一次会议。在村和居民组推选乡人民议会代表候选人的工作依照国会常务委员会的规定进行。

(五)本条提到的第一次选民会议应在本法第五十四条的规定的配合下举行。

(六)推选人民议会代表候选人的机关、组织和单位应将第一次选民会议和扩大会议的会议纪要送交同级越南祖国阵线中央委员会常设理事会。越南祖国阵线工作委员会应将关于在村和居民组举行的讨论、推选乡人民议会代表候选人第一次选民会议的会议纪要送交乡越南祖国阵线委员会常设理事会。

第五十三条　第二次协商会议

第一款　至迟在选举日的六十五日前，同级越南祖国阵线委员会常设理事会组织第二次协商会议。第二次协商会议的组成应符合本法第五十条第一款的规定。

第二款　对照人民议会代表的标准和人民议会代表推选候选人的比例、结构和数额，第二次协商会议应制作人民议会代表初步候选人名单，并在候选人的居住地和工作单位听取选民的意见。本条提到的选民会议应在本法第五十四条的规定的配合下举行。

第三款　第二次协商会议的会议纪要必须明确记录参加者的构成、数量以及本次会议的过程和结果。省级协商会议的会议纪要应立即寄送国会常务委员会、国家选举委员会、中央政府、越南祖国阵线中央委员会以及同级人民议会常设理事会和选举委员会。县、乡级协商会议的会议纪要应立即寄送上级人民议会常设理事会、人民委员会、越南祖国阵线委员会以及同级人民议会常设理事会和选举委员会。

第五十四条　第一次选民会议

第一款　在各村、居民组组织的乡级第一次选民会议，由村和居民组的越南祖国阵线委员会常设理事会和同级人民委员会共同召集和主持。

第二款　政治组织、人民团体、社会组织、商业组织和事业单位的第一次选民会议应由机关、组织、单位的领导班子及其工会执行委员会共同召集和主持。人民武装部队的第一次选民会议是由部队首长召集和主持的军人会议。

第三款　人民议会代表候选人以及机关、组织、单位、村和居民组的代表应邀参加该会议。

第四款　在第一次选民会议上，选民对照人民议会代表的标准，对推选候选人和自荐候选人提出看法，并根据会议的决定进行举手表决或投票表决。

第五款 听取选民对人民议会代表候选人意见的第一次选民会议的会议纪要必须明确记录参加者的构成、数量以及本次会议的过程和结果。听取选民对人民议会代表候选人意见的第一次选民会议的会议纪要应寄送同级越南祖国阵线委员会常设理事会进行第三次协商会议。

第六款 国会常务委员会依照本条规定指导第一次选民会议的组织工作。

第五十五条 核实和回答选民有关人民议会代表候选人的问题

第一款 针对有关候选人的工作场所、机关、组织和单位的问题，候选人的直接主管机构应负责核实并向同级越南祖国阵线委员会常设理事会做出书面答复。如果候选人是该机关、组织和单位的领导，那么上级机构应负责核实并做出书面答复。如果该机关、组织和单位没有对口的上级机构，那么决定建立该机关、组织和单位的职能机构应负责核实并做出书面答复。

第二款 针对有关候选人的居住地、机关、组织和单位的问题，在乡级人民委员会的协调下，候选人的直接主管机构负责核实并向同级越南祖国阵线委员会常设理事会和省级越南祖国阵线委员会常设理事会做出书面答复。

第三款 对于自荐候选人，在候选人的直接主管机关、组织和单位以及候选人居住地的乡级人民委员会的协调下，选举委员会应核实并向同级越南祖国阵线委员会常设理事会做出书面答复。

第四款 至迟在选举日的四十日前，依照本条规定的对选民有关人民议会代表候选人的问题的核实和答复工作必须完成。

第五十六条 第三次协商会议

第一款 至迟在选举日的三十五日前，同级越南祖国阵线委员会常设理事会组织第三次协商会议。第三次协商会议的组成应符合本法第五十条第一款的规定。

第二款　对照人民议会代表的标准，以及推选候选人的比例、结构、数额和选民意见，第三次协商会议制定人民议会代表正式候选人名单。

第三款　第三次协商会议的会议纪要必须明确记录参加者的构成、数量以及本次会议的过程和结果。省级协商会议的会议纪要应立即寄送国会常务委员会、国家选举委员会、中央政府、越南祖国阵线中央委员会以及同级人民议会常设理事会和选举委员会。县、乡级协商会议的会议纪要应立即寄送上级人民议会常设理事会、人民委员会、越南祖国阵线委员会以及同级人民议会常设理事会和选举委员会。

第四节　候选人名单

第五十七条　国会代表候选人名单

第一款　至迟在选举日的三十日前，越南祖国阵线中央委员会常设理事会应将第三次协商会议的会议纪要和越南祖国阵线中央委员会主席团推选的国会代表正式候选人名单寄送国家选举委员会。

第二款　至迟在选举日的三十日前，省级越南祖国阵线委员会常设理事会应将第三次协商会议的会议纪要和省级越南祖国阵线委员会推选的国会代表正式候选人名单寄送省级选举委员会。

第三款　国家选举委员会根据越南祖国阵线中央委员会主席团推选的国会代表正式候选人名单把各省推选的候选人名单寄至各省选举委员会。

第四款　至迟在选举日的二十五日前，国家选举委员会根据越南祖国阵线中央委员会常设理事会和各省选举委员会寄送的名单制定并公布全国各选区的国会代表正式候选人名单。

第五款　国会代表正式候选人名单必须清楚地注明候选人的姓名、出生日期、性别、籍贯、居住地、民族、宗教、教育水平、专业、职业、工作岗位和单位。候选人的姓名按字母顺序排列。一名候选人只能在一个选区记名。

第六款　每个选区的国会代表候选人数额应至少比该选区应选出的国会代表数额多两人。如因不可抗力因素而使该选区的国会代表候选人出现空缺，国家选举委员会应考虑做出决定。

第七款 至迟在选举日的二十日前，省级选举委员会应公布由国家选举委员会决定的本省的国会代表正式候选人名单。

第五十八条 人民议会代表候选人名单

第一款 至迟在选举日的三十日前，省级越南祖国阵线委员会常设理事会应将第三次协商会议的会议纪要和人民议会代表正式候选人名单寄送至国家选举委员会、国会常务委员会、中央政府、越南祖国阵线中央委员会和同级人民议会常设理事会、选举委员会；县乡级越南祖国阵线委员会常设理事会应将第三次协商会议的会议纪要和人民议会代表正式候选人名单寄送至上级人民议会常设理事会、人民委员会、越南祖国阵线委员会和同级人民议会常设理事会、选举委员会。

第二款 至迟在选举日的二十五日前，选举委员会应制定并公布各选区的人民议会代表正式候选人名单。人民议会代表正式候选人名单应依据本法第五十七条第五款的规定予以制定。

第三款 每个选区的人民议会代表候选人数额应多于该选区应选出的代表数额；如果该选区应选三个代表，那么候选人数额至少比该选区应选出的人民议会代表数额多两人；如果该选区应至少选四个代表，那么候选人数额至少比该选区应选出的人民议会代表数额多三人。如因不可抗力因素而使该选区的人民议会代表候选人出现空缺，国家选举委员会应提供指导。

第五十九条 张贴候选人名单

至迟在选举日的二十日前，每个选举小组必须在投票站张贴国会代表和人民议会代表正式候选人名单。

第六十条 从国会代表和人民议会代表候选人名单中勾销候选人名字

第一款 其名字被记入国会代表正式候选人名单之中的任何人如果在投票日前被刑事调查、因犯罪被逮捕、丧失民事行为能力、死亡或严重犯法，国家选举委员会应将其名字从国会代表正式候选人名单中勾销。

第二款 其名字被记入人民议会代表正式候选人名单之中的任何人如果在投票日前被刑事调查、因犯罪被逮捕、丧失民事行为能力、死亡或严重犯法，国家选举委员会和同级越南祖国阵线委员会常设理事会应共同将其名字从人民议会代表正式候选人名单中勾销。

第六十一条 关于候选人的申诉，建立候选人名单

第一款 公民有权对候选人提出申诉，有权就候选人名单中的错误提出申诉。这些申诉包括以下几个方面：

（一）有关国会代表候选人和国会代表候选人名单的申诉应寄送至国会代表选举委员会、省级选举委员会和国家选举委员会。如申诉人不服选举理事会或选举委员会的处理决定，有权向国家选举委员会申诉。国家选举委员会的决定是最后决定。

（二）有关人民议会代表候选人和人民议会代表候选人名单的申诉应寄送至同级人民议会代表选举委员会。如申诉人不服选举理事会的处理决定，有权向同级选举委员会申诉。选举委员会的决定是最后决定。

（三）选举理事会、选举委员会或国家选举委员会应做好记录，并根据其能力解决此类申诉。

第二款 至迟在选举日的十日前，国家选举委员会、选举委员会和选举理事会应停止考虑和解决有关代表候选人和代表候选人名单的所有申诉。如申诉人有明显证据认为该候选人没有满足国会或人民议会代表的标准，国家选举委员会（对于国会代表选举）或同级选举委员会（对于人民议会代表选举）应在选举日前决定把候选人的名字从正式候选人名单中勾销并将其告知选民。

第三款 任何无申诉人姓名或冒名的申诉信不能得到解决。

第四款 国家选举委员会和省县乡级选举委员会应把有关申诉的文件送交国会常务委员会（对于国会代表选举）或同级的新一届人民议会常设理事会（对于人民议会代表选举）寻求在其能力范围内的继续解决。

第六章 选举宣传和竞选活动

第六十二条　负责选举通讯、宣传和竞选活动的机构和组织的责任

第一款　国家选举委员会应指导全国选举通信、宣传和竞选活动；各级选举委员会应指导当地选举通信、宣传和竞选活动的开展，处理当地选举竞选活动中的申诉事件。

第二款　国家新闻机构应报道全国选举活动和选举竞选活动的组织情况。地方新闻机构应报道第二次选民会议，采访国会代表和人民议会代表候选人，报道地方选举竞选活动。

第三款　省级越南祖国阵线委员会常设理事会应组织第二次国会代表候选人与选民的见面会。省、县、乡级越南祖国阵线委员会常设理事会应组织同级第二次人民议会代表候选人与选民的见面会。各级人民委员会应与同级越南祖国阵线委员会常设理事会共同协调，组织好第二次国会代表和人民议会代表候选人与选民的见面会。

第四款　各级政府机关、政治组织、人民团体、社会组织、事业单位、商业组织、人民武装部队和当地政府应为国会代表和人民议会代表候选人与本机关、组织和单位的选民进行沟通创造条件。

第五款　选举宣传和竞选活动的基金应由政府预算予以保障。

第六十三条　选举竞选活动的原则

（一）竞选活动应以民主、公开和平等的方式开展，遵守法律并确保社会秩序和安全。

（二）各国会代表和人民议会代表候选人应在选区开展竞选活动。

（三）各选举组织及其成员不得为任何候选人进行竞选活动。

第六十四条　选举竞选活动的时长

选举竞选活动应从正式候选人名单公布之日起开始，在投票开始的二十四小时前结束。

第六十五条　选举竞选活动的形式

选举竞选活动应采用以下方式进行：

（一）候选人通过选民会议与选民见面和接触应依据本法第六十六条的规定。

（二）通过大众传媒方式应依照本法第六十七条。

第六十六条　第二次选民会议

第一款　省级越南祖国阵线委员会常设理事会和选区人民委员会应共同组织本省第二次国会代表和人民议会代表候选人与选民的见面会；第二次选民会议由该省机关、组织、单位和选民的代表组成。县乡级越南祖国阵线委员会常设理事会和选区的县乡人民委员会应共同组织本县乡第二次人民议会代表候选人与选民的见面会；第二次选民会议由该县乡机关、组织、单位和选民的代表组成。组织第二次选民会议的人民委员会应向选民通知会议时间和地点。

第二款　第二次选民会议的内容：

（一）说明事由。

（二）同级越南祖国阵线委员会常设理事会的代表主持第二次选民会议，介绍并宣读候选人介绍。

（三）各候选人应向选民报告一旦当选国会代表和人民议会代表后的行动计划。

（四）选民向候选人提出自己的意见和诉求。候选人与选民应以民主、直接和公开的方式就共同关心的问题交换意见。

（五）会议主席宣布会议结束。

第三款　第二次选民会议结束后，省级越南祖国阵线委员会常设理事会应将本省第二次国会代表和人民议会代表候选人与选民的见面会的组织报告和选民对候选人的意见寄送国家选举委员会和越南祖国阵线中央委员会常设理事会。各级越南祖国阵线委员会常设理事会应将同级第二次国会代表和人民议会代表候选人与选民的见面会的组织报告寄送至同级选举委员会和上级越南祖国阵线委员会常设理事会。

第六十七条　通过大众传媒方式进行选举竞选活动

第一款　当国会代表候选人接受当地政府新闻媒体和国家选举委员会国会代表选举网站采访时，候选人应向选民报告一旦当选国会代表后的行动计划。

第二款　当人民议会代表候选人接受当地政府新闻媒体和选举委员会人民议会代表选举网站采访时，候选人应向选民报告一旦当选人民议会代表后的行动计划。

第三款　国家选举委员会和选举委员会应指导负责网站的各机构遵守公布选举竞选活动的法律规定。

第四款　省级人民委员会应通过省级新闻媒体公布国会代表和人民议会代表候选人的行动计划。

第六十八条　在选举竞选活动中被禁止的行为

（一）在选举竞选活动中传播违反宪法和法律的观点，侵犯其他组织和个人的荣誉、尊严、声誉以及其他权利与利益。

（二）在选举竞选活动中滥用职务和权力利用新闻媒体。

（三）在选举竞选活动中利用竞选活动收取来自国内外组织和个人的资助和捐赠。

（四）使用或承诺捐出金钱、财产或物质利益诱使、贿赂选民。

第七章　投票的规则和程序

第六十九条　投票规则

第一款　在国会代表和各层级人民议会代表选举中，每个选民都有权投一张选票。

第二款　选民应亲自到投票站投票，不得委托他人代为投票，本条第三款、第四款规定的情况除外；选民投票时必须出示选民证。

第三款　选民不能填写选票时可请他人代为填写，但必须亲自到投票站投票；代为填写选票的人必须保守选民选票的秘密。有残疾的选民不能亲自到投票站投票的，可委托他人代办投票。

第四款　选民因生病、老弱、残疾不能亲自投票的，选举小组应带辅助投票箱和选票到其住所让其填写后投票。选民在看守所、劳教所或戒毒中心而没有单独的投票站或选民被暂时逮捕的，选举小组应带辅助投票箱和选票到看守所、逮捕中心、劳教所或戒毒中心让其填写后投票。

第五款　选民填写选票时，任何人包括选举小组成员不得观看。

第六款　如果填写错误时，选民有权要求更换选票。

第七款　选民投完票后，选举小组应在选民证上加盖"已投"印章。

第八款　一切人都必须遵守投票站的规定。

第七十条　关于选举日和投票站的通知

至迟在选举日的十日前，选举小组必须经常向选民通报选举日、投票站和投票时间，通过张贴、广播和地方新闻媒体的其他方式进行宣传。

第七十一条　投票时间

第一款　投票活动从选举日的上午七时开始至晚上七时结束。选举小组可根据本地方的情况决定提前开始或推迟结束，但最早不得在上午五时以前，最迟不得超过晚上九时以后。

第二款　在投票前，选举小组必须在选民的见证下检查投票箱。

第三款　投票活动应连续进行。如果发生意外情况致使投票活动中断时，选举小组应立即封贴投票箱及与选举直接相关的文件，立即报告选举理事会并采取必要措施保证投票继续进行。

第七十二条　提前或推迟投票

如果有特别理由必须推迟或提前投票时，选举委员会应请求国家选举委员会审议。

第八章 选举结果

第一节 检 票

第七十三条 检票

检票必须在投票结束后在投票站立即进行。在打开投票箱之前,选举小组必须统计、记录并封存未曾使用过的选票,并请两名不是候选人的选民当场作证监督检票。新闻记者应被允许见证监督检票。

第七十四条 无效选票

第一款 下列选票无效:

(一)非选举小组发给的选票。

(二)没有选举小组印章的选票。

(三)选票上填写的代表数额超过本选区应该选举的代表数额。

(四)将选票上的候选人名字全部勾销的选票。

(五)选举候选人名单以外的人或增加其他内容的选票。

第二款 如果怀疑某张选票可能无效,由选举小组组长提交选举小组讨论解决。选举小组不能勾销或修改选票上的名字。

第七十五条 检票申诉

对检票中存在的违法行为当场提出申诉的,由选举小组接待、解决并将处理结果记入报告。如选举小组不能解决,则应在报告中清楚地记录对申诉的处理意见,并转到选举理事会。

第七十六条 检票结果档案

第一款 检票结束后,选举小组应建立下述档案:

(一)在投票站举行的国会代表选举的检票结果档案。

(二)在投票站举行的省级人民议会代表选举的检票结果档案。

(三)在投票站举行的县级人民议会代表选举的检票结果档案。

(四)在投票站举行的乡级人民议会代表选举的检票结果档案。

第二款　每份档案必须清楚地记录：

（一）投票站总选民数。

（二）参加投票的选民数。

（三）已发票数。

（四）回收票数。

（五）有效票数。

（六）无效票数。

（七）每位候选人所得票数。

（八）申诉情况，解决申诉情况，转交选举理事会的申诉情况。

第三款　依据本条第一款规定的检票结果档案一式三份，由选举小组组长、秘书和两名应邀见证检票的选民签字，至迟在选举日结束后三天内将一份寄送至相应的选举理事会，一份寄送至乡级人民委员会，一份寄送至乡级越南祖国阵线委员会常设理事会。

第二节　选区的选举结果

第七十七条　选区的选举结果档案

第一款　选举理事会收到各选举小组的检票结果和解决申诉情况报告后，应起草本选区的选举结果档案。

第二款　选举结果档案应清楚地记录：

（一）本选区应选出的国会代表和人民议会代表数额。

（二）候选人数额。

（三）本选区的选民总数。

（四）参加投票的选民数额，占本选区选民的百分比。

（五）已发票数。

（六）回收票数。

（七）有效票数。

（八）无效票数。

（九）每位候选人所得票数。

（十）中选人名单。

（十一）选举小组解决申诉情况，选举理事会解决申诉情况，转交选举委员会和国家选举委员会的申诉情况。

第三款 本选区的国会代表选举结果档案一式三份，由选举理事会主任、副主任和秘书签名，一份寄送至国家选举委员会，一份寄送至省级选举委员会，一份寄送至省级越南祖国阵线委员会常设理事会，至迟在选举日结束后五日内送达。

第四款 本选区的人民议会代表选举结果档案一式四份，由选举理事会主任、副主任和秘书签名，一份寄送至同级选举委员会，一份寄送至同级人民议会常设理事会，一份寄送至同级人民委员会，一份寄送至同级越南祖国阵线委员会常设理事会，至迟在选举日结束后五日内送达。

第七十八条 确定中选人的规则

第一款 根据有效选票确定选举结果，只有上面提到的该选区选民名单中全部选民的一半以上参加投票，选举结果才能被接受，这不包括本法第八十条第四款规定的情况。

第二款 中选人必须要获得过半有效票。

第三款 在获得过半有效票的候选人数额多于该选区规定代表名额时，获得多数票的候选人中选。

第四款 当出现超过一名得票数相同的中选人，且中选人数多于该选区规定代表名额时，年长者中选。

第三节 补选和重选

第七十九条 补选

第一款 如果在首次选举中，中选国会代表人数未达到该选区规定数额的，选举理事会必须将此情况记入选举结果报告，并立即向省级选举委员会报告，省级选举委员会应请求国家选举委员会考虑并做出在该选区进行补选的决定。

第二款　如果在首次选举中，中选人民议会代表人数未达到该选区规定的三分之二比例的，选举理事会必须将此情况记入选举结果报告，并立即向同级选举委员会报告以便做出在该选区进行补选的决定。

第三款　在补选时，至迟必须在选举日结束后十五日内进行。补选候选人只在首次选举时未中选的候选人中选择，中选人必须要获得过半数有效票，且获得相对多数票。如补选后中选人数仍然少于规定数额，不会再举行第二次补选。

第八十条　重选

第一款　在每个选区，如果参加投票的选民人数不到记入选民名单中的选民人数的一半，选举理事会必须将此情况记入选举报告并立即报告选举委员会以便做出在该选区进行重选的决定。

第二款　关于国会代表选举，如果在该选区中参加投票的选民人数不到记入选民名单中的选民人数的一半，省级选举委员会应请求国家选举委员会考虑并做出在该选区进行重选的决定。

第三款　关于人民议会代表选举，如果在该选区中参加投票的选民人数不到记入选民名单中的选民人数的一半，选举委员会在征得国家选举委员会的同意后做出在该选区进行重选的决定。

第四款　在重选时，至迟必须在选举日结束后十五日内进行。重选候选人只在首次选举时中选的名单中选举产生。如果在重选中，参加投票的选民人数不到记入选民名单中的选民人数的一半，选举结果应被接受，不再举行第二次重选。

第八十一条　取消选举结果和决定重选

第一款　如果投票站或选区发生严重违法行为，国家选举委员会在自身或者中央政府、越南祖国阵线中央委员会和选举委员会的建议下取消该投票站或选区的选举结果，并就该投票站或选区的重选时间做出决定。

第二款　在重选时，至迟必须在选举日结束后十五日内进行。重选候选人只在首次选举时中选的名单中选举产生。

第八十二条　补选或重选的选民名单

补选或重选的选民名单应按照首次选举的选民名单制定，并必须符合本法的规定。

第四节　选举总结

第八十三条　省级国会代表选举结果档案

第一款　选举委员会在收到并检查由选举理事会呈送的国会代表选举结果和解决申诉档案（如果有）后，建立省级选举结果档案。

第二款　省级国会代表选举结果档案必须清楚地记录：

（一）选区数量。

（二）候选人数额。

（三）本地方的选民总数。

（四）参加投票的选民数额，占本选区选民的百分比。

（五）有效票数。

（六）无效票数。

（七）每位候选人所得票数。

（八）各选区中选人名单。

（九）选举小组和选举理事会解决申诉情况。

（十）其他重要事项及解决措施。

（十一）省级选举委员会解决申诉情况。

（十二）转交国家选举委员会的申诉情况。

第三款　省级国会代表选举结果档案一式四份，由选举委员会主席和秘书签名，一份寄至国家选举委员会，一份寄至国会常务委员会，一份寄至越南祖国阵线中央委员会，一份寄至省级越南祖国阵线委员会，至迟在选举日结束后七日内送达。

第八十四条　国会代表选举总结档案

第一款　国家选举委员会在收到并检查由选举理事会和选举委员会呈

送的国会代表选举结果和解决申诉档案（如果有）后，建立全国国会代表选举总结档案。

第二款　全国国会代表选举总结档案必须清楚地记录：

（一）选出的国会代表总数。

（二）候选人总数。

（三）选民总数。

（四）参加投票的选民总数，占全国选民的百分比。

（五）有效票数。

（六）无效票数。

（七）每位候选人所得票数。

（八）各选区中选人名单。

（九）其他重要事项及解决措施。

（十）国家选举委员会解决申诉情况。

第三款　国会代表选举总结档案一式五份，由国家选举委员会主席和副主席签名，一份寄至国会常务委员会，一份寄至中央政府，一份寄至越南祖国阵线中央委员会，一份呈送新一届国会。

第八十五条　人民议会代表选举总结档案

第一款　选举委员会在收到并检查选举理事会呈送的人民议会代表选举结果和解决申诉档案（如果有）后，应根据其职责建立人民议会代表选举总结档案。

第二款　该档案必须清楚地记录：

（一）选出的人民议会代表总数。

（二）候选人总数。

（三）本地方的选民总数。

（四）参加投票的选民总数，占本地方选民的百分比。

（五）有效票数。

（六）无效票数。

（七）每位候选人所得票数。

（八）各选区中选人名单。

（九）其他重要事项及解决措施。

（十）选举委员会解决申诉情况。

第三款　人民议会代表选举总结档案一式六份，由选举委员会主席和副主席签名。县乡级人民议会代表选举总结档案，应分别寄至同级或上级人民议会、人民委员会和越南祖国阵线委员会。省级人民议会代表选举总结档案，应分别寄至同级人民议会、人民委员会和越南祖国阵线委员会，以及国会常务委员会、中央政府和越南祖国阵线中央委员会。

第八十六条　公布选举结果和中选人名单

第一款　国家选举委员会至迟在选举日结束后二十日内，根据全国总结档案公布选举结果和选出的国会代表名单。

第二款　选举委员会至迟在选举日结束后十日内，根据总结档案公布同级选举结果和选出的人民议会代表名单。

第八十七条　解决选举结果申诉

第一款　国会代表选举结果的申诉必须在选举结果公布后的五日内寄送至国家选举委员会。人民议会代表选举结果的申诉必须在选举结果公布后的五日内寄至选举委员会。

第二款　国家选举委员会应在收到申诉后的三十日内考虑并解决国会代表选举结果的申诉。选举委员会应在收到申诉后的二十日内考虑并解决人民议会代表选举结果的申诉。

第三款　国家选举委员会和选举委员会解决申诉的决定是最终决定。

第八十八条　确认选出的国会代表和人民议会代表的身份

第一款　国家选举委员会根据国会代表选举总结档案和有关选出的国会代表申诉的处理结果，确认选出的国会代表的身份，为新当选的代表颁发国会代表证书，并向新一届国会第一次会议提交国会代表身份确认结果报告。

第二款 选举委员会根据人民议会代表选举总结档案和有关选出的人民议会代表申诉的处理结果，确认选出的人民议会代表的身份，为新当选的代表颁发立法机关的人民议会代表证书，并向新一届人民议会第一次会议提交人民议会代表身份确认结果报告。

第九章 补选国会代表和人民议会代表

第八十九条 补选

第一款 在国会代表任期内，如果国会代表的剩余任期多于两年且在早期选出的全部国会代表中至少有百分之十的空缺时，才能举行补选。

第二款 在人民议会代表任期内，如果人民议会代表的剩余任期多于十八个月且至少满足下列一种情况时，才能举行补选：

（一）在早期选出的全部人民议会代表中至少有三分之一的空缺。

（二）通过合并、拆分或调整现有行政单位界限成立的新行政单位依据地方政府组织法规定有不到三分之二的总当选代表。

（三）国会应决定并宣布国会代表的补选日；国会常务委员会应决定并宣布省级人民议会代表的补选日；省级人民议会常设理事会应决定并宣布县乡级人民议会代表的补选日。

（四）补选日必须是星期日，至迟在补选日的三十日前公布。

第九十条 补选负责组织

第一款 国会应建立组织国会代表补选的补选委员会。补选委员会包括一名主席、一名副主席和若干名委员在内的五至七名成员，这些成员应是国会常务委员会、中央政府、越南祖国阵线中央委员会和相关机构的代表。至迟在补选日的二十日前，有关省人民委员会在征得同级人民议会常设理事会和越南祖国阵线委员会常设理事会的同意后，决定建立国会代表补选理事会。补选理事会包括一名主任、一名副主任和若干名委员在内的三至五名成员，这些成员应是地方政府和越南祖国阵线委员会的代表。

第二款　至迟在补选日的二十日前，有关省人民委员会在咨询同级人民议会常设理事会和越南祖国阵线委员会常设理事会的意见后，决定建立补选委员会。至迟在补选日的十五日前，有关省人民委员会决定建立补选理事会。每个补选委员会包括一名主席、一名副主席和若干名委员在内的三至五名成员。每个补选理事会包括一名主任、一名副主任、一名秘书和若干名委员在内的三至五名成员，这些成员应是行政机构、政治组织、人民团体和社会组织的代表。

第三款　至迟在补选日的十五日前，有关乡人民委员会在征得同级人民议会常设理事会和越南祖国阵线委员会常设理事会的同意后，决定在各投票站建立补选小组。补选小组包括一名组长、一名秘书和若干名委员在内的九至十一名成员，这些成员应是乡级行政机构、政治组织、人民团体、社会组织和选民的代表。

第四款　补选委员会、补选理事会和补选小组的职责应符合本法的规定。

第九十一条　补选中的选民名单

补选中的选民名单由乡级人民委员会根据本法第四章的规定建立，并至迟在补选日的十五日前公布。

第九十二条　在补选中候选、协商和推选候选人

第一款　补选中的国会代表和人民议会代表候选人及其材料应符合本法第五章第一节的规定。每位参选国会代表或人民议会代表的公民必须至迟在补选日的十八日前提交参选申请。

第二款　在补选中协商和推选候选人，建立国会代表和人民议会代表候选人名单应遵守国会常务委员会的规定，且应至迟在补选日的十二日前完成。

第三款　国会代表或人民议会代表正式候选人名单应至迟在选举日的十日前公布。

第九十三条　补选程序和补选结果确认

投票方式、补选程序和补选结果确认应遵守本法第七章和第八章的规定。

第九十四条　补选申诉

补选申诉和解决补选申诉应遵守本法的规定。

第十章　对违反选举法行为和实施条款的处罚

第九十五条　处罚

使用各种手段招摇撞骗，收买或胁迫他人，阻碍公民投票和参选的；违反选举竞选法规的；负有责任的人在选举时伪造文件、在检票时有舞弊行为的，或使用其他手段使选举结果与事实不符的，视其情节轻重分别给予纪律处分、行政处罚直至追究刑事责任。

第九十六条　过渡性规定

对于如国会第 26/2008/QH12 号决议和国会常务委员会第 724/2009/UBTVQH12 号决议、第 725/2009/UBTVQH12 号决议规定的正在试行取消人民议会的县、郡、坊，省级人民议会常设理事会应在省级人民委员会的请求下以及与相关人民委员会的协商后，履行如本法第四条、第九条和第五十一条规定的县、郡、坊常设理事会的职责。

第九十七条　效力

第一款　本法自 2015 年 9 月 1 日起生效。

第二款　经过第 31/2001/QH10 号法和第 63/2010/QH12 号法两次修正的 1997 年《国会代表选举法》，和经过第 63/2010/QH12 号法修正的第 12/2003/QH11 号的《人民议会代表选举法》，从本法生效之日起失效。

第九十八条　实施指导

第一款　国会常务委员会对本法规定的各项具体条款提供指导。

第二款 国家选举委员会、中央政府、越南祖国阵线中央委员会主席团实施本法。

本法已在 2015 年 6 月 25 日越南社会主义共和国第十三届国会第九次会议上获得通过。

国会主席 阮生雄（签章）

（本文来源于越南法律图书馆网站：http://thuvienphapluat.vn/van-ban/Bo-may-hanh-chinh/Luat-Bau-cu-dai-bien-Quoc-hoi-va-dai-bieu-Hoi-dong-nhan-dan-2015-282376.aspx）

（济南大学 刘旭东 译）

越南社会主义共和国行政违法处罚法

根据第十届国会 2001 年第 51 号决议（即越南 1992 年《宪法》修正草案）对部分条款进行了修改、补充的《越南社会主义共和国宪法》；

国会颁布《行政违法处罚法》。

第一部分　总　则

第一条　调整范围

本法是关于行政违法处罚及其各类行政处罚措施的规定。

第二条　词语解释

在本法中，相关词语的含义是：

（一）行政违法：是指由于个人、组织实施了有过错的行为，该行为违反了法律关于国家管理的规定但是并不构成犯罪，且依照法律的规定必须要给予处罚的行政违法行为。

（二）行政违法处罚：是指具有处罚权的人员依照《行政违法处罚法》的规定对于实施行政违法行为的个人、组织所适用的消除所造成后果的处罚形式、措施。

（三）行政处理措施：是指对违反《社会治安法》但是并不构成犯罪的个人可以适用的措施，包括在乡、坊、镇教育的措施；送到教养学校的措施；送到强制教育机构的措施和送到强制戒毒机构的措施。

（四）代替行政违法处理措施：是指可以适用于代替行政违法处罚形式的带有教育性质的措施或者针对未成年人行政违法的行政处理措施，包括提醒措施和家庭管教措施。

（五）重犯：是指已经受到行政违法处理的个人、组织在时限尚未届满时被视为是未受到行政违法处理，自履行完毕处罚决定之日起计算，适用行政处理措施决定或者是自行政处理措施决定施行时效结束之日起计算又再一次实施了已经受到处理的行政违法行为。

（六）多次行政违法：是指实施行政违法行为的个人、组织在此前已经实施过该行政违法行为，但是，在尚未受到处理和处理时限尚未届满时的情形。

（七）有组织的行政违法：是指个人、组织与其他个人、组织相互勾结，共同实施行政违法行为的情形。

（八）从业许可证、执业证书：是指由国家机关、具有权限的主管人员依照法律的规定发放给个人、组织，以便这些个人、组织从事经营、活动、执业或者使用劳动工具、设备的许可证。许可证、证书不包括与发放给本人的相关的无准许执业目的的经营登记证明书、证书。

（九）住所：是指住宅、设备或者公民用于居住的其他住所。隶属于公民的所有权或者机关、组织、个人依法予以出租、租赁、准许居住的住所。

（十）组织：是指国家机关、政治组织、政治—社会组织、行业社会政治组织、社会组织、行业社会组织、经济组织、人民武装力量单位和依法予以成立的其他组织。

（十一）紧急状态：是指个人、组织为了避免实际上正在发生的威胁到国家利益、组织利益、自身或者其他个人正当权益的一场危机且在没有其他任何办法的情形下不得不采取必要的措施加以阻止危机，使损失降低到更小程度。

（十二）正当防卫：是指个人为了保护国家利益、组织利益、自身或者其他个人的正当权益不受侵害而对正在实施侵害上述权益的行为人所采取的一种必要的措施予以反击的行为。

（十三）突发事件：是指个人、组织无法预测或者无法预知的由于自身给社会造成的危害行为所造成不良后果的事件。

（十四）不可能事件：是指尽管采取了一切必要和可能的措施，但是，由于无法预见和无法消除的原因导致客观地发生的事件。

（十五）无行为责任能力的人：是指实施行政违法行为的人正处于患有精神疾病期间或者患有其他疾病，导致其丧失辨认能力或者丧失控制自身行为能力的病人。

（十六）吸毒人员：是指使用麻醉品、导致上瘾的药物、迷幻药物并且依赖于此类药物的人员。

（十七）合法代理人：包括父母亲或者监护人、律师、法律援助员。

第三条　行政违法处理的原则

第一款　行政违法处罚原则包括：

（一）对于一切行政违法行为必须做到及时发现、及时制止和严格予以处理，对于由于行政违法行为所造成的一切不良后果必须严格依法予以消除。

（二）对于行政违法行为的处罚必须做到迅速、公开、客观、严格依照权限进行处罚，确保公平、合法。

（三）对于行政违法的处罚必须依据嫌疑人的违法性质、程度、违法所造成的不良后果、嫌疑人及其减轻情节、加重情节予以处罚。

（四）只有在发生了违反法律规定的行政违法行为时才能对行政违法行为进行处罚。

对于一种行政违法行为只能处罚一次。

如果是多人共同实施了一种行政违法行为，则应对实施该行政违法行为的每一个违法人均予以处罚。

如果是一个人实施了多种行政违法行为或者是多次实施了行政违法行为则必须对每一次违法行为予以处罚。

（五）具有处罚权的人员具有证明行政违法的职责。受到处罚的个人、组织享有自我证明或者通过合法代理人证明自身没有行政违法的权利。

（六）在对同一类行政违法行为则进行罚款处罚时，对组织的罚款额度等同于对个人罚款额度的两倍。

第二款 各种行政处理措施的适用原则包括：

（一）对于个人而言，如果是属于本法第九十条、第九十二条、第九十四条和第九十六条规定的各种对象之一则只能适用行政处理措施。

（二）适用各种行政处理措施事宜必须依照本条第一款第（二）项的规定执行。

（三）决定适用行政处理措施的时限事宜必须依据违法性质、违法程度、违法所造成的后果、违法人本人及其减轻情节、加重情节。

（四）具有适用行政处理措施权限的人员具有证明行政违法的职责。被适用行政处理措施的个人享有自我证明或者通过合法代理人证明自身没有行政违法的权利。

第四条 制定在国家各类管理领域中对行政违法处罚的权限及其适用各种行政处罚措施的制度

依照本法的规定，由政府制定关于行政违法行为的规定；关于处罚形式、处罚额度、针对各类行政违法行为所造成后果的消除措施；关于各类职务具体的处罚权限、罚款额度及其对国家各类管理领域中的行政违法行为制作笔录的权限；关于适用各种行政处理措施的制度和关于在行政违法处罚中所使用的笔录格式、决定书格式的规定。

第五条 给予行政违法处罚的对象

第一款 给予行政违法处罚的各种对象包括：

（一）对于十四周岁至十六周岁的人员，如果是故意行政违法的行为则给予行政违法处罚；对于年满十六周岁人员的一切行政违法行为则给予行政违法处罚。

对于隶属于人民军队、人民公安武装力量人员的行政违法行为则应该像对待其他公民一样给予处罚；在需要适用剥夺从业许可证、执业证书使用权形式的情形下，或者有时限地停止与国防、安全相关活动的情形下，则处罚人向具有处罚权的人民军队、人民公安武装力量机关、单位提出建议。

（二）对于因为自身所造成的一切行政违法行为的组织给予行政违法

处罚；

（三）对于在越南社会主义共和国的领土范围内、领海、毗连区、专属经济区和大陆架实施行政违法的外国个人、组织，对于在印有越南国旗的飞机上、在悬挂有越南国旗的轮船上实施行政违法的外国个人、组织则依照越南法律的规定给予行政违法处罚；越南社会主义共和国作为其成员国缔结或者参与的国际条约有其他规定的情形除外。

第二款 适用行政违法处理措施的对象是本法第九十条、第九十二条、第九十四条和第九十六条所规定的个人。

本法不适用于外国人的各类行政处理措施。

第六条 行政违法处理时效

第一款 行政违法处罚的时效规定如下：

（一）行政违法处罚的时效为一年，下列各种情形除外：

财会领域；税务手续；经费、手续费；保险行业；价格管理；证券期货；知识产权；建设领域；水产、海产资源保护；森林、林产管理；水资源调查、规划、勘探、开采、使用；油气及其他各类矿产的勘探、开采；环境保护；原子能；房屋和公所管理；土地；堤防；报刊；出版；生产、出口、进口、商品经营；生产、销售违禁商品、伪劣商品；涉外劳务管理方面的行政违法行为则行政违法处罚的时效为两年。

逃税、骗税、逾期缴纳税款、逃避纳税义务的行为其行政违法处罚的时效依照《税法》的规定执行。

（二）对本条第一款第（一）项规定的用于计算行政违法处罚的时间规定如下：

对于已经中止的行政违法则时效可以从中止违法行为之时起计算。

对于正在实施的行政违法则时效可以从发现违法行为之时起计算。

（三）对于由机关进行起诉移送过来的对个人进行行政违法处罚的情形，则时效可以适用本条款第（一）项和第（二）项的规定。机关进行起诉受理、审查的时间可以计入行政违法处罚时效。

（四）在本条款第（一）项和第（二）项规定的时限以内，如果个人、组织故意逃避、妨碍处罚事宜则行政违法处罚时效可以从中止逃避、妨碍处罚事宜之时起重新计算。

第二款 关于适用行政处理措施的时效规定如下：

（一）适用于乡、坊、镇教育措施的自个人实施第九十条第一款规定的违法行为之日起时效为一年；自个人实施第九十条第二款规定的违法行为之日起或者自个人最后一次实施第九十条第三款和第五款规定的各种违法行为之一的违法行为之日起时效为六个月；自个人实施本法第九十条第四款规定的违法行为之日起时效为三个月。

（二）适用于送入教养学校措施的自个人实施第九十二条第一款和第二款规定的违法行为之日起时效为一年；自个人实施第九十二条第三款规定的违法行为之日起或者自个人最后一次实施本法第九十二条第四款规定的各种违法行为之一的违法行为之日起时效为六个月。

（三）适用于送入强制教育机构措施的自个人最后一次实施本法第九十四条第一款规定的各种违法行为之一的违法行为之日起时效为一年。

（四）适用于送入强制戒毒机构措施的自个人最后一次实施本法第九十六条第一款规定的违法行为之日起时效为三个月。

第七条 被视为未给予行政违法处理的时效

第一款 受到行政违法处罚的个人、组织如果在六个月的时限以内，自履行完毕警告处罚决定之日起计算，或者是一年，自履行完毕其他行政处罚决定之日起计算，或者是自中止履行行政违法处罚决定时效之日起尚未重新再犯则可以视为是尚未给予行政违法处罚。

第二款 受到适用行政违法处理措施的个人，如果在两年的时限以内，自履行完毕适用行政处理措施决定之日起计算，或者是一年，自中止履行适用行政处理措施决定时效之日起尚未重新再犯则可以视为是尚未给予适用行政处理措施。

第八条 行政违法处理中计算时间、时限、时效的方法

第一款 行政违法处理中计算时限、时效的方法可以参照适用《民事法》的规定，本法中有具体规定的情形除外，时间按照工作日予以计算。

第二款 夜间的时间可以从前一天晚上的二十二时计算至第二天凌晨的六时。

第九条 减轻处罚情节

下列情节为减轻处罚情节：

（一）行政违法人已经采取了制止的行为，减轻了违法的危害后果或者愿意消除隐患、赔偿损失。

（二）行政违法人自愿进行了申报、诚心悔过；积极协助职能部门发现行政违法，处理行政违法。

（三）行政违法是由于他人的违法行为导致其精神上处于被煽动的状态；超过了正当防卫的界限；超过了紧急状况的前提。

（四）行政违法是由于受到胁迫或者依附于物质或者精神方面。

（五）行政违法人是孕妇、老弱者、病人或者因为残疾导致辨认能力或者控制自身行为能力受限的残疾人。

（六）行政违法是因为特别困难的环境且这种特别困难的环境不是由于自身原因而导致的。

（七）行政违法是由于不具备相关知识而导致的。

（八）政府规定的其他减轻情节。

第十条 加重处罚情节

第一款 下列情节为加重处罚情节：

（一）有组织的行政违法。

（二）多次行政违法；重犯。

（三）唆使、拉拢、利用未成年人违法；胁迫他人在物质、精神上依附于自己从而实施行政违法行为。

（四）利用已经清楚地知道是正在发病的精神病人或者患有其他疾病导致丧失辨认能力或者丧失控制自身行为能力的人实施行政违法行为。

（五）谩骂、诽谤正在执行公务的人员；带有流氓性质的行政违法。

（六）利用职务、职权的便利实施行政违法。

（七）利用战争环境、自然灾害、灾难、疫病或者在社会的其他特别困难时期实施行政违法。

（八）在正在执行刑事判决刑罚的时间内违法或者正在执行适用行政违法处理措施决定时违法。

（九）尽管具有处罚权的人员已经要求中止该行为，但行为人仍然继续实施行政违法行为。

（十）违法以后发生了逃跑、掩盖行政违法的行为。

（十一）行政违法规模巨大，商品数量或者价值巨大。

（十二）针对大众、儿童、老人、残疾人、孕妇的行政违法。

第二款 如果本条第一款规定的情节已经规定为行政违法行为则不得视为是加重情节。

第十一条 不给予行政违法处罚的情形

对于下列各种情形，不给予行政违法处罚：

（一）在紧急状态下实施的行政违法。

（二）由于正当防卫实施的行政违法。

（三）由于突发事件实施的行政违法。

（四）由于不可能事件实施的行政违法。

（五）实施行政违法的人是无行为责任能力的人；实施行政违法的人尚未达到本法第五条第一款第（一）项所规定的给予行政违法处罚的年龄。

第十二条 被禁止的行为

（一）包庇有犯罪迹象的违法案件以便按照行政违法处理。

（二）利用职务、职权之便敲诈、索要、收受违法人的金钱、财产；在对行政违法进行处罚时或者适用行政处理措施时纵容、包庇、限制行政违法人的权利。

（三）违背权限下达针对国家管理领域和行政处理措施中关于各类行

政违法行为、权限、处罚形式、消除隐患的规定文书。

（四）对行政违法不给予处罚、不适用消除隐患的措施或者不适用行政处理措施。

（五）行政违法处罚、适用消除隐患措施或者适用各种行政处理措施不及时，不严格，与本法所规定的权限、程序、对象不符。

（六）对于行政违法行为所适用的处罚形式、消除隐患的措施不正确、不完整。

（七）违法干预行政违法处理事宜。

（八）延长适用行政处理措施的时间。

（九）使用从缴纳的行政违法罚金中收取的罚款，推迟履行罚款决定所缴纳的滞纳金、拍卖、处理赃物，没收的行政违法设备的款项和违反《国家财政预算法》的规定使用从行政违法处罚中收取的其他各种款项。

（十）伪造、篡改行政违法处罚的卷宗材料、适用行政处理措施的卷宗材料。

（十一）侵犯受到行政违法处罚的人，受到适用行政处理措施的人，被采取行政违法强制措施的人，受到适用各种强制履行行政违法处理决定措施的人的生命、健康、名誉、人格。

（十二）对抗、逃避、逾期或者阻挠执行行政违法处罚的决定，执行适用采取行政违法强制措施的决定，执行强制履行行政违法处罚决定书的决定，执行适用行政处理措施的决定书。

第十三条　损害赔偿

第一款　行政违法人如果造成损害则必须予以赔偿。损害赔偿事宜可以参照《民事法》的规定予以执行。

第二款　在行政违法处理事宜中，具有行政违法处理权的人员、相关的机关、组织、个人一旦造成损害则必须依法予以赔偿。

第十四条　在预防、打击行政违法斗争中的职责

第一款　个人、组织必须严格执行《行政违法处罚法》的规定。各级组织有义务教育属于自身组织的成员提高捍卫和遵守社会生活的法律、规则的意识，及时采取措施铲除造成自身组织中行政违法的土壤、条件。

第二款 一旦发现行政违法，具有行政违法处理权的人员具有依法对行政违法行为进行处理的职责。

第三款 个人、组织具有发现、举报并且与行政违法行为做斗争的职责。

第十五条 行政违法处理中的起诉、举报和上诉

第一款 受到行政违法处理的个人、组织享有申诉权，可以依法对行政违法处理决定书提出上诉。

第二款 对于行政违法处理中的违法行为，个人享有依法进行举报的权利。

第三款 在解决上诉、申诉的过程中，如果经过审查认为执行受到上诉、申诉的行政违法处理决定书将会造成难以消除的隐患，则负责解决上诉、申诉的人必须依法下达暂停履行该决定书的决定书。

第十六条 具有行政违法处理权人员的职责

第一款 在处理行政违法的过程中，具有行政违法处理权的人必须遵守本法的规定和相关法律的其他规定。

第二款 具有行政违法处理权的人如果敲诈、索要、收受违法人的金钱、财产，纵容、包庇、不处理或者处理不及时，与违法的性质、程度不符，与权限不符或者违反本法第十条的其他规定和法律的其他规定则视违法性质、情节给予纪律处分或者追究刑事责任。

第十七条 施行《行政违法处罚法》工作的管理职责

第一款 政府统一管理全国范围内施行《行政违法处罚法》的工作。

第二款 司法部代表政府履行对施行《行政违法处罚法》的管理工作，具有下列任务、权限：

（一）主持或者配合并且呈报具有权限的机关颁布或者依照权限颁布关于《行政违法处罚法》的法律法规。

（二）跟踪并报告施行《行政违法处罚法》的工作情况；统计、建设、管理关于行政违法处理的国家数据资料库。

（三）在施行《行政违法处罚法》的工作中负责主持、配合引导、集训、培训业务。

（四）检查，与各个部委、各个相关部门配合对施行《行政违法处罚法》的情况进行监督。

第三款　在自身的任务、权限范围内，各个部委、各个部门有责任执行或者与司法部配合执行本条第二款规定的任务；及时向司法部提供有关行政违法处理的信息以便建设国家数据资料库；定期半年、一年向司法部报告有关自身部门管理范围内的行政违法处理工作的情况。

第四款　在自身的任务、权限范围内，最高人民法院执行本条第二款的规定并且定期半年、一年向司法部抄送有关自身机关管理范围内行政违法处理工作的通报；指导各级人民法院执行提供有关行政违法处理信息；主持、与政府配合颁布施行详细的规定文书和各项相关规定的实施细则。

第五款　在自身的任务、权限范围内，各级人民委员会负责管理地方施行《行政违法处罚法》的工作，具有下列职责：

（一）指导组织施行有关《行政违法处罚法》的法律法规；开展对《行政违法处罚法》的普及、教育。

（二）在施行《行政违法处罚法》的工作中，检查、监督、处理违法行为和依照权限解决申诉、举报。

（三）及时向司法部提供有关行政违法处理的信息以便建设国家数据资料库；定期半年、一年向司法部报告有关辖区内行政违法处理的工作情况。

第六款　具有行政违法处罚权的机关，具有审查权、各种行政处理措施决定权的人民法院，施行处罚决定权、强制决定权、处罚决定权的机关，施行适用各种行政处理措施的各种决定的机关具有依照本法第七十条、第七十三条第二款、第七十七条第二款、第八十八条、第九十八条第四款、第一百零七条、第一百一十一条第三款、第一百一十二条第三款第二段、第一百一十四条第一款和第二款的规定向司法部行政违法处理数据资料库管理机关、地方司法机关抄送文书、决定的职责。

第七款　政府规定本条的实施细则。

第十八条　机关、单位首长在行政违法处理工作中的职责

第一款　在自身的任务、权限范围内，具有行政违法处理权的机关、单位领导具有下列职责：

（一）经常检查、督促，对于涉及属于自身管理范围内的具有行政违法处理权的人的违法行为进行及时处理；依法解决涉及行政违法处理中的申诉、举报。

（二）不得违法干预行政违法处理工作并且对属于自身直接管理的具有行政违法处理权人员发生的违法行为依法承担连带责任。

（三）由自身所管理、所负责的具有行政违法处理权的人不得发生贪污行为。

（四）法律规定的其他职责。

第二款　在自身的任务、权限范围内，各部部长、部级机关领导、各级人民委员会主席具有下列职责：

（一）经常指导、检查属于自身管理范围内具有行政违法处理权人员的行政违法处理工作。

（二）对在属于自身管理范围内的行政违法处理工作中出现失误的人给予纪律处分。

（三）依法及时予以解决涉及自身负责的部门、领域中有关行政违法处理方面的申诉、举报。

（四）法律规定的其他职责。

第三款　在自身的任务、权限范围内，各部部长，部级机关领导，各级人民委员会主席，具有行政违法处理权的机关、单位领导具有发现由自己或者下级签署下达的关于行政违法处理决定书出现错误并且必须予以纠正、补充或者撤销、依照权限重新下达决定书的职责。

第十九条　对行政违法处理工作的监督

国会、国会各级机关、各级人民议会、国会代表、人民议会代表、越南祖国阵线、祖国阵线的各个成员组织和所有公民有权对具有行政违法处理权的机关、个人的活动进行监督；一旦发现具有行政违法处理权的机关、个人的违法行为则有权向具有审查权的机关、人员提出要求，建议依法予以解决、处理。

具有行政违法处理权的机关、人员必须依法予以审查、解决并且回复该项要求、建议。

第二十条　对于在越南社会主义共和国领土以外的行政违法行为适用《行政违法处罚法》的问题

对于在越南领土以外违反越南社会主义共和国的行政法律的越南公民、组织可以依照本法的规定给予行政违法处罚。

第二部分　行政违法处罚

第一章　各种处罚形式及其消除隐患的措施

第一节　各种处罚形式

第二十一条　各种处罚形式和适用原则

第一款　各种行政违法处罚形式包括：

（一）警告。

（二）罚款。

（三）有期限地剥夺从业许可证、执业证书的使用权或者有期限地停止活动。

（四）没收行政违法赃物、用于行政违法的设备（以下统称为行政违法赃物、设备）。

（五）驱逐。

第二款　本条第一款第（一）项和第（二）项规定的处罚形式只能规

定和作为主要处罚形式适用。

本条第一款第（三）、第（四）和（五）项规定的处罚形式可以规定为补充处罚形式或者主要处罚形式。

第三款　对于每一种行政违法行为，行政违法的个人、组织只能适用一种主要的处罚形式；可以适用本条第一款规定的一种或者多种补充处罚形式。补充处罚形式只能适用于主要处罚形式的附带形式。

第二十二条　警告

对于行政违法不严重，有减轻情节的个人、组织或者对于由十四周岁以上至十六周岁以下的未成年人实施的一切行政违法行为，适用警告和按照规定则给予警告处罚形式。警告必须是决定书。

第二十三条　罚款

第一款　对于个人，行政违法处罚中的罚款额度从五万盾[①]至十亿盾；对于组织，行政违法处罚中的罚款额度从十万盾至二十亿盾，本法第二十四条第三款规定的情形除外。

对于中央直辖市的市内地区则罚款额度可以略高一些，但是，最多不得超过适用于陆路交通、环境保护、社会治安领域内同一种违法行为最终罚款额度的两倍。

第二款　政府规定罚款幅度或者针对具体的行政违法行为，根据下列各种方式之一规定罚款额度，但是，罚款幅度最高不得超过本法第二十四条规定的最高罚款额度：

（一）确定最低、最高罚款数额。

（二）确定违法次数、价值的百分比、商品数量、违法赃物、受害对象或者营业收入、从行政违法获取的利润数量。

第三款　根据行政违法行为、政府决议予以规定的罚款幅度或者罚款额度和地方特殊经济—社会管理要求，中央直辖市人民委员会决定针对本

[①]　越南盾。——译者注

条第二款规定的各个领域内违法行为的具体的罚款幅度或者罚款额度。

第四款 对于一种行政违法行为的具体罚款额度是对于该行为规定的罚款幅度的平均额度；如果有减轻情节则罚款额度可以相应减少，但是，不得低于罚款额度的最低额度；如果有加重情节则罚款额度可以相应增加，但是，不得超过罚款幅度的最高罚款额度。

第二十四条 各个领域中的最高罚款额度

第一款 在国家管理的各个领域中对于个人的最高罚款额度予以规定如下：

（一）最高罚款额度为三千万盾：婚姻与家庭；（男女）平等；家庭暴力；备案；宗教；竞赛奖励；司法行政；人口；环境卫生；统计。

（二）最高罚款额度为四千万盾：社会治安；预防、打击社会丑恶现象；执行民事案件；企业破产；合作社；陆路交通；电子交易；邮政。

（三）最高罚款额度为五千万盾：消防；机要；管理和保卫国家边境；司法救助；卫生防疫；预防艾滋病；教育；文化；体育；旅游；科学、工艺管理；转让工艺；保护、关爱儿童；社会扶持、救助；预防自然灾害；植物保护与检疫；基因管理与保存；生产、经营家畜、家禽良种、苗木；兽医；会计；独立审计；经费、手续费；公共财产管理；发票；国家储备；电力；化工原料；水文气象；地图勘测；经营注册。

（四）最高罚款额度为七千五百万盾：国防、国家安全；劳动；职业教育；铁路交通；内河水路交通；医疗保险；社会保险。

（五）最高罚款额度为一亿盾：水利工程管理；堤防；诊断、治病；化妆品；药品、医疗器械；生产、经营畜牧饲料；肥料；广告；设置保证金和有奖游戏；外国劳务管理；航海交通；民用航空交通；交通工程的管理与维护；信息技术；电信；无线电频率；报刊；出版；贸易；消费者权益保护；海关、税务手续；开采经营；保险经营；实行节约、反对浪费；爆炸物品管理；水产、海产资源保护。

（六）最高罚款额度为一亿五千万盾：价格管理；不动产经营；开采、生产、经营建筑材料；技术基础工作管理；房屋和公所的管理、发展；招投标；投资。

（七）最高罚款额度为二亿盾：生产、销售违禁品、伪劣产品。

（八）最高罚款额度为二亿五千万盾：水资源的调查、规划、勘探、开采、利用。

（九）最高罚款额度为五亿盾：建设；森林、林产品的管理；土地。

（十）最高罚款额度为十亿盾：越南社会主义共和国的各个海区、海岛和大陆架的管理；核子和放射物质、原子能管理；货币、贵金属、宝石、银行、信用；油气和其他各类矿产的勘探、开采；环境保护。

第二款 本条第一款规定的国家管理的各个领域中对于组织的最高罚款额度等同于对于个人罚款额度的两倍。

第三款 税务各个领域中的最高罚款额度；度量；知识产权；食品安全；产品、商品质量；证券；限制竞争依照相应法律的规定执行。

第四款 对于本条第一款尚未予以规定的崭新领域的最高罚款额度在征得国会常务委员会的同意后由政府规定。

第二十五条 有期限地剥夺从业许可证、执业证书的使用权或者有期限地停止活动

第一款 有期限地剥夺从业许可证、执业证书的使用权是针对个人、组织严重地违反了从业许可证、执业证书中予以登记的各种活动而予以适用的处罚形式。在被剥夺从业许可证、执业证书使用权的期限内，个人、组织不得从事从业许可证、执业证书中所登记的各种活动。

第二款 有期限地停止活动是针对个人、组织在下列情形中行政违法而予以适用的处罚形式：

（一）停止一部分造成严重后果的活动或者有可能对于人类的生命、健康、生产、经营、服务基地的环境实际上造成严重的后患而依照法律的规定必须要持有许可证。

（二）停止一部分或者全部生产、经营、服务活动或者法律规定无须许可证的其他活动，因为该活动会造成严重的后患或者有可能对于人类的生命、健康、环境和社会治安实际上造成严重的隐患。

第三款　剥夺从业许可证、执业证书使用权的期限，停止本条第一款和第二款规定的活动期限自处罚决定书生效之日起一个月至二十四个月。在剥夺从业许可证、执业证书使用权的期限内，从业许可证、执业证书交由具有处罚权的人保管。

第二十六条　没收行政违法的赃物、设备

没收行政违法的赃物、设备是将与行政违法直接相关的物品、款项、商品、设备上缴国库，适用于由于个人、组织的故意过错而导致的严重行政违法。

对于被处以没收的行政违法的赃物、设备的处理依照本法第八十二条的规定执行。

第二十七条　驱逐

第一款　驱逐是强制在越南的有行政违法行为的外国人必须离开越南社会主义共和国的领土。

第二款　政府规定适用驱逐处罚形式的详细规定。

第二节　消除隐患的各种措施

第二十八条　消除隐患的各种措施及其适用原则

第一款　消除隐患的各种措施包括：

（一）强制其恢复原貌。

（二）强制其拆除未经批准、擅自修建的工程、部分工程或者未严格按照批准书修建的工程。

（三）强制其采取措施消除环境污染、疫病蔓延传染的状况。

（四）强制其运出越南社会主义共和国领土或者再出口商品、物品、设备。

（五）强制其将危害人类健康，危害家畜、家禽、苗木和环境的商品、物品，内容淫秽的文化用品进行销毁。

（六）强制其更正与事实不符或者造成混淆的信息。

（七）强制其剔除商品上、商品包装上、经营设备上、物品上的侵权要素。

（八）强制其召回无质量保障的产品、商品。

（九）强制其上缴由于实施行政违法所获取的不合法的得利或者强制其上缴已经违法销售、转移、销毁的与行政违法赃物、设备价值等同的款项。

（十）政府规定的其他消除隐患的各种措施。

第二款 适用消除隐患措施的原则：

（一）对于每一种行政违法，除了适用处罚形式而外，行政违法的个人、组织还有可能适用本条第一款规定的一种或者多种消除隐患的措施。

（二）在本法第六十五条第二款规定的情形下，消除隐患的措施可以独立适用。

第二十九条 强制其恢复原貌

行政违法的个人、组织由于自身的行政违法导致了改变，对此必须予以恢复；如果行政违法的个人、组织不愿意履行则将会受到强制执行。

第三十条 强制其拆除未经批准、擅自修建的工程、部分工程或者不严格按照批准书修建的工程

行政违法的个人、组织必须拆除未经批准、擅自修建的工程、部分工程或者不严格按照批准书修建的工程；如果行政违法的个人、组织不愿意履行则将会受到强制执行。

第三十一条 强制消除环境污染、疫病蔓延传染的状况

行政违法的个人、组织必须采取措施以便消除环境污染、疫病蔓延传染的状况；如果行政违法的个人、组织不愿意履行则将会受到强制执行。

第三十二条 强制其运出越南社会主义共和国领土或者再出口商品、物品、设备

行政违法的个人、组织必须将商品、物品、设备运出越南社会主义共和国领土或者将非法进口越南社会主义共和国领土的商品、物品、设备再出口，或者可以暂时进口、再出口，但是，不严格依照法律的规定再出口。

消除该隐患的措施同样也可以适用于进口、过境侵犯知识产权的商品，假冒知识产权的商品，进口设备、原料、材料主要用于生产、经营假冒知识产权的商品一旦在剔除侵犯要素以后；如果行政违法的个人、组织不愿意履行则将会受到强制执行。

第三十三条　强制其将危害人类健康，危害家畜、家禽、苗木和环境的商品、物品，内容涉毒的文化用品进行销毁

行政违法的个人、组织必须将危害人类健康，危害家畜、家禽、苗木和环境的商品、物品，内容淫秽的文化用品或者属于法律规定的销毁对象的其他赃物进行销毁；如果行政违法的个人、组织不愿意履行则将会受到强制执行。

第三十四条　强制其更正与事实不符或者造成混淆的信息

行政违法的个人、组织必须更正已经在大众信息媒体上公布、传递，已经在电子信息媒体上公布、传递的与事实不符或者造成混淆的信息；如果行政违法的个人、组织不愿意履行则将会受到强制执行。

第三十五条　强制其剔除商品上、商品包装上、经营设备上、物品上的侵权要素

个人、组织生产、经营商品或者所使用的经营设备、物品在商品上、商品包装上、经营设备上、物品上包含有侵权要素则必须剔除这些侵权要素；如果行政违法的个人、组织不愿意履行则将会受到强制执行。

第三十六条　强制其召回无质量保障的产品、商品

个人、组织生产、经营已经登记注册或者已经公布的无质量保障的产品、商品和其他无质量保障、无流通条件的商品，则必须召回正在市场上流通的这些违法产品、商品；如果行政违法的个人、组织不愿意履行则将会受到强制执行。

第三十七条　强制其上缴由于实施行政违法所获得的不合法的得利或者强制其上缴已经违法销售、转移、销毁的与行政违法赃物、设备价值等同的款项

违法的个人、组织必须上缴由于这些个人、组织已经实施的行政违法中所获得的不合法的得利即款项、财产、有价证券和物品以便上缴国库或者归还给被其侵占的对象；必须上缴已经违法销售、转移、销毁的与行政违法赃物、设备价值等同的款项；如果行政违法的个人、组织不愿意履行，则将会受到强制执行。

第二章　行政违法处罚权限及其适用消除隐患的措施

第三十八条　人民委员会主席的权限

第一款　乡级人民委员会主席具有下列权限：

（一）处以警告。

（二）处以与本法第二十四条规定的相对应的领域最高罚款数额的百分之十的罚金，但是，不超过五百万盾。

（三）处以没收价值不超过本款第（二）项所规定的罚金额度的行政违法赃物、设备。

（四）处以适用本法第二十八条第一款第（一）项、第（二）项、第（三）项和（五）项所规定的消除隐患的措施。

第二款　县级人民委员会主席具有下列权限：

（一）处以警告。

（二）处以与本法第二十四条规定的相对应的领域最高罚款数额的百分之五十的罚金，但是，不超过五千万盾。

（三）处以有期限地剥夺从业许可证、执业证书的使用权或者有期限地停止活动。

（四）处以没收价值不超过本款第（二）项所规定的罚金额度的行政违法赃物、设备。

（五）处以适用本法第二十八条第一款第（一）项、第（二）项、第

（三）项、第（四）项、第（五）项、第（六）项、第（八）项、第（九）项和第（十）项所规定的消除隐患的措施。

第三款 省级人民委员会主席具有下列权限：

（一）处以警告。

（二）处以与本法第二十四条所规定的相对应的领域最高罚款数额的罚金。

（三）处以有期限地剥夺从业许可证、执业证书的使用权或者有期限地停止活动。

（四）处以没收行政违法的赃物、设备。

（五）处以适用本法第二十八条第一款所规定的消除隐患的措施。

第三十九条 人民公安的权限

第一款 正在执行公务的人民公安战士具有下列权限：

（一）处以警告。

（二）处以与本法第二十四条规定的相对应的领域最高罚款数额的百分之三的罚金，但是，不超过五十万盾。

第二款 本条第一款所规定人员的站长、队长具有下列权限：

（一）处以警告。

（二）处以与本法第二十四条规定的相对应的领域最高罚款数额的百分之三的罚金，但是，不超过一百五十万盾。

第三款 乡级公安所长，口岸、出口加工区公安屯长，公安站站长具有下列权限：

（一）处以警告。

（二）处以与本法第二十四条规定的相对应的领域最高罚款数额的百分之五的罚金，但是，不超过二百五十万盾。

（三）处以没收价值不超过本款第（二）项所规定的罚金额度的行政违法赃物、设备。

（四）处以适用本法第二十八条第一款第（一）项、第（三）项和第（五）项所规定的消除隐患的措施。

第四款 县级公安局长；隶属于陆路、铁路交通警察局的业务处长，隶属于水路警察局的业务处长；省级公安处长包括社会治安行政管理警察处长，治安警察处长，迅速反应警察处长，社会治安犯罪调查警察处长，经济与职务管理治安犯罪调查警察处长和毒品犯罪调查警察处长，陆路、铁路交通警察处长，水路警察处长，保卫与机动警察处长，刑事案件执行与司法援助警察处长，预防环境犯罪警察处长，消防与救护、搜救警察处长，消防与水上搜救警察处长，出入境管理处长，内部政治安全处长，经济安全处长，文化、思想安全处长，信息安全处长；隶属于消防警察局的各郡、各县消防警察处长；大队以上的机动警察单位领导具有下列权限：

（一）处以警告。

（二）处以与本法第二十四条规定的相对应的领域最高罚款数额的百分之二十的罚金，但是，不超过二千五百万盾。

（三）处以有期限地剥夺从业许可证、执业证书的使用权或者有期限地停止活动。

（四）处以没收价值不超过本款第（二）项所规定的罚金额度的行政违法赃物、设备。

（五）处以适用本法第二十八条第一款第（一）项、第（三）项、第（五）项和第（十）项所规定的消除隐患的措施。

第五款 省级公安局长、消防警察局局长具有下列权限：

（一）处以警告。

（二）处以与本法第二十四条规定的相对应的领域最高罚款数额的百分之二十的罚金，但是，不超过五千万盾。

（三）处以有期限地剥夺从业许可证、执业证书的使用权或者有期限地停止活动。

（四）处以没收价值不超过本款第（二）项所规定的罚金额度的行政违法赃物、设备。

（五）省级公安局长决定适用驱逐处罚形式。

（六）处以适用本法第二十八条第一款第（一）项、第（三）项、第

（五）项、第（九）项和第（十）项所规定的消除隐患的措施。

第六款　内部政治安全局局长，经济安全局局长，文化、思想安全局局长，信息安全局局长，社会治安行政管理警察局局长，社会治安犯罪调查警察局局长，经济管理秩序与职务犯罪调查警察局局长，毒品犯罪调查警察局局长，陆路、铁路交通警察局局长，水路警察局局长，消防与救护、搜救警察局局长，保卫警察局局长，民事案件跟踪执行与司法援助局局长，预防环境犯罪警察局局长，预防利用高科技犯罪警察局局长具有下列权限：

（一）处以警告。

（二）处以与本法第二十四条规定的相对应的领域最高罚款数额的罚金。

（三）处以有期限地剥夺从业许可证、执业证书的使用权或者有期限地停止活动。

（四）处以没收行政违法的赃物、设备。

（五）处以适用本法第二十八条第一款第（一）项、第（三）项、第（五）项、第（九）项和第（十）项所规定的消除隐患的措施。

第七款　出入境管理局局长具有本条第六款规定的处罚权和具有决定适用驱逐处罚的决定权。

第四十条　边防部队的权限

第一款　正在执行公务的边防部队战士具有下列权限：

（一）处以警告。

（二）处以与本法第二十四条规定的相对应的领域最高罚款数额的百分之一的罚金，但是，不超过五十万盾。

第二款　本条第一款所规定人员的站长、队长具有下列权限：

（一）处以警告。

（二）处以与本法第二十四条规定的相对应的领域最高罚款数额的百分之五的罚金，但是，不超过二百五十万盾。

第三款　边防屯屯长，边防海队队长，边防小区指挥长，口岸、港口边防指挥长具有下列权限：

（一）处以警告。

（二）处以与本法第二十四条规定的相对应的领域最高罚款数额的百分之二十的罚金，但是，不超过二千五百万盾。

（三）处以没收价值不超过本款第（二）项所规定的罚金额度的行政违法赃物、设备。

（四）处以适用本法第二十八条第一款第（一）项、第（三）项、第（五）项和第（十）项所规定的消除隐患的措施。

第四款 省级边防部队指挥长、直属于边防部队司令部的边防海团指挥长具有下列权限：

（一）处以警告。

（二）处以与本法第二十四条规定的相对应的领域最高罚款数额的罚金。

（三）处以有期限地剥夺从业许可证、执业证书的使用权或者有期限地停止活动。

（四）处以没收行政违法的赃物、设备。

（五）处以适用本法第二十八条第一款第（一）项、第（三）项、第（五）项、第（九）项和第（十）项所规定的消除隐患的措施。

第四十一条 海上警察的权限

第一款 正在执行公务的海上警察员具有下列权限：

（一）处以警告。

（二）处以与本法第二十四条规定的相对应的领域最高罚款数额的百分之二的罚金，但是，不超过一百五十万盾。

第二款 海上警察业务组组长具有下列权限：

（一）处以警告。

（二）处以与本法第二十四条规定的相对应的领域最高罚款数额的百分之五的罚金，但是，不超过五百万盾。

第三款 海上警察业务队队长、海上警察站站长具有下列权限：

（一）处以警告。

（二）处以与本法第二十四条规定的相对应的领域最高罚款数额的百分之十的罚金，但是，不超过一千万盾。

（三）处以适用本法第二十八条第一款第（一）项、第（三）项和第（五）项所规定的消除隐患的措施。

第四款　海上警察海队海队长具有下列权限：

（一）处以警告。

（二）处以与本法第二十四条规定的相对应的领域最高罚款数额的百分之二十的罚金，但是，不超过二千五百万盾。

（三）处以没收价值不超过本款第（二）项所规定的罚金额度的行政违法赃物、设备。

（四）处以适用本法第二十八条第一款第（一）项、第（三）项、第（四）项、第（五）项和第（十）项所规定的消除隐患的措施。

第五款　海上警察海团海团长具有下列权限：

（一）处以警告。

（二）处以与本法第二十四条规定的相对应的领域最高罚款数额的百分之三十的罚金，但是，不超过五千万盾。

（三）处以没收价值不超过本款第（二）项所规定的罚金额度的行政违法赃物、设备。

（四）处以适用本法第二十八条第一款第（一）项、第（三）项、第（四）项、第（五）项和第（十）项所规定的消除隐患的措施。

第六款　海上警察海区指挥长具有下列权限：

（一）处以警告。

（二）处以与本法第二十四条规定的相对应的领域最高罚款数额的百分之五十的罚金，但是，不超过一亿盾。

（三）处以没收价值不超过本款第（二）项所规定的罚金额度的行政违法赃物、设备。

（四）处以适用本法第二十八条第一款第（一）项、第（三）项、第

（四）项、第（五）项和第（十）项所规定的消除隐患的措施。

第七款 海上警察局局长具有下列权限：

（一）处以警告。

（二）处以与本法第二十四条规定的相对应的领域最高罚款数额的罚金。

（三）处以有期限地剥夺从业许可证、执业证书的使用权或者有期限地停止活动。

（四）处以没收行政违法的赃物、设备。

（五）处以适用本法第二十八条第一款第（一）项、第（二）项、第（三）项、第（四）项、第（五）项和第（十）项所规定的消除隐患的措施。

第四十二条 海关部门的权限

第一款 正在执行公务的海关公务人员具有下列权限：

（一）处以警告。

（二）处以罚金五十万盾的处罚。

第二款 隶属于海关支局的队长、隶属于海关稽查支局的队长一旦在货物通关以后具有下列权限：

（一）处以警告。

（二）处以罚金五百万盾的处罚。

第三款 海关支局支局长、海关稽查支局支局长一旦在货物通关以后，隶属于省级、省级联席、中央直辖市海关局的稽查队队长、缉私稽查队队长、海关手续队队长、海上稽查队队长和隶属于海关总局缉私调查局的知识产权保护稽查队队长具有下列权限：

（一）处以警告。

（二）处以罚金二千五百万盾的处罚。

（三）处以没收价值不超过本款第（二）项所规定的罚金额度的行政违法赃物、设备。

（四）处以适用本法第二十八条第一款第（一）项、第（五）项、第

（七）项、第（九）项和第（十）项所规定的消除隐患的措施。

第四款　缉私调查局局长、隶属于海关总局的海关稽查局局长一旦在货物通关以后，省级、省级联席、中央直辖市海关局局长具有下列权限：

（一）处以警告。

（二）处以罚金五千万盾的处罚。

（三）处以有期限地剥夺从业许可证、执业证书的使用权或者有期限地停止活动。

（四）处以没收价值不超过本款第（二）项所规定的罚金额度的行政违法赃物、设备。

（五）处以适用本法第二十八条第一款第（四）项、第（五）项、第（七）项、第（九）项和第（十）项所规定的消除隐患的措施。

第五款　海关总局局长具有下列权限：

（一）处以警告。

（二）处以与本法第二十四条规定的相对应的领域最高罚款数额的罚金。

（三）处以没收行政违法的赃物、设备。

（四）处以适用本法第二十八条第一款第（四）项、第（五）项、第（七）项、第（九）项和第（十）项所规定的消除隐患的措施。

第四十三条　林业管理部门的权限

第一款　正在执行公务的林业管理员具有下列权限：

（一）处以警告。

（二）处以罚金五十万盾的处罚。

第二款　林业管理站站长具有下列权限：

（一）处以警告。

（二）处以罚金一千万盾的处罚。

（三）处以没收价值不超过本款第（二）项所规定的罚金额度的行政违法赃物、设备。

第三款　林业管理区区长、林业管理机动与森林消防队队长具有下列权限：

（一）处以警告。

（二）处以罚金二千五百万盾的处罚。

（三）处以没收价值不超过本款第（二）项所规定的罚金额度的行政违法赃物、设备。

（四）处以适用本法第二十八条第一款第（一）项、第（四）项、第（五）项、第（九）项和第（十）项所规定的消除隐患的措施。

第四款　林业管理支局支局长、隶属于林业管理局的特任林业管理队队长具有下列权限：

（一）处以警告。

（二）处以罚金五千万盾的处罚。

（三）处以没收价值不超过本款第（二）项所规定的罚金额度的行政违法赃物、设备。

（四）处以有期限地剥夺从业许可证、执业证书的使用权或者有期限地停止活动。

（五）处以适用本法第二十八条第一款第（一）项、第（二）项、第（三）项、第（五）项、第（九）项和第（十）项所规定的消除隐患的措施。

第五款　林业管理局长具有下列权限：

（一）处以警告。

（二）处以本法第二十四条规定的森林、林产管理领域最高罚款数额的罚金。

（三）处以没收行政违法的赃物、设备。

（四）处以有期限地剥夺从业许可证、执业证书的使用权或者有期限地停止活动。

（五）处以适用本法第二十八条第一款第（一）项、第（二）项、第（三）项、第（五）项、第（九）项和第（十）项所规定的消除隐患的措施。

第四十四条　税务机关的权限

第一款　正在执行公务的税务公务人员具有下列权限：

（一）处以警告。

（二）处以罚金五十万盾的处罚。

第二款　税务队队长具有下列权限：

（一）处以警告。

（二）处以罚金二百五十万盾的处罚。

第三款　税务支局支局长具有下列权限：

（一）处以警告。

（二）处以罚金二千五百万盾的处罚。

（三）处以没收价值不超过本款第（二）项所规定的罚金额度的行政违法赃物、设备。

（四）处以适用本法第二十八条第一款第（一）项、第（九）项和第（十）项所规定的消除隐患的措施。

第四款　税务局局长具有下列权限：

（一）处以警告。

（二）处以罚金七千万盾的处罚。

（三）处以没收价值不超过本款第（二）项所规定的罚金额度的行政违法赃物、设备。

（四）处以适用本法第二十八条第一款第（一）项、第（九）项和第（十）项所规定的消除隐患的措施。

第五款　税务总局总局长具有下列权限：

（一）处以警告。

（二）处以本法第二十四条规定的税务领域最高罚款数额的罚金。

（三）处以没收行政违法的赃物、设备。

（四）处以适用本法第二十八条第一款第（一）项、第（九）项和第（十）项所规定的消除隐患的措施。

第四十五条　市场管理部门的权限

第一款　正在执行公务的市场检查员具有下列权限：

（一）处以警告。

（二）处以罚金五十万盾的处罚。

第二款　市场管理队队长具有下列权限：

（一）处以警告。

（二）处以罚金二千五百万盾的处罚。

（三）处以没收价值不超过本款第（二）项所规定的罚金额度的行政违法赃物、设备。

（四）处以适用本法第二十八条第一款第（一）项、第（五）项、第（六）项、第（七）项、第（八）项、第（九）项和第（十）项所规定的消除隐患的措施。

第三款　隶属于工商局市场管理支局的支局长、缉私处处长、打假处处长，隶属于市场管理局的商品质量监督处处长具有下列权限：

（一）处以警告。

（二）处以罚金五千万盾的处罚。

（三）处以没收价值不超过本款第（二）项所规定的罚金额度的行政违法赃物、设备。

（四）处以有期限地剥夺从业许可证、执业证书的使用权或者有期限地停止活动。

（五）处以适用本法第二十八条第一款第（一）项、第（三）项、第（四）项、第（五）项、第（六）项、第（七）项、第（八）项、第（九）项和第（十）项所规定的消除隐患的措施。

第四款　市场管理局局长具有下列权限：

（一）处以警告。

（二）处以与本法第二十四条规定的相对应的领域最高罚款数额的罚金。

（三）处以没收行政违法的赃物、设备。

（四）处以有期限地剥夺从业许可证、执业证书的使用权或者有期限地停止活动。

（五）处以适用本法第二十八条第一款第（一）项、第（三）项、第（四）项、第（五）项、第（六）项、第（七）项、第（八）项、第（九）项和第（十）项所规定的消除隐患的措施。

第四十六条 监察部门的权限

第一款 正在执行公务的监察员、赋予履行监察任务的专业部门的人员具有下列权限：

（一）处以警告。

（二）处以与本法第二十四条规定的相对应的领域最高罚款数额的百分之一的罚金，但是，不超过五十万盾。

（三）处以没收价值不超过本款第（二）项所规定的罚金额度的行政违法赃物、设备。

（四）处以适用本法第二十八条第一款第（一）项、第（三）项和第（五）项所规定的消除隐患的措施。

第二款 监察局局长、航空监察局局长、航海监察局局长、辐射与核子安全监察局局长、国家证券委员会监察局局长；食品卫生安全支局支局长，隶属于卫生局的人口—计划生育支局的支局长，植物保护、兽医、水产品、农林产品质量管理和隶属于农业与农村发展局的水产、水利、堤防、林业、农村发展支局的支局长，地区频率中心主任以及类似于政府赋予履行专业部门监察职能的各种主体具有下列权限：

（一）处以警告。

（二）处以与本法第二十四条规定的相对应的领域最高罚款数额的百分之五十的罚金，但是，不超过五千万盾。

（三）处以有期限地剥夺从业许可证、执业证书的使用权或者有期限地停止活动。

（四）处以没收价值不超过本款第（二）项所规定的罚金额度的行政违法赃物、设备。

（五）处以适用本法第二十八条第一款所规定的消除隐患的措施。

第三款 国家地区储备局局长，统计局局长，污染监督局局长，省、中央直辖市国家金库主任以及类似于政府赋予履行专业部门监察职能的各种主体具有下列权限：

（一）处以警告。

（二）处以与本法第二十四条规定的相对应的领域最高罚款数额的百分之七十的罚金，但是，不超过二亿五千万盾。

（三）处以有期限地剥夺从业许可证、执业证书的使用权或者有期限地停止活动。

（四）处以没收价值不超过本款第（二）项所规定的罚金额度的行政违法赃物、设备。

（五）处以适用本法第二十八条第一款所规定的消除隐患的措施。

第四款 部、部级机关监察局局长，越南公路总局局长，统计总局总局长，度量、质量标准总局总局长，职教总局总局长，水利总局总局长，林业总局总局长，水产总局总局长，地质与矿产总局总局长，环境总局总局长，土地管理总局总局长，国家金库主任，国家证券委员会主席，国家储备总局总局长，人口—计划生育总局总局长，旅居国外的越南人国家委员会主任，中央竞赛—奖励委员会主任，政府宗教主任，化工原料局局长，安全技术与工业环境局局长，越南铁路局局长，越南内河水路局局长，越南航海局局长，越南航空局局长，辐射与核子安全局局长，兽医局局长，植物保护局局长，种植局局长，畜牧局局长，农林产品与水产品质量管理局局长，经济合作与农村发展局局长，农、林、水产品和盐业加工、贸易局局长，保险管理、监督局局长，无线电频率局局长，电信局局长，广播、电视与电子信息局局长，报刊局局长，出版局局长，药品管理局局长，医疗管理局局长，医疗环境管理局局长，卫生防疫局局长，食品卫生安全局局长以及类似于政府赋予履行专业部门监察职能的各种主体具有下列权限：

（一）处以警告。

（二）处以与本法第二十四条规定的相对应的领域最高罚款数额的罚金。

（三）处以有期限地剥夺从业许可证、执业证书的使用权或者有期限地停止活动。

（四）处以没收行政违法的赃物、设备。

（五）处以适用本法第二十八条第一款所规定的消除隐患的措施。

第五款　部级专业部门监察团团长具有本条第三款规定的处罚权。

局级专业部门监察团团长、国家管理部门赋予履行专业部门监察职能的专业部门监察团团长具有本条第二款规定的处罚权。

第四十七条　航海港务部门、航空港务部门、内河水路港务部门的权限

（一）航海港务部门代表处主任、航空港务部门代表处主任、内河水路港务部门代表处主任具有下列权限：

（一）处以警告。

（二）处以罚金一千万盾的处罚。

（三）处以没收价值不超过本款第（二）项所规定的罚金额度的行政违法赃物、设备。

第二款　航海港务局局长、航空港务局局长、隶属于越南内河水路局的内河水路港务局局长具有下列权限：

（一）处以警告。

（二）处以罚金两千五百万盾的处罚。

（三）处以有期限地剥夺从业许可证、执业证书的使用权或者有期限地停止活动。

（四）处以没收价值不超过本款第（二）项所规定的罚金额度的行政违法赃物、设备。

（五）处以适用本法第二十八条第一款第（一）项、第（二）项、第（三）项、第（五）项、第（九）项和第（十）项所规定的消除隐患的措施。

第四十八条　人民法院的权限

第一款　法院主审审判长具有下列权限：

（一）处以警告。

（二）处以罚金一百万盾的处罚。

（三）处以没收价值不超过本款第（二）项所规定的罚金额度的行政违法赃物、设备。

第二款　分工审理破产案件的审判长具有下列权限：

（一）处以警告。

（二）处以罚金五百万盾的处罚。

（三）处以没收价值不超过本款第（二）项所规定的罚金额度的行政违法赃物、设备。

（四）处以适用本法第二十八条第一款第（一）项、第（九）项和第（十）项所规定的消除隐患的措施。

第三款　县级人民法院院长、省级人民法院专职庭长、地区军事法院院长具有下列权限：

（一）处以警告。

（二）处以罚金七百五十万盾的处罚。

（三）处以没收价值不超过本款第（二）项所规定的罚金额度的行政违法赃物、设备。

第四款　省级人民法院院长、军区及其相同级别的军事法院院长、最高人民法院复审庭庭长、最高人民法院专职庭长具有下列权限：

（一）处以警告。

（二）处以与本法第二十四条规定的相对应的领域最高罚款数额的罚金。

（三）处以没收用于行政违法的赃物、设备。

（四）处以适用本法第二十八条第一款第（一）项、第（九）项和第（十）项所规定的消除隐患的措施。

第四十九条　民事案件执行机关的权限

第一款　正在执行公务的执行民事案件的执行员具有下列权限：

（一）处以警告。

（二）处以罚金五十万盾的处罚。

第二款　民事案件执行支局支局长具有下列权限：

（一）处以警告。

（二）处以罚金二百五十万盾的处罚。

（三）处以没收价值不超过本款第（二）项所规定的罚金额度的行政违法赃物、设备。

（四）处以适用本法第二十八条第一款第（一）项、第（九）项和第（十）项所规定的消除隐患的措施。

第三款　执行民事案件的执行员如果是破产案件的财产管理、清理组组长的话则具有下列权限：

（一）处以警告。

（二）处以罚金五百万盾的处罚。

（三）处以适用本法第二十八条第一款第（一）项、第（九）项和第（十）项所规定的消除隐患的措施。

第四款　民事案件执行局局长、军区级案件执行处处长具有下列权限：

（一）处以警告。

（二）处以罚金二千万盾的处罚。

（三）处以没收价值不超过本款第（二）项所规定的罚金额度的行政违法赃物、设备。

（四）处以适用本法第二十八条第一款第（一）项、第（九）项和第（十）项所规定的消除隐患的措施。

第五款　民事案件执行总局总局长具有下列权限：

（一）处以警告。

（二）处以本法第二十四条规定的民事案件执行领域最高罚款数额的

罚金。

（三）处以没收行政违法的赃物、设备。

（四）处以适用本法第二十八条第一款第（一）项、第（九）项和第（十）项所规定的消除隐患的措施。

第五十条　外国劳务管理局的权限

外国劳务管理局局长具有下列权限：

（一）处以警告。

（二）处以本法第二十四条规定的外国劳务管理领域最高罚款数额的罚金。

（三）处以没收行政违法的赃物、设备。

（四）处以有期限地剥夺从业许可证、执业证书的使用权或者有期限地停止活动。

（五）处以适用本法第二十八条第一款第（一）项、第（九）项和第（十）项所规定的消除隐患的措施。

第五十一条　外交代表机关、领事机关、授权履行越南社会主义共和国驻外国领事职能的其他机关的权限

外交代表机关、领事机关、授权履行越南社会主义共和国驻外国领事职能的其他机关的负责人具有下列权限：

（一）处以警告。

（二）处以与本法第二十四条规定的相对应的领域最高罚款数额的罚金。

（三）处以没收行政违法的赃物、设备。

（四）处以适用本法第二十八条第一款第（一）项、第（九）项和第（十）项所规定的消除隐患的措施。

第五十二条　确定和划分行政违法处罚权及其适用消除隐患措施的原则

第一款　本法第三十八条至第五十一条各条款中所规定的相关人员具有的行政违法处罚权是适用于个人的一种行政违法行为的处罚权；在罚款

的情形下，对于组织的处罚权是个人处罚权的两倍并且依照本法对于该主体规定的百分比确定。

在对属于本法第二十三条第一款第二段规定的各个领域的城市地区中的行政违法进行罚款的情形下，对于各种行政违法行为具有罚款权的各种主体由政府规定同样对于各种行政违法行为也具有与罚款额度更高的相应处罚权由中央直辖市人民议会规定在城市中适用。

第二款　本条第一款规定的罚款权根据对于每一种具体的行政违法行为规定的罚款幅度的最高额度予以确定。

第三款　在地方国家管理的各个领域中，各级人民委员会主席具有行政违法处罚权。

本法第三十九条至第五十一条规定的具有行政违法处罚权的人具有对于属于自身所管理的领域、行业的处罚权。

在行政违法属于多人具有处罚权的情形下，则行政违法处罚事宜由首位受理人办理。

第四款　在行政违法本人一人实施了多种行政违法行为的情形下，则行政违法处罚权按照下列原则予以确定：

（一）如果规定的对于每一种行为的处罚形式，处罚程度，没收行政违法的赃物、设备价值，消除隐患措施均属于行政违法处罚人的权限，则处罚权仍然属于行政违法处罚人；

（二）如果规定的对于各种行为之一的处罚形式，处罚程度，没收行政违法的赃物、设备价值，消除隐患措施超越了行政违法处罚人的权限，则行政违法处罚人必须将违法案件移交给具有处罚权的上级；

（三）如果违法行为属于各个不同的行业、属于多人的行政违法处罚权，则处罚权属于违法发生地具有处罚权的人民委员会主席。

第五十三条　具有行政违法处罚权主体称谓的变更

在本法规定的具有行政违法处罚权的主体在称谓上发生变更的情形下，则该主体具有处罚权。

第五十四条　赋予处罚权

第一款　本法第三十八条中所规定的具有行政违法处罚权的人；本法第三十九条第一款、第二款、第三款、第四款、第五款、第六款和第七款各款中所规定的具有行政违法处罚权的人；本法第四十条第二款、第三款和第四款各款中所规定的具有行政违法处罚权的人；本法第四十一条第三款、第四款、第五款、第六款和第七款各款中所规定的具有行政违法处罚权的人；本法第四十二条第二款、第三款、第四款和第五款各款中所规定的具有行政违法处罚权的人；本法第四十三条第二款、第三款、第四款和第五款各款中所规定的具有行政违法处罚权的人；本法第四十四条第二款、第三款、第四款和第五款各款中所规定的具有行政违法处罚权的人；本法第四十五条第二款、第三款和第四款各款中所规定的具有行政违法处罚权的人；本法第四十六条第二款、第三款和第四款各款中所规定的具有行政违法处罚权的人；本法第四十七条中所规定的具有行政违法处罚权的人；本法第四十八条第三款和第四款各款中所规定的具有行政违法处罚权的人；本法第四十九条第二款、第四款和第五款各款中所规定的具有行政违法处罚权的人；本法第五十条和第五十一条中所规定的具有行政违法处罚权的人可以赋予副职行使行政违法处罚权。

第二款　赋予行政违法处罚权事宜可以经常进行或者根据案情，但是，必须通过书面的形式予以体现，其中必须清楚地确定范围、内容、赋予处罚权的时限。

第三款　被赋予行政违法处罚权的副职在行政违法处罚决定书必须对上级和法律负责。被赋予行政违法处罚权的人不得将行政违法处罚权转移、授权给其他任何一个人。

第三章　处罚程序、履行处罚决定和强制履行处罚决定

第一节　处罚程序

第五十五条　强迫中止行政违法行为

强迫中止行政违法行为由正在执行公务的具有处罚权的人适用于正在

发生的行政违法行为，旨在立即中止违法行为。强迫中止行政违法行为可以通过谈话、吹哨子、号令、文书或者依照法律规定的其他形式予以实施。

第五十六条 无须制作笔录的行政违法处罚

第一款 无须制作笔录的行政违法处罚可以适用于对个人处以警告处罚或者处以罚款二十五万盾、对组织处以五十万盾罚款的情形之下，但是，具有处罚权的人必须当场下达行政违法处罚决定书。

在依赖于使用技术设备、装备、技术手段得以发现行政违法的情形下则必须制作笔录。

第二款 当场下达的行政违法处罚决定书必须载明下达决定书的年、月、日；违法个人的姓名、地址或者违法组织的名称、地址；违法行为；违法发生的时间、地点；与处理违法相关的证据和情节；下过处罚决定书的人的姓名、职务；所适用法规的条款。在处以罚款的情形下则必须在决定书中载明罚款金额。

第五十七条 需要制作笔录的行政违法处罚

第一款 需要制作笔录的行政违法处罚适用于行政违法个人、组织的行政违法行为不属于本法第五十六条第一款第一段规定的情形。

第二款 需要制作笔录的行政违法处罚事宜必须由具有处罚权的人制作成行政违法处罚卷宗。卷宗包括行政违法记录、行政处罚决定书、相关的各种材料、证件而且必须附上笔录。

卷宗必须依照《保存法》的规定予以保存。

第五十八条 制作行政违法笔录

第一款 一旦发现属于自身管理领域内的行政违法，正在执行公务的具有处罚权的人必须及时制作笔录，本法第五十六条第一款规定的无须制作笔录的处罚情形除外。

在依赖于使用技术设备、装备、技术手段得以发现的行政违法的情形下，则制作行政违法笔录事宜在一旦确定了违法个人、组织之后立即进行。

对于发生在飞机上、轮船上、火车上的行政违法，则机长、船长、列车长有责任组织制作笔录并且在飞机抵达机场，轮船抵达码头、港口，火车抵达火车站时立即将其移交给具有行政违法处罚权的人员。

第二款 行政违法笔录必须载明制作笔录的年、月、日、地点；笔录制作人的姓名、职务；违法人的姓名、地址、职业或者违法组织名称、地址；违法发生的年、月、日、时间；违法行为；制止违法行为和确保处理事宜的措施；被暂扣的赃物、设备的状况；违法人或者违法组织代表的供词；如果有证人、受害人或者受害组织的代表则必须载明这些人的姓名、地址、供词；违法人或者违法组织代表关于行政违法情况说明的权利和时限；接受解释说明的机关。

在违法人、违法组织的代表不在违法地点，或者故意逃避，或者因为客观理由而拒绝在笔录上签字的情形下，则笔录上必须要有违法发生地基层地方政权代表的签字或者要有两名证人的签字。

第三款 行政违法笔录至少必须制作成两份，必须要有笔录制作人、违法人或者违法组织代表的签字；在违法人签不了字的情形下则要加按手印；如果有证人的话，证人、受害人或者受害组织代表共同在笔录上签字；在笔录包含多页的情形下则本款所规定的人员必须逐页地在笔录上签字。如果违法人、违法组织代表、证人、受害人或者受害组织拒绝签字，则笔录制作人必须在笔录上注明理由。

一旦行政违法笔录制作完毕，必须将其中的一份交给行政违法的个人、组织；在行政违法不属于笔录制作人权限或者超过了笔录制作人处罚权的情形下则必须立即将笔录移交给具有处罚权的人以便进行处罚。

在未成年人行政违法的情形下，则还要将笔录送达违法人的父母亲或者其监护人。

第五十九条 核实行政违法案件的情节

第一款 在审查下达行政违法处罚决定书时，在需要的情形下，具有处罚权的人有责任核实下列各种情节：

（一）是否行政违法；

（二）实施行政违法行为的个人、组织，过错、行政违法个人的身份；

（三）加重、减轻情节；

（四）行政违法所造成的损害性质、程度；

（五）本法第六十五条第一款规定的不予下达行政违法处罚决定书的情形；

（六）对于审查、处罚决定书事宜具有意义的其他情节。

在审查、下达处罚决定书的过程中，具有处罚权的人可以要求鉴定。要求鉴定依照《鉴定法》的规定予以执行。

第二款 核实行政违法案件情节事宜必须通过书面形式予以体现。

第六十条 确定行政违法赃物的价值以便作为确定罚金幅度、处罚权的依据

第一款 在需要确定行政违法赃物价值以便作为确定罚款幅度、处罚权依据的情形下，正在处理案件的具有处罚权的人必须确定赃物的价值并且对此项确定事宜负责。

第二款 根据某一类具体的赃物，确定价值事宜在各种依据之一的基础上按照下列优先顺序予以进行：

（一）公示的价格或者合同上标明的价格或者交易发票或者进口登记表；

（二）按照地方财政部门通报的价格；在没有通报价格的情形下则按照行政违法发生之时当地的市场价格计算；

（三）如果是未出售的商品则按照赃物的成本价计算；

（四）对于是假冒商品的赃物，则该赃物的价格是正规商品的市场价值或者是在发现行政违法之时当地同一性能、工艺、功能商品的市场价。

第三款 在无法适用本条第二款规定的依据以便确定行政违法赃物价值确定罚款幅度、处罚权依据的情形下，则正在处理案件的具有处罚权的人可以下达暂扣违法赃物的决定书并且成立定价委员会。定价委员会的成员包括下达暂扣行政违法赃物决定书的人即委员会主席、同级财政部门的代表和相关专业部门的代表。

暂扣赃物以便确定其价值的时限自下达暂扣决定之时起不得超过二十四个小时，在确实需要的情形下时限可以延长，但是，最多不得超过二十四个小时。一切与暂扣、定价相关的费用和由于暂扣所造成的损失由下达暂扣决定权人的部门支付。暂扣的手续、笔录依照本法第一百二十五条第五款和第九款的规定予以执行。

第四款　作为确定价值的依据以及与确定行政违法赃物价值相关的各种资料，必须要在行政违法处罚卷宗中予以体现。

第六十一条　解释说明

第一款　对于法律规定适用有期限地剥夺从业许可证、执业证书使用权，或者有期限地停止活动的处罚形式的行政违法行为，或者对于个人的行政违法行为适用罚款幅度的最高罚款额度是一千五百万盾以上，对于组织的行政违法行为适用罚款幅度的最高罚款额度是三千万盾以上的，则违法的个人、组织有权直接或者通过书面形式向具有行政违法处罚权的人解释说明。具有罚权的人在下达处罚决定书之前有责任审查行政违法个人、组织的解释说明意见，在本条第二款和第三款规定的时限以内，行政违法的个人、组织尚未提出解释说明要求的情形除外。

第二款　对于通过书面形式进行解释说明的情形，行政违法的个人、组织必须要在自制作行政违法笔录之日起五天的时限以内，将书面说明的申请书呈报给具有行政违法处罚权的人。

在案件存在众多复杂情节的情形下，则具有处罚权的人可以根据违法个人、组织的建议延长不超过五天的时限。

行政违法的个人、组织可以自行或者授权自身的合法代理人通过书面形式进行解释说明。

第三款　对于直接解释说明的情形，行政违法的个人、组织必须要在自制作行政违法笔录之日起两个工作日的时限以内，将要求直接说明的申请书呈报给具有行政违法处罚权的人。

具有行政违法处罚权的人必须自收到违法人的申请之日起在五天的时

限以内,通过书面形式向违法人通报组织此次直接解释说明会议的时间和地点。

具有处罚权的人组织此次直接解释说明会并且有责任说明与行政违法行为相关的法理依据和情节、证据,对于违法行为适用处罚形式、消除隐患措施的初步意见。行政违法的个人、组织及其合法代理人有权参加此次解释说明会并且提出意见、举证以便保护自身的合法权益。

直接解释说明事宜必须制作成纪要并且要有相关各方的签字;在纪要包含有多页的情形下则各方必须在纪要上面逐页签字。该纪要必须留存在行政违法的处罚卷宗中,并且要将其中一份交给违法的个人、组织或者其合法代理人。

第六十二条 对有犯罪迹象的违法卷宗进行移交以便追究刑事责任

第一款 在审查违法案件以便下达行政违法处罚决定书时,如果发现违法行为有犯罪的迹象则具有处罚权的人必须立即将违法案件的卷宗移交给提起刑事诉讼的机关。

第二款 在施行行政违法处罚决定书的过程中,如果发现违法行为有犯罪迹象而且追究刑事责任的时效尚未届满,则已经下达行政违法处罚决定书的人必须下达暂停施行该决定的决定并且自暂停之日起在三天的时限以内,必须将违法案件的卷宗移交给提起刑事诉讼的机关;在已经履行完毕处罚决定书的情形下,则已经下达行政违法处罚决定书的人必须将违法案件的卷宗移交给提起刑事诉讼的机关。

第三款 提起刑事诉讼的机关有责任进行审查,对案件做出结论并且通过书面形式向已经在《刑事诉讼法》规定的时限以内移交卷宗的具有权限的人回复处理结果;在不作为刑事案件予以起诉的情形下,则自决定不作为刑事案件予以起诉之日起在三天的时限以内,提起诉讼的机关必须将案件卷宗归还给此前已经移交卷宗的具有处罚权的人。

在本条第二款规定的情形下,如果有权提起刑事诉讼的机关决定对案件进行起诉则具有行政违法处罚权的人必须撤销行政违法处罚决定书,并且将全部的行政违法赃物、设备和有关履行处罚决定书的材料移交给提起刑事诉讼的机关。

第四款　有关移交有犯罪迹象的违法案件卷宗以便追究刑事责任的相关事宜必须要通过书面形式通知违法个人。

第六十三条　移交违法案件卷宗以便施行行政处罚

第一款　对于由提起刑事诉讼的机关受理、处理，但是，后来又做出不作为刑事案件起诉决定、撤销作为刑事案件起诉的决定、停止调查决定或者停止决定的案件，如果有行政违法的迹象，必须将上述的这些决定连同违法案件的卷宗、赃物、设备连同给予行政违法处罚的建议一道移交给具有行政违法处罚权的人。

第二款　行政违法处罚事宜可以将由提起刑事诉讼的机关移交过来的违法案件的卷宗作为依据。

在需要的情形下，具有处罚权的人对情节进行进一步的核实以便作为下达行政违法处罚决定书的依据。

第三款　下达行政违法处罚决定书的时限自收到本条第一款规定的各种决定连同违法案件的卷宗之日起为三十日。在本条第二款规定的需要进一步核实的情形下则最高时限不超过四十五日。

第六十四条　在发现行政违法行为的工作中使用业务技术设备、装备

第一款　具有行政违法处罚权的机关、个人可以使用业务技术设备、装备以便发现交通秩序、安全和环境保护方面的行政违法行为。

第二款　在管理、使用和规定各种业务技术设备、装备分类目录的工作中必须要确保下列各项原则：

（一）尊重公民的自由权、名誉权、人格权、个人隐私权、个人和组织的其他各种合法权益。

（二）严格遵守使用业务技术设备、装备的规程、规则。

（三）通过业务技术设备、装备收集到的结果必须通过书面形式予以记载并且只能用于从中发现行政违法行为。

（四）必须确保业务技术设备、装备符合由具有权限的机关规定的技术标准、技术规范。

第三款 政府规定用于发现行政违法的各类业务技术设备、装备的管理、使用事宜及其分类目录。

第六十五条 无须下达行政违法处罚决定书的情形

第一款 在下列情形中，无须下达行政违法处罚决定书：

（一）本法第十一条规定的情形。

（二）未确定行政违法嫌疑人。

（三）本法第六条规定的行政违法处罚时效中止，或者本法第六十三条第三款或者本法第六十六条第一款规定的下达处罚决定书的时限中止。

（四）在审查下达处罚决定书时间以内，行政违法的个人已经死亡、失踪、行政违法的组织已经解体、破产。

（五）依照本法第六十二条的规定移交有犯罪迹象的违法案件卷宗。

第二款 对于本条第一款第（一）项、第（二）项、第（三）项和第（四）项规定的情形，具有行政违法处罚权的人无须下达行政违法处罚决定书，但是，可以下达处以没收上缴国库的决定书或者销毁属于禁止流通的行政违法赃物以及适用本法第二十八条第一款规定的消除隐患的措施。

决定书必须注明无须下达行政违法处罚决定书的理由；被没收、销毁的赃物；适用的消除隐患的措施、履行的责任和时限。

第六十六条 下达行政违法处罚决定书的时限

第一款 自制作行政违法笔录之日起在七天的时限以内，具有行政违法处罚权的人必须下达行政违法处罚决定书。存在众多复杂情节和不属于解释说明情形的案件或者属于本法第六十一条第二款和第三款规定的解释说明情形的案件，则下达处罚决定书的时限自制作笔录之日起最多为三十天。

在案件特别严重、存在众多复杂情节并且案件属于本法第六十一条第二款和第三款规定的解释说明的情形，而且需要延长时间以便核实、收集证据的情形下，则正在处理案件的具有处罚权的人必须通过书面形式向自己的直接领导报告以便申请延长时限；延长时限事宜必须通过书面形式进行，延长的时限不得超过三十日。

第二款　超过了本条第一款或者本法第六十三条第三款规定的时限，具有处罚权的人无须下达处罚决定书，但是，仍然可以决定适用本法第二十八条第一款规定的消除隐患措施、决定没收上缴国库或者销毁属于禁止流通的行政违法赃物。

如果因为具有行政违法处罚权的人的过错导致超过了时限而尚未下达处罚决定书，则依法予以处理。

第六十七条　下达行政违法处罚决定书

第一款　在一个人、一个组织实施了多种行政违法行为而且被处以一次性处罚的情形下则只需下达一份处罚决定书，其中必须载明决定对每一项行政违法行为的处罚形式、处罚程度。

第二款　在众多个人、组织共同实施了一种行政违法行为的情形下则可以下达一份或者多份处罚决定书，便于决定对每一个个人、每一个组织的处罚形式、处罚程度。

第三款　在同一违法案件中，众多个人、组织实施了多种不同的行政违法行为的情形下则可以下达一份或者多份处罚决定书，便于决定对每一个个人、每一个组织所实施的每一项违法行为的处罚形式、处罚程度。

第四款　处罚决定书自签发之日起生效，决定书中规定了其他生效日期的情形除外。

第六十八条　行政违法处罚决定书的内容

第一款　行政违法处罚决定书必须包含下列各项内容：

（一）下达决定书的地名，年、月、日。

（二）颁布决定书的法律依据。

（三）行政违法笔录，核实结果，违法个人、组织的解释说明纪要或者解释说明会议纪要以及其他材料（如果有的话）。

（四）下达处罚决定书的人的姓名、职务。

（五）违法人的姓名、地址、职业或者违法组织的名称、地址。

（六）行政违法行为；减轻情节、加重情节。

（七）予以适用的法规条款。

（八）主要处罚形式；补充处罚形式、消除隐患的措施（如果有的话）。

（九）对于行政违法处罚决定书的起诉权、申诉权。

（十）决定的效力、履行行政违法处罚的时限和地点、缴纳罚金的地点。

（十一）下达行政违法处罚决定书的人的姓名、签字。

（十二）履行行政违法处罚决定书的责任及其在受到行政违法处罚的个人、组织不愿意执行的情形下的强制执行事宜。

第二款　履行处罚决定书的时限自收到处罚决定书之日起为十天；在处罚决定书注明了履行时限超过十天的情形下则按照该时限执行。

第三款　在针对众多个人、组织共同实施一种行政违法行为或者在同一违法案件中众多个人、组织实施多种不同的行政违法行为颁布一份共同的行政违法处罚决定书的情形下，则对于每一个个人、每一个组织的违法行为的内容、处罚形式、处罚程度必须要具体、清楚地予以界定。

第二节　履行行政违法处罚决定书

第六十九条　履行无须制作笔录的处罚决定书

第一款　无须制作笔录的行政违法处罚决定书必须要将其中的一份交给受到处罚的个人、组织。在未成年人受到警告处罚的情形下则处罚决定书还要送达未成年人的父母亲或者其监护人。

第二款　违法个人、组织当场向具有处罚权的人上缴罚款。收缴罚款的人有责任向上缴罚款的个人、组织出示收缴罚款的收据并且将罚款直接存入银行或者自收缴罚款之日两个工作日以内将收缴的罚款存入指定的银行账户。

在违法个人、组织无力当场上缴罚款的情形下,则在本法第七十八条第一款规定的时限以内到处罚决定书中指定的银行缴纳或者缴纳到指定的银行账户。

第七十条 送达行政违法处罚决定书以便履行

自下达需要制作笔录的行政违法处罚决定书之日起两个工作日的时限以内,已经下达了处罚决定书的具有处罚权的人必须将处罚决定书送达被处罚的个人、组织、收取罚款的部门和其他相关部门(如果有的话)以便施行。

行政违法处罚决定书可以直接送达,或者通过邮局使用挂号信的形式邮寄以及通报让被处罚的个人、组织知晓。

对于直接送达决定而违法个人、组织拒绝接收决定的情形,则具有处罚权的人制作有地方政权予以确认的关于不予接收决定的备忘录即视为处罚决定书已经送达。

对于通过邮局使用挂号信的形式邮寄送达决定的情形,如果超过十天的时限,自处罚决定书已经通过邮局途径第三次邮寄,而由于违法个人、组织拒绝签收而被退回之日起计算;已经在被处罚的个人的居住地、被处罚的组织的办公地张贴了处罚决定书或者有证据表明违法人逃避、拒绝接收处罚决定书,则被视为是处罚决定书已经送达。

第七十一条 转交处罚决定书以便组织履行

第一款 在个人、组织是在该省的辖区实施了行政违法行为,但是,其个人的居住地、组织所设立的办事处又是在另外一个省的辖区或在被处罚地不具备处罚决定书执行条件的情形下,则可以将处罚决定移转交给个人居住地、组织设立有办事处的当地同级机关以便其组织履行;如果个人居住地、组织设立办事处的当地没有同级机关则将处罚决定书移交给县级人民委员会以便其组织履行。

第二款 行政违法发生在这一个县的辖区,但是,个人的居住地、组织所设立的办事处又是在另一个县且属于山区、海岛、边远、偏僻地区的一个省的范围,来往困难且在被处罚的当地违法的个人、组织不具备执行条件的情形下,则可以将处罚决定书移交给个人居住地、组织设立有办事处的当地的同级机关以便其组织执行。

第三款 具有行政违法处罚权的机关对于本条第一款和第二款规定的各种情形有责任将全部的卷宗、相关的材料、行政违法的赃物、设备(如果有的话)移交给接收处罚决定书的机关以便依照本法的规定予以施行。违法的个人、组织具有承担传递卷宗,承担运输行政违法赃物、设备费用的义务。

第七十二条 在各种大众媒体上公开曝光对行政违法的个人、组织的处罚

第一款 对于在食品安全,产品质量,商品,药品,医疗,劳动,建设,社会保险,医疗保险,环境保护,税务,证券,知识产权,度量,生产,销售假冒伪劣商品方面造成严重后果或者在社会舆论方面造成恶劣影响的行政违法情形则具有行政违法处罚权的部门对于处罚事宜具有予以曝光的职责。

第二款 公开曝光的内容包括行政违法和个人、组织、违法行为、处罚形式和消除隐患的措施。

第三款 可以在电子信息网页上或者部级、局级管理机关的报刊上或者行政违法发生地省级人民委员会的报刊上公开予以曝光。

第七十三条 履行行政违法处罚决定书

第一款 受到行政违法处罚的个人、组织必须在自收到行政违法处罚决定书之日起十天的时限以内履行处罚决定书;在行政违法处罚决定书注明了超过十天时限的情形下则按照该时限执行。

在受到处罚的个人、组织对行政违法处罚决定书提出起诉、申诉的情形下则仍然必须要履行处罚决定书,本法第十五条第三款规定的情形除外。起诉、申诉事宜依照法律的规定予以办理。

第二款 已经下达处罚决定书的具有处罚权的人有责任跟踪、检查被处罚的个人、组织履行处罚决定书的情况并且向司法部行政违法信息数据处理中心管理部门、地方司法部门通报履行完毕处罚决定书的结果。

第七十四条　履行行政违法处罚决定书的时效

第一款　履行行政违法处罚决定书的时效自下达处罚决定之日起为一年，超过了该时限则不再履行该处罚决定书；处罚决定书有处以没收行政违法赃物、设备，适用消除隐患措施处罚形式的情形除外。适用消除隐患措施仍然要没收属于禁止流通的赃物、设备，在需要的情形下，适用消除隐患措施以便保护环境、保障交通、保障建设和社会治安安全。

第二款　在被处罚的个人、组织故意逃避、逾期的情形下则上述时限可以从中止逃避、逾期行为发生之时计算。

第七十五条　在被处罚人死亡、失踪，被处罚组织解体、破产情形下行政违法处罚决定书的履行

在被处罚人死亡、失踪，被处罚组织解体、破产情形下则不履行罚款决定书，但是，仍然要履行处罚决定书中注明的予以没收行政违法赃物、设备和适用消除隐患措施的处罚形式。

政府制定该条款的实施细则。

第七十六条　暂缓履行处罚决定书

第一款　被处以三百万盾以上罚款的个人由于自然灾害、灾难、火灾、疫病、病危、事故导致经济上遇到了特别的困难并且有其居住地乡级人民委员会的证明或者其学习、工作地机关组织的证明，则罚款决定可以暂缓履行。

第二款　个人必须要向下达处罚决定书的机关提交暂缓履行行政违法处罚决定书的申请书。自收到申请书之日起在五日的时限以内，已经下达处罚决定书的人必须要予以审查，决定是否暂缓履行该处罚决定书。

暂缓履行处罚决定书的时限自决定暂缓履行之日起不超过三个月。

第三款　准予暂缓履行处罚决定书的个人可以依照本法第一百二十五条第六款的规定领回正在被暂扣的证件及行政违法的赃物、设备。

第七十七条　减少、免除罚款

第一款　属于本法第七十六条第一款规定的情形而且无力履行处罚决

定书的个人则在经过审查后可以减少、免除处罚决定书中注明的罚金的尾款。

第二款 本条第一款规定的个人必须要向下达处罚决定书的人提交要求减少、免除剩余部分罚款或者全部罚款的申请书。自收到申请书之日起在三日的期限以内，已经下达处罚决定书的人必须将申请书连同案件卷宗转呈直接上级。自收到申请书之日起在五日的时限以内，直接上级必须予以审查，决定并且予以通报，让已经下达处罚决定书的人，提交减少、免除申请书的人知晓；如果不同意减少、免除罚款则须说明理由。

对于省级人民委员会主席已经下达处罚决定书的情形则由该省级人民委员会审查，决定减少、免除罚款事宜。

第三款 准予减少、免除罚款的个人可以依照本法第一百二十五条第六款的规定领回正在被暂扣的证件、赃物、设备。

第七十八条 缴纳罚款的程序

第一款 受到处罚的个人、组织应当自收到处罚决定书之日起在十日的时限以内，到处罚决定书中指定的银行或者指定的银行账户缴纳，已经依照本条第二款和第三款的规定缴纳了罚款的情形除外。如果超过了以上提及的时限则将会收到强制执行处罚决定书和按日加罚滞纳金，违法的个人、组织必须在未缴罚款总额上增加缴纳百分之零点五的滞纳金。

第二款 在偏僻地区、边远地区、边境、山区因为往来困难则被处罚的个人、组织可以将罚款上缴给具有处罚权的人。具有处罚权的人有责任当场收缴并且自收缴罚款之日起在不超过七日的时限以内将收缴的罚款存入指定银行或者指定的银行账户。

在海上处罚或者法定工作时间以外处罚的情形下，具有处罚权的人可以直接收缴罚款并且自船舶靠岸之日起或者收缴罚款之日起必须在两个工作日的时限以内将收缴的罚款存入指定银行或者指定的银行账户。

第三款 被处以罚款的行政违法的个人、组织必须一次性缴纳罚款，本法第七十九条规定的情形除外。

无论在任何情形下收缴罚款，收缴罚款的人均有责任向缴纳罚款的人出示收据。

第四款 政府制定该条款的实施细则。

第七十九条 分期缴纳罚款

第一款 具备下列各项条件时可以适用分期缴纳罚款：

（一）对于个人处以二千万盾以上的罚款；对于组织处以二亿盾以上的罚款。

（二）经济上正遭遇特别困难并且提交了分期缴纳罚款的申请书。个人的申请书必须经过个人居住所在地或者个人学习、工作所在地乡级人民委员会予以证明经济特别困难；对于组织的申请书必须经过直接管辖的税务机关或者直接上级机关、组织予以证明。

第二款 分期缴纳罚款的时限自处罚决定书生效之日起不超过六个月；缴纳罚款的次数最多不超越三次。

首次缴纳罚款的额度最少不得低于罚款总额的百分之四十。

第三款 已经下达罚款决定书的人有权决定分期缴纳罚款事宜。分期缴纳罚款事宜的决定必须是书面决定书。

第八十条 处以有期限地剥夺从业许可证、执业证书的使用权或者有期限地停止活动的程序

第一款 在处罚决定中注明处以有期限地剥夺从业许可证、执业证书使用权的情形下，由具有处罚权的人收缴、保管从业许可证、执业证书并立即向从业许可证、执业证书的发证机关通报。一旦处罚决定中注明的处以有期限地剥夺从业许可证、执业证书使用权的时限届满，具有处罚权的人将从业许可证、执业证书归还给已经受到剥夺该从业许可证、执业证书使用权处罚的个人、组织。

第二款 在处以有期限地停止活动的情形下，违法的个人、组织必须立即部分或者全部停止生产、经营、服务活动，部分或者全部停止处罚决定中予以注明的其他各种活动。

第三款 在被处以有期限地剥夺从业许可证、执业证书的使用权或者有期限地停止活动处罚的时间以内，生产、经营、服务机构不得从事处罚决定中注明的各种活动。

第四款 对于本条第一款和第二款规定的各种情形，如果生产、经营、服务机构有可能实际上对人类的生命、健康、环境造成不良影响，则具有处罚权的人必须通过书面的形式向各个相关部门通报对违法个人、组织处以有期限地剥夺从业许可证、执业证书的使用权或者有期限地停止活动的事宜。

第五款 在发现予以发放的从业许可证、执业证书与权限不符或者有违法内容的情形下，则具有处罚权的人必须依照权限立即予以收回，同时必须通过书面形式向已经发放从业许可证、执业证书的发证机关通报让其知晓；在无权收回的情形下则必须向具有权限的机关报告以便处理。

第八十一条 处以没收行政违法赃物、设备的程序

第一款 一旦依照本法第二十六条的规定处以没收行政违法赃物、设备的处罚时，具有处罚权的人必须制作笔录。笔录中必须载明被处以没收的行政违法的物品、款项、商品的名称、数量、种类、登记号（如果有的话）、状况、质量，并且要有执行没收人、被处罚人或者被处罚组织的代表以及证人的签字；在被处罚人或者被处罚组织的代表缺席的情形下则必须要有两名证人。对于需要予以查封的行政违法赃物、设备则必须当着被处罚人、被处罚组织的代表或者证人的面立即进行查封。查封事宜必须在笔录中予以注明。

对于正在被处以暂扣的行政违法赃物、设备，具有处罚权的人一旦发现赃物、设备的状况与下达暂扣决定之时相比发生了变化，则必须将这些变化的情况制作成备忘录；备忘录必须要有制作备忘录的人、具有暂扣职责的人和证人的签字。

第二款 被处以没收的行政违法赃物、设备必须依照政府的规定予以管理和保管。

第八十二条 对被处以没收的行政违法赃物、设备的处理

第一款 对被处以没收的行政违法赃物、设备可以做如下处理：

（一）如果行政违法的赃物是越南币、外币、有价证券、黄金、白银、宝石、贵金属则必须上缴国库。

（二）如果是与行政违法赃物、设备相关的证件、材料、凭证则依照本款第（四）项的规定移交给赋予财产管理、使用的部门。

（三）如果行政违法的赃物是毒品、武器、爆炸物品、辅助工具，具有历史价值、文化价值的物品、国宝、古董、珍稀林产品、禁止的文物和其他财产，则将其移交给国家专业机关依法予以管理、处理。

（四）对于经过具有权限的部门已经做出决定移交给国家机关管理、使用的行政违法的赃物、设备，则由已经做出处以没收处罚的机关牵头，与财政部门配合向管理、使用的国家机关进行移交。

（五）对于被处以没收处罚的不属于本款第（一）项、第（二）项、第（三）项和第（四）项规定情形的行政违法赃物、设备，则通过聘请违法行为发生地省、中央直辖市属地内的专业拍卖机构进行拍卖；在聘请不到拍卖机构的情形下则成立拍卖委员会。

拍卖被处以没收处罚的行政违法赃物、设备的事宜依照《拍卖法》的规定予以执行。

（六）对于被处以没收处罚但是不再具有使用价值或者不能进行拍卖的行政违法赃物、设备，则具有下达处以没收决定权限的机关必须成立成员包括国家有关各个部门在内的处理委员会。处理被处以没收处罚的行政违法赃物、设备的事宜必须制作成由处理委员会成员签字的备忘录。财产处理的方式、程序、手续依照《国有资产管理、使用法》的规定予以执行。

第二款 对于本条第一款规定的被处以没收处罚的行政违法赃物、设备的处理程序按照下列程序执行：

（一）对于本条第一款第（一）项、第（二）项、第（三）项和第（四）项规定的各种情形则由决定处以没收处罚的机关制作收缴、移交赃物、设备的备忘录。依照本条第一款第（一）项、第（二）项、第（三）项和第（四）项的规定予以移交和接收行政违法赃物、设备事宜必须依照

《国有资产管理、使用法》的规定予以进行；

（二）对于本条第一款第（五）项规定的情形，办理移交手续时拍卖财产的起步价可以依照本法第六十条的规定予以确定。在已经予以确定的行政违法的赃物、设备的价值在移交之时有所变动的情形下，则下达处以没收行政违法赃物、设备处罚决定的机关要在办理财产移交手续之前成立定价委员会，定价委员会的成员依照本法第六十条第三款的规定予以执行。

第三款 自下达予以没收行政违法赃物、设备处罚决定之日起，在三十天的时限以内，具有权限的机关必须依照本条第一款的规定处理。超过该时限未处理，则具有权限的机关必须承担法律责任。

第四款 被处以没收的行政违法的赃物、设备的仓储费、场地费、保管费、拍卖费和其他合法的费用可以从出售被处以没收处罚的赃物、设备所取得的款项中予以扣除。

出售被处以没收处罚的赃物、设备所取得的款项，在扣除本款规定的及合法的各种费用以后必须予以上缴国库。

第八十三条 行政违法罚款、收入凭证、缴纳罚款凭证的管理

第一款 行政违法罚款包括行政违法所缴纳的罚款；由于逾期履行罚款处罚决定书所缴纳的罚款；出售、清理被处以没收处罚的赃物、设备所取得的款项和其他各种款项。

第二款 行政违法的罚款必须全部上缴国库并且严格依照《国家预算法》的规定予以管理、使用。

收入凭证、缴纳罚款凭证按照政府的规定予以管理。

第八十四条 驱逐程序

第一款 处以驱逐的决定在履行之前必须向外交部、外交代表机构、被驱逐公民所属国家的领事机构或者在前往越南居住之前本人所属的国家的领事机构予以通报。

第二款 具有权限的公安机关具有组织履行驱逐处罚决定书、适用制止措施和确保按照本法第四部分第一章的规定对行政违法进行处理的职责。

第八十五条　履行消除隐患措施

第一款　履行消除隐患措施的时限可以按照行政违法处罚决定书或者本法第二十八条第二款第（二）项规定的适用消除隐患措施决定书中的决定予以实施。

第二款　行政违法的个人、组织有义务依法采取决定书中注明的消除隐患措施并且必须承担用于采取此项消除隐患措施事宜所支出的一切费用。

第三款　具有下达决定权的人具有跟踪、督促和检查履行由个人、组织采取的消除隐患事宜的职责。

第四款　在本法第六十五条第二款规定的未确定行政违法嫌疑人的情形下，或者在个人死亡、失踪或者组织解体、破产而又没有任何组织接收本法第七十五条规定的权利和义务转让的情形下，则正在受理行政违法案件卷宗的处罚权人所在的机关必须组织采取本法第二十八条第一款所规定的消除隐患的各种措施。

由处罚权人所在的机关下达履行决定用于组织采取消除隐患措施事宜的费用，可以从国家财政预算划拨给该机关的经费中支出。

第五款　在情况紧急、需要立即消除隐患以便及时保护环境、确保交通的情形下，则正在受理行政违法案件卷宗的处罚权人所在的机关必须组织采取措施消除隐患。行政违法的个人、组织必须将经费偿还给采取措施消除了隐患的机关，若不偿还则强制执行。

第三节　强制执行行政违法处罚决定书

第八十六条　强制执行行政违法处罚决定书

第一款　强制执行处罚决定书在处以行政违法处罚的个人、组织不愿意执行本法第七十三条规定的处罚决定书的情形下可以适用。

第二款 各种强制措施包括：

（一）冻结违法个人、组织的一部分薪金或者一部分收入，冻结账户上的款项。

（二）登记造册与罚款金额相对应的具有价值的财产以便拍卖。

（三）在个人、组织违法以后故意分散转移财产的情形下，收缴由其他个人、组织正在持有的受到强制执行行政违法处罚决定嫌疑人的款项、财产。

（四）强制其采取本法第二十八条第一款规定的消除隐患的措施。

第三款 政府规定关于强制执行行政违法处罚决定书的实施细则。

第八十七条 强制决定权

第一款 下列人员具有下达强制决定书的权限：

（一）各级人民委员会主席。

（二）公安屯长，县级公安局长，消防警察局局长，省级公安厅长，内部政治安全局局长，经济安全局局长，文化、思想安全局局长，信息安全局局长，社会治安行政管理警察局局长，社会治安犯罪调查警察局局长，经济管理秩序与职务犯罪调查警察局局长，毒品犯罪调查警察局局长，陆路、铁路交通警察局局长，水路警察局局长，消防与救护、搜救警察局局长，出入境管理局局长，保卫与司法援助警察局局长，预防环境犯罪警察局局长，预防利用高科技犯罪警察局局长。

（三）边防屯屯长，口岸、港口边防部队指挥长，省级边防部队指挥长，直属于边防司令部的边防海团指挥长；海警区指挥长，海上警察局局长。

（四）海关支局支局长，省、省际、中央直辖市海关局局长，（货物）通关后稽查局局长，隶属于海关总局的缉私调查局局长，海关总局总局长。

（五）林业检查支局支局长、林业检查局局长。

（六）税务支局支局长、税务局局长、税务总局总局长。

（七）市场管理支局支局长、市场管理局局长。

（八）外国劳务管理局局长；外交代表机构、领事机构、授权履行越南在外国的领事职能的其他机构的负责人。

（九）本法第四十六条第二款、第三款和第四款规定的各种主体。

（十）航海港务局局长、内河水路港务局局长、航空港务局局长。

（十一）县级人民法院院长、省级人民法院院长、地区军事法院院长、军区及其相同级别的军事法院院长、最高人民法院专职庭长；民事案件执行支局支局长、民事案件执行局局长、军区级案件执行处处长、民事案件执行总局总局长。

第二款 本条第一款规定的具有强制执法权的人员可以将权力赋予副职。权力只能在正职缺席时才能移交而且必须通过书面形式予以体现，书面形式中要明确予以移交权力的范围、内容、时限。被赋予权力的副职必须对自身的决定负责、对上级负责和对法律负责。被赋予权力的人不得将移交的权力又授权给任何其他的个人。

第八十八条　履行强制决定书

第一款 下达强制决定书的人具有立即将强制决定书送达相关的每一个个人、每一个组织并且组织实施强制执行自身和上级下达的处罚决定书的职责。

第二款 收到强制决定书的个人、组织必须严格执行强制决定并且必须承担有关组织采取各种强制措施事宜的一切费用。

第三款 在配合执行强制决定的工作中机关、组织的职责包括：

（一）相关的个人、组织具有与有权下达强制决定书的人配合采取各种措施旨在履行各种强制决定的义务。

（二）人民警察力量具有在执行同级人民委员会主席下达的强制决定或者必要时，在执行其他各个国家机关下达的强制决定过程中确保有序、安全的职责。

（三）被强制执行的个人、组织所在地为其开设账户的信用组织必须在该个人、该组织的账户中冻结与个人、组织必须按照有权下达强制决定书的人要求缴纳的金额相对应的金额。在账户中的存款余额不足以支付个人、组织被强制缴纳金额的情形下，则信用组织仍然必须冻结并且划转该笔款项。在划转之前的五个工作日时限以内，信用组织具有向被强制执行的个人、组织通报让其知晓划转事宜的职责；划转事宜无须征得被执行人及组织的同意。

第三部分　适用各种行政处理措施

第一章　各种行政处理措施

第八十九条　在乡、坊、镇教育的措施

第一款　在乡、坊、镇教育是适用于本法第九十条所规定的各种对象的行政处罚措施。目的是在认为无须让他们与公众隔离的情形下以便在其居住地对其进行教育、管理。

第二款　适用于在乡、坊、镇教育的时限为三个月至六个月。

第九十条　适用于在乡、坊、镇教育措施的对象

第一款　实施了《刑法》所规定的故意实施了一种十分严重犯罪迹象行为的十二周岁至十四周岁的人员。

第二款　实施了《刑法》所规定的故意实施了一种严重犯罪迹象行为的十四周岁至十六周岁的人员。

第三款　在六个月的时间以内实施了盗窃、诈骗、赌博、扰乱公共秩序的行为达两次以上，且尚未达到追究刑事责任程度的十四周岁至十八周岁的人员。

第四款　年满十八周岁，有固定居住地的吸毒人员。

第五款　年满十八周岁，实施了侵犯机关、组织的财产的行为；实施了侵犯了公民或者外国人的财产、健康、名誉、人格的行为；在六个月以内两次违反社会治安管理但是尚未达到追究刑事责任的人员。

第六款　本条第一款、第二款和第三款所规定的且无固定居住地的人员，则可以将其移交给社会帮扶机构或者儿童帮教机构以便在执行在乡、坊、镇教育措施时限内对其进行管理、教育。

第九十一条　送到教养学校的措施

第一款　送到教养学校是适用于实施了本法第九十二条所规定的违法行为人员的行政处理措施，目的在于在学校的管理、教育之下帮助其学习文化知识、学习技能、劳动、生活。

第二款　适用送到教养学校措施的时限为六个月至二十四个月。

第九十二条　适用送到教养学校措施的对象

第一款　故意实施了《刑法》所规定的一种特别严重犯罪行为的十二周岁以上至十四周岁以下的人员。

第二款　过失实施了《刑法》所规定的一种十分严重犯罪行为的十四周岁以上至十六周岁以下的人员。

第三款　故意实施了《刑法》所规定的一种严重犯罪行为而且之前曾经被适用过在乡、坊、镇教育措施的十四周岁以上至十六周岁以下的人员。

第四款　在六个月的时间以内实施了盗窃、诈骗、赌博、扰乱公共秩序的行为达两次以上且尚未达到追究刑事责任的程度，以及之前曾经被适用过乡、坊、镇教育措施的十四周岁至十八周岁的人员。

第五款　下列各种情形不适用送到教养学校的措施：

（一）无行为责任能力的人员。

（二）经医院证明怀孕的人员。

（三）妇女或者经本人居住地乡级人民委员会证明是唯一一个正在哺育不足三岁婴幼儿的人员。

第九十三条　送到强制教育机构的措施

第一款　送到强制教育机构是适用于实施了本法第九十四条所规定的违法行为人员的行政处理措施。目的是让其在强制教育机构的管理之下劳动、学习文化知识、学习技能、生活。

第二款　适用送到强制教育机构措施的时限为六个月至二十四个月。

第九十四条　适用送到强制教育机构措施的对象

第一款　被适用送到强制教育机构措施的对象是实施了侵犯国内或者外国组织的财产行为的人员；实施了侵犯公民的、外国人的财产、健康、名誉、人格行为；在六个月的时间内违反社会治安管理达两次以上但是尚未达到追究刑事责任的程度；曾经被适用过在乡、坊、镇教育措施或者未被适用过该措施但是无固定居住地的人员。

第二款　下列各种情形不适用送到强制教育机构的措施：

（一）无行为责任能力的人员。

（二）未年满十八周岁的人员。

（三）女性年满五十五岁以上、男性年满六十岁以上。

（四）经医院证明怀孕的人员。

（五）妇女或者经本人居住地乡级人民委员会证明是唯一一个正在哺育不足三岁婴幼儿的人员。

第九十五条　送到强制戒毒机构的措施

第一款　送到强制戒毒机构的措施是适用于实施了本法第九十六条所规定的违法行为人员的行政处理措施。目的是让其在强制戒毒机构的管理之下治病、劳动、学习文化知识、学习技能。

第二款　适用送到强制戒毒机构措施的时限为十二个月至二十四个月。

第九十六条　适用送到强制戒毒机构措施的对象

第一款　被适用送到强制戒毒机构措施的对象是年满十八周岁，曾经被适用过乡、坊、镇教育措施而且仍然还在吸毒，或者未被适用该措施但是无固定居住地的吸毒人员。

第二款　下列各种情形不适用送到强制戒毒机构的措施：

（一）无行为责任能力的人员。

（二）经医院证明怀孕的人员。

（三）妇女或者经本人居住地乡级人民委员会证明是唯一一个正在哺

育不足三岁婴幼儿的人员。

第二章 制作建议适用各种行政处理措施卷宗的程序

第九十七条 制作建议适用在乡、坊、镇教育措施的卷宗

第一款 属于本法第九十条规定对象的违法人所在地或者违法行为发生地的乡级公安所长自己,或者根据乡级祖国阵线委员会主席的建议,或者根据基层机关、组织、居委会代表的建议制作建议适用在乡、坊、镇教育措施的卷宗。

第二款 在违法人是由县级公安机关或者省级公安机关在各种违法案件中直接发现、调查、受理,但是尚未达到追究刑事责任程度而且属于本法第九十条所规定对象的情形下,则由正在受理案件的公安机关进行核实、收集材料并且制作建议对本人适用在乡、坊、镇教育措施的卷宗。

第三款 建议卷宗包括本人的履历摘要,有关各种违法行为的材料、病历(如果有的话),违法人的详细陈述和相关的各种材料。

对于被处以适用在乡、坊、镇教育措施的未成年人,则卷宗必须要有未成年人正在学习、工作(如果有的话)所在地学校、机关、组织的鉴定、父母亲或者监护人的意见。

第四款 一旦完成制作本条第一款、第二款和第三款规定的建议卷宗事宜,已经制作卷宗的机关必须要报送乡级人民委员会主席,同时通知被适用的人。对于未成年人则还要将制作卷宗事宜通报其父母或者监护人。自收到通报之日起在五天的时限以内,这些人有权阅读卷宗和记录需要的各种内容。

第九十八条 适用在乡、坊、镇教育措施的决定书

第一款 自收到建议适用在乡、坊、镇教育措施的卷宗之日起在十五日的时限以内,乡级人民委员会主席交给司法—户籍公职人员审查卷宗和召开咨询会议。

由乡级人民委员会主席主持召开有乡级公安所长、司法—户籍公职人员、越南祖国阵线委员会的代表和部分相关的同级社会组织的代表、基层居委会代表出席的咨询会议。被建议适用在乡、坊、镇教育措施的人及其父母亲或者其合法代理人必须要应邀出席会议并且发表其对于适用措施事宜的意见。

第二款 自本条第一款规定的咨询会议结束之日起在三日的时限以内，由乡级人民委员会主席审查，下达适用在乡、坊、镇教育措施的决定书。由乡级人民委员会主席根据每一个对象的情况决定将被教育的人交给机关、组织、家庭管理、教育；如果被教育对象无固定居住地则交给社会福利院或者儿童帮教机构予以管理、教育。

第三款 适用在乡、坊、镇教育措施的决定书必须载明下达决定书的年、月、日；下达决定书的人的姓名、职务；被教育人的姓名，出生年、月、日，居住地；本人的违法行为；予以适用的法规的条款；适用时间；执行决定书的日期；赋予教育、管理被教育人的机关、组织、家庭的职责；法律规定的起诉权、申诉权。

第四款 适用在乡、坊、镇教育措施的决定书自签发之日起生效并且必须立即送达被教育的人、本人家庭、乡级人民议会和有关的各个机关、各个组织。

第五款 适用在乡、坊、镇教育措施事宜的卷宗必须要附上笔录并且依照《保存法》的规定予以保存。

第九十九条 制作建议适用送到教养学校措施的卷宗

第一款 制作建议对于本法第九十二条规定的对象适用送到教养学校措施的卷宗事宜按照规定予以执行：

（一）对于有固定居住地的违法的未成年人则由违法人本人居住地的乡级人民委员会主席制作建议适用送到教养学校措施的卷宗。

建议卷宗包括违法人的履历摘要、有关违法人各种违法行为的材料；已适用过的教育措施；违法人的详细陈述、本人父母亲或者合法代理人的意见、未成年人正在学习或者工作（如果有的话）所在地机关、组织的意见和相关的各种材料；

（二）对于无固定居住地的违法的未成年人则由本人实施违法行为所在地的乡级人民委员会主席制作建议适用送到教养学校措施的卷宗；

建议卷宗包括本人的违法记录；有关本人各种违法行为的材料；违法前科档案摘录；已适用的教育措施（如果有的话）；违法人的详细陈述、违法人父母亲或者合法代理人的意见；

（三）乡级公安具有协助同级人民委员会主席收集各种材料和本条第一款第（一）项、第（二）项规定的制作建议卷宗的职责。

第二款 未成年人违法是由县级公安机关或者省级公安机关在各种违法案件中直接发现、调查、受理，但是尚未达到追究刑事责任程度而且属于本法第九十二条所规定的送到教养学校对象的情形下，则由正在受理案件的公安机关进行核实、收集材料并且制作建议对本人适用送到教养学校措施的卷宗。

建议卷宗包括违法人本人的履历摘要；有关本人各种违法行为的材料；已适用过的教育措施；违法人的详细陈述、违法人父母亲或者合法代理人的意见。

第三款 一旦完成了本条第一款和第二款规定的制作建议卷宗事宜，已经制作卷宗的机关必须向被建议适用的人、其父母亲或者其代理人通报有关制作卷宗事宜。自收到通报之日起五日的时限以内，这些人有权阅读卷宗和记录各种需要的内容。一旦被适用人、其父母亲或者代理人阅读完毕卷宗，则将卷宗报送县级司法主任。

自收到卷宗之日起五日的时限以内，县级司法主任具有对卷宗的合法性进行审查并报送同级公安局局长的职责。

第一百条 审查、决定向县级人民法院移交建议适用送到教养学校措施的卷宗事宜

第一款 自收到本法第九十九条规定的卷宗之日起七日的时限以内，县级公安局局长审查、决定向县级人民法院移交建议适用送到教养学校措施的卷宗事宜；在卷宗不完整的情形之下则将卷宗退回原卷宗制作的机关以便其继续收集材料，补充完善卷宗。

第二款　建议县级人民法院审查、决定适用送到教养学校措施的卷宗包括：

（一）建议适用本法第九十九条规定的送到教养学校措施的卷宗。

（二）县级公安局局长关于建议审查适用送到教养学校措施事宜的公文。

第三款　建议适用送到教养学校措施的卷宗必须附上笔录并且依照《保存法》的规定予以保存。

第一百零一条　制作建议适用送到强制教育机构措施的卷宗

第一款　制作建议对于本法第九十四条规定的对象适用送到强制教育机构措施的卷宗事宜按照下列规定予以执行：

（一）对于有固定居住地的违法人则由违法人本人所在地的乡级人民委员会主席制作建议适用送到强制教育机构措施的卷宗。

建议卷宗包括违法人的履历摘要、有关违法人各种违法行为的材料；已适用过的在乡、坊、镇教育的措施；违法人本人或者其合法代理人的详细陈述以及相关的其他各种材料。

（二）对于在实施违法行为当地无固定居住地的违法人则乡级人民委员会主席必须进行核实；在确定了居住地的情形下则具有将本人附带违法书面材料移交当地处理的职责；在无法确定本人居住地的情形下则制作建议适用送到强制教育机构措施的卷宗。

建议卷宗包括违法人的违法记录；履历摘要；有关本人各种违法行为的材料；违法前科档案摘录；已适用的教育措施（如果有的话）；违法人或者其合法代理人的详细陈述。

（三）乡级公安具有协助同级人民委员会主席收集各种材料和制作本条第一款第（一）项、第（二）项规定的建议卷宗的职责。

第二款　在违法人是由县级公安机关或者省级公安机关在各种违法案件中直接发现、调查、受理，但是尚未达到追究刑事责任程度而且属于本法第九十四条所规定的送到强制教育机构对象的情形下，则由正在受理案件的公安机关进行核实、收集材料并且制作建议对本人适用送到强制教育机构措施的卷宗；

建议卷宗包括违法人本人的履历摘要；有关本人各种违法行为的材料；已适用过的在乡、坊、镇教育的措施；违法人或者其合法代理人的详细陈述。

第三款 一旦完成了本条第一款和第二款规定的制作建议卷宗事宜，已经制作卷宗的机关必须向被建议适用的人或者其合法代理人通报有关制作卷宗事宜。自收到通报之日起五日的时限以内，这些人有权阅读卷宗和记录各种需要的内容。一旦被适用人或者其合法代理人阅读完毕卷宗，则将卷宗报送县级司法主任。

自收到卷宗之日起五日的时限以内，县级司法主任具有对卷宗的合法性进行审查并报送同级公安局长的职责。

第一百零二条 审查、决定向县级人民法院移交建议适用送到强制教育机构措施的卷宗事宜

第一款 自收到本法第一百零一条和第一百一十八条规定的卷宗之日起七日的时限以内，县级公安局局长决定向县级人民法院移交建议适用送到强制教育机构措施的卷宗事宜；在卷宗不完整的情形之下则将卷宗退回原卷宗制作机关以便其继续收集材料，补充完善卷宗。

第二款 建议县级人民法院审查、决定适用送到强制教育机构措施的卷宗包括：

（一）建议适用本法第一百零一条和第一百一十八条规定的送到强制教育机构措施的卷宗。

（二）县级公安局局长关于建议审查适用送到强制教育机构措施事宜的公文。

第三款 建议适用送到强制教育机构措施的卷宗必须附上笔录并且依照《保存法》的规定予以保存。

第一百零三条 制作建议适用送到强制戒毒机构措施的卷宗

第一款 制作建议对于本法第九十六条所规定的对象适用送到强制戒毒机构措施的卷宗事宜按照下列规定予以执行：

（一）对于有固定居住地的吸毒人员则由本人所在地的乡级人民委员会主席制作建议适用送到强制戒毒机构措施的卷宗。

建议卷宗包括违法人的履历摘要、关于本人当前吸毒状况的证明材料；因为吸毒行为，本人已经适用过的在乡、坊、镇教育措施的证明材料；违法人本人或者其合法代理人的详细陈述，以及相关的其他各种材料。

（二）对于在实施违法行为当地无固定居住地的吸毒人员则乡级人民委员会主席必须进行核实；在确定了居住地的情形下则具有将本人附带违法书面材料移交当地处理的职责；在无法确定本人居住地的情形下则制作建议适用送到强制戒毒机构措施的卷宗。

建议卷宗包括违法人的违法记录；履历摘要；关于本人当前吸毒状况的证明材料；因为吸毒行为，本人已经适用过的在乡、坊、镇教育措施的证明材料；吸毒人员的详细陈述。

（三）乡级公安具有协助同级人民委员会主席收集各种材料和制作本条第二款第（一）项、第（二）项规定的建议卷宗的职责。

第二款　在违法吸毒人员是由县级公安机关或者省级公安机关在各种违法案件中直接发现、调查、受理，但是尚未达到追究刑事责任程度而且属于本法第九十六条所规定的送到强制戒毒机构对象的情形下，则由正在受理案件的公安机关进行核实、收集材料并且制作建议对本人适用送到强制戒毒机构措施的卷宗。

建议卷宗包括违法人本人的履历摘要；关于本人当前吸毒状况的证明材料；因为吸毒行为，本人已经适用过的在乡、坊、镇教育措施的证明材料；违法人或者其合法代理人的详细陈述。

第三款　一旦完成了本条第一款和第二款规定的制作建议卷宗事宜，已经制作卷宗的机关必须向被建议适用的人或者其代理人通报有关制作卷宗事宜。自收到通报之日起五日的时限以内，这些人有权阅读卷宗和记录各种需要的内容。一旦被适用人或者其合法代理人阅读完毕卷宗，则将卷宗报送县级司法主任。

自收到卷宗之日起五日的时限以内，县级司法主任具有对卷宗的合法性进行审查并报送同级社会—伤兵—劳动科科长的职责。

第一百零四条 审查、决定向县级人民法院移交建议适用送到强制戒毒机构措施的卷宗事宜

第一款 自收到本法第一百零三条规定的卷宗之日起七日的时限以内，县级社会—伤兵—劳动科科长决定向县级人民法院移交建议适用送到强制戒毒机构措施的卷宗事宜；在卷宗不完整的情形之下则将卷宗退回原卷宗制作机关以便其继续收集材料，补充完善卷宗。

第二款 建议县级人民法院审查、决定适用送到强制戒毒机构措施的卷宗包括：

（一）建议适用本法第一百零三条规定的送到强制戒毒机构措施的卷宗。

（二）县级社会—伤兵—劳动科科长关于建议审查适用送到强制戒毒机构措施事宜的公文。

第三款 建议适用送到强制戒毒机构措施的卷宗必须附上笔录并且依照《保存法》的规定予以保存。

第三章 审查、决定适用行政处理措施的权限、程序

第一百零五条 适用各种行政处理措施的决定权

第一款 乡级人民委员会主席具有决定适用在乡、坊、镇教育措施的决定权。

第二款 县级人民法院具有适用送到教养学校，送到强制教育机构，送到强制戒毒机构的各种措施的决定权。

第一百零六条 审查、决定适用各种行政处理措施的程序、手续

国会常务委员会规定人民法院审理、决定适用送到教养学校，送到强制教育机构，送到强制戒毒机构的各种措施事宜的程序、手续。

第四章 执行行政处理措施的决定书

第一百零七条 送达适用送到教养学校、送到强制教育机构和送到强制戒毒机构措施的决定书以便执行

自适用行政处理措施决定书生效之日起三日的时限以内,已经下达决定书的人民法院必须将决定书送达被适用的人、报送了建议适用行政处理措施卷宗的当地的县级公安局局长和县级社会—伤兵—劳动科科长、违法人本人居住地乡级人民委员会和各个有关单位以便依法执行;适用送到教养学校措施的决定书还要送达违法人的父母亲或者合法代理人。

第一百零八条 执行适用行政处理措施决定书的时效

第一款 适用在乡、坊、镇教育措施的决定书和适用送到教养学校措施的决定书自决定书产生法律效力之日起六个月以后时效中止。

第二款 适用送到强制教育机构措施的决定书和适用送到强制戒毒机构措施的决定书自决定书产生法律效力之日起一年以后时效中止。

第三款 在被执行人故意逃避执行决定书的情形下,则本条第一款和第二款规定的时效从中止逃避行为发生之时起予以计算。

第一百零九条 执行适用在乡、坊、镇教育措施的决定书

第一款 收到适用在乡、坊、镇教育措施的决定书以后,被赋予教育、管理的机关、组织具有下列职责:

(一)对被教育的人员实施在乡、坊、镇教育的措施。

(二)分工专人直接帮助被教育的人员。

(三)跟踪记录并且定期向乡级人民委员会主席报告有关履行在乡、坊、镇教育决定书的情况。

(四)帮助、鼓励被教育的人员,向乡级人民委员会提出为被教育的人员创造就业机会的条件。

第二款 分工负责帮教的人员必须制定管理、教育、帮助被教育人员的计划并且依法享受管理、教育、帮教补助费。

第三款　被教育的人员必须通过书面的形式承诺履行在乡、坊、镇教育的决定书。

第四款　在对被教育人员的管理、教育中，被教育人员的家庭具有与分工负责帮教的人员密切配合的义务。

第一百一十条　执行送到教养学校的决定书、送到强制教育机构的决定书和送到强制戒毒机构的决定书

第一款　自收到送到教养学校的决定书、送到强制教育机构的决定书或者送到强制戒毒机构的决定书之日起五日的时限以内，已经送达卷宗的机关具有下列组织执行的职责：

（一）负责押送人员的县级公安机关必须执行送到教养学校、送到强制教育机构的决定书。

（二）县级社会—伤兵—劳动科必须与负责押送人员的县级公安机关配合执行送到强制戒毒机构的决定书。

第二款　执行决定书的时限从被执行人被暂拘以便送到教养学校、强制教育机构、强制戒毒机构之日起计算。

第三款　政府规定执行送到教养学校的决定书、执行送到强制教育机构的决定书、执行送到强制戒毒机构的决定书事宜的细则。

第一百一十一条　暂缓或者免于执行送到教养学校、强制教育机构、强制戒毒机构的决定书

第一款　下列各种情形，必须执行决定书但是尚未送到教养学校、强制教育机构、强制戒毒机构的人员可以暂缓执行决定书：

（一）经医院证明病重；

（二）经本人居住地乡级人民委员会证明其家庭遭遇了特别的困难。

一旦暂缓执行决定书的条件不复存在则继续予以执行决定书。

第二款　下列各种情形，必须执行决定书但是尚未送到教养学校、强制教育机构、强制戒毒机构的人员可以免于执行决定书：

（一）经医院证明病危。

（二）在本条第一款规定的暂缓执行决定书的时间以内，本人在遵纪守法方面有了明显的进步，或者有立功表现，或者不再吸毒。

（三）经医院证明怀孕。

（四）由已经下达了适用送到教养学校、送到强制教育机构、送到强制戒毒机构决定书的当地县级人民法院在被执行人或者其合法代理人递交申请书的基础上审查、决定暂缓或者免于执行决定书的事宜；在必要的情形下，则在下达决定书之前，征求报送建议卷宗机关的意见。

免于或者暂缓执行决定书必须报送执行决定书的机关、被执行人；在对未成年人予以暂缓、免于执行送到教养学校决定书的情形下，则决定书必须送达被执行人员的父母亲或者其合法代理人。

第一百一十二条 减少时限、暂停或者免于执行在教养学校、强制教育机构、强制戒毒机构的部分剩余时间

第一款 对于正在教养学校、强制教育机构、强制戒毒机构执行决定书已经执行了一半时间的人员，如果有了明显的进步或者有立功表现则经过审查后可以予以减少或者免于执行部分剩余的时间。

第二款 正在教养学校、强制教育机构、强制戒毒机构执行决定书的人员病重且获准保外就医的情形下，则可以暂停执行决定书；保外就医时间可以计入执行决定书的时间；如果康复以后且执行时限还剩下三个月以上，则本人必须继续执行；如果在暂停的时间以内且本人有明显的进步或者有立功的表现，则免于执行剩余的时间。对于病危人员、孕妇则可免于执行剩余的时间。

第三款 设立有教养学校、强制教育机构、强制戒毒机构的地方由当地县级人民法院在听取教养学校校长、强制教育机构主任、强制戒毒机构主任建议的基础上决定减少、暂停时限或者免于执行本条第一款和第二款的规定。

暂停或者免于执行适用送到教养学校、强制教育机构、强制戒毒机构措施的决定书的决定书必须送达下达决定书所在地的人民法院、已经报送建议卷宗的机关、本人居住地的乡级人民委员会、教养学校、强制教育机构、强制戒毒机构、被暂停或者免于执行的本人及其家庭。

第四款　对于属于暂停执行决定书或者免于执行本条第二款规定的部分剩余时间的病重、病危且无法确定居住地的对象则准许其到教养学校、强制教育机构、强制戒毒机构设立的办事处所在地的地方医疗机构治疗。

第一百一十三条　对于获准暂缓或者获准暂停执行适用送到教养学校、送到强制教育机构、送到强制戒毒机构措施决定书的人员的管理

第一款　获准暂缓或者获准暂停执行送到教养学校、送到强制教育机构、送到强制戒毒机构决定书的人员具有向其居住地乡级人民委员会报到的义务。

第二款　在获准暂缓或者获准暂停执行送到教养学校、送到强制教育机构、送到强制戒毒机构决定书的时间以内，如果本人继续实施已经受到处理的违法行为，或者有证据表明本人逃跑，则已经下达暂缓或者暂停执行决定书的县级人民法院撤销该决定书并且下达强制执行送到教养学校的决定书、送到强制教育机构的决定书。

在获准暂缓或者获准暂停执行送到强制戒毒机构决定书的时间以内，如果本人吸食毒品，或者有证据表明本人逃跑，则已经下达暂缓或者暂停执行决定书的县级人民法院撤销该决定书并且下达强制执行送到强制戒毒机构的决定书。

第三款　强制执行送到教养学校、送到强制教育机构、送到强制戒毒机构的决定书必须报送已经下达决定书的人民法院所在地的同级公安机关。在收到决定书以后，公安机关必须组织押解嫌疑人。

第一百一十四条　中止执行适用各种行改处理措施决定书的时限

第一款　一旦违法人履行完毕了在乡、坊、镇教育的决定书，则乡级人民委员会主席向已经履行完毕的人员发放证明书并且将副本送达本人家庭。

第二款　一旦违法人履行完毕了送到教养学校、送到强制教育机构、送到强制戒毒机构的决定书，则教养学校校长、强制教育机构主任、强制戒毒机构主任向已经履行完毕的人员发放证明书并且将副本送达本人家庭、已经下达决定书的当地的县级人民法院、教养学校、强制教育机构、强制戒毒机构的管理机关、本人居住地的乡级人民委员会。

第三款 对于无法确定居住地的嫌疑人是未成年人或者体弱多病无劳动能力的人，则一旦执行送到教养学校、送到强制教育机构、送到强制戒毒机构的措施届满可以获准送到教养学校、强制教育机构、到强制戒毒机构设立办事处所在地的地方社会福利院。

第五章 与适用各种行政处理措施事宜相关的其他各项规定

第一百一十五条 根据刑事起诉机关的要求暂时将正在执行送到教养学校、送到强制教育机构、送到强制戒毒机构措施的人员带离执行行政处理措施的地方。

第一款 根据具有权限的刑事起诉机关的要求，教养学校的校长、强制教育机构的主任、强制戒毒机构的主任决定暂时将正在履行行政处理措施的人员带离执行该措施的地方以便参与涉及本人案件的诉讼。

第二款 暂时带离履行行政处理措施地方的时间可以计入执行该措施的时限。

第一百一十六条 移交有犯罪迹象的被适用行政处理措施嫌疑人的卷宗以便追究其刑事责任

第一款 在审查嫌疑人的卷宗以便决定适用行政处理措施时，如果认为本人的违法行为有犯罪的迹象，则具有权限的人必须立即将卷宗移交给具有权限的刑事起诉机关。

第二款 对于已经下达了适用行政处理措施的情形，如果后来发现被适用该措施的人的违法行为有犯罪的迹象而且追究刑事责任的时效尚未届满，则人民委员会主席或者已经下达了适用行政处理措施决定书的人民法院必须撤销该决定书，并自撤销决定书之日起三日的时限以内，必须将嫌疑人的卷宗移交给具有权限的刑事起诉机关。

在被法院处以监禁的情形下，则嫌疑人已经执行送到教养学校、送到强制教育机构、送到强制戒毒机构措施的时间可以计入监禁的时限；执行送到教养学校、送到强制教育机构、送到强制戒毒机构措施的一天半时间可以折算为执行监禁的一天时间。

第一百一十七条　对于犯罪行为追究刑事责任可以在执行行政处理措施时间之前或者在此期间予以执行

在发现被适用行政处理措施的人员在执行决定书之前或者在此期间实施了犯罪行为的情形下，则根据具有权限的刑事起诉机关的要求，正在执行在乡、坊、镇教育措施所在地的乡级人民委员会主席或者教养学校的校长、强制教育机构的主任、强制戒毒机构的主任必须下达暂时停止执行对本人的决定书的决定书，并将嫌疑人的卷宗移交给刑事起诉机关；在被法院处以监禁的情形下，则违法人可以免于执行适用行政处理措施决定书中的部分剩余时间；如果适用的刑罚不是监禁，则违法人可以继续执行适用行政处理措施的决定书。

第一百一十八条　对于一个既属于送到强制教育机构的对象又属于送到强制戒毒机构的对象情形的处理

第一款　在实施违法行为的人员既属于送到强制教育机构的对象又属于送到强制戒毒机构的对象的情形下，则适用送到强制戒毒机构的措施。

第二款　在吸毒人员属于凶悍歹徒的情形下，则适用送到强制教育机构的措施。强制教育机构行使对该嫌疑人的戒毒事宜。

第三款　在毒瘾发作、身体康复阶段，正在强制戒毒机构履行决定书的嫌疑人如果实施了违反本法第九十四条各项规定的行为，则适用送到强制教育机构的措施。

强制戒毒机构的主任在现有卷宗和新的违法行为记录的基础上着手制作建议将本款第一段规定的违法嫌疑人送到强制教育机构的卷宗并报送强制戒毒机构所在地的县级公安局长。县级公安局长具有在审查卷宗的合法性之前听取司法主任意见的职责，将建议卷宗报送强制戒毒机构所在地的人民法院决定适用送到强制教育机构的措施。

对于这些嫌疑人适用送到强制教育机构措施的审查程序依照法律的规定予以执行。

第四部分 各种制止并确保行政违法处理的措施

第一章 关于各种制止并确保行政违法处理措施的一般规定

第一百一十九条 各种制止并确保行政违法处理的措施

在需要及时制止行政违法或者为了确保行政违法处理的情形下,具有权限的人可以依照行政程序适用下列各种措施:

(一)拘留(违法)人。

(二)押解违法人。

(三)暂扣行政违法的赃物、设备,从业许可证、执业证书。

(四)对违法人员进行搜查。

(五)对运输工具、物品进行搜查。

(六)对藏匿行政违法赃物、设备的地点进行搜查。

(七)在办理驱逐手续期间,管理违反越南法律的外国人。

(八)在办理适用行政处理措施手续期间,将建议适用行政处理的人交由家庭、组织管理。

(九)对必须执行送到教养学校、送到强制教育机构、送到强制戒毒机构决定书的嫌疑人在逃跑的情形下对其展开追捕。

第一百二十条 适用各种制止并确保行政违法处理措施的原则

第一款 在适用各种制止并确保行政违法处理的措施时,具有权限的人必须严格遵守本法第一百二十条至第一百三十二条的各项规定,如果违反则依法予以处理。

第二款 在必要的情形下只适用本部分第二章规定的制止并确保行政违法处理的措施。

第三款 下达适用制止并确保行政违法处理措施决定的人必须对自身所做出的决定负责。

第四款 在适用制止并确保行政违法处理的工作中使用武器、辅助工具事宜必须依照法律的规定予以执行。

第一百二十一条 取消或者变更制止并确保行政违法处理的措施

第一款 在适用行政违法强制措施的目的与本法所规定的适用条件不相符的情形下则适用该措施的决定必须予以取消。

第二款 在认为所适用的强制措施没有必要或者可以通过另一种制止违法的方法代替时，由具有适用行政违法强制措施决定权的人员决定取消强制措施。

第二章 适用各种制止并确保行政违法处理措施的权限、程序

第一百二十二条 依照行政程序拘留（违法）人

第一款 依照行政程序拘留（违法）人只能在需要制止、立即停止扰乱公共秩序、给他人造成伤害行为的情形下适用。

第二款 任何情形下拘留（违法）人都必须出示书面决定书且必须交给被拘留（违法）人一份书面决定书。

第三款 依照行政程序拘留人的时限自开始拘留违法人的时间起不得超过十二个小时；在必要的情形下，拘留的时限可以延长，但是自开始拘留违法人的时间起不得超过二十四个小时。

对于违反边境规则或者在偏僻、边远、山林、海岛地区行政违法的违法人则拘留的时限可以延长，但是自开始拘留违法人的时间起不得超过四十八个小时。

对于在飞机上、轮船上拘留的违法人，一旦飞机到达机场、轮船抵达港口，必须立即移交给具有权限的机关。

第四款 根据被拘留人的要求，下达拘留决定的人必须向其家庭、工作或者学习所在地的组织通报让其知晓。在被拘留的人是夜间行政违法或者拘留六个小时以上的未成年人的情形下，则下达拘留决定的人必须立即通知其父母亲或者监护人让其知晓。

第五款 按照行政程序（关押）拘留人的地点是行政拘留所或者是设置在具有下达拘留行政违法人决定权的机关、单位办公地点的行政拘留室。在没有行政拘留所或者行政拘留室的情形下则可以在值班室或者办公地点的其他房间拘留，但是必须要确保符合一般的规定。

具有预防、打击违法犯罪职能的机关因为经常要拘留行政违法人员，须设置、设计、修建行政拘留所或者专门的拘留室，其中须专门设置未成年人、妇女或者外国人的拘留室并且必须要有专职干部予以管理、保护。

对于飞机、轮船、火车，一旦离开机场、港口、火车站，则根据条件和具体的违法嫌疑人，机长、船长、列车长决定拘留地并且指派人员执行拘留事宜。

第六款 严禁在各种办公室、刑事监禁室或者不能确保被拘留人卫生、安全的地方关押拘留人。

第七款 政府制定依照行政程序拘留（违法）人的规定事宜。

第一百二十三条 依照行政程序拘留（违法）人的权限

第一款 在实施本法第一百二十二条第一款规定的扰乱公共秩序、给他人造成伤害的行为的情形下，则下列人员有权决定依照行政程序拘留（违法）人：

（一）乡级人民委员会主席、坊公安所长。

（二）县级公安局长。

（三）社会治安行政管理警察处处长，治安警察处处长，陆路、铁路交通警察处处长，水路警察处处长，经济与职务管理秩序犯罪调查警察处处长，社会治安犯罪调查警察处处长，毒品犯罪调查警察处处长，省级公安出入境管理处处长；刑事案件执行与司法援助警察处处长，预防、打击环境犯罪警察处处长。

（四）大队以上的机动警察单位首长、口岸公安站站长。

（五）林业管理区区长、林业机动管理队队长。

（六）海关支局支局长、隶属于海关局的稽查队队长、隶属于海关总局反走私调查局的反走私稽查队队长和海上稽查海队的海队长。

（七）市场管理队队长。

（八）边防小区指挥长，口岸、港口边防指挥长，边防海团指挥长，边防海队指挥长，边防屯屯长和驻防在边境、海岛地区的边防部队单位首长。

（九）海上警察局海队海队长、海上警察局海团海团长、海上警察局海区指挥长。

（十）一旦飞机、轮船、火车离开机场、港口、火车站，机长、船长、列车长。

（十一）法院审判长。

第二款 本条第一款第（一）项至第（十一）项规定的具有拘留权的人可以将拘留权赋予副职。交付权力事宜只能在正职不在位时才能行使并且必须通过书面形式予以体现，其中必须明确交付的范围、内容、时限。被赋予权力的副职必须对自身所做出的决定负责，对正职和法律负责。被赋予权力的人不得将权力交付、授权给其他任何个人。

第一百二十四条 押解违法人

第一款 在下列各种情形下，违法人不愿意履行具有权限人的要求则被处以押解：

（一）依照行政程序拘留违法人。

（二）依照本法第一百三十二条第二款的规定将违法人押送回教养学校、强制教育机构、强制戒毒机构。

第二款 正在执行公务的具有权限的人员执行押解违法人事宜。

第三款 政府规定押解违法人的实施细则。

第一百二十五条 依照行政程序暂扣赃物、设备、从业许可证、执业证书

第一款 在下列确实需要的情形下，依照行政程序暂扣赃物、设备、从业许可证、执业证书事宜可以予以适用：

（一）为了核实情节，如果不暂扣则没有下达处罚决定的依据。在暂扣是为了确定行政违法的赃物价值以便作为确定罚款幅度的依据、确定处罚权的情形下，则适用本法第六十条第三款的规定。

（二）为了立即阻止行政违法行为，如果不暂扣则将会给社会造成严重的后果。

（三）为了依照本条第六款的规定确保执行处罚决定书。

（四）暂扣本条第一款规定的赃物、设备必须要在核实了作为处罚决定书依据，且违法行为不再给社会带来危害或者处罚决定书得以履行之后立即中止。

在获准依照本法第七十九条的规定分期缴纳罚款的情形下，在缴纳首期罚款之后则违法人可以领回被暂扣的赃物、设备。

第三款 具有适用没收处罚形式没收本法第二部分第二章规定的行政违法赃物、设备权限的人则有权暂扣用于行政违法的赃物、设备。

第四款 在有证据表明如果不立即暂扣则行政违法的赃物、设备就会被分散转移、毁坏的情形下则正在执行公务的人民警察战士的直接首长、海上警察局警员、边防部队、林业管理员、海关公职人员、市场管理员必须立即暂扣行政违法的赃物、设备。自制作备忘录之时起在二十四个小时的时限以内，备忘录制作人必须向自己的领导（即本条第一款予以规定的具有暂扣行政违法赃物、设备权限的人员）报告以便审查下达暂扣决定书；对于赃物是容易损坏的商品的情形，则暂扣人必须向直接领导报告以便处理，如果任其损坏或者丢失则必须依法予以赔偿。在不下达暂扣决定书的情形下，则必须立即归还已经被暂扣的赃物、设备。

第五款 下达暂扣违法赃物、设备决定书的人具有保管该赃物、设备的职责。在赃物、设备丢失、被出售、被偷梁换柱或者损坏、零件丢失、被更换的情形下则下达暂扣赃物、设备决定书的人必须承担赔偿责任并且依法给予处分。

在对被暂扣的赃物、设备必须予以查封的情形下，则必须立即在违法人在场的情况下进行；如果违法人缺席则必须在违法人家庭代表、组织代表、政权代表和证人在场的情况下予以查封。

暂扣行政违法的赃物、设备事宜必须要有书面形式的决定书附带暂扣记录并且必须交给违法人、违法组织代表各持有一份。

第六款 在对于行政违法的个人、组织只是适用处以罚款形式的情形下，则具有处罚权的人有权按照顺序暂扣各类证件中的一种：驾驶证或者设备流通许可证或者其他与赃物、设备相关的必要的证件直至个人本人、该组织履行完毕处罚决定书。如果违法的个人、组织没有上述证件则具有处罚权的人可以暂扣行政违法的赃物、设备，本条第十款规定的情形除外。

第七款 对于属于被处以剥夺从业许可证、执业证书使用权情形的行政违法的个人、组织则可以暂扣从业许可证、执业证书以便确保履行处罚决定。在等待下达决定书期间，暂扣从业许可证、执业证书事宜不会对个人本人、该组织从业许可证、执业证书的使用权造成影响。

第八款 暂扣行政违法赃物、设备、从业许可证、执业证书的时限自暂扣之日起为七日。对于情节众多、复杂，需要进行核实的案件则暂扣的时限可以延长，但是自暂扣赃物、设备、从业许可证、执业证书之日起不超过三十日。

对于属于本法第六十六条第二款规定情形的案件，如果需要延长时间以便核实则正在处理案件的具有权限的人必须通过书面形式向自己的直接领导汇报以便申请延长暂扣时限；延期事宜必须通过书面形式进行，延期时间不得超过三十日。

暂扣行政违法赃物、设备、从业许可证、执业证书的时限可以从赃物、设备、从业许可证、执业证书实际被暂扣的时间予以计算。

暂扣行政违法赃物、设备、从业许可证、执业证书的时限不超过本法第六十六条规定的下达行政违法处罚决定书的时限。本条第一款第（三）项规定的情形除外。

第九款 暂扣赃物、设备、从业许可证、执业证书在任何情形下都必须要制作备成忘录。备忘录中必须载明被处以暂扣的赃物、设备的名称、数量、种类、状况并且要有下达暂扣决定书的人、违法人的签字；在无法确定违法人、违法人缺席或者不签字的情形下则必须要有两名证人的签字。备忘录必须制作成两份，具有暂扣权的人和违法人各持有一份。

第十款 对于被处以暂扣以确保履行行政违法处罚情形的行政违法交通工具，如果违法的组织、个人有明确的地址，具有停放、保管交通工具场地的条件或者具有缴纳保释金的能力，则可以在具有权限的国家机关的管理下保管违法交通工具。

政府规定该条款的实施细则。

第一百二十六条 依照行政程序处理被暂扣的赃物、设备、从业许可证、执业证书

第一款 下达暂扣决定书的人必须按照处罚决定书中注明的措施处理被暂扣的赃物、设备、从业许可证、执业证书，或者如果对被暂扣的赃物、设备，被剥夺从业许可证、执业证书使用权不适用处以没收处罚形式，则归还给违法的组织、个人。

对于正在被暂扣的由于被非法霸占、用于行政违法而被没收的赃物、设备则归还给所有权人、管理人或者合法使用人。在这种情形下，违法的个人、组织必须向国库缴纳一笔与违法赃物、设备价值相对应的款项。

在所有权人、管理人或者合法使用人存在故意过错让违法人使用本法第二十六条规定的行政违法的赃物、设备的情形下，则将被处以没收的这些赃物、设备上缴国库。

第二款 对于依照本法第一百二十五条第六款规定的对赃物、设备、从业许可证、执业证书进行暂扣以确保履行处罚决定书，一旦履行完毕，必须立即归还给被处罚人。

第三款 对于行政违法的赃物是容易损坏的商品、物品则下达暂扣决定书的人必须按照市场价立即组织出售且出售事宜必须制作成备忘录。出售所获得的款项必须暂时存入银行指定的账户。如果随后按照具有权限的人下达的处罚决定书，该赃物被处以没收则出售所获得的款项必须上缴国库；在该赃物未被处以没收的情形下，则出售所获得的款项必须归还给所有权人、管理人或者合法使用人。

第四款 对于超过了暂扣时限的行政违法的赃物、设备，如果违法人无正当理由不前来认领或者在无法确定违法人的情形下，则下达暂扣决定书的人必须在大众媒体上通报、在具有暂扣权的机关办事处张榜公示；自通报、张榜公示之日起三十日的期限以内，如果违法人不前来认领则具有权限的人必须下达对行政违法的赃物、设备予以没收的决定书以便依照本法第八十二条的规定予以处理。

第五款　对于行政违法的赃物、设备是对人类健康、家畜、家禽、苗木和环境造成危害的商品、物品、淫秽文化品则必须依照本法第三十三条的规定予以销毁。

第六款　对于各类毒品和属于禁止流通的物品则依照本法第三十三条和第八十二条的规定予以没收或者销毁。

第七款　被暂扣的行政违法的赃物、设备的持有人只需支付赃物、设备的仓储费、场地费、保管费和依照第一百二十五条第八款规定的赃物、设备被暂扣期间的其他各种费用。

如果在行政违法中赃物、设备的所有权人无过错或者适用对赃物、设备处以没收处罚的情形下，则在赃物、设备被暂扣期间不收取仓储费、场地费、保管费。

政府制定本法第一百二十五条规定的关于暂扣赃物、设备费用标准的实施细则。

第一百二十七条　依照行政程序对（违法）人进行搜查

第一款　依照行政程序对（违法）人进行搜查事宜只有在有证据表明本人在其身上藏匿了用于行政违法的物品、材料、装备时才能行使。

第二款　本法第一百二十三条第一款予以规定的人员具有依照行政程序决定对（违法）人进行搜查的权力。

在有证据表明如果不立即进行搜查则用于行政违法的物品、材料、装备将会被分散转移、销毁的情形下则除了本法第一百二十三条第一款规定的人员而外，正在执行公务的人民警察战士、海上警察局警员、边防部队战士、林业管理员、海关公职人员、市场管理员可以依照行政程序对（违法）人进行搜查，并立即通过书面形式向自己的领导（即本法第一百二十三条第一款规定的人员之一）汇报且必须对搜查事宜负法律责任。

第三款　对（违法）人进行搜查必须要有书面决定书，本条第二款第二段规定的需要立即搜查的情形除外。

第四款　在对（违法）人进行搜查之前，搜查人要向被搜查人通报决定书让其知晓。搜查时，男性搜查男性、女性搜查女性并且必须要有同行共同见证。

第五款　在任何情况下，对（违法）人进行搜查都必须制作成备忘录。搜查决定书和搜查备忘录必须交给被搜查人一份。

第一百二十八条　依照行政程序对运输工具、物品进行搜查

第一款　依照行政程序对运输工具、物品进行搜查事宜只有在有证据表明该运输工具、物品中藏匿有行政违法赃物时才能行使。

第二款　本法第一百二十三条第一款予以规定的人员具有依照行政程序对运输工具、物品进行搜查的权限。

第三款　在有证据表明如果不立即进行搜查则行政违法的物品、材料、装备将会被分散转移、销毁的情形下则除了本条第二款规定的人员而外，正在执行公务的人民警察战士、海上警察局警员、边防部队战士、林业管理员、海关公职人员、市场管理员可以依照行政程序对运输工具、物品进行搜查，并立即向自己的直接领导汇报且必须对搜查事宜负法律责任。

第四款　对运输工具、物品进行搜查必须要有书面决定书，本条第四款规定的情形除外。

一旦对运输工具、物品进行搜查时，必须要有运输工具、物品的所有权人或者运输工具的操作人和一名证人在场；在运输工具、物品的所有权人或者运输工具的操作人缺席的情形下则必须要有两名证人作证。

第五款　在任何情况下，对运输工具、物品进行搜查均要制作成备忘录。搜查决定书和备忘录必须交给运输工具、物品的所有权人或者运输工具的操作人一份。

第三部分 附 录

第一百二十九条 对藏匿行政违法赃物、设备的地点进行搜查

第一款 对藏匿行政违法赃物、设备的地点进行搜查事宜只有在有证据表明该地点藏匿有行政违法的赃物、设备时才能行使。

第二款 本法第一百二十三条第一款予以规定的人员具有决定对藏匿行政违法赃物、设备的地点进行搜查的权限；在藏匿行政违法赃物、设备的地点是住宅的情形下，则建议县级人民委员会主席予以审查、决定。

第三款 一旦对藏匿行政违法赃物、设备的地点进行搜查时，必须要有被搜查地点的主人或者其家庭成员中的成年人和证人在场；在被搜查地点的主人或者其家庭成员中的成年人缺席而搜查事宜不能推迟的情形下，则必须要有地方政权代表和两名证人作证。

第四款 不得在夜间对藏匿行政违法赃物、设备的地点进行搜查，紧急情况或者正在行使搜查事宜而且尚未结束的情形除外，但是必须要在备忘录上注明理由。

第五款 在任何情况下，对藏匿行政违法赃物、设备的地点进行搜查均要有书面决定书并制作成备忘录。搜查决定书和对藏匿行政违法赃物、设备的地点进行搜查的备忘录必须交给搜查地点的主人一份。

第一百三十条 关于在办理驱逐手续期间对违反越南法律的外国人的管理

第一款 关于在办理驱逐手续期间对违反越南法律的外国人的管理事宜，一旦有证据表明如果不适用该措施则本人将会逃跑或者妨碍履行驱逐处罚决定书，或者为了制止本人继续实施违法行为时可以适用。

第二款 出入境管理部门的领导或者制作卷宗建议针对违法的外国人下达驱逐管理决定书所在地的省级公安厅厅长在办理驱逐手续期间可以采取下列措施：

（一）限制被管理人的交往。

（二）指定被管理人的住宅。

（三）暂扣护照或者其他代替护照的随身证件。

第三款 政府规定本条款的实施细则。

第一百三十一条 在办理适用行政处理措施手续期间将被建议适用行政处理措施的人员交由家庭、组织管理

第一款 在办理审查、决定适用各种送到教养学校、送到强制教育机构、送到强制戒毒机构措施的手续期间,则由制作将属于适用该措施对象的实施违法行为的人交由家庭或者社会组织管理的决定书卷宗所在地的乡级人民委员会主席予以决定。

第二款 对于有固定居住地的违法对象则交由其家庭管理;无固定居住地的情形则交由社会组织管理。

第三款 管理时限可以从制作卷宗时计算至具有权限的人依照法院的判决书对嫌疑人适用行政处理措施时止。

第四款 交由家庭或者社会组织管理的决定书必须载明:决定书的年、月、日;决定人的姓名、职务;被赋予家庭管理职责的人的姓名,出生年、月、日,居住地或者被赋予管理职责的社会组织的名称、地址;被管理人的姓名,出生年、月、日,居住地;被管理人的理由、时限、职责、个人或者组织的管理职责以及嫌疑人居住地乡级人民委员会的职责;决定交付管理人的签字。该决定书必须立即送达家庭或者接收管理的社会组织、被管理人以便履行。

第五款 在管理期间,被赋予管理职责的家庭、社会组织具有下列职责:

(一)不准被管理人继续违法。

(二)一旦决定送到教养学校、强制教育机构、强制戒毒机构,确保被管理人在位。

(三)在被管理人逃跑或者实施违法行为,及时向下达交付管理的乡级人民委员会主席报告。

第六款 在管理期间,被管理人具有下列职责:

(一)严格执行法律关于暂住、暂时缺席的规定;一旦离开乡、坊、镇辖区前往其他地方必须要向赋予管理职责的家庭、社会组织报告有关在那里暂住的地址、时间情况。

（二）一旦乡级人民委员会主席要求，及时赶到乡级人民委员会办公地报到。

第七款 在管理期间，本条第一款规定的管理对象所在地的乡级人民委员会主席具有下列职责：

（一）向赋予管理职责的家庭、社会组织和被管理人通报有关在管理期间其自身享有的权利和义务。

（二）对被管理人在居住地进行管理、监督中被赋予管理职责的家庭、社会组织采取各种措施给予补助。

（三）一旦得知被管理人逃跑离开了居住地或者实施了违法行为，乡级人民委员会主席必须立即向县级公安机关通报以便依法采取措施及时处置。

第八款 政府规定该条款的实施细则。

第一百三十二条 在已经决定送到教养学校、送到强制教育机构、送到强制戒毒机构的嫌疑人逃跑的情形下，对其展开追捕。

第一款 在已经决定送到教养学校、送到强制教育机构、送到强制戒毒机构的嫌疑人在送到学校或者机构之前逃跑的情形下，则由卷宗制作地的县级公安机关下达对嫌疑人展开追捕的决定。

第二款 正在教养学校、强制教育机构、强制戒毒机构履行处罚决定书的人逃跑的情形下，则教养学校校长、强制教育机构主任、强制戒毒机构主任下达对嫌疑人展开追捕的决定。在追捕嫌疑人的过程中，公安机关具有与教养学校、强制教育机构、强制戒毒机构配合将嫌疑人押送回学校或者机构的职责。

第三款 对于决定送到教养学校的人员或者正在本条第一款规定的教养学校履行决定书的人员，如果能够缉拿归案且本人已经年满十八周岁则由教养学校校长建议由教养学校所在地的县级人民法院审查、决定；如果具备属于送到强制教养学校对象的条件，则适用送到强制教育学校的措施。

第四款 逃跑的时间不得计入履行送到教养学校、送到强制教育机构、送到强制戒毒机构决定书的时间。

第五部分 对于行政违法未成年人的规定

第一章 对于未成年人行政违法处理的一般规定

第一百三十三条 适用范围

对于行政违法的未成年人的处理事宜依照本法第五部分的规定和本法相关的各项规定予以执行。

第一百三十四条 处理原则

除了本法第三条规定的行政违法处理原则而外，对于未成年人的处理还要适用下列各项原则：

第一款 对行政违法的未成年人的处理只有在必要时才能实施，旨在教育、帮助其改正错误，使其健康发展和成为对社会有益的公民。

在审查处理行政违法的未成年人的过程中，具有行政违法处理权的人员必须要最大限度地确保未成年人的利益。送到教养学校的措施只能在审查之后没有其他更适合的处理措施的情形下才能适用。

第二款 对于行政违法的未成年人的处理还要根据未成年人对于违法行为给社会带来的危害性质的认识能力、违法原因和违法环境，以便决定处罚或者适用相适当的行政处理措施。

第三款 对于行政违法的未成年人适用的处罚形式、决定处罚程度应当轻于实施同一种行政违法行为的成年人。

在十四周岁至十六周岁的未成年人行政违法的情形下，则不适用罚款形式。

在十六周岁至十八周岁的行政违法人被处以罚款的情形下，则罚款额度不超过适用于成年人的罚款额度的二分之一；在无钱缴纳罚款或者在无采取措施消除后患的能力的情形下，则其父母或者监护人必须代替其履行。

第四款 在对行政违法未成年人的处理过程中，未成年人的个人隐私必须要予以保护。

第五款 一旦具备本部分第二章规定的各种条件时，各种代替行政违法处理的措施必须要予以考虑适用。适用代替行政违法处理的措施不能视为是已经受到了行政违法处理。

第一百三十五条 适用各种处罚形式和各种消除后患的措施

第一款 对于未成年人适用的各种处罚形式包括：

（一）警告。

（二）罚款。

（三）没收行政违法赃物、设备。

第二款 对于未成年人适用的各种消除后患的措施包括：

（一）强制恢复原貌。

（二）强制采取各种措施消除污染环境、疫病蔓延的状况。

（三）强制销毁给人类健康、家畜、家禽、苗木和环境造成危害的商品、物品；淫秽文化品。

（四）强制上缴实施违法行为所获得的不合法收入，或者强制缴纳与已经违法销售、分散转移、销毁的赃物、设备价值相等同的款项。

第一百三十六条 适用各种行政处理措施

第一款 对于本法第三部分第一章规定的行政违法的未成年人可以适用在乡、坊、镇教育的措施。适用在乡、坊、镇教育措施的未成年人必须要由其父母亲或者监护人管理，在无固定居住地的情形下则必须要住在社会福利院或者儿童帮教机构；可以学习，或者参加各种学习计划、其他职业教育的学习和培训；参加各种集会，参加社会群体生活技能培训计划。

第二款 对于本法第三部分第二章规定的行政违法的未成年人可以适用送到教养学校的措施。

第一百三十七条 对于未成年人被视为是未受到行政违法处理的时限

第一款 自履行完毕处罚决定书之日起，或者自履行处罚决定书时效届满之日起,如果在六个月的时限以内没有再犯,则未成年人被视为是未受到行政违法处罚。

第二款 适用行政处理措施的未成年人自履行完毕处罚决定书之日起,或者自履行处罚决定书时效届满之日起,如果在一年的时限以内没有再犯,则被视为是未受到行政违法处罚。

第二章 对于未成年人的各种行政违法处理的代替措施

第一百三十八条 各种行政违法处理的代替措施

对于未成年人的各种行政违法处理的代替措施包括:

(一)提醒。

(二)家庭管理。

第一百三十九条 提醒

第一款 提醒是代替行政违法处理的措施,目的是为了指出由未成年人实施的违法,可以适用于行政违法的未成年人而且根据法律的规定一旦具备下列各项条件必须受到行政违法处罚:

(一)依照规定被处以警告处罚的行政违法;

(二)行政违法的未成年人已经自己供述了自身的违法行为并且真诚地悔过。

第二款 依照本条第一款的规定,具有处罚权的人决定适用提醒措施。

提醒可以通过语言当场行使。

第一百四十条 在家庭管理

第一款 家庭管理是一旦具备下列各项条件则适用于属于本法第九十条第三款规定对象的未成年人行政违法处理的代替措施:

(一)行政违法的未成年人已经自己供述了自身的违法行为并且真诚地悔过。

（二）有利于行使该措施的生活环境。

（三）父母亲或者监护人具备行使管理的条件并且自愿承担家庭管理的职责。

第二款 依照本条第一款的规定，乡级人民委员会主席决定适用家庭管理的措施。

第三款 适用家庭管理措施的时限是三个月至六个月。

第四款 自适用家庭管理措施的决定书生效之日起三日的时限以内，已下达决定书所在地的乡级人民委员会主席必须将决定书送达其家庭并且指派本人居住地的组织、个人配合、监督履行。

正在家庭管理的未成年人可以学习、参加各种学习计划或者其他职业教育的学习和培训；参加各种集会，参加社会群体生活技能培训计划的学习和培训。

第五款 在家庭管理的期间，如果未成年人继续违法则本条第二款规定的具有权限的人决定中止适用该措施并且依法予以处理。

第六部分　施行条款

第一百四十一条　施行效力

第一款 本法自 2013 年 7 月 1 日起施行，除了由人民法院审查、决定与适用各种行政处理措施相关的各项规定而外，其余的则自 2014 年 1 月 1 日起生效。

第二款 第十届国会常务委员会 2002 年第 44 号法令《行政违法法法令》，第十一届国会常务委员会 2007 年第 31 号法令对部分条款进行修改的《行政违法处罚法》，第十二届国会常务委员会 2008 年第 42 号法令对部分条款进行修改、补充的《行政违法处罚法》中除了与适用送到教养学校、送到教育机构、送到医疗机构的各种措施相关的各项规定继续施行到 2013 年 12 月 31 日而外，其余的自本法生效之日起废止。

第一百四十二条 实施细则和施行说明

法律中赋予的各条款的实施细则、施行说明由政府、最高人民法院规定。

本法已经于 2012 年 6 月 12 日由越南社会主义共和国第十三届国会第三次会议通过。

国会主席 阮生雄（签章）

（本文来源于越南公安出版社 2012 年 10 月出版的《越南社会主义共和国行政违法处罚法》越南文版）

（北京外国语大学 米良 译）

越南政府关于财产、收入透明的规定

政府　　　　　　　　　　　　　　　　越南社会主义共和国

　　　　　　　　　　　　　　　　　　独立—自立——幸福

编号：37/2007/NĐ-CP　　　　　　　　河内，2007年3月9日

——根据2001年12月25日颁布的政府组织法；

——根据2005年11月29日颁布的预防和反贪污腐败法；

——总监察局的提议；

政府通过如下关于财产和收入透明的决议。

第一章　总　则

第一条　调整范围

本决议规定预防和反贪污腐败法第二章第四节关于财产收入透明度的法律细则与执行规则，包括申报财产收入；审核财产收入；对财产、收入透明度各项规定的违反处理以及组织运转中相关机关、组织、单位、个人的责任。

第二条　适用对象

本决议适用于预防和反贪污腐败法第四十四条第一款及本决议第六条规定中需申报财产、收入人员；以及与财产、收入申报、审核相关的机关、组织、单位和个人。

第三条　用语解释

本决议中各用语含义如下：

（一）"申报财产、收入"指有义务申报财产收入的当事人根据本决议附件颁布的样表对各类需申报的财产、收入进行详细登记的行为。

（二）"必须申报的财产、收入"指住宅、土地使用权；贵重金属、宝石、金钱、有价证券及其他单件价值在五千万越南盾以上的各类财产；海外资产、存款；依照法律规定需纳税的收入。

（三）"必须申报的变动财产"指与最近一次申报记录相比，需申报的增加或减少的财产、收入部分。

（四）"审核财产收入"指各职能机关、组织、单位根据预防和反贪污腐败法以及本决议的程序、手续规定，对所申报财产、收入的真实性进行调查、评估、下结论的行为。

第四条　禁止行为

第一款　任何为逃避财产收入申报，阻碍财产收入审核而分散转移财产的行为。

第二款　非法制作、使用财产收入申报表；利用财产收入申报表的管理、制作工作导致内部不团结或实施其他违法行为。

第三款　利用财产收入审核，制造困难、干扰妨碍审核人员的正常执行工作；破坏、侵犯被审核人的名誉、声望；破坏内部团结或实施其他违法行为。

第二章　财产收入申报

第五条　财产收入申报的目的

申报财产收入是让各职能机关、组织、单位了解申报人的财产收入，以实现申报人财产收入的透明度，服务干部、公职人员的管理工作，预防、阻止贪污腐败行为。

第六条　财产收入申报人

第一款　专职国会代表、专职人民议会代表、国会及人民议会代表候选人。

第二款　县级人民政府副科级以上干部、公职人员以及各机关、组织、单位中相当于县级人民政府副科级以上职务的人员。

第三款　人民军队副营长级指挥官、军队中县级以上指挥军事副指挥官，乡镇副营长、副局长级别以上、公安部副队级以上的指挥官。

第四款　国家各研究所、医院的经理、副经理、院长、副院长、会计主管、科长、副科长、级长、副级长、主任医师。

第五款　使用国家财政预算的报刊社的总编辑、副总编辑、会计主管、科长、副科长、主任、副主任。

第六款　省级城市、乡镇、郡设立的公立小学、幼儿园的校长、副校长、会计主管；公立初级中学、高级中学、职业学校、艺术学校、教育中心的校长、副校长、会计主管；国家大学、大专院校校长、副校长、会计主管、科长、副科长、级长、副级长、教授。

第七款　使用国家财政预算经费的投资建设项目管理部门的经理、副经理、会计主管、科长、副科长、部长、副部长；使用官方开发援助（ODA）的建设项目管理部门的经理、副经理、会计主管。

第八款　国家公司单位中的各职能部门总经理、副总经理、经理、副经理、董事长、副董事长、董事会成员、部门总监、部门副总监、部门总监成员、会计主管、科长、副科长、部长、副部长；由国家选派的在国有企业中拥有上述职位的个人。

第九款　党委书记、副书记；人民议会主席、副主席；乡镇议会主席、副主席、委员、乡军事机关公安部长、指挥长；乡镇人民委员会地政—建设干部、财政—会计干部。

第十款　法庭调查员、检察员、审判员、书记员，国家审计人员，国家督查人员、执行人员、公证人员。

第十一款　内务部部长（后统一为部长），同级机关首长，政府机关首长，国会办公室主任，国家主席办公室主任，党中央办公厅主任，党中央各部门部长、中央社会局、政治局局长，列入政府总理颁布须申报财产、收入的对象名单者；参与国家财政工作的人员和在各级国家行政机关、党的机关、政治—社会组织、国会办公室、国家主席办公室直接参与并处理事务的人员。

第七条　财产收入申报人的权利与义务

第一款　财产收入申报人享有以下权利：

（一）依照法律规定遵循对财产收入申报表的内容保密原则。

（二）投诉、检举违反本决议以及预防和反贪污腐败法财产收入透明度规定行为的相关机关、组织、个人。

（三）因违反财产收入透明度规定的行为而遭受侵害，其享有恢复名誉、威信，获得赔偿损失的权利。

第二款　财产收入申报人有如下义务：

（一）真实、完整、按时申报需申报的财产收入数量和相对于之前最近一次申报有变更的数量。

（二）如各职能机关、组织、单位提出对申报财产收入的相关要求时，需真实、完整、及时上报。

（三）满足各职能机关、组织、单位在确定财产收入透明度时提出的相关要求。

第三款　财产收入申报人属于政治组织、政治—社会组织成员的，除了履行本条第一款和第二款规定的权利和义务外，还须履行所在组织规定的财产收入申报相关义务。

第八条　需申报的财产收入

第一款　下列各类房屋、工程建筑：

（一）正在租用的或正在使用的属于国家所有的房屋、其他工程建筑。

（二）持有属于本人、配偶或未成年子女所有的产权证的房屋、其他工程建筑。

（三）未持有产权证的或所持产权证登记他人名字的属于本人、配偶或未成年子女所有的房屋、其他工程建筑。

第三款 属于本人、配偶或未成年子女的海外资产、存款。

第四款 依照法律应缴纳个人所得税的收入。

第五款 贵重金属、宝石、金钱、存折、股票、债券、支票、其他可转让票据，摩托、汽车、船舶以及其他单件价值五千万越盾以上的各类财物。

第九条 申报以及受理财产收入申报表的程序与手续

第一款 截至每年11月30日，各机关、组织、单位首长指导本机关、组织、单位的负责该工作的组织、干部发放财产收入申报样表，指导、要求申报人实行财产收入申报。

第二款 申报人自收到财产收入申报表的十日内，有义务完成申报工作并将其财产收入申报表格递交给负责相关单位组织或干部。

第三款 收到财产收入申报表时，接收人需按本决议附带的交接单填写并签字确认。

第四款 自收到申报人填报的财产收入申报表起五日内，相关负责组织或干部应重新审核申报表并存档；如发现申报表填写未符合规定要求，则要求申报人重新申报。重新申报期限为自从接受要求日起五日之内。申报时间截至12月31日。

第十条 相关机关、组织、单位首长在财产收入申报工作中的责任

第一款 根据法律规定在履行自身财产收入申报工作中起表率作用。

第二款 根据预防和反贪污腐败法以及本决议中的规定做到组织指导申报工作及时、对象准确、符合申报程序与手续。

第三款 根据法律规定在对自己负责管理的机关、组织、单位发生违反财产收入申报规定的行为承担责任。

第十一条 财产收入申报表的管理、应用、使用

第一款 依据干部档案管理制度，财产收入申报表只能应用、使用于以下情况：

（一）在对财产收入申报人员选举、任命、革职、免任、罢免或纪律处分的情况下。

（二）有关职能机关、组织、单位对贪污腐败行为进行调查、核实、判断的情况下。

（三）组织、干部工作需要。

第二款　当申报人被调动、抽调到其他机关、组织时，其财产、收入申报表与干部档案一起转交给相关职能管理机关、组织。

第三款　当申报人退休、离休时，其财产、收入申报表与干部档案一起存档。

第四款　如果申报干部、公务员是党员，其财产收入申报依照本决定和党的规定进行管理；如党规要求公开财产收入申报表内容，则依照有关规定进行公开。

第十二条　财产收入申报表开具使用手续

第一款　如需出具使用财产收入申报表，其出具使用人须持有需出具使用申报表的机关、组织、单位开具的介绍信，注明其执行人的姓名、职务和执行工作的目的。

第二款　开具使用财产收入申报表的工作在申报表管理机关内进行，如需在其他地方出具使用申报表则须取得有关管理权力机关、组织、单位负责人的同意。

第三款　出具使用申报表的执行人在工作过程中须符合介绍信中的开具使用目的及法律规定。

第十三条　财产收入申报表管理、存档负责人的责任

第一款　依据干部档案管理的规定对财产收入申报表进行整理、保管、存档。

第二款　按照有关机关、组织、单位要求为其完整、及时提供财产收入申报表创造有利的条件。

第三款　不得对财产收入申报表内容作假，丢失或损坏财产收入申报表。

第四款　不得使他人违法出具、使用财产收入申报表。

第十四条　对于违反管理，开具、使用财产收入申报表行为的处理

任何人对于财产、收入申报表申报内容失真、丢失、损坏或泄露申报内容，提供给无授权开具使用申报表者；任何违反出具使用申报表行为的或利用开具使用申报表破坏内部团结的，根据其违反性质、程度进行纪律处分或追究其刑事责任。

第三章　财产收入审核

第十五条　财产收入审核目的

财产收入审核目的是通过调查、评估、判断财产收入申报的真实性；检查申报人财产收入的变动情况；为预防、发现、处理贪污行为及建设一支清正廉洁、强大的干部、公职人员队伍做出贡献。

第十六条　根据要求审核财产收入

有符合以下情况之一的可要求进行财产收入审核：

第一款　党的检查机关、国家监察机关、国家审计机关、调查机关认定财产收入申报人与贪污腐败行为有关的。

第二款　如有人对申报人的财产收入问题进行举报或控诉，举报或反映材料内容清楚、证据充分，证明该申报人申报内容不真实，且举报、控诉者能注明姓名、地址，就财产收入审核问题保证充分协助有关职能机关、组织、单位，并提供材料。

第十七条　职能机关要求审核财产收入

如出现第十六条规定中的任一情况，下列有关机关、组织、单位有权做出书面通知要求审核财产收入：

（一）国会常务委员会、常设人民议会委员要求有关职能机关、组织、单位首长对其管理的预选国会、人民议会候选人做出审核其财产收入的决议。

（二）政治组织、政治—社会组织的常务机关要求有关职能机关、组织、单位对其管理的预选政治组织、政治—社会组织候选人做出审核其财产收入的决议。

（三）政府总理、省级县级人民委员会主席要求有关职能机关、组织、单位负责人对其管理的即将参选为人民委员会职务的候选人做出审核其财产收入的决议。

（四）选举委员会或祖国阵线委员会有权要求有关职能机关、组织、单位负责人对其管理的即将当选为国会代表、人民议会代表的候选人做出审核其财产收入的决议。

（五）国家主席要求国家总理对即将参选为副总理、部长、同一层级机关首长的候选人做出审核其财产收入的决议；要求最高人民法院院长对即将参选为最高人民法院副院长、审判长的候选人做出审核其财产收入的决议；要求最高人民检察院检察长对即将参选为最高人民检察院检察长、监察员的候选人做出审核其财产收入的决议。

（六）国会常务委员会要求国家审计局局长对可能被任命为国家审计局副局长的人选做出审核其财产收入的决议。

第十八条　对于国会、人民议会、政治组织会议、政治—社会组织会议的候选人，即将成为国会代表、人民议会代表的候选人，接受群众举报、反映问题并要求审核其财产收入的受理期限

第一款　对预选国会、人民议会、政治组织大会、政治—社会组织大会的候选人就财产、收入问题被举报、反映问题的，且举报反映材料在召开国会、人民议会、政治组织大会、政治—社会组织大会前三十日内送至有关职能机关、组织、单位，将视为提出对候选人进行审核财产收入要求的依据。

第二款　对于即将成为国会代表、人民议会代表的候选人，就财产收入问题被举报、反映问题的，且举报、反映材料在最后一次候选人名单协商会议前三十日内送达至有关职能选举大会或祖国阵线委员会的，将视为提出对候选人进行审核财产收入要求的依据。

第十九条 提出财产收入审核决议

第一款 有关职能机关、组织、单位负责人在以下情况对申报人提出财产收入审核决议：

（一）接到符合本决议第十六条和第十七条规定的公文要求。

（二）对于即将被任命为有关职能机关、组织、单位负责人的候选人符合本决议第十六条规定的任一依据时。

（三）接到政治组织、政治—社会组织的国会常务委员、常设人民会议委员、常务机关委员，免任、罢免已选举或批准获得国会、人民议会、政治组织、政治—社会组织职务的人员的公文要求时。

（四）需为财产收入申报人就免任、罢免、纪律处分事宜增添相关信息的。

（五）有义务申报财产、收入的申报人有贪污行为但未达到追究刑事责任的。

第二款 有义务申报财产、收入的申报人被证明有贪污行为且按照刑事诉讼法被追究刑事责任的。

第二十条 进行财产收入审核的相关机关、单位

做出审核财产收入决议的负责人交付如下机关、单位进行财产收入审核：

（一）需进行审核财产收入的人员属于党委级管理的，则审核单位为同级党委监察委员会。

（二）需进行审核财产收入的人员不属于党委级管理的，则审核单位为同级国家督查机关；如无国家督查机关则由负责组织、干部的机关、组织、单位进行审核。

（三）政府督查配合内务部、党中央纪律检查委员会颁布关于指导确定审核财产、收入的机关、组织、单位的联合通知。

第二十一条 财产收入申报说明

第一款 在做出审核财产收入决议前，负责人以书面形式要求被审核人说明本人申报财产收入的真实性。

第二款　被审核人在收到要求说明通知五日内,以书面形式说明各被要求内容并将此说明递交给相关要求审核的负责人。

第三款　相关要求审核的负责人在收到说明材料五日内,检查说明的内容并做出审核财产收入的决议,如无须做出审核决议则需以文本形式陈述清楚理由,并送达要求审核的机关、组织、单位。

第二十二条　财产收入审核决议

第一款　财产收入审核决议包含如下内容:

(一)审核决议的根据;

(二)被审核人的姓名、职务、工作单位;

(三)审核人的姓名、职务、工作单位;如为审核团则需注明审核团(以下简称为审核人)团长和各成员的姓名、职务、工作单位;

(四)审核内容;

(五)审核期限;

(六)审核人的职责和权限。

第二款　如进行审核财产、收入过程中出现审核内容、性质复杂,涉及多个领域,涉及范围广的情况,则审核人成立审核团并有权要求相关职能机关、组织、单位派人加入审核团。

第三款　根据本决议颁布财产收入审核决议书。

第二十三条　财产收入审核内容

财产收入审核是指将审核人在财产收入申报表中填报的内容与实际财产收入进行对照,包含有:

(一)各类财产收入的数额;

(二)财产收入的属性;

(三)财产变更以及其财产变更说明(如有)。

第二十四条　财产收入审核工作

在审核财产收入过程中,审核人进行如下工作:

（一）研究有关审核内容的档案、材料；

（二）与被审核人进行直接接触；

（三）就地审核财产收入；

（四）与相关管理机关、组织、单位联系，对财产收入审核的档案、材料进行存档；

（五）联系能够对审核的财产进行评估、鉴定的专业技术机关、组织、个人；

（六）联系能够有助于财产收入审核的相关机关、组织、个人。

第二十五条　审核人的权限与职责

第一款　收到财产人审核决议后，进行财产收入审核。

第二款　在审核财产收入时做到客观、真实、正确、及时，符合审核决议中的内容和期限。

第三款　要求被审核人提供与审核相关的信息、材料。

第四款　要求掌握审核内容信息、材料的相关机关、组织、个人提供该信息、材料。

第五款　建议相关职能机关、组织、单位对于在审核过程中进行财产转移、阻挠、违法干涉的行为采取有效措施制止。

第六款　收入的信息、材料在审核过程中保密并只上报给做出审核财产、收入的决议人。

第七款　做到审核材料、结果不失真。

第八款　向做出审核财产收入的决议人报告结果并对所报告内容的正确性、真实性、客观性负责。

第二十六条　被审核人的权利和义务

第一款　对财产收入审核过程中需确定的内容做出相应说明；

第二款　如有依据证明审核关于财产、收入申报的公开情况做出的结论不正确、不真实、不客观，则建议结论人重新定论；对于不同意结论人做出的结论的，有权向该结论人的直接上级机关、组织、单位负责人提出重新审核该结论的建议。

第三款　按检举法规定对财产收入审核过程中的违法行为进行检举告发。

第四款　严格执行审核人的各个要求，遵守提出审核决议的相关机关、组织、单位做出的结论、决议。

第二十七条　相关机关、组织、单位、个人的责任

如审核决议人或审核人提出要求时，国家—地政机关、税务机关、银行以及各相关的机关、组织、单位、个人有以下责任：

（一）为审核的内容提供相关的信息、材料，并对其所提供的信息、材料的正确性承担相应的责任。

（二）派人协助审核人进行审核工作。

（三）为审核工作提供属于自己职权、专业范畴内的帮助，在审核过程中掌握各必须的信息或阻止各转移财产，阻挠审核财产、收入工作的行为。

第二十八条　工作纪要

第一款　审核人与被审核人之间，审核人与相关机关、组织、单位、个人之间都要做工作纪要。

第二款　工作纪要包含如下内容：

（一）工作时间、地点；

（二）参加成员；

（三）工作内容；

（四）工作结论或会议上的统一意见；

（五）保留意见（如有）。

第二十九条　财产收入审核的结果报告

第一款　从决议审核财产收入之日起十五天内，审核人根据本决议第二十四条规定进行审核工作，并提交财产收入审核结果报告给提出审核决议的负责人。

第二款 财产收入审核的结果报告需包含以下内容：

（一）审核内容、审核过程及结果执行的工作。

（二）审核过程中的档案、材料、收入证据、工作纪要。

（三）审核人对财产收入申报的结论。

（四）对于处理申报人不如实申报的建议（如有）。

第三十条 财产收入申报透明度的结论

第一款 收到财产收入审核申报的结果报告之日起五日内，审阅审核结果报告以及被审核人的情况说明书后，提出审核决议的人员须对财产收入申报情况做出结论并提交给被审核人、提出审核的机关、组织和检举人（如有要求）。

第二款 财产收入审核申报的结果报告内容须注明财产收入申报与本人的审核结果是否相符；如财产收入申报与本人的审核结果不相符，则说明申报不实并须注明财产收入数额的差异、列举清楚财产收入和变动财产的情况；向相关责任人对申报不实的申报人提出意见或建议。

第三款 如被审核人对于财产收入申报情况的结论人提出重新定论的建议，则结论人在收到建议五日内要重新审阅审核并答复被审核人；如被审核人不同意结论人做出的处理结果以及该结论人的直接上级机关、组织、单位负责人的建议，则结论人在收到建议后需重新审查并做出处理意见；按本决议第十七条第一款、第二款的规定，本决议是作为当选人、候选人审核财产、收入的处理依据。

第三十一条 公开财产收入申报透明度的结论

第一款 根据本决议第十七条规定，如收到要求审核机关、组织要求公开财产收入申报透明度结论之日起五日内，结论人需做出公开结论书的决议。

第二款 如财产收入审核的工作是针对免任、罢免、纪律处分或有贪污行为的，则财产收入申报透明度的结论人在出具结论报告时需公开该结论。

第三款　根据预防和反贪污腐败法第五十条第一款规定的地点进行公示财产收入申报透明度的结果。

第四款　即将成为国会代表、人民议会代表的候选人的财产收入申报透明度将在该候选人的工作地、居住地选民会议上进行公示。

第三十二条　财产收入审核档案

第一款　财产收入审核工作需建立档案，审核档案包含如下内容：

（一）审核决议、工作纪要、被审核人情况说明、审核结果报告。

（二）财产收入申报透明度的结论。

（三）决议审核人、审核人的请求、建议书。

（四）审核过程中的评估、鉴定结果（如有）。

（五）与审核工作有关的其他材料。

第二款　依据干部档案管理法的规定管理、使用财产收入审核的档案。

第三款　严禁泄露财产收入审核的档案信息；如有违反规定者，则按违反性质、程度进行纪律处分或根据法律规定追究刑事责任。

第四章　违反财产收入透明度规定的处罚

第三十三条　对不如实申报财产收入的申报人的纪律处分

第一款　如申报人被审核为不如实申报财产收入，则根据性质、程度按以下任一形式进行处理：

（一）谴责。

（二）警告。

（三）降薪。

（四）降职降衔。

第二款　自定论不如实申报财产、收入之日起五日内，具有纪律处分职能的机关、组织、单位负责人对不如实申报者进行审查、纪律处分。

第三款　如不如实申报者为干部、公职人员则按干部、公职人员纪律处分法律规定的职权、程序、手续进行纪律处分。

第四款 如不实申报者为人民军队中的各机关、单位的士官、专业军人或人民公安部中的各机关、单位的士官则按人民军队和人民公安的法律规定进行纪律处分。

第五款 对不如实申报者的纪律处分决议将公开张贴在其工作所在的机关、组织、单位，从收到纪律处分决议之日起公示期限最少为三个月。

第三十四条 对未如实申报者为国会代表，人民议会代表当选人或国会、人民议会、政治组织大会、政治—社会组织大会候选人或预计获得批准、任命的选举人的处罚

第一款 国会代表、人民议会代表候选人如被证明未如实申报财产收入则不得列入该届候选人名单。

第二款 国会、人民议会、政治组织大会、政治—社会组织大会候选人，预计获得批准、任命的选举人被证实未如实申报财产、收入则在收到未如实申报结论之日起一年内不得获得候选、批准、任命资格。

第三款 被证实未如实申报财产、收入的国会代表、人民议会代表当选人，预计获得批准、任命的选举人为人民军队中各机关、单位的干部、官员、公务员、士官、专业军人，人民公安中各机关、单位的士官，则按照本条中第一款和第二款的规定以及本决议中第三十三条规定受到双重纪律处分。

第三十五条 财产收入审核中的责任追究

第一款 要求审核者、决定审核人、执行审核人、结论人在财产收入申报透明度过程中有违反财产收入审核规定行为的，根据性质、程度依法进行纪律处分。

第二款 要求审核者、决定审核人、执行审核人、结论人在财产收入申报透明度过程中有违反各项财产收入审核规定、侵犯被审核人合法权益和利益的行为的，有责任以书面形式公开道歉并将道歉书递交给被审核人以及该被审核人所在的工作机关、组织、单位。

第五章 执行组织和执行条款

第三十六条 政府督查的责任

第一款 就财产收入申报透明度的工作,根据预防和反贪污腐败法,以及 2006 年 10 月 20 日政府颁布的第 120/2006/ND-CP 号决议细则中的内容、程序、手续,进行组织、指导、引导督查工作并指导执行预防和反贪污腐败法与本决议中的条款。

第二款 主持、配合政府部门、同级部门机关、机关、有关机关指导、检查、督促各级、各部门执行关于财产收入申报透明度的工作。

第三款 总结、报告给政府、政府主席关于执行财产收入申报透明度的结果。

第三十七条 政府、省人民委员会、中央直辖市人民委员会的各部门、同级部门机关、机关的责任

第一款 所属部门、行业、地方、机关就执行财产收入申报透明度各项规定展开组织、指导、宣传、普及、督促、检查的工作。

第二款 根据职权范围进行校对、撤销;建议各有关职能机关、组织撤销各种违反预防、反贪污腐败法和本决议关于财产收入申报透明度的规定。

第三款 奖励做出成绩的个人或集体,严肃处理违反财产收入申报透明度规定行为的人。

第三十八条 执行效力

本决议从签署之日起生效。

自本决议生效之日起,原 1998 年 8 月 17 日政府颁布的第 64/1998/ND-CP 号决议第二章中的各规定细则和指导执行反贪污法令以及 2002 年 1 月 30 日政府颁布的第 13/2002/ND-CP 号决议对 1998 年 8 月 17 日颁布的第 64/1998/ND-CP 号决议进行的修改、补充规定失效。

第三十九条　执行责任

各部部长,同级机关首长,政府机关首长,人民议会主席,省、中央直辖市人民委员会主席以及相关机关、组织、单位、个人承担执行本决议责任。

政府代表　总理　阮晋勇（签章）

（本文来源于越南法律图书馆网站：http://thuvienphapluat.vn/van-ban/Bo-may-hanh-chinh/Nghi-dinh-37-2007-ND-CP-minh-bach-tai-san-thu-nhap-16996.aspx）

（广西民族大学　黄广乾　译）

越南部分相关文献目录

国会和地方各级人民议会选举的有关文件

I. 法律文件

1. 1997 年国会代表选举法；2001 年和 2010 年国会代表选举法一些条例的修改补充法。

2. 2003 年人民议会选举法和 2010 年国会代表选举法一些条例的修改补充法。

3. 2004 年 1 月 10 日发布的第 19/2004/ND-CP 号法令细化了 2003 年的人民议会代表选举法的一系列条款的实施方法。

4. 2011 年 1 月 21 日发布的第 1018-NQ/UBTVQH12 决议宣布了越南第十三届国会代表选举和 2011—2016 年任期地方各级人民议会代表选举日期及成立选举委员会。

5. 2011 年 1 月 24 日发布的第 01/KH-HDBC 号计划批准选举委员会开展第十三届国会代表选举和 2011—2016 年任期地方各级人民议会代表选举的工作计划。

6. 2011 年 1 月 24 日发布的第 02/HDBC 号文件公布了选举委员会成员的各项分配工作。

7. 2011 年 1 月 25 日发布的第 02aQD/HDBC 号决议通过了选举委员会成立第十三届国会代表选举和 2011—2016 年任期地方各级人民议会代表选举协助组的决定。

8. 2011年2月15日发布的第09QD/HƆBC号决议公布了选举委员会补充第十三届国会代表选举和2011—2016年任期地方各级人民议会代表选举协助组成员名单。

9. 2011年1月30日政府总理发布第192/CT-TTg号指示宣布举办第十三届国会代表选举和2011—2016年任期地方各级人民议会代表选举。

10. 2011年2月22日政府总理发布第290/DC-TTg号指示宣布了对2011年1月30日第192/CT-TTg号宣布举办第十三届国会代表选举和2011—2016年任期地方各级人民议会代表选举指示的修改条例。

11. 2011年2月8日发布的第01/2011/NQLT/UBTVQH-CP-DC-TUBTEMTTQVN号议决通过了祖国阵线中央委员会、国会常务委员会、政府组织协商、选择并介绍国会代表及人民议会被选举人实行渠道的联合议决。

12. 2011年2月8日发布的第02/2011/NQLT/UBTVQH-CP-DCTUBTEMT-TQVN号议决通过了祖国阵线中央委员会、国会常务委员会、政府关于举办会议采取由工作单位和居住地选民对国会代表和人民议会被选举人评价意见的联合议决。

13. 国会常务委员会2011年2月14日发布的第1002/2011/UBTVQH12号议决宣布了第十三届国会代表选举和2011—2016年任期地方各级人民议会代表的举办工作。

14. 政府办事处2011年1月19日发布的第412/VPCP-VH号公文对由政治部展开并实施国会代表和地方各级人民议会的选举工作做出了指示。

15. 2011年2月14日发布的第07/HDBC号公文公布了选举委员会选举工作中使用的有关文件格式。

16. 政府总理2011年2月16日发布的第215/QD-TTg号决议对2011—2016年任期人民议会的机构、成员和数量的规定进行了指导。

17. 财务部2011年2月16日发布的第14/2011/TT-BTC号决议对第十三届国会代表和2011—2016年任期地方各级人民议会选举过程中的预算、使用及管理经费的规定做出了指示。

18. 2011年2月12日发布的第05/2011/TT-BNV号决议公布了内务部向第十三届国会代表和2011—2016年任期地方各级人民议会选举的负责指导组织举办及运行工作的通告。

II. 越南祖国阵线的文件

1. 2011年1月5日发布的第50/CT-TW号文件对由政治部指导选举第十三届国会代表和2011—2016年任期地方各级人民议会做出了指示。

2. 2011年2月14日发布的第01/HD/BTCTW号文件对中央组织关于第十三届国会代表和2011—2016年任期地方各级人民议会的人事工作做出了指示。

3. 2011年2月8日发布的第13/TTr-MTTW-BTT号通知通过了越南祖国阵线中央委员会的常设组织关于越南祖国阵线中央委员会参加第十三届国会代表和2011—2016年任期地方各级人民议会选举工作的报告。

4. 2011年2月25日发布的第14/TTr-MTTW-BTT号通知对越南祖国阵线中央委员会的常设组织对越南祖国阵线中央委员会第十三届国会议员选举工作负责监督进行了通告。

越南共产党十一届四中全会决议《关于当前党建的一些紧迫问题》——指导及开展活动的有关文件

1. 2011年1月16日越共十一届四中全会发布第12-NQ/TW号决议《关于当前党建的一些紧迫问题》。

2. 2012年2月24日政治局发布的第15-CT/TW号指示，通过了越共十一届四中全会决议《关于当前党建的一些紧迫问题》的实施工作。

3. 2012年3月12日政治局发布的第08-KH/TW号计划，提出越共十一届四中全会决议《关于当前党建的一些紧迫问题》的实施计划。

4. 2012年3月12日中央宣教组织发布的第43-HD/BTGTW号指示，通过了越共十一届四中全会决议宣传、贯彻及组织开展实施的工作。

5. 2012年3月14日中央组织部门发布的第11-HD/BTCTW号指示，

通过了对越共十一届四中全会决议《关于当前党建的一些紧迫问题》的实施计划进行批评和自我批评。

6. 2012 年 3 月 15 日中央检查委员会发布的第 04-HD/UBKTTW 号指示，通过了对越共十一届四中全会决议《关于当前党建的一些紧迫问题》的实施工作进行检查及监督。

7. 2012 年 3 月 12 日中央宣教组织发布的第 42-HD/BTGTW 号指示，通过了在实施越共十一届四中全会决议《关于当前党建的一些紧迫问题》的过程中开展思想工作的指导意见。

8. 2012 年 3 月 13 日中央宣教组织发布的第 78-KH/BTGTW 号计划，通过了越共十一届四中全会决议《关于当前党建的一些紧迫问题》的实施工作。

9. 2012 年 3 月 13 日中央民运组织发布的第 95-HD/BDVTW 号指示，通过了越共十一届四中全会决议《关于当前党建的一些紧迫问题》的实施工作。

10. 2011 年 7 月 27 日中央宣教组织发布的第 12-HD/BTGTW 号指示，通过了对 2011 年 5 月 14 日政治发布的第 03-CT/TW 号文件《关于学习及实施胡志明道德榜样的指示》的实施工作。

11. 越共十一届四中全会决议《关于当前党建的一些紧迫问题》的介绍提纲。

《反腐败法》及有关指导实施的文件

I. 总则

1. 2005 年《反腐败法》；2007 年《反腐败法》修改补充条例。

2. 2006 年 10 月 20 日政府发布的第 120/2006/ND-CP 号决定，通过了反腐败法的细化规定及实行指导。

3. 2007 年 7 月 3 日政府发布的第 47/2007/ND-CP 号决定，对反腐败法中有关"社会"在反腐败工作中的作用及责任的一些条款进行细化规定及实行指导。

4. 2009年5月12日政府发布的第21/NQ-CP号决议，颁布迈向2020年反腐败的国家战略。

5. 2006年2月6日政府总理发布的第30/2006/QD-TTg号决定，公布反腐败法实施的运行工作。

6. 2009年12月2日政府总理发布的第30/2006/QD-TTg号决定，批准把反腐败内容融入教育、培训项目的提案。

7. 2006年8月28日发布的第1039/NQ-UBTVQH号决议，通过了中央指导委员会在反腐败工作中的组织、任务、权限及运行规定。

8. 2006年9月8日发布的第1044/NQ-UBTVQH11号决议，通过了反腐败工作中央指导委员会成员名单。

9. 2007年9月27日发布的第294A/2007/QD-UBTVQH12号决定，通过了中央直辖省（市）指导委员会在反腐败工作中的组织、任务、权限及运行规定。

10. 2007年1月24日发布的第13/2007/QD-TTg号决定，通过了中央指导委员会的办事机构在反腐败工作中的组织、任务、权限及运行规定。

11. 2009年12月9日发布的第138/2009/QD-TTg号决定，通过了中央直辖省（市）指导委员会的协助机构在反腐败工作中的组织、任务、权限及运行规定。

12. 2008年2月19日财政部发布的第20/2008/TT-BTC号公告，通过了中央直辖省（市）指导委员会在反腐败工作中使用经费事宜。

II. 反腐败的具体规定

A. 有关财产和收入透明的规定

13. 2007年3月9日政府发布的第37/2007/ND-CP号决定，通过了有关财产和收入透明的规定。

14. 2007年11月13日发布的第2442/2007/TT-TTCP号通告，公布了政府督察关于2007年3月9日政府发布的第37/2007/ND-CP号决定（《财产和收入透明》）的实施指导意见。

15. 2007 年 5 月 10 日发布的第 64/2007/QD-TTg 号决定，颁布了有关政府总理关于使用国家资金的单位、组织、机关及公务员送礼、收礼、缴纳礼物的规定。

16. 2007 年 11 月 26 日发布的第 179/2007/QD-TTg 号决定，颁布政府总理关于组织以集中方式使用国家资金购买财产和货物的规定。

17. 2008 年 7 月 3 日政府总理发布的第 85/2007/QD-TTg 号决定，根据 2007 年 3 月 9 日政府发布的第 37/2007/ND-CP 号决定《财产和收入透明》第六条第十一款的规定，颁布了关于有义务申报财产和收入清单的人员范围。

18. 2007 年 9 月 7 日财政部发布的第 107/2007/TT-BTC 号通告，对使用国家资金净空区域及安置预案的支付和预算管理工作做出了规定。

B. 经营、收入、工作岗位等管理工作方面有关反腐败的规定

19. 2007 年 3 月 9 日政府发布的第 37/2007/ND-CP 号决议，规定了公职人员辞职或者替换岗位之后，不允许经营与以前工作行业相同的期限。

20. 2007 年 10 月 27 日政府发布的第 158/2007/ND-CP 号决议，规定了公职人员替换岗位期限及工作岗位名目。

21. 2008 年 2 月 14 日政府发布的第 19/2008/ND-CP 号决议，规定了反腐败负责人补助制度。

22. 2008 年 3 月 13 日，根据 2008 年 2 月 14 日政府发布的第 19/2008/ND-CP 号决议，内务部和财政部联合发布了第 01/2008/TTLT-BNV-BTC 号通告，规定了反腐败负责人补助制度的实施指导意见。

23. 2007 年 8 月 24 日政府发布的第 20/2007/CT-TTg 号指示，规定享受国家工资的对象通过银行汇款方式使用资金。

24. 2006 年 4 月 28 日祖国阵线中央常务委员会发布的第 18/TTr-MTTQ 号通知，对《越南祖国阵线监督居住地的公职人员和党员的规定》提出实施指导方案。

25. 2006 年 8 月 16 日计划与投资部部长发布的第 85/2007/QD-BKH 号决定，通过了计划和投资部对反腐败进行配合监督及检查工作的规定。

26. 2007年9月6日政府总督察发布的第1860/2007/QD-TTCP-TCCB号决定，通过了督查干部作风的规则。

27. 2007年11月19日发布第2462/2007/TTLT-TTCP-VKSNDTC-TANDTC-KTNN-BQP-BCA号联合通告，通过了关于交换、管理及使用反腐败的信息和材料的规定。

C. 腐败发生时的有关责任处理

28. 2006年9月22日政府发布的第107/2006/ND-CP号决定，规定机关、组织、单位发生腐败时由其最高领导承担责任。

29. 2007年10月1日内务部发布的第08/2007/TT-BNV号公告，对使用国家资金的事业单位及社会行业如何实施2006年9月22日政府发布的第107/2006/ND-CP号决定《关于机关、组织、单位发生腐败时由其最高领导承担责任的规定》做出了相关规定。

30. 2007年5月22日财政部发布的第1849/QD-BTC号决定，对税务干部违反税务管理规定如何处罚并追究单位最高领导责任做出了规定。

第三部分 附 录

老挝到2030年远景规划、经济社会发展十年战略（2016—2025）及经济社会发展第八个五年规划（2016—2020）要点[①]

尊敬的主席台上的各位嘉宾，

亲爱的大会代表，

尊敬的贵宾们、革命前辈们，

我感到十分荣幸，受中央政治局委托，在此向党的第十次全国代表大会就到2030年远景规划、经济社会发展十年战略（2016—2025），以及经济社会发展第八个五年规划（2016—2020）做汇报。

我的报告分为两大部分：第一部分介绍到2030年远景规划、到2025年十年发展战略以及第八个五年规划的有关重要内容；第二部分介绍具体贯彻落实上述规划、战略的政策、机制和举措。

第一部分 到2030年发展远景规划和未来十年经济社会发展战略（2016—2025）、经济社会发展第八个五年规划

一、到2030年发展远景规划和到2025年经济社会发展战略

到2030年发展远景规划和到2025年经济社会发展战略的口号是：力

[①] 本文系2016年1月18日老挝人民革命党中央政治局委员、老挝人民民主共和国总理通邢·塔马冯在老挝人民革命党第十次全国代表大会上代表党中央所作的关于到2030年远景规划、经济社会发展十年战略（2016—2025）以及经济社会发展第八个五年规划（2016—2020）报告的摘译，标题为编者所加。——编者注

争到 2020 年使国家发展摆脱欠发达状态,进而到 2030 年成为中等偏上收入的发展中国家,坚持绿色可持续发展。

(一) 到 2030 年远景规划

预计到 2030 年,老挝在知识经济、绿色可持续的发展方针下,实现成为中等偏上收入发展中国家的新转折。人均国民总收入较 2015 年增加四倍多,建立确保向工业化现代化转变的支柱产业和坚实的经济基础设施,社会主义方向的市场经济形成体系。社会安定、民主、文明、公正。各族人民群众团结和睦。城乡差距、阶层分化进一步缩小,群众生活水平不断提高,人口素质得到提高,公民权利得到依法有效保护,根据"三建"方针建立的行政体系坚强有力。环境得到保护,自然资源得到有效可持续管理和利用。具备主动融入国际和地区的能力。

(二) 2016—2025 年经济社会发展战略

1. 总方针

(1) 根据"四个突破",贯彻落实历届党代会决议精神,并转化为经济社会发展战略。

(2) 力争到 2020 年实现国家摆脱欠发达状态的各项目标,为经济社会持续稳定发展奠定基础,避免中等收入陷阱,根据绿色可持续方针实现各项发展目标。

(3) 经济、社会文化和环境协调发展,以经济发展为中心,社会文化发展为发展目标,人力资源发展为国家发展的决定性因素,环境保护为必要工作。

(4) 依法行政的体制机制更加权威、有效。

(5) 加强与国际地区合作和融合。

2. 到 2025 年奋斗目标

(1) 在继续完善老挝人民革命党为领导核心的人民民主制度,使之坚强稳固的基础上,确保政治稳定。

(2) 推动国内生产总值年均增长速度不低于 7.5%,到 2025 年,人均国内生产总值较 2015 年增加两倍多。

（3）贫困人口比例不超过全国总人口的 5%。

（4）人力资源实现更好发展，老挝公民在适龄阶段完成初中基础教育，群众普遍享受有质量的卫生医疗服务，人均寿命超过 73 岁。劳动力在数量和质量上得到发展，能够满足劳动市场需求。各类研究学院和学者、科研人员增加。

（5）保护森林，将森林覆盖率恢复和提高到不低于 70%。

（6）老挝朋友遍布全球，在生产链中具备竞争力，能够积极参与国际地区经济一体化进程。

3. 2016—2025 年各项国家级发展战略

为贯彻落实上述各项发展方针和奋斗目标，我们要集中力量执行以下**七大国家级战略：**

（1）**根据有质量、绿色、可持续方针推动经济持续发展战略。**主要目标是保持经济以年均 7.5% 的速度持续稳定增长，宏观经济平稳，贫困率持续下降，民生不断改善。确保粮食自给有余，并实现部分出口。根据不同区域，进行经济发展区和生产力的系统布局。

（2）**使国家发展摆脱欠发达状态（LDCs）以及落实可持续发展目标（SDGs）战略。**集中力量推动到 2020 年实现国家摆脱欠发达状态的目标，并执行可持续发展目标战略。

（3）**人力资源发展战略。**关注人的发展，培养德才兼备、身体健康的人。主要举措是加强思想政治教育，加强干部管理和培养，开展教育体制改革，确保劳动力结构平衡、提高劳动效率，提倡营养膳食、体育锻炼，弘扬民族优秀文化传统。

（4）**根据绿色、可持续方针有效保护和利用自然资源战略。**主要目标是开发和保护土地、森林、矿产、水源、空气等自然资源，确保利益最大化，实现绿色、可持续和稳定发展，确保能够应对和适应气候变化，研究制定自然资源财富清单，为有效管理和利用提供借鉴。

（5）**加强人民民主国家法治体系的权威性。**主要目标是巩固和完善更加坚强、高效的行政体系，精简机构，出台和修改有关立法、政策和法规，使之更加健全、严密、明晰，理顺垂直部门与水平部门的协调机制。

（6）**融入国际地区一体化战略**。主要目标是扩大朋友圈，密切与国际地区合作伙伴的团结合作，提高老挝在国际地区生产链中的竞争力和参与程度。

（7）**工业化现代化战略**。主要目标是提高国家产业结构的生产效率和成效。利用和研发先进技术和环保技术。建成现代化、能够确保融入国际地区一体化的基础设施。加强城镇化，实现大城镇的现代化工业化。集中力量发展支柱产业，包括电力、加工业（包括农业加工和矿产加工）、旅游业。与此同时重视发展其他关联产业，包括农林、金融、电信、过境服务等。

二、国民经济社会发展第八个五年规划（2016—2020）

（一）总目标

国民经济社会发展第八个五年规划（以下简称"'八五'规划"）（2016—2020）的总目标是："确保政治稳定，社会安定有序。到2020年国家发展摆脱欠发达状态，推动经济根据绿色、可持续方针实现持续发展。实现自然资源高效管理和利用。推动发展方式转变，发挥国家优势、潜力，主动融入国际地区一体化进程。"

（二）总方针和总任务

（1）推动国民经济实现持续、平稳、有质量的发展，确保宏观经济稳定。

（2）确保绿色、可持续的发展方针，经济、社会文化、环境保护实现协调发展。

（3）提高人力资源开发质量。培养有技能、有纪律、具备吃苦耐劳精神的劳动力。

（4）确保政治稳定，社会安定有序。社会团结和谐，民主公正文明。

（5）根据互利原则，积极主动扩大国际合作。为融入国际地区一体化创造条件。

（三）"八五"规划奋斗目标

1. 摆脱国家欠发达状态目标

（1）人均国民总收入（人均 GNI）超出国际规定目标，即到 2018 年人均超过 1574 美元，或到 2021 年人均超过 1810 美元。对老挝而言，到 2020 年，要力争实现人均国民总收入达 2520 美元。

（2）住房可支付性指数（HAI）力争到 2020 年高于 66。

（3）环境脆弱性指数（EVI）力争到 2020 年低于 32。

2. 宏观经济目标

今后五年，要建立农业、工业和服务业相结合的产业结构，以农业为粮食保障的基础，以森林保护和发展为重点，以工业服务业为推动经济增长的主要产业，促进就业，提高人民收入水平。

（1）经济目标

国内生产总值（GDP）实现年均增长 7.5%，其中：

农林业年均增长 3.3%，到 2020 年占国内生产总值的 19%。

工业年均增长 9.3%，到 2020 年占国内生产总值的 32%。

服务业年均增长 8.9%，到 2020 年占国内生产总值的 41%。进口税增加 6%，到 2020 年占国内生产总值的 8%。

预计到 2020 年人口总数约 708 万。

到 2020 年人均国内生产总值实现 3190 美元（人均国民总收入约 2520 美元）。

通货膨胀率保持在合理水平（不超过 6%），确保汇率稳定，在可控范围。

广义货币（M2）总量增加，顺应经济发展需要。

预计财政总收入占每年国内生产总值的 23%—25%，其中，国内收入占国内生产总值的 20%—22%。

预计财政总支出不超过国内生产总值的 28%。

力争财政赤字处于可控水平（不超过国内生产总值的 5%）。

力争实现国家储备每年占国内收入的 2%—3%。

力争出口贸易额年均增长不低于 15%，外汇储备持续增长，能够满足至少 5 个月的进口所需，推动进出口总额超过 GDP 的 70%。

（2）社会和环境目标

预计劳动力达到 441 万人。其中，农业劳动人口约 280 万人，工业劳动人口约 56 万人，服务业劳动人口约 105 万人。力争农业劳动人口呈下降趋势，不断转向工业和服务业领域。

发展年轻劳动人口（到 2020 年约占总人口的 65%），使之成为有技术、就业稳定的劳动力。

到 2020 年全国贫困率降至总人口的 10%。

小学净入学率实现 99%。

15 岁以上群众识字率达 95%。

1 岁以下婴儿死亡率低于 3%。

母亲死亡率（每 10 万次活产的母亲死亡数目）低于 2‰。

将 5 岁以下儿童体重不达标比例降至 15%，身高不达标比例降至 28%。

扩大社会保障和医疗保障覆盖面，到 2020 年覆盖总人口的 80%。

在全国范围内勘察和登记颁发 40 万张土地证。

设立 200 个水质量监测点，优先监测和管理 10 个水库污染情况。

在至少 50% 的省和县制定环境全面管理计划。

力争全国森林覆盖面积达到 50%。

试建两座国家自然公园（南艾-普雷国家保护林和那盖-南屯国家保护林），研究申请欣南诺保护林列入世界自然遗产名录。

完善现有的两所地震预测研究所，在老挝北部新建 5 所地震预测研究所。

（3）发展资金

为实现未来五年（2016—2020）经济年均增长7.5%以上，共需投资223万亿基普，约合270亿美元，占国内生产总值的30%。其中，国内投资占总投资的9%—11%，无偿援助和贷款占总投资的12%—16%。

国内外私人投资占总投资的54%—58%。

金融货币机构投资占总投资的19%—21%。

（四）预计在"八五"规划（2016—2020）末期能够实现的成果或目标

通过贯彻落实上述"八五"规划各项方针任务及奋斗目标，预计能实现以下三大成果或目标：

目标一：国民经济持续、平稳、均衡增长。

目标二：实现人力资源发展，国家公务员和劳动力能力素质得到提升。各族群众贫困问题得到普遍解决。各民族、性别群众能够普遍享受有质量的教育和卫生医疗服务。民族优秀文化得到弘扬和保护。

目标三：根据绿色和可持续方针，自然资源和环境得到有效保护和利用。能够有效应对自然灾害和气候变化。

（五）"八五"规划重点工作计划

为实现上述三大目标或成果，社会各界要齐心协力，积极贯彻落实以下20项重点工作计划：

1. 围绕实现第一大目标，执行七项重点工作计划

（1）确保国民经济持续平稳和均衡发展：根据工业化现代化方针，转变经济结构，集中精力发展优势产业以及回报快、附加值高的产业。奠定坚实的生产基础，实现生产多样化。提高服务质量，同时鼓励发展有利于就业以及地方政府和农村创收的传统经济产业，确保发展平衡，全面解决贫困问题。

（2）确保宏观经济平稳：实施协调合理的财政和货币政策。跟踪经济动向，制定各时期宏观经济框架。建立货币、物质、商品等多种形式的国家储备，以满足紧急所需。确保外汇储备充足，能够有效平衡和调控

经济。

（3）确保资金供应能力与发展计划协调、相适应：资金供应要与发展计划协调、相适应，意味着各领域、各地方和各个区域的经济社会发展需要，要与已有资金能力相契合。同时，大力拉动融资，满足各时期必要的发展需要。正确、有重点、高效管理和利用社会资金。制定国家投资计划，要结合资金能力来考虑，避免产生三角债。

（4）区域发展和地方发展要合理、均衡：根据各地、各区域的优势特点，有重点和富有成效地开展村、县、省和区域之间的经济连通。建成模范发展区、发展特区、专区，并发挥在国内的辐射效应，进而与国际地区接轨。转变各个区域经济结构，增加优势产业的比重，鼓励农业机械化和运用最新科技成果。将农业和农村人口更多地转移到工业和服务业。加强各个区域之间的协调联动和经验交流。

（5）发展素质高、有吃苦耐劳精神的劳动力：开设形式多样、有质量的劳动技能课程。制定有关政策，为劳动力进入劳动市场提供便利。发展有国家意识、做好公民、遵纪守法、爱岗敬业、吃苦耐劳、对自我发展富有热情、有稳定职业、受到法律管理和权益保护的劳动力。

（6）培养企业主以及专家能手：人的发展是科技时代和全球一体化时代的重要因素。因此要重点发展职业教育，培养知识结构多样、专业多样的人才，培养各领域专家、能手，特别是培养优秀的企业主，能走出老挝，走上国际和地区。

（7）扩大对外合作和融入国际地区一体化：扩大双多边合作，引进资金、技术和专家，为执行各时期的经济社会发展规划做出贡献。

2. 围绕实现第二大目标，执行七项重点工作计划

（1）继续根据"三建"，扎实开展农村发展和扶贫工作：继续解决全国各族人民贫困问题，完善基层政权建设和农村全面发展，与根据"四个内容、四项目标"建设发展村相结合，即以经济发展为中心，同时发展社会文化、环境保护、国防治安，确保政治稳定；有重点地为群众开展定耕定居；结合区域生产布局，将大村建成农村小城镇；重视解决发展项目所

在地的未爆炸物清理工作，以恰当方式援助未爆炸物受害者。

（2）粮食和营养保障：重视确保粮食稳定和营养全面、食品安全。集中力量解决弱势群体、育龄妇女、儿童营养不足问题，为根据可持续发展方针解决人民群众贫困问题和提高生活水平做出贡献。有效执行国家关于粮食和商品生产保障项目。

（3）人人都能普遍接受有质量的教育：继续加强从幼儿园到职业教育和大学教育的教育体系建设。完善和加强教育基础设施建设。增加儿童、青年、偏远农村地区人民群众的受教育机会。出台政策，吸引更多学生接受职业教育。在职业教育和大学教育中完善和增设具备发展优势的专业课程。

（3）完善老挝运动员培养体系，使之逐步与国际地区接轨：体育工作应成为全社会各个部门的共同事业。

（4）确保卫生服务广泛覆盖、有质量：确保人人都能享受医疗卫生服务，接受更高质量的医疗服务，将卫生基础设施延伸到农村偏远地区。提高各级医院预防和治疗疾病的水平。建设一支工作熟练、爱岗敬业、有服务精神、懂得合理利用科学技术的医生和护士队伍。确保孕产安全，儿童营养充足、饮食卫生种类全面。宣传动员和教育群众了解卫生保健常识。

（5）社会福利服务得到提高，惠及每一个人：社会保障体系建成并不断完善，更加健全有效，用人单位和劳动者权益均受到法律保护。动员劳动者和经营者为社会保障基金和医疗保障基金贡献力量。同时积极落实对国家革命事业有功人士的政策，推动社会更多参与灾害救助、弱势群体救济等。

（6）保护和弘扬民族优秀文化传统和习俗：保护和弘扬民族优秀文化传统和风俗习惯，使之始终与老挝社会共存。弘扬各民族特有的优秀文化，并加强对外宣传。物质文明和精神文明共同发展，有选择性地吸收人类先进文化，摒弃文化糟粕。完善和发展丰富多彩的、高质量的文化产品。建设更多文化村、文化家庭。

（7）确保政治稳定，社会安定有序、公正、文明：提高人民群众政治意识，领会党和政府路线政策。发扬民主，继续加强基层政权建设，鼓励知识分子、干部、军人警察发挥创新意识，为人民民主国家建设做出积极贡献。发扬党和国家优良的领导作风和传统，提倡务实、科学、民主。加强国防治安工作，人人主动参与国防治安，维护社会安定。

3. 围绕实现第三大目标，执行三项重点工作计划

（1）确保环境保护和自然资源利用符合可持续方针：重视自然资源管理和利用（包括土地、森林、矿产、水、生物），确保节约、有效，符合绿色、可持续方针。建设绿色、环保、洁净、美观的城市和农村，使群众过上好日子，身体健康，远离污染。

（2）准备好应对和减少灾害与气候变化风险：主动开展环境保护，准备及时应对自然灾害，及时、迅速重建遭受自然灾害破坏的基础设施。减少各类灾害风险，发展绿色经济，使人民群众过上好的生活，身体健康，没有水污染、噪声污染、空气污染等。提高适应能力，准备好应对气候变化。

（3）减少灾害造成的农业生产不稳定：减少农业生产不稳定，是促进农民经济收入和稳定就业的基础。对环境和气候的提前准备和预报，是农业生产的重要因素。同时要确保市场和价格稳定。

4. 围绕多个相关部门和领域：执行三大重点工作计划

（1）加强科技、通信等领域的研发、管理、利用：集中力量对国际地区先进的科研成果进行更多研发和利用。培养能力强、能够具备地区竞争力的经营者。与此同时，开展国家优势领域的科技研发，鼓励高速信息和通信技术基础设施实现快速、有质量的发展。发展有质量、现代化、内容明确、时效性强的老挝媒体，确保信息安全稳定。推动媒体成为党和政府的扬声筒，与国际地区接轨。

（2）鼓励妇女和青少年发展：在政治、经济、社会文化和家庭中确保男女平等。减少对妇女儿童的歧视和暴力。重视儿童保护和儿童发展。为女童发展创造更多机会。培养各民族青少年成为党和国家优良传统、理想信念的接班人，教育他们坚定政治立场，懂得保护和弘扬民族优秀文化传统，团结一致，为国防治安、经济社会发展和环境保护尽应有义务。提高受教育水平、专业水平和劳动技能以及最新科技和外语水平。推动青少年重视加强身心健康，树立正确意识，抵御社会各种消极现象和减少青年违法行为。

（3）提高行政管理效率：建立健全法律体系，使之明晰、统一、协调，人人都能享受快捷、透明的法律服务。提高法律在国家和经济社会管理中的权威性和效力。依法管理公民，确保依法依宪行使自身权利义务。继续完善行政机构和加强管理，确保精简、高效。提高参谋助手机构的能力、明确划分职能任务。精简中央各部委和机关，提高宏观管理的能力。地方政府在自身责权范围内开展宏观管理，并负责具体落实。

第二部分 具体执行的政策、机制和举措

为有效贯彻落实好到 2030 年远景规划、经济社会发展十年战略和经济社会发展第八个五年规划，实现既定目标，必须集中力量落实以下政策、机制和举措：

一、政　策

将经济发展模式由宽度转为深度，提高生产、投资、合理利用自然资源的成效，鼓励对环境和社会友好的科技创新及利用。

重视宏观平衡，包括投资与宏观经济发展和稳定之间的平衡，经济与社会、环境之间的平衡，资金供求和劳动力供求之间的平衡，以及消费与积累之间的平衡等。

继续深入执行"三建"政策，推动落实促进投资政策，鼓励商品生产和服务政策，人力资源开发政策，区域发展政策等。为全社会以及各种经济成分广泛参与执行经济社会发展规划创造便利。推动中小企业发展，重视巩固加强国有经济和人民合作经济，使之日益与其他经济成分一道，为

国家发展繁荣发挥重要作用。

为确保按照既定计划实现发展，要在资金、物质、技术、科技、信息、人才、企业家和劳动力等方面创造基本条件。

加快执行生产和基础设施领域的大项目，包括能源、铁路、高速公路、机场、物流服务等，推动经济增长，为工业化现代化以及融入国际地区一体化奠定基础。

二、宏观经济和资金工作框架

制定宏观经济工作框架，成立中央宏观经济小组，跟踪了解宏观经济状况，及时制定政策和举措。

各地方要重视研究和明确自身主要优势，推动建立扎实稳固的经济基础，协调各地方之间的经济合作互助关系。

动员全社会各界为在国内外筹措资金做积极贡献，利用好拉动无偿援助和贷款的圆桌会议机制，重点发展与扶贫和民生相关的社会事业，同时继续吸引国内外私人投资，建立便捷、迅速、透明的政策机制，为企业经营提供便利。主动挖掘国家财政预算来源，继续完善税收收入机制，确保收入足额入库、应收尽收。加强集中指导，明确分级管理，确保统一执行。完善各部门和各地方的收支管理机制和手段，确保现代、精简、高效、透明。从银行和证券市场更多进行融资。鼓励国内私人更多投资到生产和经营领域中去。

三、提高劳动力能力和技能

根据市场需求发展劳动力技能，适应国家发展各时期需求。

提高经营者能力，使之能够在国内外市场竞争。推动使用科研成果用于改进生产和服务，提高商品效率和质量。

建立国家和私人、国际组织、出资人之间的协调机制，确保共同执行好经济社会发展规划。

四、执行机制

为确保实现经济社会发展总方针,各部门和地方要提高责任意识,主动积极贯彻落实,根据"三建"方针执行分级管理机制,明确中央、地方和基层的责任分工。

各部委、省(直辖市)要根据本部门和地方的实际深入领会本战略和计划内容,指导贯彻落实并转化为本部门和地方的战略和五年计划,制定能够切实执行的计划、任务和项目。

发挥各级政府机关、建国阵线、群众组织、社会组织、民间团体以及国内外私企的作用,共同参与贯彻落实本规划。

五、跟踪、评估和报告

为跟踪检查对"八五"规划的执行情况,要建立跟踪机制,明确在中央各部门之间以及中央和地方之间分工负责。主要做法是:中央跟踪检查和评估八五规划执行情况,由计划投资部牵头负责国家层面的成果,各中央部门跟踪与本部门相关的各项重点工作计划的落实情况。首都、各省、县负责跟踪评估各地方重点工作计划执行成果。根据各时期跟踪评估成果,各级部门要根据自身职责出台总结报告,向上级汇报。

各位亲爱的同志们!

到 2030 年远景规划、2016—2025 年经济社会发展十年战略和 2016—2020 年经济社会发展第八个五年规划是确保我国发展实现新的转折的重要文件,将带领我国摆脱欠发达国家状态,进入中高收入水平的发展中国家行列;是贯彻落实党的第十次全国代表大会决议精神的具体体现,体现了我国国情和时代需求,旨在日益改善民生,实现国家富强、人民幸福安康，社会团结和谐，民主公正文明。请同志们以高度负责的态度进行研究并提出建议，推动上述文件一致通过并得到有效贯彻落实。

谢谢！

（本文根据 2016 年 1 月老挝人民革命党第十次全国代表大会通过的大会报告翻译）

（老挝苏州大学 文哲 译）

第三部分 附 录

劳尔·卡斯特罗在古巴共产党第七次全国代表大会上的讲话[①]

同志们：

在菲德尔·卡斯特罗·鲁斯总司令宣告社会主义性质的革命胜利55周年之际，我们召开古巴共产党第七次代表大会。1961年4月16日，在为之前一天轰炸空军基地的受害者沉痛告别仪式上，发生了由美国政府组织的雇佣兵入侵吉隆滩为前奏的侵略，幸亏国家安全部门事先采取的行动和起义军战士、警察、民兵们的勇气，侵略在不到72小时内被击败，这是在菲德尔的直接领导下第一次为保卫社会主义而进行的战斗。

今天我们在这里开会，距上一次代表大会刚好五年。这是遵循我们党第一次全国代表大会通过的第17项工作目标，即在章程内规定除了战争威胁、自然灾害和其他例外情况要保持固定周期召开党代会。

第七届代表大会，这一党组织的最高机关，共有以民主选举为基础而选出的1000名代表参加，他们代表着超过67万党员、54500个支部。

正如大家所见，我党人员数量已经减少，这是受到我们面对的人口负增长的影响，另外，2004年以来我们严格控制入党条件。在近些年这一趋势已得到遏制。

在此期间，已逐步落实第一次全国人大会议上第18项目标规定的内

[①] 本文系2016年4月16日古巴共产党中央委员会第一书记、古巴国务委员会主席劳尔·卡斯特罗代表古巴共产党第六届中央委员会在古巴共产党第七次全国代表大会上所做的中心报告，题为《发展国民经济、捍卫和平与我们的意识形态决定是党的主要使命》。中译文首先发表在中华人民共和国商务部网站上，题为《劳尔·卡斯特罗在古共七大上的讲话》。——编者注

容，每年至少举行两次中央委员会全体会议，分析贯彻实施思想方针路线的进程、经济计划和预算计划执行进展以及所指目标自身的进展情况。人民政权全国代表大会这一最高国家权力机关的常会，同样也是每年召开两次，在会上讨论执行的经济计划和贯彻实施的思想方针路线。

我们向七大提交四个重要的指导性方针文件草案，其中有很多议题在六大结束时就开始执行了，具体内容如下：

第一，概述2011—2015年五年经济发展。报告贯彻实施党和革命的经济和社会政策方针的成果。更新2016—2021年期间党的方针。

第二，面向2030年的经济和社会发展计划基础：国家愿景提案。战略轴心和部门。

第三，古巴社会主义经济和社会模式理论概念化。

第四，党在落实古共第一次全国大会审议通过的工作目标和中央委员会第一书记的领导指示方面的工作。

文件是全面而复杂的，将指出古巴革命、古巴共产党及社会建设一个面向未来的繁荣、可持续的社会主义发展进程方向。

以上文件是密切联系的，我们必须注意的是，不能把它作为一项已全面完成的工程，也不能从静态或教条角度关注它，而是要在本次大会讨论后，如同我们自六大以来所做的工作那样，文件要被定期评估，以这些纲领性文件的动态视图作为主导。

与上一届古共代表大会不同的是，当时提议的方针路线事先提请党员、共青团员和普通民众广泛讨论征询提议，然后在全国代表大会上会签审议并通过；本次大会没有进行上述流程，主要考虑到是对五年前制定的关于更新我们经济和社会模式的方针路线的确认和延续。

上述四个文件是由大学教授、学者、经济和社会科学研究者、政府官员和党员共同参与、集体拟定的成果。

为了向相关的委员会提交有关方针进行分析，去年12月份和今年1月份两次党的中央委员会全体会议对此进行了讨论，这一过程中收到了超过900条的建议和意见，从而拟订了新版本提交给会议代表审议，从3月开始在各省会议上的审议，有超过3500位社会各界受邀代表参与审议，其中包括所有的全国人大代表，参与人数达8800多人，拟定了最终版本。

这是我们第一次在古共大会上提出"概念化"这个主题，采集我党开展的更新进程所追求的社会和经济模式的理论基础以及本质特点。

在这五年期间共制定了八个理论概念化版本。这些版本，首先在政治局委员会为贯彻实施古共六大相关决议的会议上进行多次讨论，然后在政治局，以及有部长会议（成员）参加的中央全体委员会全会上进行了讨论。

面向2030年国家发展规划的基础草案，是四年来由负责实施和发展的政府机关、《纲要》落实和发展委员会的学者和专家的工作成果。因其涉及的范围广，技术的复杂性，使我们不能在本次大会上提交2030年国家发展规划的定稿版，尽管这是我们最初的目标。但是，我们提出一个基础文件，即"国家愿景和战略轴心行业"，此文件给我们提供了一个强有力的抓手，我们期待在2017年能完成此项工作。

"概念化"和"国家发展规划基础"这两个文件在本次大会上讨论后，将提交给全党党员、共青团员、群众组织代表及社会各行业开展民主讨论，使其内容更丰富更完善。

为此，我们提议七大授权中央委员会负责征求修改意见，包括七大即将通过的方针政策的有关调整，以便形成最终版本。

自六大通过有关政策方针时起，我们就很清楚，贯彻此方针不会是一条容易的、无障碍无矛盾的道路，模式更新所需要的根本性转变可能不止一个五年时间。实践已证实这个论断的正确性。我们一直以稳固的步伐前进，不着急也不停顿，逐步而又完整地达到目的。

我们所面对的最主要障碍，如我们预期的，是过时的僵化的思维方式形成的一种惯性态度，对未来缺乏信心。正如我们预料的，有些人对革命进程中那些问题相对较少的时代具有怀旧之情，当时苏联和社会主义阵营还存在。有些人则走到了另一个极端，期望复辟资本主义来解决我们的问题。

尽管如此，我们还是系统地高强度地开展方针落实的工作，313项已批准通过的议题中，已经贯彻了21%。处于落实阶段的数量为77%，而尚未开始落实的占2%。

这些数字不能完全清晰地展现在这一过程中我们已做了多少工作和取得了多少进展，工作量不少进步也不小，这些都体现在审议通过的130个政策和颁发的344项不同领域的新法律法规上，以及55项法规修改和684项法规废除上。然而，在实际中迟缓落实法规制度，特别是对其吸收理解，拖延了各项政策的落实。

作为贯彻方针政策和被纳入经济模式更新进程新任务的工作结果，已向七大提请审议一份2016—2021年新提案，共有268项指导方针，其中31项保持了原有拟定稿，193项有变更，增加了44项新内容。

在评估当前变革节奏时，不应忽视的事实是，在古巴绝不允许采取所谓的"休克疗法"，它被频繁使用而损害社会下层利益。此前提所对应的原则就是任何人不能无所依靠，很大程度上决定古巴经济模式更新的速度，其中国际金融危机、特别是针对古巴的经济封锁的影响是不可否认的。

主张加速国有资产和社会服务私有化，如卫生、教育和社会保障的新自由主义配方，永远都不适用于古巴社会主义。

尽管出现当前的经济困局限制，我们仍旧保护和改善了古巴人民在教育、卫生、文化和体育及社会保障方面的社会服务。不过，我们还必须坚持需要不断完善其质量。

在这些领域重组中已进行的转变，尽管最初有抱怨和不解，我们对此做了妥善的澄清或必要调整，已通过最少的预算费用提高了上述服务质量，这在已获取的卫生指标上得到证明。对此情况，（我）只提及一项数据，即新生儿的死亡率为4.2‰，这与极少最发达国家的数据相近。

学校网点重组减少了中心学校及约25万名寄宿生数量，然而通过增加技术职业教育入学率，扭转了现有的中层技工培训和熟练工人的倒金字塔结构。

启动一项建筑基础设施和教育系统设备维护和恢复计划。

在国家医疗系统内已运行一套措施使其服务走向重组、密集化和区域化，旨在改善民众健康状况，提高民众对所提供服务的质量和满意度，使系统具备高效性和可持续性，同时保证其发展。

改进领导结构和调整编制有利于缩减15.2万个职位，2万个医生再投入到卫生保健活动中。这些决定，旨在合理利用和整合资源，使医疗行业的预算减少了20多亿比索。

与此同时，已出现进口药、国产药供应困难的情况，坚持保证卫生条件，有利于防止传染疾病，如霍乱、登革热、基孔肯亚病和最近的寨卡病毒。目前正在实施对抗白纹伊蚊行动传染病计划行动，不应视其为短暂的行动，而是要确保其在时间上的持续性。

在任何情况下，经济上的决定不能是对革命平等和正义理念的决裂，更不能破坏绝大多数民众团结在党的周围。也绝不允许因为经济措施而让古巴民众心中产生不稳定性和不确定性。

为此，在贯彻《纲要》时，我要求大家保持更多的政治敏感性和用心。需要向人民做更多的解释工作，加强纪律性，更密切地关注变化进程。如我们所说过的，必须紧听基层声音、脚踏实地。

最能说明《纲要》落实过程复杂性的例子是货币和汇率双轨制。这些年从未停止该议题的工作，不会永远没有解决方法，因为尽管它不是解决扭曲的经济结构的灵丹妙药，却意味着是推进我们经济模式更新剩余任务向前发展的重大因素。

国家货币统一将有助于为克服平均主义的有害影响，并为实现"各尽所能，按劳分配"的社会主义原则创造条件。这一举措有可能会矫正所谓的"倒金字塔"现象，即不能公平地根据工作数量、质量和复杂性进行分配，不能使生活水平与市民的合法收入相对应，造成劳动者及干部工作不积极，阻碍他们承担更大的责任。

在此再重申我们的决定：保障国际外汇、古巴可兑换比索和古巴比索的银行存款及本国民众和国内外法人持有的现金存款。

社会主义国有企业是国民经济的主要经营形式，在与不断增长的非国有行业对比时处于不利位置，因为后者借助基于1∶25的汇率的货币兑换机制而受益，而国有企业的可兑换比索（CUC）与古巴比索的兑换则受1∶1汇率制约。这一重大扭曲应在货币和汇率统一的框架内，在最短时间内得到解决。

上述异常现象加上我们经济政策谨慎，没能实质性地推进实施有关逐步消除不当免费和过度补贴的方针，这主要考虑到还未能普遍增加劳动者的收入，也没能确保特定商品在自由市场上的稳定供应。

尽管已经减少或取消了定量家庭配给（即著名的供应本）的部分产品，这些产品在自由市场的零售也转为无补贴价格，但在多种产品和基本服务方面仍然保持较高的补贴。

另一方面，古巴人口老龄化指数不断攀升，加上人口从农村到城市迁移，不断集中并提高资格，都反映出一个发展战略问题。这个问题来源于多年积累的、难以扭转的社会经济和文化整体因素的现状。这些政策方针正是为应对这一局面而制定，共规定了76项措施和252项行动，将根据经济情况逐步实施，并在长期实践中取得成果。

外国（商）投资政策已获审批通过。外资是国家发展的重要且必要资金来源，在此方面已有新的法律生效，在为投资者提供激励措施和法律保障的同时，也确保了国家主权、环境保护及自然资源的合理利用。

已批准设立的马里埃尔特区，对吸引国内外投资具备额外的优势。特区已确立必要的法律框架和基础设施，以保证有效结算和生产调配，旨在增加出口、推动进口替代、促进技术和管理技能转让、创造就业和长期的融资机会并规划高效率水准的物流。

丝毫不能低估的障碍指美国封锁及其域外适用，这要求摒弃外国投资方面的陈旧偏见，坚定地推进新业务的准备、设计和实现。

投资方向已经发生实质性变化，如果五年前生产和基础设施领域获得45%的投资，2015年则累积到了70%。另外，在投资过程中，已增加了计划执行的严谨性和控制，而且普遍来看已经优化了相关指标，但是有资质、有动力的劳动力供应和保障方面仍相当紧张，也存在因准备工作不充分而引发的意外、草率和缺乏整合的情况，这导致项目实施期限拖延，并影响完成质量。

为了加强社会主义国有企业的作用及其自主性，我们实行政企分开，逐步改变政府机构与企业之间的关系，今天企业的管理者拥有了更大的管理权力。

然而，这并不是能在一天、几个星期或几个月就能走完的历程，而是一个中长期成熟过程，伴随着巩固组织条件、加强干部培训，要打破以往等待上级指令、在授权范围内采取行动的习惯，增强主动性和创业精神。

同时要继续推进中央行政机构和国家单位的完善进程，在第一阶段包括综合性组织和生产领域的组织。其中的四项已经完成，四项被废除或合并，13项正在执行阶段。要继续推进与人民基本服务相关的机构的工作。

在阿特米萨省（Artemisa）和马亚贝克省（Mayabeque）进行的实验正处于实施阶段，在其之后的推广阶段，尤其要寻求人民政权代表大会和管理委员会的各项管理职能的分离。允许人民政权代表大会将重点放在对代表们和人民委员会的直接关注，以及对管理委员会的工作的监测和监督上。

地方政府采取的新模式使得省、市一些机构的收费明显降低，且在其职能行使时并未造成不稳定，这有利于其在履行国家分配的职能时的权威性。

正如报告草案中关于《纲要》落实成果的结论显示，各机构和单位，包括落实和发展常设委员会自身，都存在各种缺点和不足。这拖延了某些举措的实施和提案的创建。这种拖延主要是由于缺乏全面性或远见，涉及对风险水平的评估，以及具体举措的成本和收益的正确评估。

问题同时反映在对政策的引导和管控及对不同层次领导人的普及和培训上，特别是对不同层次领导的培训这方面。有一些人认为，制定文件，指挥国家从一个极端走到另一个极端，并要求干部进行研究，问题就解决了。当我们去了解的时候，发现每个人都用自己的方式行事，因此劳动和社会保障部第 17 号决议（部令）有了这样一个重要的议题。对此，我会在讲话的过程中简要提及。

在某些情况下，当实践的效果不尽如期望，甚至有时违背已采取措施的精神时，我们缺乏一种紧迫感。这就是说，如果不积极面对小的偏差，待其发展普及后再进行修正就变成了一个政治问题。

当符合少数人利益，而损害大多数人利益的投机和垄断现象再度出现时，农产品价格的表现就是一个反映上述情况的生动例子。

尽管我们明白，价格增长的主要因素在于无法满足需求的生产水平，而这方面的发展受主观和客观因素的限制，但当中间商仅以利益为导向造成价格无序增长时，面对民众的不满，我们不能袖手旁观。

在社会主义经济运行中认可市场并不意味着党、政府和群众组织在面对任何可能损害人民利益的情况时不再履行其社会职责，更不会说："这是政府的事，我不能参与。"我们党、各级政府，以及我们的群众组织成员，都要参与到任何会伤害人民的不公正问题之中。（掌声）

与会人员都将铭记这次讨论，我们花费了很长时间进行这个讨论，因此，在大会一讨论到这个主题时，我即刻表示支持党的第二书记马查多·本图拉同志。为应对这一问题，他走遍了全国各地。（掌声）

我们应当得出关于这一事实的结论，最坏的可能是，这会使一个革命者或一个简单诚实的人，不论是否共产党员，在出现问题时袖手旁观。我们没有权利这么做，更不用说在我们生活的时代、在我们正在倡导的变化中这么做。这是一个值得牢记的经验，在为了祖国和社会主义的福祉的艰巨任务中，我们可以数百次，甚至数千次地总结出这一经验。

引进供需规则与计划原则并不冲突。这两个概念可以共存，互为补充，造福国家。中国改革和越南革新的进程已经成功地证明这一点。我们称之为更新，因为我们不会改变革命的根本目标。

最近在部分省份采取的一系列组织性措施，获得了一些积极的经验，包括增加某些产品的储量以保证国有市场供应，使供需价格下降。这是一项需要相关机构持续监测的工作。

在这种情况下，工资和养老金仍无法满足古巴家庭的基本需求。虽然平均工资在2010—2015年期间增长了43%，但这个增长主要是集中在过去两年。这两年采取了有利于公共卫生、外商投资和体育领域从业者的决策，以及在商业部门采用了灵活的支付系统。然而，在政策上无法将预期的增薪扩展到大部分的预算活动中。

我刚提到了劳动和社会保障部17号决议（部令），其中规定施行新的支付体系。我亲自走访了不同的工厂，和工人们进行交谈，了解到这一系统的实施虽然在一定程度上有助于工人的积极性和生产力的提高，但同样也显示出了许多不足。从根本上造成这些不足的原因是由于先决条件的准备不充分，其中包括企业管理人员的培训和监督。

在这个问题上，同样花费时间来纠正实施过程中凸显出的概念上的不一致。

经验告诉我们，仅仅制定好规范性文件是不够的，必须培养直接执行者，每过一段时间让他们进行一些研讨，监督他们对实施这些重要活动的知识掌握得如何，检查他们对规章的了解，对于其实践活动和偏差应对能力做系统性要求，防止出现重大的政治问题。

我们的民族英雄何塞·马蒂认为"治国就是预见"。多么简单，只有三个词！难道对于我们的一些官员来说，学习马蒂教导的这三个词这么难？"治国就是预见。"我们要学会预见以避免问题。我必须承认，在指导方针的实施过程中，我们通常缺乏足够的远见和敏感度来指导行动，避免失误。

除了缺乏预见性，我们再想想如何解决所出现的问题。面对突发问题，我们缺乏灵活性。我说的很生硬直白，我们党代会及党员的所有会议所需要的直白。

非国有经济继续扩大，国有职位从2010年的81.2%减少到了2015年的70.8%。超过50万古巴人注册成为个体户，提供非常必要的服务和产品。不歧视也不指责已正式获批的个体户的氛围正在形成，然而，也出现了腐败现象和不法行为。应对这种现象的措施又显示出不足和滞后，比如对待漏缴税款和非法从事禁止活动的情况。

我们重申基于基本生产方式的全民公有制占主导地位的社会主义原则，重申有必要减轻政府在国家发展中的非决定性（经营）活动。

我们希望尽量提高国家部门生产和服务的效率和质量，并在严格遵守现行法规的情况下帮助非国有（经济）经营形式获取成功。

继续实验性地成立并运营非农业生产合作社，主要集中在贸易、餐饮、技术服务、小型工业和建筑业方面。

在这一活动中取得了一些成绩，但也存在不足之处。包括政策法规的编写和宣传不够，我们在本报告中也多次提及这些政策法规，还有组织和核算控制不当、价格上涨，以及在批发市场获取供应和服务存在着限制。

同时，有关机构对该实验的不适当引导和控制，也促使我们决定把重点放在巩固已创建的合作社，并逐步向前推进。

全球经济危机始于上一个十年的末期，在不利的国际环境中，2011—2015年五年期间，古巴国内生产总值年平均增幅为2.8%，这无法保证为促进发展和提高居民消费创造所需的生产力和基础设施条件。

在这样的复杂局面下，我们为改善外部融资环境采取了一系列举措，特别是债务重组，并已取得显著结果。我们履行还款承诺，有助于恢复古巴经济的国际信誉，为贸易、投资和融资提供了更多的可能性。

在这方面，我们不能后退。为此，我们必须确保在获取贷款和贷款结构及确保重组债务和应付款的支付、履行付款计划方面到达适当平衡。我们不能再乱负债。

另一方面，我们推出了一系列旨在消除我国农业生产中存在的各种形式障碍的举措。但这些措施还不成熟，农业生产的增长速度仍然不够。与此同时，全国平均每年须花费约20亿美元进口粮食，而这其中一半的粮食可以在古巴生产，甚至可以有盈余并出口。

医疗服务出口和旅游在继续扩大，这两项服务贡献了全国一多半的外汇收入。受价格下跌的影响，传统产品出口的比重降低。

这一现象证明我们应当继续丰富收入来源，绝不能再退回到仅依靠一个市场或一种产品的情况。应同所有国家发展贸易和互利合作双赢的关系，保持适当的平衡。

古巴医学不可否认的国际声誉，是古巴革命和菲德尔同志致力追求的真正成果，在多个方面仍具有尚未开发的巨大潜力，如在古巴为外国患者提供医疗服务，这样可以吸引投资，最终造福免费享受公共医疗的古巴人民。

至于旅游业，六大以来的这些年，超过10900间新客房投入使用，另外恢复了7000间客房，个体经营者补充增加了超过14000间客房用于出租，并发展了酒店外的设施和服务。旅游业将继续保持这一重要经济分支的上升趋势，在促进其他行业的发展，以及创造生产性联系方面具备很大的潜力。

全国主要景点的酒店投资项目运行平稳，为应对客房短缺问题而建设的首都标志性豪华酒店在继续进行。每一家落成的酒店，就是一座工厂，在我们的国土上，为国家创造十分必要的出口收入。

去年，外国游客人数首次超过了350万。这加强了古巴旅游产品在多元化客源市场的竞争力，但我们并没有忽略影响服务质量的缺陷。

如今，让我们能在2016—2020年五年期间取得更好的经济发展，并为经济社会可持续发展创造经济基础的条件正在形成。

在这份报告的前言部分，我们首次提出了古巴经济和社会模式的概念草案，这是我们党最重要的事件。

这份文件的主要目的是清楚地介绍和明确该模式的主要特征，对应我们自己的特色和力量，以民族历史和革命进程、民族文化、国内形势、国际形势以及社会主义经济和社会在其他国家发展进程中的经验为依据，对古巴社会主义建设做出理论和概念性的引导。

支持这种构想的基础来源于马蒂的遗产、马克思列宁主义、古巴革命历史领袖菲德尔·卡斯特罗的思想及古巴革命本身。

正如我所解释的，基于这一草案的理论和实践的复杂性及其对未来的重大影响，建议不在本次大会的框架内批准。相反，我们向各位代表建议进行深入讨论，原则上采纳这个项目，以此作为全体党员和共青团员，以及社会各阶层对于民主进程和深化的讨论基础。讨论结果将提交给中央委员会最终批准。出于所述原因，继续从市级政府开始讨论，并由全党、全体青年和群众组织代表等民主参与，最终由党中央批准授权。此外，应提交至国家最高权力机关人民政权代表大会，由其负责赋予法律价值。

引起最多关注甚至引起某个争议的新方面之一，是产权关系的问题。这自有其道理，因为一个国家的体制取决于其一种产权形式相较于其他产权形式的优势。

在社会主义的古巴，基于基本生产资料的全民所有制，并且仍将是国民经济和社会经济体系的主要形式，并因此构成了劳动者实际权力的基础。

在大会先前的讨论中，对私有财产存在的认识引起了不少参与者的切实担忧。他们表示，我们这样做可能会向着资本主义在古巴的复辟迈出第一步。作为党中央委员会第一书记，我对此负责地表示不会，至少这不是这个概念性思路的目的。

同志们，对于事物来讲我们恰恰是因其名称而称呼该事物，而不要逃避到不合逻辑的委婉说法中而掩盖事物的真相。私营经济的增长和允许雇佣劳动力仅在中小私营企业和微型私营企业中实践，今天这些私营企业在没有合适法人身份的情况下运行，而受到为从事小生意的自然人设计的法律规章框架的约束，他们雇用劳动者和家庭成员为其工作。

在古共六大会议上通过的第3号路线方针，已提出保持和加强经济模式更新，全面明确"在非国有经营形式中不允许所有权集中"，另外还补充"财富也不可集中"，为此，私营企业的经营限制已重新定义，并将作为国家经济结构的补充，这一切将通过法律明确下来。

我们既不幼稚也不会忽视强大的外部力量的影响。它们押注于所谓非国有形式的"权利增强"，意在培植演变代理人，寄希望于通过其他途径终结古巴革命和社会主义。

合作社、个体经营者及中、小、微私营企业其本质不是反社会主义及反革命，其中大部分的经营者都是革命者和爱国者，他们捍卫原则并从革命胜利中受益。

所提文件的第四个方案已提交七大会议，该文件所指我党的工作应符合在第一次全国大会上审批通过目标。特别是我认为已经出现了进步的工作方法和方式，这些进步包括克服对国家、政府和管理机构正常运作的干扰和其他不积极影响。也就是说为落实古共六大的决议，已系统地发展了党的领导方法和管控方法，但并没有停止与政府部门一起行动来解决我们之前指出的影响人民的问题。

党性要求广大党员，特别要拥有管理责任、示范性、战斗性、警惕性，以及展现出的道德、政治和信念素质，并且永远与人民群众紧密联系。

我们党继续推动包括大众劳动者、学生和人民参与经济模式更新过程中政策和措施的实施，帮助广大党员、党的核心及广大干部通过系统地吸收人民群众的意见和建议来转变（观念）。

同样，我们已密切加强了党同包括古巴共青盟（UJC）、学生组织和其他青年运动社团的联系和影响，目的是在捍卫他们组织独立和刺激他们主动性的前提下，增强青年人的主人翁意识，提高广大团员和青年的政治和思想觉悟。

同时，党将继续把关心群众组织的发展作为优先。在现阶段，群众组织承担了可观的改变工作方式的工作及召开相应代表大会的工作，在历次会议的准备阶段对群众组织的作用、履行组织使命和开展政治思想工作展开了广泛的讨论。

我们已申明继续加强我们党、其他部门和单位同与国家生活各个方面相关、为全体古巴人、信教者和不信教者团结做出贡献的不同宗教机构和组织、兄弟协会的关系。

要密切注意在实施新模式的情况下，对党组织而言将会出现一种新的局面，那就是在我国各行业和团体中，产生了由于收入的不同而带来的日渐不均一性。这是我们以前没有遇见过的，对维护和加强民族团结来讲是挑战。

古巴宪法第五章明确古巴共产党作为国家和社会的最高领导力量，将组织和引导社会主义建设。

我们党的章程规定了党是马蒂为实现古巴独立而成立的古巴革命党的坚定追随者，是以卡洛斯·巴利尼奥、胡里奥·安东尼奥·梅亚等首批共产党员，以领导反抗巴蒂斯塔独裁统治的三大革命组织力量的合并成果为象征的政党。

在古巴只有唯一的一个充满荣誉的政党，代表并保证国家团结，是我们进行革命建设的最核心的战略武器，保卫革命免受各种威胁和攻击。因此，对我们党进行攻击和提出无理要求不是偶然的，他们就是想从各个方面来弱化我们，以资产阶级民主的名义来对我们进行分化。面对这些分化我们的理论，我们不应被迷惑，今天不，以后也不会。如果有一天他们分化了我们，那就是末日了！永远不要忘记这点！如果有一天他们分化了我们，那就是我们国家末日的开始，也是从1868年起几代人通过牺牲和反抗锻造的革命、社会主义和国家独立的末日的开始！

我想我必须讲一个小故事，很真实的故事，我很喜欢它，想与大家分享。

很自然我和美国不同级别的代表们做过讨论和会谈，有一些不是美国人，代表其他的国家。当我们谈论人权的问题时，就像我们说过的我们时刻准备好讨论这一话题……他们给我一个提示说："我们在直播呢。"而我认为我们的状态是还活着！（笑声和掌声）

我很享受也很愿意所有的人喜欢看我们正在直播，包括外面的世界。我们说过，我们时刻准备好讨论这一人权话题。

有一天审议关于"条约和协议"的文件，（发现）在这方面没有人能够履行全部，结果我们是44，美国才18。我对他们说，就在他们打算将人权问题政治化的时候，人权问题就没有了出路，举例来说我们工资是同工同酬，不管是男性还是女性，这就是人权。在包括美国在内的其他国家就不是这样。女性挣得就会少一些，可以列举数十个这样他们所谓的人权。

在古巴，免费医疗是人权，世界几个国家是这样的？在很多国家医疗不是人权，是生意。在我们的国家教育是免费的，世界几个国家能做到教育免费？也是生意。也就是说人权这个话题跟谁讨论在哪里讨论，我们都将会给出我们对人权的理解。

谈到政治权利的时候，我最享受的是当他们和我说在古巴只有一个政党的时候，我会回答：对，和你们一样，只有一个党。然后美国人对我回答：不，我们有两个。然后就感觉我好像不知道一样，给我说了这两个党的名字：民主党和共和党。"对，非常正确，在古巴也是一样，假如古巴也有两个政党，菲德尔领导一个，我领导另一个。"（笑声和掌声）

我确信菲德尔会说："我想领导共产党。"我会说："好，我领导另一个，无所谓叫什么。"（笑声）

就像我们以前说的，我们有过三个组织，"七·二六运动"，人民社会党和"三·一三革命指导委员会"。也就是说，我们曾经有三个党，但是因为需要合并成了一个党，按照各自组织结构合并，更加强大，这三个组织领导对合并是持肯定的和支持的态度。我们为什么现在要分离呢？我们要做的是做一个更加民主的党，这是我们要做的，可以完全自由地、深度地无障碍地讨论任何问题。

关于古巴工会，工人们就应该团结起来以更加强大。但你们可以看一下，西方任何媒体谈及我们的中央工会时，会在括号里面补充写道：唯一，好像就是一种犯罪。他们想给世界做模范，你们已经知道我在说谁了吧：美国及其追随者们，用他们的想法调整世界。我们必须比以往任何时候都要警惕！他们自己都说：50年的封锁没有任何结果，我们不能封锁古巴了，相反我们正在承受着被拉美孤立的风险。为什么他们要改变？用其他一些我们更难对付的办法，我们党和人民必须对此有清醒的认识。

重申这些概念不是随便说说。这些概念不应该产生混淆，今天不能，以后也不行。如果有一天他们肢解分化了我们，那就是末日了！永远不要忘记这点！如果有一天他们肢解分化了我们，那就是我们国家末日的开始，也是从1868年起几代人通过牺牲和反抗锻造的革命、社会主义和国家独立的末日的开始！

唯一执政党的存在就是要鼓励进行广泛的真诚的意见交流，不管是在党组织内部还是与作为基础的劳动者和人民的联系，我党有责任继续深挖和持续优化民主建设工作，并将此工作常态化，为了实现这一目标，需要彻底地克服人云亦云（无主观意见）、形式主义和盲目跟风。在社会发展重大决策上，我们党应该创造有利于和保证社会绝大多数民众参与的条件。我们不害怕不同意见和不同观点，言者无罪，闻者足戒，因为真诚的、诚实的不同意见将会引领我们做出更好的决策。

我们知道党和革命得到了大多数民众的支持，这一点任何人都否定不了。尽管如此，我们还是不能忽视在某些方面确实存在人民群众反映不履行承诺或是对政治生活事项漠不关心的问题，还有就是人民群众对我们党部分党员和干部的模范作用和脱离群众现象持有负面评价的问题。

最近一段时间我们发现存在一系列与商品社会价值观有关的行为日益增长，如分离，无情或寡默，负能量，无情，对党和革命路线缺乏信心，认为我们社会没有希望的舆论正在萌芽。

《古巴调整法》、"干脚和湿脚政策"，及针对在国外工作的古巴医生的快速获得美国居留权的签证计划刺激古巴年轻人和社会各个领域的专家学者进行无序的非法的移民。这些问题我还会提到。

在这种形势下，需要加强有智慧的、坚定的和系统性的预防工作，提高治理政治意识形态破坏活动主管部门的要求和监管水平，提高党员的战斗意识和工作中心的警惕性以及对新一代人的思想工作，要加强家庭和学校不可以替代的作用。我再重申一遍：家庭和学校的作用不可以替代！

推动在古巴锻造一个沟通式文化和减少秘密抗议的工作已取得了进展，但因为政策更新和实施过程中相关信息的公布不充分，从而继续出现一些信息缺失或是错误解读（的现象）。

当前世界的复杂性对我们现实的影响，政治上的敌对和迫害，在企图反对古巴革命、文化和历史及在此过程中创造的重要成果的政治意识形态破坏策略支持下搭建传播新自由主义思想和复辟资本主义的平台的行动，一些累积的不可否认的社会问题,加上我们正进行的深刻变化和《纲要》落实过程中累积的一些问题,以及古巴和美国关系的新现状,以上种种,对我们的意识形态工作形成了挑战。有关计划将对准敌对势力认为脆弱的领域,将包括青年、知识分子、非国有经济工作者及经济困难群体。

我们既要在人民群众中捍卫民族的历史记忆,又要完善针对性的意识形态工作,尤其要把重点放在青年和儿童身上,我们要加强反资本主义反帝国主义的文化,坚定地同个人主义、利己主义、物质至上、贪婪和享乐主义等小资产阶级意识形态做斗争。

防止扰乱古巴稳定的政策的最好办法就是团结一致地工作,不临时抱佛脚,做好每一件事,提高给人民服务的质量,不积累问题,加强古巴历史知识和民族文化认同,提高身为古巴人的自豪感,普及一种依法治国、保护公共财物、维护个人尊严、遵纪守法的环境氛围。

发展经济,维护和平稳定,坚定意识形态,是我们党的主要使命。发展经济是当前主要工作任务,政治思想工作和经济战斗紧密相连,让广大民众积极主动地投入到社会经济模式的更新进程里来。

在干部政策领域也取得了进步,但我们还不满意。在党内干部、国家政府及企业干部的培养和重新评估方面已迈出了重要的一步,但岗位培训还有待加强。

我们不会忽视这一领域的客观因素及主观因素带来的消极影响,就像前面提到的倒金字塔现象,造成干部队伍不稳定,缺乏履行承诺完成交办任务的热情。

不合理的干部储备工作使得我们失去了巨大的潜能,提拔培养过程中的弱势领导干部,导致没有责任心没有道德的人员被提拔到物资部门和金融部门担任管理工作,产生了腐败和违法乱纪的温床。

凭借出色的工作表现和优秀的个人条件,妇女、青年、黑人、有色人群(干部)陆续被提拔到领导岗位上。然而我们对此也没有感到满意,因为旧的习惯和偏见依然存在,不符合党的干部政策。

继续不间断地同种族主义做斗争。种族主义阻碍了黑人和有色人群担任领导岗位，而黑人和有色人群在古巴人口中的比例在上升。要巩固这一重要而公正革命的成果，必须系统地有预见性地开展工作，决不能让这一工作流之草率。

处于决策性岗位的女性数量尽管增加很少一点，但已经增加，在决定性的岗位上有所增加，但是还没有达到我们的要求和目标。在国家登记在册的女性工作人员比例是49%，其中66.8%承担重体力技术和职业工作，只有不到38%女士担任了国家机关、政府机构、国家单位、企业的高层管理职务。

我依然坚持一个观点，根据我多年的革命经验，在总体上女性比男性更为成熟，更适合担任管理者。虽然我承认已经取得了进展，但我们要继续在党的领导下提拔更多的妇女领导，尤其是决策岗位的领导。

在六大会议的报告中，我提出需要逐步地，既不草率也不临时起兴地，建立训练有素的干部队伍储备，使他们有足够的经验和成熟来承担起党、国家和政府新的复杂的领导任务。我也说过既适合也需要限制政治岗位的任期和基本国家岗位的任期，最多两届，每届任期为五年。党和群众组织的政治岗位由党中央委员会决定，国家和政府的岗位则由全国人大批准决定。

我认为在这一具有战略意义的事项上我们也取得了进展。下一个五年，尽管因为显而易见的原因，将是明确的（时间），我们应该给党的最高组织，即中央委员会、秘书处和政治局的构成引入额外的限制。这作为过渡时期执行并将在下一届全国代表大会举行时结束。这个五年过渡期不是为了让事情匆匆过去，不是让一个人下去从而让另外一个干最少十年，等等。我们在这方面有所延误了，我们想做的就是自然流动轮换，因此必须用法律或规定来很好地明确下来。

我们建议把60岁作为进入中央委员会的年龄上限。将来也可随时规定让更多的年轻干部作为中央委员会候补。这些都是可以做的，问题是一定要有一个方法、一条道路、一个规划使这些事情不会让我们吃惊并自然地发展。因此，将来进入中央委员会的年龄不能大于60岁。不要以为不在国家领导位置上就什么都不能做了，有些国家的经验已经告诉我们这种想法是不积极的，我们不要忘记，一个公开的秘密，苏联的最后一段时间，——我们永远尊重和爱戴的苏联，三位党的第一书记在很短的时间内先后去世。

所以我们提议把60岁作为进入中央委员会的最大的年龄，工作到70岁，限制在担任连续两届政治任期，从而从基础上确保党的领导岗位系统的年轻化。我重申，今后必须准确规范，因为一个人，到了75或是80岁的时候，可以承担一项重要任务，但是不能担任重要职务，其中原因显而易见，也因为我们正在谈论的经验。

如果大会批准通过此方案，党章自然就要做相应的修改。我们认为这一政策同样也要在国家机构、政府部门及群众组织中实行。

就我的个人情况而言已不是秘密，那就是2018年我将结束连续的第二届国务委员会主席兼部长会议主席的领导任期，届时我会将上述职责赋予新当选的领导。

这些关于履行领导职务的期限和年龄限制的改变，应体现在共和国宪法中。鉴于经济和社会模式的更新及其概念化进程带来的重大变革，我们提议在未来几年中修改宪法。在宪法中必须反映我们正在做的所有事情，彼时应在宪法中修改的所有内容都已准备就绪，特别是这些修订已与人民群众充分讨论。

现行宪法，在1976年全民公投中通过，距今已有40年，随后在1992年和2002年进行部分修改，符合随时间的推移及《党和革命经济社会政策纲要》的实施而变化的历史环境及经济和社会条件。

修宪的过程，事先应由全国人民政权代表大会审批，符合制宪权，着手准备广泛的民众参与，包括举行一次宪法公投。

这将是在我们宪章中调整需要宪法保护的其他事项的一个契机。

我必须强调，在这些宪法修改范围内，我们提议确认当前宪法签署的政治和社会制度的不可撤销性，包括古巴共产党在我们社会中的领导角色（鼓掌），即目前宪法中的第5条规定。

我会在国防问题上进行一些思考。在这点上，有必要记起菲德尔在党的第一届全国代表大会上所做中央报告里的几句话，当时他表示："只要帝国主义存在，党、国家和人民就要对国防工作给予最大关注。革命卫队永远不能掉以轻心。历史用太多的雄辩事实教育我们，那些忘掉这一原则的人将面对错误无法生存。"

全民战争理论是国家防御的战略基础，明确每个古巴人应了解并具备一种手段、一个阵地和一种方式，在党的领导下与敌人进行斗争，要在唯一的政治、军事和经济制度下准备和进行战争。如果侵略者试图占领古巴，它将如同进入致命蜂巢中不得不面对成千上万的古巴民众，攻击不分前方、后方和侧翼，日夜无休。

如同1980年以来每隔四年我们所做的一样，我们计划在11月份开展2016堡垒战略演习，目的是在国家防御方案计划行动指挥中升级和演练领导者、主官以及领导和指挥机构。作为传统，这次演习将在一个周末的两天国防日庆祝中结束，届时会有大批民众参与。

若干天之后的12月2日，我们将迎来格拉玛号登陆60周年纪念日。这个日期标志着我国革命武装力量的成立，我们将用阅兵来纪念和庆祝菲德尔同志的90周岁生日（长久的鼓掌），同时检阅我们勇敢的年轻一代。他们将会以印象深刻且紧凑的方阵参与到阅兵队列中，他们是历史长河中古巴人民斗争荣耀的继承者。

同志们：

自第六次全国代表大会以来，在国际领域发生了众多事件和重大变化。

从我们与奥巴马总统同时宣布重建古巴和美国外交关系决定以来，已过去15个月。我们的这一重新建立外交关系的决定建立在主权平等、不干涉内政及完全尊重古巴独立的基础上。在该讲话前的几小时，我们已兑现了菲德尔对古巴人民的承诺，五英雄已回到了祖国。（鼓掌）

我们能走到这一刻，要感谢古巴人民的英勇抵抗和牺牲及其对革命理想和原则的忠诚，使我们获得国际上团结一致的决定性支持，这在多项活动及国际组织中得到充分表现，特别是联合国大会反对封锁的压倒性投票支持上。

我们美洲的政治版图在左翼政治力量和人民运动的进展影响下已发生变化，促进了区域一体化进程，2011年12月成立的拉丁美洲和加勒比国家共同体（CELAC）就是有力的标志。

所有这些已将美国搁置在南半球难以忍受的孤立局面中，且把所谓的美洲人权体系置于危险中，正如2012年在卡塔赫那第六届美洲峰会上提出的停止封锁和反对排除古巴的倡议所证明。

另外，在美国社会内部及古巴移民中发生了支持修正美国对古政策的变化。

去年4月，我们高昂地参加了巴拿马的第七届美洲峰会。在此不需要重复在该场合所表达的考量。

自2014年12月17日以来的这段期间，古巴和美国的对话与合作已取得具体成果。然而，强加于我国超过半个世纪的经济、贸易和金融封锁仍旧继续，在域外造成不容置疑的恐吓影响，尽管我们认可奥巴马总统及其政府高官反对封锁的表态以及不断重复向国会提议消除封锁。

在（奥巴马）访问哈瓦那之前，利用行政权力宣布在封锁中引入某些变化措施是积极的，但还不够。

正如我们在两国总统会面后的记者会上表示的，为了朝着关系正常化前进，必须取消封锁，因为封锁造成了我国民众的困苦且是我国经济发展的根本阻碍，同时要归还非法占领的关塔那摩海军基地，这一非法占领违背古巴政府和人民的意愿。

同样，美国应废除旨在改变我们自主选择的政治、经济和社会制度的各种计划，以及其他仍旧生效的损害性政策。

移民政策继续被用作反对革命的武器。（美国政府）仍旧保持实施《古巴调整法》、"干脚湿脚政策"以及"古巴医疗专业人士签证计划"。这些法案和计划刺激非法和不安全的移民，并企图使优秀人才脱离我国。

这些做法与美国所宣称的对古政策改变不符,并给第三国造成困难。

美国政府官员多次表示承认对古巴政策的失败,但他们也毫不隐瞒他们的目标没有改变,只是变换了方式而已。

我们有意愿与美国开展相互尊重的对话并建设一种两国间此前从未存在的新型关系,因为我们相信这会给双方带来互惠互利。

然而,必须重申的是不要企图让古巴放弃革命原则,对固有主权和独立做出让步,放弃捍卫理想以及行使对外政策来达到他们的目的。古巴致力于正义事业,保卫人民的自决权和对兄弟国家的传统支持。

正如共和国宪法中规定的,"永远不能在外国强权的侵略、威胁或胁迫下商讨与任何其他国家的经济、外交和政治关系"。

朝向双边关系正常化的道路是漫长和复杂的,我们要在实践文明共处的艺术的能力之内推进,也就是说,要接受和尊重差异。这些差异在当下及未来都是众多和深刻的,不应把差异作为我们关系的中心,取而代之的是我们应集中于那些拉近双方的方面,而不是集中于分离双方的方面上,从而促进两国的利益。

历史上与美国的关系对古巴曾是一种挑战。它一直企图掌控我们国家并决定古巴人民的自由和独立,却不管我们要面对怎样的危险并付出什么代价。(鼓掌)

人民团结在党周围,人民深厚的爱国主义精神和政治文化,让我们勇敢面对侵略和敌视政策,将作为(我们的)坚固盾牌去战胜任何破坏古巴人民革命精神的企图。这将是一次挑战,特别是对更年轻的一代,党将他们视为革命事业及老一辈爱国信仰的继承者。

我们要感谢这些年来国际社会、政党和政治运动(组织)、社会组织、知识分子、学者、宗教人士、艺术家、工会领导、农民、学生及来自世界各地支持我们斗争的朋友们给予我们的支持。我们知道我们将会继续在战斗中得到他们的支持以建设一个更好的世界。对于所有这些人士,我们再次重申他们将会一直得到古巴这个永远革命的和国际主义的国家无条件和坚强的支持。

在以经济放缓为标志的复杂局势下,拉美和加勒比正处于帝国主义和寡头政治强烈的接连反攻中,他们反对革命和进步政府。这一复杂情况已负面地影响发展和社会融合政策的持续性及各界民众已取得的成果。

这一反动攻击使用新的非常规战争理论所具有的方法和技术,特别是在通讯和文化领域,不排除不放弃破坏稳定的行为和政变策划。

这一策略主要针对我们的兄弟国家委内瑞拉,最近几个月也在玻利维亚、厄瓜多尔、巴西、尼加拉瓜和萨尔瓦多等国都有所加强。

西半球左翼政府最近遭受的挫折是为了宣示进步历史周期的结束,为了让新自由主义回归,瓦解军队和政党、社会运动和工人阶级。为此,我们应以更加团结和更为清晰的革命运动来应对这一局面。

我们坚信委内瑞拉人民将会保卫亲爱的查韦斯同志留下的遗产,并阻止对已取得的成果的破坏。我们重申对玻利瓦尔革命和查韦斯革命、对马杜罗总统及其政府、对委内瑞拉人民的军民的声援和承诺,坚决反对与古巴对话的同时来孤立委内瑞拉的企图。

我们要求各国主权和独立应得到尊重,并要求停止干涉他国内部事务的行为。同时,我们重申对所有由那些有威望的领导者所领导的革命和进步政府的大力支持,其经济社会政策已给这个世界上绝大多数的最不平等地区带来正义、尊严、主权和实实在在的好处。

美国及其盟友也在更新他们的努力,目的是破坏团结和区域一体化进程,阻挠拉美国和加勒比国家共同体(CELAC)、美洲玻利瓦尔联盟(ALBA)、南美洲国家联盟(UNASUR)及其他地区组织的发展,借助一个所谓的美洲人权体系改革,特别是美洲国家组织(OEA),同样也赋予与其霸权利益相关的其他方案更大的作用。

我们永远不会忘记美洲国家组织,由美国在上世纪中期、冷战开始之初组建,只为与我们美洲的利益相反的利益服务。该组织被尊敬的外长劳尔·罗阿·加西亚同志恰如其分地称为美国"殖民地部"。就是这一组织决定制裁古巴,并准备在吉隆滩上的雇佣军入侵得到巩固的情况下支持和承认一个傀儡政府。反对新生古巴革命及其他革命和进步政府的行为不胜枚举。

尽管我们从没有鼓动其他国家放弃该组织，但我应该重申几年前在巴西说过的，当时我转述何塞·马蒂的话，要让古巴回到美洲国家组织，除非"北海会与南海合并起来，而蛇会从老鹰蛋中孵化出来"。

必须在巩固拉共体作为真正的拉丁美洲和加勒比政治协商机制方面继续前进，基于多样性团结的概念。《拉美和加勒比作为和平地区的宣言》由各国的国家元首和政府首脑在哈瓦那举办的第二届拉共体峰会上签署，仍然有效且其原则应指导我们各国之间以及国际之间的关系。

我们将继续努力，如同到目前为止所做的那样，促进哥伦比亚和平进程。

古巴对阿根廷共和国收复马尔维纳斯群岛、南乔治亚岛和南桑威奇岛主权的努力所给予的一直以来的支持不会改变。

我们再次重申坚定支持对波多黎各人民追求自决和独立，同样我们反对任何形式的殖民主义。

我们将继续，目前以加勒比国家联盟主席国身份，倡导区域完全一体化及维护加勒比国家在经济和环境方面的合法利益，并支持对奴隶制和殖民主义的可怕后果提出补偿的正义请求。我们将继续特别优先考虑与海地的合作。

努力转变几个世纪殖民统治后遗症的第三世界兄弟人民知道，他们一直会得到古巴的援助和支持，并且我们将继续履行合作承诺，与他们一起分享我们所拥有的而不是我们多余的。

其中的确凿事实就是古巴医疗人员英勇地参与抗击埃博拉疾病，并且获得了普遍认可。

我们将继续优先多方位发展这些年来一直陪伴我们的所有朋友及合作伙伴的关系，并且我们将保持与社会主义国家政党和政府的经验交流。同时，我们重申我党政策：与所有合法政治力量和运动发展关系，不管其意识形态特征。

即将签署的《古巴和欧盟间政治对话和合作协议》，涉及消除干涉主义共同立场并积极发展同欧盟各成员国关系,有助于创建有利环境与这个重要多国集团发展互惠互利的相互关系。

以上还要提及最近与巴黎俱乐部达成的协议,将使我们与国际金融社会的关系正常化。

方济各教皇去年访问了古巴。他对于和平与公平、消除贫困及保护环境的布道,以及他对影响人类主要问题原因的分析,在纪念80周年建交背景下,有助于推动梵蒂冈教廷与古巴的关系向前发展。

方济各教皇与基里尔主教今年二月份在哈瓦那的历史性会面,让我们深感荣幸,也允许我们重申古巴对维护和平与推动国际对话的承诺。

对国际和平及安全的威胁日益加剧。这些威胁来自美帝国主义面对世界平衡的变化而加强其霸权地位的企图,来自其篡夺哲学观并控制战略性自然资源的企图,很好的例证就是北约军事进攻性和侵略性的不断增长以及借口对抗"国际恐怖主义"来扩大非常规战争;其与俄罗斯及中国的矛盾不断尖锐化,同时在中东地区造成难以估量的军事冲突危险。

正如我们很早以前发出的警告,北约向俄罗斯边境的扩张给和平与稳定已带来严重危险,而单方面对该国实施的武断和不公正制裁更加重了这一危险。

因外国干预,叙利亚局势已造成了成千上万条生命的死亡和巨大的破坏。我们相信,叙利亚人民和政府有能力找到和平解决方式,以维护该国的独立和领土完整。

涌向欧洲的难民潮震撼着人类良知。这是外来干预的结果,是外国挑起战争和自身发展不足的结果,凸显在处理人权方面的双重标准和虚伪,增加了排外主义、种族主义和对移民歧视,同时增强了新法西斯力量。

我们一贯强烈反对一切形式的恐怖主义,而且自革命胜利以来我们一直也是(恐怖主义的)受害者。

我们谴责以色列占领巴勒斯坦和其他阿拉伯国家的领土,没有解决方案,将无法在该地区实现持久和平。

我们重申对阿拉伯撒哈拉民主共和国为其被占领土所做斗争的支持。

不利的国际经济形势，全球系统性危机恶化的特点，以及主要经济体的衰退趋势，使第三世界国家的局势更加脆弱和不稳定；凸显不公正和不合理的国际经济秩序必须更换，而且强调有必要建立一个新的国际金融架构。

我们认为，尽管这不会发生，但在联合国批准《面向2030年的可持续发展议程》峰会上就可持续发展和社会包容所宣布的目标是不可行的。

同样，我们认为巴黎峰会以后就气候变化达成的合作框架，因坚持和强加不合理的生产和消耗模式，仍会继续受限，无法与保护人类相兼容。因工业化国家缺乏政治意愿，阻碍了在金融和技术转移方面确定与共同但有区别的责任概念相匹配的有效承诺。

在我们所处地区和世界的复杂环境下，古巴革命的对外政策将忠于我们在最困难局面下、面临最严重威胁和挑战时一直捍卫的原则。

最后，同志们，本届大会我们要面临紧张的工作日程，相信这将是一次历史性和富有成果的会议，从本届大会中将会发散出我们今后工作的主要方向，从而成就一个主权、独立、社会主义、繁荣和可持续的国家。

谢谢！（热烈鼓掌）

（本文根据2016年4月劳尔·卡斯特罗在古巴共产党第七次全国代表大会上的讲话速记版翻译）

（中华人民共和国驻古巴大使馆经济商务参赞处　马克强　译）

第三部分 附 录

古巴社会主义发展的经济和社会模式概念化草案①

前 言

《概念化》旨在为建立经济和社会模式提供理论概念上的参考或指导，并帮助我们更好地理解该模式。

概述了更新过程中经济和社会模式的基本特点、理论基础和相关依据。

考虑到社会主义建设现阶段的情况，虽然文件内容描述的是我们追求的未来社会，但在撰写时仍然使用现在时态。本文件不对"模式"如何升级做详细阐述，具体的行动和措施详见《2030年国家经济和社会发展规划》等其他文件。

本文件制定的根本依据是古巴革命领袖菲德尔·卡斯特罗·鲁斯同志的革命观念、古巴共产党第六次全国代表大会通过的《党和革命的经济和社会政策纲要》（在古巴共产党第七次全国代表大会上进行了更新）以及《纲要》的实施成果。

本文件引言部分扼要介绍了我国社会现在所处的社会主义建设的历史性时期，前一阶段即革命时期具有重大影响的因素，以及古巴面对社会主

---

① 2016年4月19日古巴共产党第七次全国代表大会通过的《古巴社会主义发展的经济和社会模式概念化草案》是古巴第一次在党的全国代表大会上提出"概念化"问题，反映了经济和社会模式更新的理论基础和基本特点，指明了未来发展的方向。会后，将面向古巴社会广泛征求意见，预计于2016年年底正式通过。——译者注

义发展的挑战所遇到的主要困难和可依靠的主要力量。

《概念化》突出了我国社会主义的原则，这些原则体现了革命时期形成的社会主义社会理想这一根本目标的基本理念和特点的延续性，而这正是"模式更新"的基础。

同时阐述了反映新基础特色的主要变革，亦即为了我国社会主义原则的巩固和向前发展，建成主权、独立、民主、繁荣、可持续的社会主义国家所必须进行的改变。

变革包括强化基本生产资料公有制的主导地位，承认富有适当关联的不同所有制形式和不同管理形式，并鼓励其多样化发展，以及完善社会主义国家及其制度和领导机构。

此外，本文件还明确了可持续和繁荣的概念、经济社会权利、就业是获得福利和富裕生活的渠道等其他问题。

接着，提交本文件，供大家讨论，以便收集意见，完善文本，在其作为模式更新的概念性指导意见获得最终通过前，继续增强对文件内容的必要共识。

引　言

本文件阐述了更新过程中"古巴社会主义发展的经济和社会模式"的理论基础和基本特点，以下简称"模式"。

为了在"模式"更新之后，使我们追求的未来概念化，文件的撰写整体使用现在时态。

本提案履行了落实和发展常务委员会的职能之一，符合古巴共产党第一次全国代表会议的决定①。

本文件简明介绍了我国现阶段社会主义建设中主要经济和社会关系的基本准则、结构和战略目标。

---

① 古巴共产党第一次全国代表会议通过的文件中第 65 条目标，2012 年 1 月，第 29 页。——译者注

第三部分　附　录

本文件旨在准确清晰地阐释"模式"的主要特点和相关依据，便于更好地理解"模式"，并为"模式"更新提供概念指导。

我们的总司令菲德尔·卡斯特罗同志于2000年5月1日对革命概念所做的高度概括是本文件的根本依据之一。内容如下：

> 革命是一种历史感；是变革一切可以变革的东西；是充分的平等和自由；是受到人的对待和把别人当人对待；是依靠我们自身的努力，自己解放自己；是藐视国内外和社会上占统治地位的强大力量；是不惜以任何代价捍卫坚持信奉的价值观；是谦逊、无私、利他、互助和英雄主义；是果敢、聪慧和现实地去战斗；是从不撒谎，不背弃道德原则；是坚信世界上没有任何力量能够压垮真理和思想。革命是团结、独立，为追求古巴和世界公平正义的理想而奋斗，这是支撑我们的爱国主义、社会主义和世界主义的重要基石。

古巴社会正处在社会主义建设的历史性时期，作为超越资本主义的一种可行的选择，将为人类的延续做出应有的贡献。

经验表明这将是一段经历深刻变革的较长的历史时期，在迈向社会高级阶段的过程中正确的领导和人民的积极参与将起到决定性作用。

"模式"符合古巴社会主义建设现阶段条件的特点，为了实现繁荣和可持续的社会主义社会，必须坚持以社会主义全民所有制为主导、多种所有制形式共存的局面。

世界各国各地区的社会主义建设既有目标和本质特征上的共同之处，也因各自政治、经济、社会、文化、历史和所处国际环境的差异而呈现自身的特点。

"模式"更新在本质上是基于古巴革命时期的经验，并符合国内的新形势以及当代国际背景。

同时借鉴世界其他国家根据自身条件和所处环境的特点，总结经济社会发展的各个阶段得出的经验。

1959年1月1日古巴革命胜利，古巴人民开始充分行使主权。不久美帝国主义亡我之心昭然若揭，凭借对其唯命是从的资产阶级和地主寡头的支持，不断加强对我国的侵略。

在这样的背景下，革命政府开始了国有化进程，并配合其他措施，建立了社会主义全民所有制经济部门，成为改变资本主义和新殖民主义社会经济结构的决定性因素。

这些年来，古巴社会主义建设遭受了诸多侵略和磨难，被迫将大量物力人力投入到国防建设和保障国家安全当中。

对古巴持续不断的敌意，尤其是美国政府实行的种族灭绝式的经济、金融和贸易封锁，使得古巴在半个多世纪里得不到包括药品、资金、科技进步成果在内的关键性服务和产品（而这些对发展的重要性不言而喻），从而给古巴经济和古巴人民造成巨大伤害。

然而，古巴这个面积狭小、经济不发达、重要自然资源匮乏的国家却在苏联和其他国家的帮助下取得了显著的社会经济成就。

古巴革命形成了崇高的道德观和道德原则，人民团结互助的坚定姿态已展现在世界不同领域和地区的多项国际主义任务中，古巴人民毫无保留地分享自己拥有的一切。

自上个世纪80年代末以来，欧洲社会主义阵营和苏联的突然解体对古巴经济、社会、民生等多个领域都产生了严重影响，超过三分之一的经济活动出现衰退。

新自由主义和美国全球霸权主义的推波助澜，更加剧了对古巴的封锁。

于是"和平时代的特殊时期"开始了，这是一个艰难的阶段，日复一日顽强抗争，适应新情况，努力使经济既能顶住新环境下的压力又能顺应新环境而发展，并且决不放弃社会主义根本原则和基础性成果。

另外，在货币和汇率政策方面也做出了一系列重大决定，例如：持有外币和外币流通合法化，后来形成了双重货币制度（古巴比索和可兑换比索）和双重汇率制度（一种是企业使用的汇率，另一种是居民使用的汇率）。

我国之所以能够多年与各种困难抗争，离不开古巴人民的团结奋斗，离不开他们对菲德尔和劳尔领导下的党和革命的自觉拥护，也离不开国际援助。

我们采取了一系列措施，绝大部分都经过人民深入讨论。从1994年起，经济衰退的势头得以遏制，开始逐步复苏。由于封锁造成的艰苦环境，国际经济形势不明朗，国内困难重重，经济增速未能达到经济社会发展的要求。

这一期的变革和调整主要为了应对不利情况引起的危机，从根本上讲，是要解决时局问题。

同时，其他诸如经济不发达造成的结构性问题等加剧，而这需要诉诸更具综合性和渐进性的举措。

这些年情况恶化的主要问题中较为突出的有：外币持有和需求之间的不平衡，产品和服务的供求矛盾，科技落后，生产基础、基础设施和投资未被充分利用或无效利用，日益增长的环境风险和对环境的损害，以及缺乏组织、纪律、要求和控制。

满足多样化的需求面临诸多限制，加之货币和汇率双轨制对购买力的影响，非劳动贡献造成的经济社会差异与日俱增，就连劳动本身也没有得到合理的薪酬。其他负面现象还包括就业问题，劳动者流向技术含量低的工作或到国外工作。

这些都影响了工作积极性和效率。此外，我们社会固有的价值观遭到了一定的侵蚀，腐败、犯罪、无纪律和其他脱离社会的行为日益增多。

人口老龄化和人口增长停滞问题也日渐突出，对各个领域都产生了一定的影响。

国际范围内财富日益集中，资本主义制度结构性危机持续发酵，同步反映在经济、金融、能源、食品、环境、道德、文化等领域。

同时，通信、信息、工业、贸易、交通等行业不断进步，世界其他国家积累了大量经济和社会方面的成功经验，这为古巴应对经济社会发展的挑战提供了重要机遇。

在2009年实施的一项中期经济计划中，突出了把注意力集中于经济、综合解决制约和谐与可持续发展不足的必要性。

经征求古巴人民的意见,《党和革命的经济和社会政策纲要》(以下简称《纲要》)在 2011 年 4 月召开的古巴共产党第六次全国代表大会上获得通过,后经全国人民政权代表大会批准。

为了社会主义繁荣和可持续发展,古巴可以依靠的主要力量有:

(一)团结的古巴人民,他们有着保持独立和建设社会主义的坚定自主的决心。古巴青年,他们是革命事业最好的代言人,继承了奋斗的光荣传统,时刻准备着推动革命事业在新的历史条件下不断向前发展。

(二)古巴共产党的领导和社会主义国家得到了多数民众的支持,其威望和诚信得到了认可,二者紧密凝聚在一起,其政治、经济和社会方面的社会主义方案有广泛的群众基础,且有更新"模式"的政治意志。

(三)社会政策的广泛性保证人民能够获得教育、健康、文化和体育方面的基本服务;社会保障和社会救济;在消除各种歧视上取得重大进步;公民的安定和安全;有效的居民救助体系。

(四)古巴人民坚定的基本价值观,主要有人道主义、爱国主义、反帝国主义、尊严、高度团结和国际主义精神,以及建立在我国优秀传统、道德和精神根基之上的文化。

(五)活跃而多样的社会主义公民社会,为捍卫革命事业做好了组织和准备。

(六)推动古巴经济融入国际竞争并获得发展的潜在力量,如革命时期培养的接受过高水平通识教育的人力资源;发展国际健康和旅游服务、可再生能源、农用工业生产的可能性;科学技术创新在某些部门已经达到一定的水平;高附加值的生产活动。

(七)广泛的国际声誉和认可度;与世界众多国家日益增长的互惠关系,其中南南关系尤其是与拉美和加勒比国家的关系十分重要。

鉴于我们拥有的力量和潜能,在我国社会主义基本原则基础上更新"模式"是可能且必要的。

第三部分 附 录

第一章 "模式"的原则和主要变革

"模式"涵盖生产、分配、交换和消费以及社会生活的方方面面。其概念化以《纲要》为基础，包含落实"模式"的明确的政策。

社会主义生产关系的主导地位是"模式"的本质，同时承认所有制和管理形式的差异，以及主要经济活动者和国家在各个指导层面的作用和功能。

教育、健康、科学技术创新、文化、社会传播、资源和环境保护等发展维度具有决定性意义。

"模式"的战略目标是在经济、社会、环境方面推动和巩固繁荣、可持续的社会主义社会的建设，在一个主权、独立、民主、繁荣和可持续的社会主义国家加强革命时期形成的道德、文化和政治观念。

社会主义的可持续性与发展紧密相连，要求经济增长速度和结构能够保证一个社会公平正义、环境友好、自然资源和民族遗产得到保护的繁荣社会。

为了实现这一目标，古巴共产党第六次全国代表大会认为经济的有效运行是十分重要的，这样才能建立必要的物质基础，实现财富在社会范围内公正合理的分配。

要想实现繁荣的社会主义社会，可以从以下几个方面入手：工作、深刻的革命自觉性、履行职责、充足的动力、高生产率、节约、效率，特别是科技创新的应用。

社会生产和财富的增加是公正合理分配的必要前提，有助于物质精神生活水平和质量逐渐、持续地提高，从而使人类充分的自我实现、个体和集体的合理愿望得到满足成为可能。

第一节 "模式"的基石——我国社会主义原则

接下来将简要介绍能够体现革命时期形成的社会主义社会理想根本特点的准则、组织、规范和基本概念。

我国社会主义原则集中体现了社会主义根基的延续性，而"模式"更新后的概念化就建立在这些根基之上。

我国社会主义原则是我国历史、何塞·马蒂遗训、马克思列宁主义、我国伟大领袖菲德尔·卡斯特罗·鲁斯总司令的思想和行动、古巴共产党和革命事业共同作用的结果。主要有以下内容：

（1）人充分的尊严、完全的平等和自由，拥有古巴文化、身份以及人道主义、正直、诚实、谦虚、勤劳、责任、利他、无私、英雄主义、爱国主义、勇敢、反帝、团结互助、国际主义等价值观，以便用个人和集体的方式将它们实现。所有这一切，与利己主义、个人主义、过度消费和掠夺性消费完全对立。

（2）处于领导地位的古巴共产党，是古巴唯一的政党，是古巴民族有组织的先锋队，是马蒂、马克思列宁主义和菲德尔主义的党，是社会和国家的最高领导力量，围绕领导人民革命、依靠人民革命、为了人民革命，体现人民的团结。

（3）人民主权基础上的社会主义民主是社会主义国家权力的来源，权力行使方式为直接行使或通过全国人民政权代表大会及其建立的其他国家机关依据宪法和法律确定的规则行使。

（4）社会主义国家是自由、独立、主权的保障，是人民参与和监督的保障，是维护国家认同、人民财产、文化自强、国家发展和其他成就的保障。

社会主义国家保证个人和集体享有权利、履行义务，尊重和谐共处的法律和规则，尊重民意，保证公平正义，公正地处理各种抗议并给予应有的答复。

（5）社会主义基本生产资料全民所有制是国民经济和社会经济制度的主要形式，也是劳动者权力的基础。

根据这一所有制，古巴社会全体成员对国家基本生产资料都具有共同所有者的身份，并通过社会主义国家与基本生产资料产生的关系使这种身份得到保障。这一身份赋予全体社会成员为实现社会目标所应具有的权利与应承担的义务,使其能够参与对基本生产资料的引导、控制和维护。

该身份确保全体社会成员有权参与决定基本生产资料创造的财富如何使用,并从中受益,包括享受普遍免费的社会服务及其他收益和补贴。

(6) 国防和国家安全作为根本目标,是维护古巴政治经济社会制度的保证,对此我们应高度重视;永远不能放松革命警惕性。历史已经雄辩地证明忘记这条原则将导致颠覆性错误。

(7) 社会主义计划是指导经济、推动社会主义发展的主要方式。

(8) 在道德和法律两个层面上都承认公民平等地享有权利、平等地履行义务,并以公平、融入和社会正义的方式确保权利和义务落到实处,实现机会平等,反对肤色、性别、性别认同、性取向、残疾、籍贯、国籍、宗教信仰、年龄等各种形式的歧视,反对任何有损人类尊严的区别化对待。

其中以下几个方面的权利尤为重要:工作、健康、教育、公共安全、信息、社会传播、休假、文化、体育、社会保障和社会救济制度。

同时,保障通过工作获得体面住房的权利,为此应创造必要的条件并为困难人群提供社会救助。

这些成果将保证所有人都有依靠。

捍卫独立自主和社会主义祖国的权利是至高无上的光荣与责任。

公民义务和社会责任是十分重要的,要爱护公共和社会财产,遵守职业纪律,尊重他人权利,为社会支出纳税,遵守社会主义和谐共处的规范。

第二节 "模式"的主要变革

"模式"的主要变革是指基于当前的国内外形势,体现"模式"新基础特色的改变。

旨在巩固我国社会主义原则,完善经济社会发展。因此,我国未来发展的蓝图就是要建立一个主权、独立、民主、繁荣、可持续的社会主义国家。

一、巩固基本生产资料公有制的主导地位

基本生产资料公有制的主导地位主要依靠各预算单位和不同管理方式的企业有效发挥作用。

企业全面运行的必要条件有：

（一）能够高效工作、完成计划的革命工人阶级，他们作为人民的一部分也是基本生产资料的所有者。

（二）通过引进科技创新成果，实现社会主义全民所有制企业组织、功能和技术结构的现代化。

企业要有竞争力和效率，拥有适当的自主经营权，秉着高度的责任感，履行对社会的承诺，遵守国家制定的政策、规划和其他准则。

（三）遵循社会主义按劳分配原则，实行差异化工资标准，是增进福祉及实现个人、家庭和集体规划的主要途径。

（四）社会主义全民所有制企业应根据相应的性质履行职能，并有充足的财力确保有效运行和发展。

企业自留一部分利润用于促进自身的发展，分配给积极参与提高收益的广大职工。

（五）企业要在规范的市场条件下完成计划，集中管理措施要与宏观经济政策及其他政策形成良性互动，在决策时应考虑经济整体利益。

（六）有序的货币和金融环境，即国家只有一种货币和一种汇率，这样才能合理衡量经济活动，有效使用经济指导工具。

二、承认富有适当关联的不同所有制形式和不同管理形式，鼓励其多样化发展

变革举措中值得关注的是与外国直接投资相关的所有制形式的作用，这些所有制应该维护"模式"的原则，保证合理利用资源，保护国家财产和环境。

外国直接投资是发展的源泉之一，也是获得资本、技术、市场和管理经验的渠道，它有助于解决严重的结构不平衡问题，完善生产链，符合经济社会发展的要求。

另一项有益于经济、就业和民众福祉的变革是承认某些生产资料为私人所有和国家生产资料私人经营的补充作用。

这是由生产力异质性和发展不足决定的；是社会主义国家集中精力完成自身复杂任务的需要，因此应放弃直接领导或管理某些需要高度自主权、自决权和责任的活动。同时，还能动员非国有资源投入到某些生产和服务的恢复当中。

上述举措有助于解放生产力，符合模式更新对放权的要求，根据社会主义发展目标激发主动性，成为全民所有制企业变革的重要补充。

不同所有制形式和不同管理形式的活动者的出现形成了要求承认市场的客观需要，他们将在计划作为指导经济的主要方式的条件下，在市场环境中进行互动。

非国有制形式的存在受到社会主义发展目标的制约。在社会主义生产关系占主导地位的前提下，非国有制形式可以部分占有剩余劳动成果。

在非国有制形式中工作的公民，其全民共同所有者的身份，是他们得到身份认同，参与独立、主权、民主、繁荣、可持续的社会主义国家建设的客观基础。

三、社会主义国家及其制度和领导机构的完善

国家应聚焦自身职能，主要是规划、调节、领导和把握经济社会发展，管理所有活动者。因此应对其组成、结构和运转进行重要变革。

高度重视在经济社会活动的各领域、在不同所有制形式和不同管理形式中，进行价值观和教育文化素质的培养。

完善地方领导机构的作用和职能，健全行政区划，完善城市基层自治，改进中央和地方政府组织机构体系的结构和功能。

在经济指导制度内重新设计作为主要方式的社会主义计划手段，全面聚焦经济社会可持续发展，兼顾市场的作用和特点，并对市场进行调控。首要保证效率和战略目标的实现。

直接指导工具即行政性指导和间接指导工具即经济指导相结合，通过整合财政、货币、汇率和价格政策，协调国家经济计划与国家财政预算，

实现国家货币和财政平衡。

国家承认市场,把市场融入到经济指导和计划制度的运行中,采取必要措施规范市场的发展。

根据法律的规定和我国社会主义原则,禁止所有权和财富集中在非国有制形式的自然人和法人手中。

推动古巴经济积极参与国际市场,并从中受益,这是可持续发展的必要条件。因此,经济政策应考虑国际市场发展趋势和动力,预见所需的条件,鼓励提升竞争力;有效鼓励出口和进口替代。

建立法律规范体系,用命令和纪律确保其严格执行。

国家将促进科技创新的发展和应用,推动环境保护和综合管理,这在经济社会发展各领域都将起到决定性作用。

社会成果将着重在教育质量、健康、文化、体育、困难人群社会救助等方面得到巩固。社会救助责任将由保证社会保障和社会救济的国家、个人、社区和作为社会基本单元的家庭来承担。

着力发展信息、通信和自动化技术,促使公民尤其是青年人积极参与;增长知识,提高生活水平和质量;促进国家创新和完善,推动国民经济和社会领域良好运转。

社会传播是国家、机构、公司和媒体的重要战略性引导资源,服务于包括公开辩论在内的公众参与和国家发展,因此在调控和监督过程中,应充分考虑古巴共产党制定的、得到相关法律批准的方针。

信息、通信和知识是公共财富,也是公民权利;公民应负责任地行使这一权利,维护技术主权,遵守国防和国家安全方面的法律规定。

加强国家能力和社会主义制度建设,有效保障社会治安、公民安定、法律保护和国家安全,特别是国防安全。

促进企业界,教育、培训和学术部门及科技创新机构的互动,培育由多种所有制和管理形式参与的生产链。

不同所有制形式和不同管理形式的职工和领导者都应履行好自身职责。

从党的干部政策出发，保障国家和政府干部、储备干部工作制度有效落实。以功绩、道德政治思想品质、工作成果、职业技能、社会承诺和社会代表性为基础，在干部的选举、准备、评价、提拔、激励等方面系统跟进。特别注意对年轻人的培养和提拔，使他们能够走上领导岗位。

第二章 生产资料所有制

所有制关系在任何社会经济体制中都起到决定性作用，因为占主导地位的所有制形式将规定生产、分配、交换和消费关系，以及对财富的所有权。

在"模式"中，起决定性作用的是社会主义基本生产资料全民所有制，这是我国社会主义的标志性原则。

一、生产资料所有制的主要形式

如下：

社会主义全民所有制；

合作社所有制；

混合所有制；

私人所有制；

政治组织所有制、群众组织所有制、社会组织所有制及其他形式的组织所有制。

（一）社会主义全民所有制

社会主义全民所有制是指基本生产资料在全社会范围内由集体支配，劳动成果归全社会所有，成果分配惠及作为基本生产资料合法共有者的全体公民。

该所有制占主导地位，是整个社会主义社会所有制体系的支柱。

采用国家所有的形式，国家是处于主人翁地位的人民的代表。

生产资料"基础性"特征体现在它在经济社会发展、国家生命力和可持续性以及国家安全中具有的战略意义。

社会主义发展目标的实现要借助基本生产资料所有制提供的经济实力，所生产的具有重大社会、文化和政治影响的商品和服务，及其对就业和经济整体的影响。

基本生产资料包括不属于小农户或小农户合作社所有的土地、底土、矿山、生物和非生物资源、古巴专属经济区、森林、水域、基础设施、重要的基础工业和服务。

非国有制形式的自然人和法人拥有某些基本生产资料的所有权和经营权，将受到时限和法律规定的其他条件的限制，在经济社会发展目标框架内活动，不得违背我国社会主义原则。

社会主义生产资料全民所有制应该通过高效运转发挥在经济中的主体功能，这是保证其切实有效社会化的必要前提。

非国有制形式的所有制在经营某些全民所有的生产资料时，不得将生产资料私有化或转让给他人。

国家不对某些活动进行直接管理，以便集中力量完成自身的主要职责。

然而，必须明确租赁合同的条件，即从事的主要活动、运行的基本规则、有效期、合同终止的准则，保证国家拥有对基本生产资料的战略决策权或所有权。

这将带来非国有制经济部门的增长，有力地促进我国现阶段社会主义建设，提高效率，增加社会财富和民众福祉。

在调控和监管框架下，以社会主义生产关系为前提，允许一部分使用基本生产资料创造的财富为非国有制形式所有。

国家作为经济社会发展的领导者起决定性作用，同时，社会主义全民所有制企业领导者负责企业的经营和管理。

落实基本生产资料国家所有与生产资料占有权、管理权和使用权的分离。

区分两类全民所有制实体：预算单位；社会主义全民所有制企业。

（1）预算单位根据规定的职责履行国家使命和职能，受人民监督，基于自身特点在经济财政条件下运行，所提供的服务本质上是非商业性质的。

这些预算单位是社会主义国家的一部分，其领导体系和机构业已完善，因此其公共管理是合理、灵活、有效的，充满活力，职工工作积极，有良好的职业素养，能够得到应有的报酬。

针对各类预算单位有不同的管理制度和薪酬制度，以便合理安排支出，使服务成效和质量最大化，并通过运用科技创新成果，实现组织和技术的现代化。

预算单位应保持透明的领导风格，简化办事手续，在规定期限内完成许可证、证明、执照及其他文件的办理。

预算单位劳动者集体根据自身的任务和职能，在国家确定的政策和指令框架内，基于集体劳动协议，积极参与自身计划的制订、实施和监督。

（2）社会主义全民所有制企业负责商业性产品和服务的生产，自负盈亏，赚取利润，同时履行社会责任，所有这些活动都要符合各类计划指标。

它们是规模不等的法人，既有各自的权利，又要履行相应的义务；根据企业性质承担相关职能，以产品和服务的商业性生产者为特点，经营全民所有制生产资料。

企业经营管理自主权应被置于国家监管框架范围之内。企业领导层和劳动者集体要秉着高度负责的精神，做出合理决策，保证公司有效运转。

另外，企业还应积极制定关于短期、中期和长期计划及投资的提案，并负责有效落实。

国家作为税收主体，将对全民所有制企业征收所得税，这与其他所有制形式相同。

在全民所有制企业履行纳税义务和其他承诺之后，国家作为人民的代表，有权决定和控制收益的使用。

劳动者按照付出的劳动取得的收入，即工资，是国家根据企业生产成果允许其自留的收益，以激励全体劳动者。这些劳动者作为全体人民的一部分是基本生产资料的共同所有者。

劳动者的收入应该既能满足基本生活需要，又能保证个体和家庭的福利及兴旺。

考虑到企业劳动者的责任和他们共同所有者的身份，参与领导企业的办法应去除繁文缛节，激发集体和个人进行创新、提高效率、做出实效的积极性，强化企业和社会主义社会共同的价值观。

根据企业的成果和特点，基于具有高度归属感、创造性、纪律和责任的经济和组织文化，制定精神和物质上的激励措施。

在明确的政策和指令框架下，依据劳动集体协议，劳动者集体积极参与企业计划的制订、执行和监督。

考虑到劳动者权益和对劳动者的保护，国家将根据企业效率低下的原因和它在经济中承担的职能对效益差的企业采取一定的措施。

国家作为所有者的代表，有权任免企业主要领导人并对他们严格要求，根据他们的业绩做出评估，从而确定薪酬原则。

国家建立专门机构作为其代表，负责对全民所有制企业进行领导和监督，但不干预企业经营，仅做出战略性重要决策。

国家应发展负责经济和科技活动的组织，保证研究和技术创新有机结合，使新产品和服务快速、高效发展，满足恰当的质量标准，在国内外进行销售。

（二）合作社所有制

"模式"认可的合作社类型是社会主义所有制体系的组成部分，遵循生产和劳动成果分配的集体原则，应予以特别关注。

合作社是具有法人资格的经济实体，自愿组建，出于经济社会目的生产商品和服务，自负盈亏，以合伙人的劳动为基础。

合作社所有制是一种集体所有制形式，长期职工是享有平等权利的合伙人，根据付出的劳动参与收益分配。

合作社遵循的原则主要有相互配合和帮助；集体决策、权利平等；承担社会责任，为计划经济的发展贡献力量，培育合作文化，满足物质、社会、文化、道德、精神需求，提供培训，满足合伙人和家庭的需要。

可通过经营自有生产资料（合作社购买或合伙人提供）及某些全民所有的生产资料谋求发展。

合作社可以负责某些在经营管理上需要高度自主权、自决权和责任的活动，从而减除国家对这些活动的直接责任。

合作社最高领导机关是由全体合伙人参与的大会，每位合伙人享有同等发言权和投票权。合作社有能力决定自身的经营、生产和服务；满足辖区内的经济社会需求；依据社会目标在现行的政策和其他条例框架内活动。

合作社可雇用临时工，与其他所有制形式订立长期服务合同，以便开展副业。

"模式"预见到一部分合作社可能联合组成新的合作社，以便进行与自身利益相似的补充活动，提高产品和服务的附加值，进行联合采购等。

（三）混合所有制

混合所有制是指社会主义全民所有制与古巴国内外的自然人或法人相结合的所有制形式，目的是进行产品和服务的生产销售，并获得收益。

全民所有制之所以参与混合所有制，是因为它在经济中占据主导地位。根据结社协议和企业章程，代表全民所有制的实体参与混合所有制企业的管理和领导。

该所有制的本质特征决定了它能够为社会主义建设做出贡献但不危及国家独立和主权。

该所有制可以使发展获得更大活力，仅在某一时期内存在，遵守条例规定，有利于建设一个繁荣和可持续的社会主义社会。

（四）私人所有制

私人所有制在某些活动中履行社会职能，持有人是古巴的自然人或法人，或完全为外资所有。

法律根据私人所有制的补充作用对其进行监管，该所有制将使企业结构更加牢固，而它们之间的相互关系有利于经济整体发展。

私人所有制对某些生产资料的支配权应遵循限制所有权和财富集中的准则框架,并符合社会主义发展的原则和目的。

私人经济活动者是起补充作用的要素,有助于提供更多福利,挖掘生产力潜力,推动国家经济社会发展。

私人所有者领导经营活动,享有权利,并履行规定的义务。

外商独资企业的设立应逐家审批,契合经济社会发展的需要。作为外国直接投资的一种形式,应维护古巴的主权和独立,合理利用资源和环境。

古巴的自然人可以建立下列类型的企业:

(1)个体劳动者或家庭经营的小生意。

(2)具有法人资格,根据经营规模和从业人员数量划分的中小微私人企业。

从事中等或以下规模的辅助活动,为当地发展和重要企业的生产链做出贡献。

政策和准则的实施应考虑限制条件、活动空间、不同规模的经营范围。

对私人在经营活动中占有他人劳动成果和收益做出规定,以便为社会支出和其他公共开支筹集资金。

在社会主义所有制关系占主导地位的前提下,私人所有制占有某些生产资料有利于增加就业,提高经济效率,增进社会福利。

(五)政治组织所有制、群众组织所有制、社会组织所有制和其他形式的组织所有制

这是一种特殊的生产资料所有制,以生产商品和(或)服务的实体为代表,旨在促进社会发展,实现与公共利益相关的目标和宗旨,不以获取利润为目的。具有法人资格,在规定框架内活动。

包括用于实现政治组织、群众组织、社会组织和其他形式的组织目标的资产在内,国家承认这些组织对生产资料的所有权。

同时,包括法律承认的作为组织财产的生产资料。这些组织有非营利

性协会、联合会、基金会、社会组织、宗教机构以及其他具有相似性质的组织。它们可以接受国家扶持和其他帮助，以推动社会进步，增加社会福利。

这些非营利性组织可以引导民众的精神需求，关注某些居民群体，促进文化、科学、体育的发展，增进友谊和团结。

二、企业性质的实体体系

在更新的"模式"中企业体系由以下几部分组成：

（一）占主导地位的全民所有制企业；

（二）从事不同行业和活动的合作社；

（三）混合所有制企业，由全民所有制实体与古巴国内外的自然人或法人合资；

（四）私人所有制企业，其持有人是古巴国内外的自然人或法人；

（五）由政治组织、群众组织、社会组织和其他形式的组织构成的企业性质的实体。

各种所有制形式和管理形式都受到法律约束，在国家规定的监管框架内运行，在相似的市场条件下互动。

该监管框架包括企业创立的必备条件、可能的活动、职工和雇主的权利与义务，以及社会和环境责任。

因此，国家规定各种所有制形式法人的设立、解散、清算、重组，明确其经营领域和主要业务。

同时，国家出于公共利益的需要，有权让任何所有制形式和管理形式的经济活动者提供某种商品和服务。

第三章　经济指导和计划

经济指导制度是社会主义国家用来计划、调节、管理和控制国家和地区经济发展、地区经济间的关系以及国内经济和国际经济关系的手段。

组成经济指导制度的其他制度、办法和程序将重新设计。各组成要素相互联系共同形成一个整体。这些要素有：

（1）社会主义计划；

（2）调节；

（3）国家管理；

（4）控制。

经济指导和计划制度的改变以体制变革为依托，将对国家和经济活动者在组织、结构、运行、准则、文化和工作作风上做出重要调整。

采取集中决策和指导性指标的同时，对管理职能放权，使用间接方式即经济手段，根据社会目标激发活动者的积极性。

经济指导和计划制度会考虑市场关系的存在，调节市场规则的运行，限制市场活动空间，因而市场规则不能在"模式"中起主导作用。

生产力的发展水平、所有制和管理形式的异质性、国内和我国外贸中社会分工的差异等因素共同决定市场是客观存在的。

条件和利益各异的经济活动者在市场环境中相互联系，通过合同谈判，认可不同商品的价格、数量、质量和品种。

（一）社会主义计划是一种引导性和限制性的指导制度，我们借此规划发展目标。社会主义计划以战略发展为重点，是集中式的、参与式的，并且根据各个层级的情况而有所不同。

为了推动和巩固社会主义建设，应该明确主要准则，并不断更新。

以发展的战略规划为重点，扩大社会主义计划的内容和范围，考虑市场因素，在中短期内保证计划落实。

计划包括所有经济和社会活动者，考虑确定的政策，保障落实政策的物质支撑。

推动生产链发展，提高经济效率、效益和竞争力，在质量上达到高标准。

着眼全局谋划发展的过程中，促进经济和社会新政策的明确。

社会主义发展以人为本，考虑政治、财经、社会、人口、区域、科技、培训、文化、资源环境保护等多个维度。

计划能够根据每个时期的目标，对主要资源的拥有和需求之间的必要平衡做出预判。

在规划经济社会发展时，应该把人力资源的培养和各层次科技创新的作用摆在首要位置，从中短期保证战略目标的实现，促进知识的产生和普及，提高全社会掌握知识的水平，增强知识的实际应用，从而推动生产，提高生产效率。

在调动利用潜力的积极性的基础上，克服地区间主要的不平衡，实现区域全面发展。同时，改进区域布局和城市规划。

（二）调节主要涉及贸易指令、收入分配及再分配。

经济监管框架将全面更新，旨在规范活动者的行为，适应国家指导和干预的质变。

涵盖全部所有制形式和管理形式，考虑到每一种形式的特点，统筹使用直接工具即行政性工具和间接工具即经济工具。

利用经济指导工具调节和影响个人与集体利益，避免与社会整体利益产生冲突。

财政、货币、汇率、信贷和价格政策的设计应与计划保持一致，政策的运用要有连贯性，特别是根据不同情况的需要，使用财政结余，控制流通中的货币量，这对于宏观经济的运行将起到基础性作用。

古巴比索是古巴唯一的货币，是财政体系的中心，合理履行其货币职能，即：价值尺度、支付手段、流通手段和贮藏手段。

本币对古巴接受的他国货币存在一种基本汇率。

汇率和贷款利率都是调控工具。

上述举措有利于合理衡量经济情况，使用间接工具指导经济，从而鼓励所有生产者、销售者和消费者坚定地维护公共利益。

财政政策包括税收和预算政策，在财富再分配中扮演重要角色，保证国家预算收入能够支持各计划层面的公共开支，保持财政合理均衡，有助于稳定货币购买力。

税收制度是收入再分配方面的经济指寻工具，法人和自然人都有根据自身经济能力纳税的义务，因而有利于落实完善模式的政策。

收入越高，纳税越多。保护低收入者，控制财富集中，对非国有的所有制和管理形式中私人占有他人劳动成果和利润进行调控，使再分配惠及全社会。

对遗产清算和占有征税，以减少非工作因素造成的不平等和不平等在新一代年轻人中的传递。

还有其他税种，旨在促进合理使用资源，保护环境，推动地区发展。

在国家预算中，收入和为了履行职能所做的必要开支、由此产生的赤字及为保证资金可持续而预留的资源，都应根据客观实际确定，从而维护货币体系的平衡，避免通货膨胀。

批发（含采集）和零售价格的形成应考虑国内外市场情况，形成一个相互关联的全面的价格体系，这样才能真正衡量经济状况，提高效率。

国家制定价格政策，企业据此决定绝大部分价格，涉及公共利益由国家集中定价的除外；国家将有效控制价格政策的落实。

根据经济状况，国家采取措施稳定价格，重点关注与居民基本需求相关的活动。

通过各种直接或间接工具控制价格，包括调节流通中的货币量、汇率、控制垄断和投机行为的举措、国家以合理价格采购和供应、国家定价或限制价格。

根据"模式"，加强银行和金融体系建设，使银行和金融机构高效且有竞争力，以满足经济需求、不同活动者和地区的需要，为优先发展部门提供资金，鼓励储蓄，提供金融服务。

保险是有效的常用工具，可以减少法人和自然人在重大事件中面临的金融风险，协助落实风险防控和规避的措施。

国家的基本职能之一是调控市场，保证市场融入社会主义生产关系框架。国家在这方面的主要职能有：

（1）给予不同所有制形式和不同管理形式的生产者相似的市场准入条件，引导形成环境和社会可持续发展的合理的生产和消费模式。

（2）划分经济和社会生活中认可和使用市场的领域及范围，确定如何利用市场、能在多大程度上利用市场，以及不同类型活动者的权利和义务。

（3）制定准则，规范竞争，制止不良做法和投机行为，捍卫公共利益，保护生产者、销售者和消费者权益。

（4）落实针对公民作为消费者的有效保护体系，包括产品或服务的概念、设计、容器、包装、客观的质量信息、市场信息服务、担保、补偿、法律规定的物质和精神赔偿、涉及公共利益的产品价格政策和调控等。

（5）禁止垄断性活动者强制实行违背社会利益的条件。

（三）国家管理是指对资源的管理和协调。

通过多种所有制和管理形式构成的生产体系之间的合作、融合和相互补充，推动经济活动者有效发挥互动作用。

根据计划目标，鼓励在生产链中联合及连接形式的多样化。

鼓励公民参与，提高透明度，促进公众监督和问责。与此同时，所有经济社会活动者都应全面有效地管理人力资源。

对战略问题和结构变革的决策权集中在国家层面。同时，中层和基层政府及国有企业在各自权限内对管理或经营做出决定。

定期更新放权的方面和范围，考虑不同层级的制度能力、调控能力和准备程度。

经济活动者与国际经济紧密相连，持续有力地融入国际竞争，提高出口能力，实现有效的进口替代。

经济合同是使经济活动者达成的协议具体化的根本工具，预先规定相应的赔偿，根据协议落实合同。

推动与其他国家尤其是与本地区国家的经济一体化进程。

（四）控制是为实现目标而进行预判和监督，及时纠正偏差。

内部控制（由各企业负责）和外部控制都发挥决定性作用；尤其是预防性控制，能够监测到偏差和不法行为，及时进行必要的调整，采取相应措施。会计是这方面不可或缺的工具。

控制"模式"更新结果及其对民众的影响，维护"模式"的原则，二者都具有重要意义。

企业内部、国家、社会对行政管理的控制，能够保证透明度，推动公民参与，保障公民权利、公众监督和问责。

国家统计系统响应不同所有制形式和不同管理形式相互作用的新形势的要求，采用直接和间接相结合的信息获取方式，如行政和会计登记、普查、民意测验及其他估算方法。

第四章　社会政策

只有通过保护价值观，特别是道德、政治和文化价值观，提高生产率，才能巩固我国社会主义，实现可持续发展，从而增加用于合理分配的财富。

"模式"的特征是以人为本、团结、经济和社会平衡发展。

社会政策有助于促进繁荣，与集体、家庭和个人能力进步密切相关，与经济、社会和文化进步紧密相连，与个人生活、社会生活和工作方面的福利息息相关。

公民生活富裕的理想植根于触手可及的未来，即个人和集体理性生活规划的实现，符合我国社会价值观，以工作收入和宪法赋予的权利为基础。

繁荣取决于多重因素，主要有财富创造，参与公正合理的分配，教育、健康、文化、体育、公共管理体系的效力，住房，基本服务，社会治安，公民安全及社会纪律。

我国社会价值观、社会公平正义、机会平等、非歧视、全体公民的权利也是重要的影响因素。另外还有环境保护、社会传播、物质和精神生活水平和质量、劳动环境、科技创新成果。

同样，公民能够真正参与文化过程，有能力充分享受艺术和文学精品，同时能够批判的抵制文化霸权工业的毒害，也将促进繁荣。

经济社会稳定十分重要，公民个人和家庭的未来不能受到不安全和不确定性因素的影响，这是一项应该巩固的基本成果。

第三部分 附 录

第一节 经济社会权利

根据古巴宪法的规定，经济社会权利应得到日益有效的落实。

根据发展战略，通过有利于在不同行业、不同所有制形式和不同管理形式中创造更多就业岗位的政策，保障劳动权。

在社会公平正义的基础上，根据客观条件，发展社会免费服务和含有补贴的服务。

国家要特别关注人民对体面的居住环境和住房的需求，根据经济的客观情况，给困难家庭发放补贴。

教育和健康服务由国家按照国际标准免费提供。国家对补充服务和非基本性服务要收取一定的费用。

法律规定的义务教育年限是必须达到的最低受教育年限。

鉴于社会主义发展的需要，新时期在马蒂关于学习工作相结合的原则的基础上，不断完善对新一代年轻人价值观的教育和培养，改进对工人、农民、技术人员、专业人员和科学家的资格评定。

教育体系保障根据国家和各地区的能力及需求培养熟练劳动力，组织职业培训和专业指导。

国家保障公民在行使接受高等教育的权利时拥有平等的机会，同时考虑申请者的准备程度和能力水平。

职能机构运用社会政策促进个体和家庭全面教育的发展，包括市民、公民、伦理、修养、法律、性、环境教育等，这些社会政策还将有助于创造条件，以增强个体和家庭在福利和供养方面的作用及责任。

特别关注文化生活的参与程度、增进常识、艺术和文学创作、艺术鉴赏能力、促进阅读，以及丰富历史和身份记忆。

培养对美的鉴赏力，满足日常设计中的审美和伦理需求，将实用功能和艺术价值相结合。

基于不同年龄层次和居民群体的兴趣、偏好及传统，使娱乐选择和自由时间的支配多样化。在经济条件允许的情况下，实施旨在促进获得高品质文化产品的政策。

家庭、学校、教育工作者和社区在全面培育新一代年轻人的价值观上发挥重要作用，国家支持和推动它们保持长久联系。

增强家庭作为社会基本单元的作用，家庭负责成员享受充分的福利，成员的赡养，以及教育和培养新一代年轻人。

考虑不同居民群体的需求和利益，保障广泛参与体育和娱乐活动的普遍权利。

借助通信和信息手段，以分析、批判和选择的方式，进入国际国内文化和科技的生产，使它们为经济社会发展做出相似的贡献，并符合我国社会主义社会的价值观。

从囊括所有活动者的社区到国家层面，以协调有序的方式全面发展社会工作和预防性教育活动。

补贴用于满足困难人群的基本需求，特别是在食物、健康、卫生、住房、生活条件等方面的需求。这些困难人群没有工作，没有为其提供帮助的家人，或处于危险、脆弱的境况中。

鼓励家庭和年轻人留在或回到农村社区，尤其是拥有巨大生产潜力的农村社区。

对人口情况予以特别关注，要改变人口下降的趋势，注意提高生育率，推行鼓励生育的机制。

人口老龄化问题涉及各个领域，包括城市环境规划的合理性，专业的健康和养老服务，满足老年人的需求，促使他们积极参与社会经济生活，鼓励所有适宜工作的老年人就业。

国家促进旨在满足各个社会经济群体需求的行动，特别是妇女、老人、儿童、青少年群体；以及旨在预防和应对人与人之间各类歧视和暴力行为的行动。

通过不同所有制形式和不同管理形式的机构，保证为困难人群提供补贴性看护服务。

改善生活条件是长期的首要目标，重点在于食物、饮用水、公共交通、住房、文化、体育、健身、娱乐活动、看护服务、对家庭的帮扶等方面。

第二节 工作是福利和繁荣的来源

根据每个人的劳动贡献分配所创造的财富是社会正义的具体表现，是一个重要的激励因素，所有熟练劳动者都能认识到工作的必要性，由此推动生产者文化的发展。

工作作为收入的主要来源，是所有人获得体面生活的基础，促进人民提高物质和精神福利，使个人和家庭生活规划得以落实。

因此，鉴于劳动的数量、质量、复杂性及成果差异，劳动者的收入也不尽相同。

在保证社会公平正义、没有歧视的前提下，在各种所有制和管理形式中，劳动者能够负责任的行使劳动权利和履行劳动义务，包括自愿加入和建立基层工会组织的权利，遵循古巴工人中央工会或古巴全国小农协会基层组织关于成立单位的原则。这两个组织依据法律代表和捍卫劳动者权益。

无论在何种所有制和管理形式中工作，所有工作者都能享受社会保障。

控制零售价格和工资、津贴、退休金收入之间的动态联系，从而保护劳动者、退休人员和社会救助对象的实际收入。

此外，根据法律规定，承认其他非工资形式的合法收入，如侨汇、遗产、出售个人财产所得等。

保护个人对耐用品和消费品的所有权，在合法收入的基础上个人可合理增加所有权。

政策的实施要考虑不同商品和服务所满足的需求的特点，以及从社会利益出发是否鼓励这些商品和服务的消费。

商业网络日益多样化，根据经济客观情况和各地区的特点，提供保证生活质量和水平的商品与服务，包括现代通信、信息和传输技术，同时应该培育与我国社会价值观相适应的理性消费文化。

所提供的商品和服务应便于家庭成员就业,有利于对儿童和老年人的照顾。

国家对广告进行监管,这些广告应该在道德和美学原则基础上,引导负责任、可持续的消费,不允许任何形式的诈骗,以及对某个社会行业的歧视和侮辱,也不允许出现含有殖民或亲资本主义信息的符号。

结　语

更新古巴社会主义发展的经济和社会模式是实现我国社会主义建设永续发展的需要。

这是一个复杂的过程,包括大量相互关联的任务和行动,在落实《纲要》的战略规划中做出了明确的规定。

这个过程是在封锁造成的严重束缚下进行的,还面临着敌人持续不断的侵略和毁灭革命的长期企图,以及困难和不确定的国际形势。同时,我们支持巩固拉美和加勒比一体化,履行国际承诺,参与多领域合作和一体化进程。

前进道路上既不能急躁冒进,也不能止步不前,应在我国社会主义原则尤其是革命平等正义的理想基础上,保持秩序和纪律,维护绝大多数人民围绕党的领导形成的团结局面,让民众远离"休克疗法"的影响,特别考虑变革对低收入群体的影响。

需要时间,需要对变革造成的经济社会影响进行系统的监控与评价,以便及时改正应该改正的地方,防止在阻碍面前停滞不前。这样改革成效才能逐步显现。

讨论、交换意见、战略沟通及其他活动是十分重要的,有助于修改陈旧的概念和做法,而这些正是"模式"更新的主要障碍。

"模式"更新要求所有人参与其中,为之做好准备,尤其是劳动者和年轻人,他们在实现以加强道德、政治和文化价值观为重点,把我国建成一个主权、独立、繁荣、可持续的社会主义国家的宏伟蓝图中起决定性作用。

……必须保证向人民做更多的阐释,提出更加严格的纪律和要求,更加紧密地跟进变革进程。正如我们刚才所说,应该耳纳善言、脚踏实地。①

新一代年轻人是结合自身期望、寻求革命良法的重要主体,应该积极、改变、奋斗的生活,专注的工作,投身于革命和社会主义。

无论在哪里,古巴共产党都要推动、要求、掌控符合本概念化的"模式"的更新,发展政治和意识形态上的有效战略,使其具有吸引力和创造性。

在国内外活跃的形势下,"模式"的概念化作为理论和实践相结合的产物,应该定期加以完善。

我们应积极应对国际体系重组过程中的挑战,抓住机遇,在这个过程中帝国主义与人民之间、人民与寡头之间,以及众多活动者之间的矛盾日益增加;这也是一个变化的环境,各国之间相互依存的程度不断加深,国际和平与安全的威胁依然存在,制度性危机和不可持续性还未得到解决。

美国及其盟国主张维护其在经济、政治、军事、科技、文化、通信领域帝国主义的统治地位,不顾世界和地区新力量极的发展,反对为世界正义平等可持续而战的力量,打击反抗跨国公司控制,财富加速集中,贫困、不平等、落后不断加剧的力量。

我们积极参与推动"我们的美洲"这一政治协调和一体化进程,尤其要从美洲玻利瓦尔联盟和拉美和加勒比共同体出发,落实《宣布拉美和加勒比为和平区的公告》,不畏惧帝国主义和右翼势力的进攻。

我们将继续同社会主义国家发展广泛的多层面的关系;与南南兄弟国在互相团结、合作、互利的基础上发展广泛的多层面的关系;在主权平等、不干涉他国内政、互惠互利基础上发展与工业化国家广泛的多层面的关系。

---

① 古巴共产党第七次全国代表大会上提交的中央报告,2016年4月。——译者注

我们将遵守联合国宪章和国际法的宗旨与原则，在国际多边进程和组织中主要为捍卫南南国家的利益做出贡献。

在充分行使独立和自决权、捍卫国家主权和利益的前提下，我们将有效应对与美国关系发展带来的挑战和机遇，特别是在经济、贸易和金融封锁做出修改之后。

我们将依靠自身力量，继续促进国家发展，改善福利，巩固革命成果，推动繁荣和可持续的社会主义建设。

古巴革命武装力量总司令、古巴共产党中央委员会第一书记、古巴国务委员会主席兼部长会议主席劳尔·卡斯特罗·鲁斯说：

"古巴对沙文主义没有丝毫兴趣，我认为古巴是世界上少数几个具备条件改变自身经济模式、摆脱危机而不会引起社会创伤的国家之一，这首先是因为我们有热爱祖国的人民，他们懂得团结一致所代表的强大力量，坚信我们事业的正确性，在军事上做了充足的准备，有较高的文化素养，对我国的历史和革命根基深感骄傲。"①

（本文来源于古巴共产党网站：http://www.pcc.cu/pdf/congresos_asambleas/vii_congreso/conceptualizacion.pdf）

（中共中央编译局中央文献翻译部西文处　于蔷　译）

---

① 摘自古巴共产党第六次全国代表大会结语，2011 年 4 月。——译者注

后　记

本书收录了越南、老挝、朝鲜、古巴四个社会主义国家的涉党法律和规章制度，包括现行宪法和最新党章，重点收录了涉及越南共产党和老挝人民革命党的相关法规、党内规章制度，还收录了部分有参考价值的法律和政党文献，多为最新翻译，旨在集中展现四个共产党执政国家涉党法律和规章制度的面貌，为研究人员和广大读者提供方便。

作为多卷本《世界主要政党规章制度文献》丛书中的一卷，原来的计划是仅收入越南一个国家的相关法律法规和党的规章制度。考虑到丛书其他各卷收录的都是多党制国家主要政党的规章制度文献，不同类型的政党多，相同类型的文献也多，而越南作为社会主义国家，共产党是唯一的执政党，按照丛书统一的框架结构可收入的同类文献数量较少，为了在篇幅上与丛书其他各卷达致平衡，遂决定将除中国以外的其他三个现实社会主义国家——老挝、朝鲜、古巴的相关法律法规和党的规章制度纳入到本卷书中来。与此相关的更重要的一点考虑是，正是由于社会主义国家的政党制度不同于其他国家，其政党法律和党内规章制度文献除具有其他国家政党法律和党内规章制度文献所具有的一般共性特征外，更具有自己独有的、与众不同的鲜明特色，因而把越南、老挝、朝鲜、古巴这几个国家的相关法律法规和党的规章制度文献汇集在一起，作为丛书的一卷呈现给读者，不仅是方便读者之举，也应该是《世界主要政党规章制度文献》这套丛书的亮点和特色之一。毕竟，社会主义国家政党规章制度文献是世界政党规章制度文献不可缺少的重要组成部分。这是编者编辑本卷书的"初心"。

在编排上，本书既遵循整套丛书的统一格式要求，又考虑到特殊情况和实际需要，做了相应的灵活处理。四个国家的国别顺序依照先亚洲三国（三国中文献数量多者在前）、后美洲一国编排。每部分中每个国家的文献集中排在一起。

众所周知，共产党作为社会主义国家的执政党和唯一政党，在国家和社会生活中处于领导地位。越南现行宪法第四条规定："越南共产党是越南工人阶级的先锋队，同时也是越南劳动人民和越南民族的先锋队，是工人阶级、劳动人民和全民族利益的忠诚代表，以马克思列宁主义和胡志明思想作为思想基础，是国家和社会的领导力量。……越南共产党所有党的组织和越南共产党党员应当在宪法和法律范围内从事活动。"老挝现行宪法第三条规定，老挝"各族人民作为国家主人的权利，通过以老挝人民革命党为领导核心的政治制度的运行来保障和实现"；第十条规定："国家依据宪法和法律治理社会。政党、国家机构、老挝建国阵线、群众团体、社会组织和全体公民在宪法和法律范围内活动。"朝鲜现行宪法第十一条规定："朝鲜民主主义人民共和国在朝鲜劳动党的领导下进行一切活动"；第十八条规定："朝鲜民主主义人民共和国法律是劳动人民的意志和利益的反映，是管理国家的基本武器。尊重并严格遵守和执行法律，是所有机关、企业、团体和公民的义务。"古巴现行宪法第五条规定："古巴共产党——工人阶级的有组织的马蒂主义和马克思列宁主义先锋队，是社会和国家的最高领导力量，它组织和指导大家共同努力，以求实现建设社会主义和向共产主义未来推进的崇高目标"；第十条规定："一切国家机关及其领导人员、公职人员和服务人员在其职权范围内进行工作，严格遵守社会主义法制，设法使社会主义法制在社会生活的各个方面都能被严格遵守。"从中可见，在社会主义国家治党与治国是紧密联系、相辅相成的，两者很难截然分开。循此思路，本书第一部分"宪法、全国性涉党法律"除收入四国最新的宪法外，还收入了越南现行的反贪污腐败法和新近通过的民意征求法以及老挝关于官员财产和收入申报制度的规定；第三部分"附录"

后　记

收入了越南新近通过的国会代表和人民议会代表选举法，现行的行政违法处罚法，曾经的关于财产、收入透明的规定以及相关文献目录，以便于相关研究人员和感兴趣的读者参考和利用。

源于理论体系、实践经验和使命意识，社会主义国家的共产党以重视自身的思想建设、作风建设、组织建设、制度建设等各方面的建设著称于世，相应地，党内规章制度体系也比其他政党更为完备，内容更加丰富。本书第二部分"政党内部规章制度"收录的既有作为管党治党"根本大法"或根本规范的党的章程，确定党的基本政治主张、奋斗目标和实现目标的行动路线的党的纲领，也有规定党内选举规则、党员干部行为禁令、领导干部政治责任、党的纪律检查机构的组织和运行、各级党委对党组织和党员的监督工作等的具体规范，开展思想道德教育活动的指导意见。从中可以一窥执政的共产党党内规章制度建设的现状。为了方便读者研读，加深对老挝人民革命党和古巴共产党近期和中期奋斗目标及行动路线的了解，作为对第二部分"政党内部规章制度"内容的重要补充，第三部分"附录"中还收入了三份具有参考价值的纲领性文献：一份是2016年1月老挝人民革命党第十次全国代表大会通过的关于老挝到2030年远景规划、经济社会发展十年战略（2016—2025）以及经济社会发展第八个五年规划（2016—2020）的报告要点；另两份是2016年4月古巴共产党第七次全国代表大会通过的《古巴社会主义发展的经济和社会模式概念化草案》和劳尔·卡斯特罗所做的《发展国民经济、捍卫和平与我们的意识形态决定是党的主要使命》的中心报告。如果本书能为相关研究人员和感兴趣的读者朋友提供一定的帮助，编者将深感欣慰。

本书从组织策划、资料收集、文献翻译到编辑出版，得到了许多人的鼎力相助，真正是集体心血和汗水的结晶。广西民族大学陈元中教授最早为本书越南相关法律法规及党内规章制度文献的收集和翻译提供帮助。中共中央对外联络部柴尚金研究员不仅为本书的资料收集、译者联络做了很多工作，而且在百忙之中为本书撰写了代导言《国外共产党加强政治纪律的主要做法及启示》。中国社会科学院潘金娥研究员既热心为本书提供最新资料和相关译作，又不辞辛苦地帮助审校部分越南文献译文。此外，延边大学的方浩范教授、蔡永浩教授，北京外国语大学的米良教授，云南农业大学的方文教授，济南大学的刘旭东教授，对外经济贸易大学的李紫莹教授，广西民族大学的闭忠实教授，中共中央编译局的靳呈伟研究员以及中共中央对外联络部的王璐瑶等专家学者都对本书的文献收集和翻译给予了大力支持。在本书的编辑出版过程中，中央编译出版社的薛迎春编辑做了大量具体、细致、琐碎的工作，包括联系版权、协调进度、编辑校对、安排排版印刷等，为本书的顺利问世立下了汗马功劳。在这里，谨向上述各位同道以及所有为本书编辑出版做出贡献的人士一并表示由衷谢忱！

需要说明的是，虽然编者做出了很大的努力，但最终成书离本卷书设定的理想目标尚有一定距离。主要表现在所收越南、老挝、朝鲜、古巴四个国家的相关法律和党内规章制度文献数量上不平衡，朝鲜、古巴的文献明显偏少；即便是收录较多的越南、老挝的文献也不够整齐、全面，一些方面的代表性规章制度未能悉数收入。究其原因，可以套用一句流行语来概括，这就是："理想很丰满，现实很骨感。"首先是全面、系统地获取相关资料有一定难度。目前国内从事越南、老挝、朝鲜、古巴本身以及相关问题研究的专家学者数量有限，学科分散，力量整合不易，加之一些国家相关文献来源的限制，制约和影响了资料收集工作。其次是能干、肯干的翻译力量严重不足。越南、老挝、朝鲜、古巴四个国家的文献翻译涉及四个语种，既懂语言又懂专业的合格的翻译人才并不充裕，组织起一支有能力、有意愿的翻译团队更非易事。虽然一些精通这些国家语言的专家学者愿意施与援手，但由于他们往往重任在身，很多文献的翻译都是牺牲其宝贵的业余时间完成的，因而能够承担的翻译任务有限。而一些出自非专业译者之手的文献译文因达不到出版要求而不得不舍弃。最后是翻译、编辑、出版时间紧迫，没有更多的腾挪空

后　记

间和回旋余地。从做出本卷书收录越南、老挝、朝鲜、古巴四国政党法规文献的决定到最后交稿，只有一年多的时间。由于受到国家出版基金项目出版时间的限制，一些相关文献来不及翻译和收入本书，留下了些许遗憾。希望以后有机会再版时加以弥补。

最后还是要重申一点，由于编者水平有限，加之时间仓促，书中的疏漏、不当乃至错误之处在所难免，敬祈谅解并恳请广大读者批评指正。

编　者

2016 年 12 月 30 日

图书在版编目（CIP）数据

世界主要政党规章制度文献. 越南、老挝、朝鲜、古巴 / 俞可平主编；许宝友分册主编. —北京：中央编译出版社，2016.12

ISBN 978-7-5117-3200-2

Ⅰ. ①世… Ⅱ. ①俞… ②许… Ⅲ. ①政党-规章制度-文献-越南 ②政党-规章制度-文献-老挝 ③政党-规章制度-文献-朝鲜 ④政党-规章制度-文献-古巴 Ⅳ. ①D564

中国版本图书馆 CIP 数据核字（2016）第 306904 号

世界主要政党规章制度文献. 越南、老挝、朝鲜、古巴

出 版 人：	葛海彦
出版统筹：	贾宇琰
责任编辑：	薛迎春
责任印制：	尹　珺
出版发行：	中央编译出版社
地　　址：	北京西城区车公庄大街乙 5 号鸿儒大厦 B 座（100044）
电　　话：	（010）52612345（总编室）　　（010）52612335（编辑室）
	（010）52612316（发行部）　　（010）52612317（网络销售）
	（010）52612346（馆配部）　　（010）55626985（读者服务部）
传　　真：	（010）66515838
经　　销：	全国新华书店
印　　刷：	山东鸿君杰文化发展有限公司
开　　本：	787 毫米×1092 毫米　1/16
字　　数：	531 千字
印　　张：	37
版　　次：	2016 年 12 月第 1 版第 1 次印刷
定　　价：	220.00 元

网　　址：	www.cctphome.com	邮　　箱：	cctp@cctphome.com
新浪微博：	@中央编译出版社	微　　信：	中央编译出版社（ID：cctphome）
淘宝店铺：	中央编译出版社直销店（http：//shop108367160.taobao.com）　（010）52612349

凡有印装质量问题，本社负责调换。电话：（010）55626985